Beck-Wirtschaftsberater im dtv

Kundenorientierung

dtv

Beck-Wirtschaftsberater

Kundenorientierung

Bausteine für ein exzellentes Customer Relationship Management (CRM)

Von Prof. Dr. Dr. h.c. mult. Manfred Bruhn

5., vollständig überarbeitete Auflage

www.dtv.de
www.beck.de

Originalausgabe

dtv Verlagsgesellschaft mbH & Co. KG,
Tumblingerstraße 21, 80337 München
© 2016. Redaktionelle Verantwortung: Verlag C.H. Beck oHG
Druck und Bindung: Druckerei C.H. Beck, Nördlingen
(Adresse der Druckerei: Wilhelmstraße 9, 80801 München)
Satz: ottomedien, Darmstadt
Umschlaggestaltung: Agentur 42, Bodenheim
ISBN 978-3-423-50950-3 (dtv)
ISBN 978-3-406-69188-1 (C. H. Beck)

9 783406 691881

Vorwort zur fünften Auflage

Nahezu alle Unternehmen heben heute die Kundenorientierung als zentralen Leitgedanken und Erfolgsfaktor ihres Handelns hervor. Dabei wird die Einführung und Umsetzung der Kundenorientierung zumeist unter dem Begriff Customer Relationship Management (CRM) zusammengefasst. Kundenorientierung wird in diesem Zusammenhang jedoch in weiten Teilen immer noch als Anforderung verstanden, die mit einem hauptsächlich informationstechnisch – d. h. auf so genannte CRM-Software – ausgerichteten Konzept erfüllt werden kann. Eine erfolgreiche Umsetzung bedarf aber vielmehr einer ganzheitlichen Ausrichtung der Struktur, der Systeme und der Kultur innerhalb des Unternehmens auf eine verbesserte Kundenorientierung. Daher stellt dieses Buch ein solches ganzheitliches Konzept der Kundenorientierung und seine Umsetzung innerhalb des Unternehmens mit Bezug auf einzelne Bausteine Schritt für Schritt dar.

Die Aktualität der Themen zur Kundenorientierung, die durch die Aufnahme neuer Schwerpunkte in der vorliegenden Auflage weiterhin gewährleistet ist, spiegelt sich in der guten Aufnahme der vierten Auflage des Buches „Kundenorientierung" durch den Markt wider. Strategien und Maßnahmen zur Steigerung der Kundenorientierung und ebenso zur Steigerung der Marketingeffizienz werden angesichts des dynamischen Wettbewerbsumfeldes auch zukünftig an Bedeutung gewinnen. Während die Struktur des Buches gegenüber der vierten Auflage weitgehend erhalten blieb, erforderten Entwicklungen in der Wissenschaft und der Praxis inhaltlich eine umfangreiche Überarbeitung des Buches. So wurde besonders die rasante Entwicklung der Social Media-Kommunikation, der Möglichkeiten von Big Data-Analysen und ihre Bedeutung für die Kundenorientierung herausgearbeitet. Dabei wurde insbesondere das Kapitel Kommunikation überarbeitet. Weiterhin sind Forschungsergebnisse eingeflossen, die in den letzten Jahren am Lehrstuhl für Marketing und Unternehmensführung der Universität Basel zum Themenbereich Kommunikation, besonders der

Social Media-Kommunikation, vertieft untersucht wurden. Ferner wurden aktuelle Erkenntnisse aus Wissenschaft und Praxis in den verschiedenen Kapiteln eingearbeitet. Darüber hinaus finden sich neben Hinweisen auf die konkrete Umsetzung in der Unternehmenspraxis wiederum zahlreiche neue Erfolgsbeispiele und Studien, die wissenschaftliche und praktische Erkenntnisse im Rahmen der Kundenorientierung veranschaulichen.

Das Bausteinkonzept dieses Buches hat zum Ziel, in leicht verständlicher Form die Zusammenhänge der Kundenorientierung zu vermitteln sowie Anregungen für deren Umsetzung in der Unternehmenspraxis zu geben. Je nach Interesse können die einzelnen Bausteine auch isoliert gelesen werden.

Die Neuauflage wurde mit der Unterstützung meiner wissenschaftlichen Mitarbeiter am Lehrstuhl für Marketing und Unternehmensführung der Universität Basel realisiert. Ein besonderer Dank geht in diesem Zusammenhang vor allem an Frau *Dr. Kristine Fritz*. Der Verfasser wünscht sich eine weiterhin intensive Auseinandersetzung mit den Fragen der Kundenorientierung und würde sich darüber freuen, wenn das Buch Anregungen zur Umsetzung der Kundenorientierung in der Unternehmenspraxis geben kann.

Basel, im Frühjahr 2016 *Manfred Bruhn*

Inhaltsverzeichnis

8. Kapitel

9. Kapitel

10. Kapitel

1. Kapitel

Grundlagen der Kundenorientierung

Kundenorientierung ist ein maßgebender Erfolgsfaktor für das nachhaltige Bestehen eines Unternehmens am Markt. Das **Konzept der Kundenorientierung** findet seinen Ursprung bereits in den 1950er Jahren, jedoch wurde es in Wissenschaft und Praxis erst in den 1980er Jahren im Rahmen der Entstehung kundenzentrierter Kommunikationsinstrumente wie das Direct Marketing intensiver beachtet (*Ose* 2011, S. 27). Die allgemeine Betrachtung der Kundenorientierung wurde in der jüngeren Zeit abgelöst von einer Fokussierung auf unterschiedliche Schwerpunkte. Konzepte zur Messung der Kundenzufriedenheit wurden erarbeitet, Kundenclubs eingerichtet, Beschwerdebearbeitungsprozesse definiert und Customer-Relationship-Management-(CRM-)Software implementiert. Eine Studie von *BBDO* verdeutlicht die zunehmende Relevanz, die die Kundenorientierung für Unternehmen gewinnt. Eine Unternehmensbefragung identifizierte die Verbesserung der Kundenbeziehung als vorrangig geplante Maßnahme der Unternehmensaktivitäten (vgl. **Schaubild 1–1**).

Allem Aktionismus zum Trotz stellte sich jedoch in vielen Unternehmen die gewünschte Steigerung der Kundenorientierung aus Kundensicht nicht ein. Das Fehlen eines umfassenden, **integrativen Konzeptes zur Durchsetzung von Kundenorientierung** im realen Unternehmenskontext kann in diesem Zusammenhang als entscheidender Faktor für das Scheitern bisheriger Bemühungen herausgestellt werden. Noch zu häufig wird an ausgewählten Einzel-

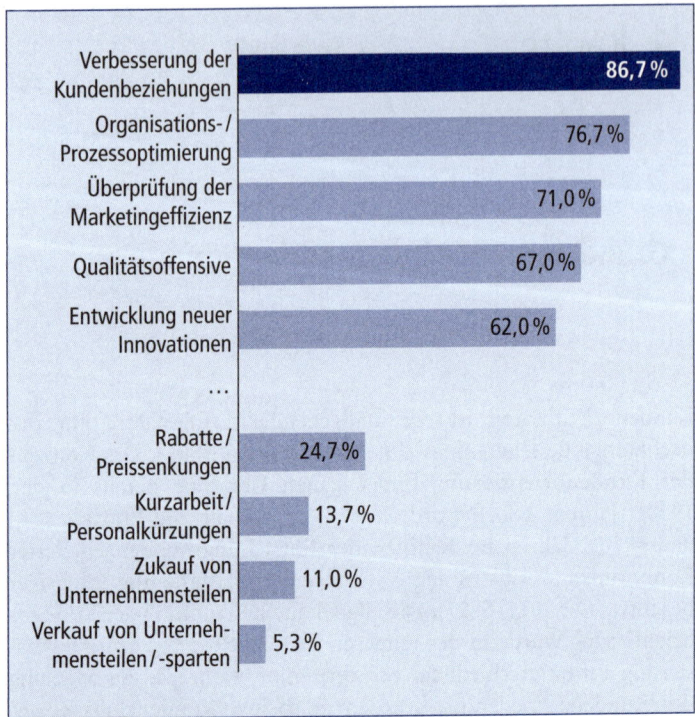

Schaubild 1–1: Zukünftige Schwerpunktmaßnahmen von Unternehmen (Quelle: *BBDO* 2009, S. 6)

aspekten, wie z. B. an der Realisierung von Kundenclubs oder der Messung der Kundenzufriedenheit gearbeitet, ohne diese im Gesamtkontext der Kundenorientierung zu betrachten. Das heißt, es werden z. B. nur Bereiche des Front-Office betrachtet, ohne unterstützende und interne Leistungsprozesse einzubeziehen. Eine besondere Schwierigkeit besteht zudem im Informationsmanagement. In einigen Unternehmen werden die kundenbezogenen Daten zwar erhoben, jedoch teilweise nicht zielgerichtet analysiert, in anderen Unternehmen fehlen zentrale Basisinformationen über die aktuellen Kundengruppen. Insbesondere auf Einzelkundenebene sind in spezifischen Branchen die notwendigen Kundeninformationen nicht bekannt, um individualisierte Maßnahmen zur Steigerung der Kundenorientierung entwickeln zu können, wohingegen andere Branchen vor der Herausforderung des Handling einer Datenflut – bedingt durch die zunehmende Digitalisierung des Konsumverhaltens – stehen (*Avanade* 2010; *Bitkom* 2012).

Eine Studie von *Oracle* (2013) bestätigt diese Schwierigkeiten bezüglich der integrierten **Implementierung einer kundenorientierten Strategie** von Unternehmen. So beziffern die befragten Unternehmen jährliche Umsatzeinbußen aufgrund mangelnder Kundenorientierung mit 18 Prozent. Als größte Hindernisse werden dabei neben einem zu geringen Budget (31 Prozent), die isolierte Organisation der Maßnahmen (25 Prozent) sowie daraus resultierende Schwierigkeiten in der Nachverfolgung von Kundenrückmeldungen (24 Prozent) genannt.

Aufbauend auf diesen Defiziten wird in diesem Buch ein Bezugsrahmen präsentiert, der das Thema Kundenorientierung in einen umfassenden Kontext stellt. Es werden verschiedene Bausteine der Kundenorientierung beschrieben, die jeder für sich einen wesentlichen Beitrag zur Steigerung der Kundenorientierung leisten, jedoch erst bei einer vernetzten Sichtweise und Integration ihre ganze Wirkung entfalten können. Im Vordergrund steht das Ziel, den Gesamtblick für das komplexe Thema Kundenorientierung zu schärfen und konkrete Hilfestellungen bei der Umsetzung eigener kundenorientierter Konzepte zu geben.

1. Kundenorientierung als zentrales Prinzip des Marketing

Die starke Ausrichtung auf die Kundenwünsche und -bedürfnisse ist nicht zuletzt auf die Veränderungen der Märkte zurückzuführen. Faktoren wie z. B. der rasche technologische Wandel, die Internationalisierung der Märkte sowie die zunehmende Transparenz des Informationsspektrums im Internet führen dazu, dass es für Unternehmen zunehmend schwieriger wird, Wettbewerbsvorteile aufzubauen und eine stabile Bindung der Kunden an das Unternehmen zu erreichen. Das Erkennen und rechtzeitige Reagieren auf Marktveränderungen gehört dabei zu jenen unternehmerischen Aufgaben, die dem Marketing als Unternehmensfunktion zugeordnet werden. Insofern besteht zwischen den beiden Themenbereichen Marketing und Kundenorientierung seit jeher ein enger Zusammenhang.

Diese Verzahnung lässt sich beispielsweise daran erkennen, dass in vielen Definitionen zum Marketing die Forderung der Kundenorientierung explizit oder implizit enthalten ist. So auch in der folgenden Definition des **Begriffes Marketing**, die den Ausgangspunkt der weiteren Ausführungen bildet:

Marketing

> ist eine unternehmerische Denkhaltung. Sie konkretisiert sich in der Analyse, Planung, Umsetzung und Kontrolle sämtlicher interner und externer Unternehmensaktivitäten, die durch eine Ausrichtung der Unternehmensleistungen am Kundennutzen im Sinne einer konsequenten **Kundenorientierung** darauf abzielen, absatzmarktorientierte Ziele zu erreichen (*Bruhn* 2016a, S. 14).

Dieser weite Anspruch des heutigen Marketingverständnisses ist vor dem Hintergrund der Veränderung der wirtschaftlichen und wettbewerblichen Rahmenbedingungen in den letzten Jahrzehnten zu sehen, in der verschiedene Entwicklungsphasen der Unternehmensführung durchlaufen wurden, die sowohl Veränderungen in Bezug auf die Aufgaben und eingesetzten Analyseinstrumente der Unternehmensführung mit sich brachten als auch bezüglich der Erfolgsfaktoren von Unternehmen (*Bruhn* 2016b, S. 1 ff.). **Schaubild 1–2** zeigt grob vereinfacht die fünf Entwicklungsphasen von Unternehmen im Überblick.

Phase der Produktorientierung (1950er/1960er Jahre): Die primäre Aufgabe des Marketing in der Zeit nach dem Zweiten Weltkrieg bestand darin, durch den Aufbau eines möglichst breiten Vertriebssystems dafür Sorge zu tragen, dass die gefertigten Produkte den Konsumenten erreichten und hierdurch der bestehende Nachfrageüberhang befriedigt werden konnte. Eine Unternehmensführung auf Basis der vorhandenen Produkte, das Denken in der Produkt-Markt-Matrix, der Einsatz von Portfolioanalysen u. a. waren das Kennzeichen dieser Entwicklungsphase.

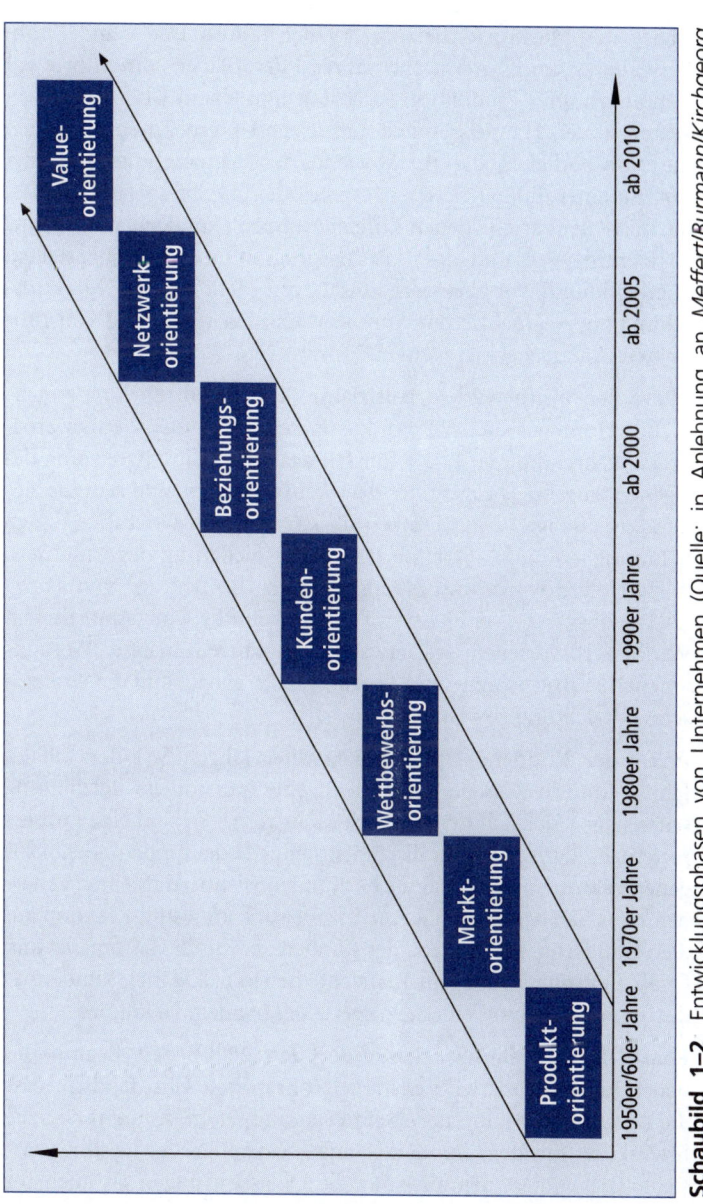

Schaubild 1–2 Entwicklungsphasen von Unternehmen (Quelle: in Anlehnung an *Meffert/Burmann/Kirchgeorg* 2008, S. 8; *Bruhn* 2009a, S. 36)

Phase der Marktorientierung (1970er Jahre): Der Wandel vom Verkäufer- zum Käufermarkt während der 1970er Jahre führte auf Grund erhöhter Produktionskapazitäten zu einem Überangebot an Waren in den Handelsregalen. Zahlreiche Unternehmen erkannten die Notwendigkeit der marktorientierten Unternehmensführung, um mit einer differenzierten Marktbearbeitung die spezifischen Bedürfnisse der verschiedenen Kundengruppen (Kundenerwartungen) zu identifizieren und das Leistungsprogramm darauf abzustellen. Hierbei konnte vor allem der Einsatz von Methoden der Marktforschung zur Segmentierung von Märkten, Positionierung von Produkten u. a. beobachtet werden.

Phase der Wettbewerbsorientierung (1980er Jahre): Eine zunehmende Homogenität der Produkte und ein steigender Wettbewerbsdruck während dieser Phase führten dazu, dass die Abgrenzung des eigenen Angebotes gegenüber den Wettbewerbern eine zentrale Bedeutung erlangte. Das „Denken im strategischen Dreieck" (Unternehmung – Kunde – Wettbewerber) zur Sicherung des Unternehmenserfolges wurde insbesondere durch die Beiträge von *Porter* (2014) angeregt. Verfahren zur Identifizierung von strategischen Wettbewerbsvorteilen, wie etwa die Konkurrenzanalyse, Wertkettenanalyse u. a. waren grundlegende Instrumente für die strategische Ausrichtung von Unternehmen.

Phase der Kundenorientierung (1990er Jahre): Seit den 1990er Jahren fordern Kunden zunehmend eine individuelle Behandlung seitens der Unternehmen. Hybrides Kaufverhalten und eine größere Heterogenität bekräftigen die zunehmende Bedeutung kundenbezogener Faktoren. Die erfolgreiche Kundenorientierung eines Unternehmens hängt von einer schnellen Identifikation und Reaktion auf die veränderten Bedürfnisse der Kunden ab. Kundenbarometer und flexible Qualitätsmanagementsysteme helfen u. a. dabei, Kundenbedürfnisse zu analysieren und zielgerichtet handeln zu können.

Phase der Beziehungsorientierung (ab 2000): Seit Beginn des neuen Jahrtausends wird es in vielen Branchen sehr deutlich, dass die Leistung nicht nur aus einem Produkt besteht, sondern dass die Interaktion mit dem Kunden ebenfalls einen Teil der Leistung darstellt. Dies gilt vornehmlich für die Dienstleistungen als auch für

Industriegüteranbieter. In diesem Zusammenhang hat das Relationship Marketing an Bedeutung gewonnen. Dabei geht es um das Management von Kundenbeziehungen (*Bruhn* 2016b).

Phase der Netzwerkorientierung (ab 2005): Seit einigen Jahren wird der Wettbewerb nachhaltig von Faktoren wie der Globalisierung, Branchenerosionen, neuen Informations- und Kommunikationstechnologien u. a. beeinflusst, was zu einem aggressiveren Marktverhalten der Akteure führt. Daher gehen viele Experten davon aus, dass zukünftig vor allem die Bildung strategischer Netzwerke einen zentralen Erfolgsfaktor darstellen wird, um den dynamischen und vielschichtigen Veränderungen der Wettbewerbskonstellation gerecht zu werden. Insbesondere kleinere und mittlere Unternehmen sind gezwungen, strategische Partnerschaften zur Know-how-Stärkung aufzubauen. Bezüglich des Methodeneinsatzes kommt es zu einer Anwendung bestehender Methoden auf das gesamte Netzwerk, wie z. B. Wertkettenanalysen und Target Costing (*Weber* 1999; *Kremin-Buch* 2007; *Backhaus/Voeth* 2014).

Phase der Valueorientierung (ab 2010): Aufgrund der Veränderungen auf Anbieter- und Abnehmerseite wird zunehmend eine verstärkte Integration des Kunden in den Wertschöpfungsprozess (Value Creation) gefordert. Daher ist eine Abkehr vom traditionellen Anbieter-Abnehmer-Modell hin zu einer interaktiven Wertschöpfung mit dem Kunden zu beobachten. Mit dieser Strategie wird der Aufbau von langfristigen Wettbewerbsvorteilen mittels kundenorientierten Modellen angestrebt (z. B. das Konzept des Customer Co-Creation, vgl. Kapitel 6, Innovationsmanagement).

Im Zusammenhang mit den beschriebenen Entwicklungen der Unternehmensführung wandelte sich das Marketingverständnis vor allem in den letzten beiden Jahrzehnten von einer transaktions- zu einer beziehungsorientierten Sichtweise. Eng verbunden ist damit der Begriff des „**Relationship Marketing**", in der Praxis vielfach auch als Customer Relationship Management (CRM) bezeichnet. Im Zentrum dieses Marketingansatzes steht die konsequente Ausrichtung sämtlicher Unternehmensaktivitäten an den Bedürfnissen und Wünschen der Kunden mit dem Ziel eines Beziehungsaufbaus und einer Beziehungspflege. Demzufolge ist das Relationship Marketing eine Neuakzentuierung des Marketing in Richtung einer konsequenten kundenorientierten Unternehmensführung. Im Vergleich zum traditionellen Transaktionsmarketing geht es darum, nicht das Produkt bzw. die Dienstleistung mit den 4 Ps (Product, Price, Promotion, Place), sondern die **Kundenbeziehung** als Ausgangspunkt der Betrachtung zu wählen. Auf Basis der Kundenbeziehung werden die Marketingaktivitäten strukturiert und differenziert eingesetzt. Mit der Tendenz eines zunehmenden Denkens in Kundenbeziehungen rückt die **Kundenbindung** als das zentrale Ziel in den Mittelpunkt der Marketingaktivitäten (*Homburg/Bruhn* 2013). Unter Berücksichtigung dieser Begriffsauffassung kann das Relationship Marketing wie folgt definiert werden:

Relationship Marketing

umfasst sämtliche Maßnahmen der Analyse, Planung, Durchführung und Kontrolle, die der Initiierung, der Stabilisierung, Intensivierung und Wiederaufnahme von Geschäftsbeziehungen zu den Anspruchsgruppen – insbesondere zu den Kunden – des Unternehmens mit dem Ziel des gegenseitigen Nutzens dienen (*Bruhn* 2016b, S. 12).

Somit dient die Umsetzung eines Relationship Marketing der Gewährleistung einer ausgeprägten Kundenorientierung des Unternehmens. Aufgrund des fundamentalen Wandels von einer produktorientierten hin zu einer beziehungsorientierten Betrachtungsweise, die mit der Entwicklung zum Relationship Marketing verbunden ist, wird häufig von einem Paradigmenwechsel gesprochen. Die zunehmende Bedeutung der Beziehungsorientierung stellt jedoch keine völlige Neudefinition des Marketinggedankens dar, sondern vielmehr eine konsequente Weiterentwicklung des traditionellen Marketing mit dem Fokus auf die Pflege von (lukrativen) Kundenbeziehungen.

Im Gegensatz zu diesem umfassenden Verständnis steht der Begriff des **Customer Relationship Management (CRM)** in der Praxis häufig als Synonym für ein rein **informationstechnologisches Konzept**, das dazu dient, Kundenbeziehungen mit Hilfe von Software, d. h. Programmen zur Archivierung und Verarbeitung von Kundendaten, zu analysieren und zu steuern (*Bruhn* 2016b). Die Analyse der Kundenbeziehung besteht dementsprechend in der Darstellung des dynamischen Verlaufs aller Kundendaten in der Kundenhistorie. Ziel ist es, neben einer traditionellen Kundensegmentierung, aus dem Verhalten in der Vergangenheit Aufschluss über das zukünftige Kundenverhalten sowie das Kundenpotenzial zu erhalten. Folglich kommen hier Methoden des Data Mining zur Anwendung, die es ermöglichen, Kundentypen z. B. nach ihren Präferenzen oder ihrem Kundenwert zu klassifizieren oder auch abwanderungsgefährdete Kunden zu erkennen. Aus der Klassifizierung werden die Instrumente zur Steuerung der Kundenbeziehung abgeleitet. Hochrentable Kunden werden beispielsweise individuell angesprochen, während weniger rentable Kunden mit standardisierten Programmen (z. B. Kataloge, Newsletter) bearbeitet werden.

Der **Nutzen eines CRM-Systems** für das Unternehmen besteht in der besseren Ausschöpfung des Kundenpotenzials sowie einem rentableren Einsatz der Marketinginstrumente, z. B. auf Grund einer besseren Kenntnis von Akquisitions-, Bindungs- und Rückgewinnungskosten. Der Nutzen für den einzelnen Kunden besteht hingegen in der genauen Kenntnis seiner Bedürfnisse und entsprechend in der für ihn bedarfsgerechteren Information über Produkte und einer individuelleren Leistungserstellung.

Studien zeigen allerdings, dass ein großer Anteil durchgeführter **„CRM-Projekte",** deren Ziel hauptsächlich oder ausschließlich in der Einführung einer CRM-Software besteht, nicht erfolgreich sind (*Meta Group* 2001; *Roland Berger* 2002). Nach diesen Studien beträgt er zwischen 60 und 85 Prozent. Diese Größenordnung wirft die Frage nach den Gründen des Scheiterns auf. Dabei zeigt sich, dass die rein informationstechnologische Betrachtungsweise eines Customer Relationship Management wenig zielführend ist. Nach einer aktuellen Studie von *IBM* (2014) scheitern Unternehmen unter anderem daran, dass lediglich eines von zehn Unternehmen über eine geeignete Infrastruktur für ein erfolgreiches CRM-System verfügt. So stellt die alleinige Beschaffung von Daten kein Erfolgsfaktor dar, sondern die **Integration der kundenorientierten Denkweise** sowie der Technologien in die marketingpolitische Ausrichtung. Folglich ist es eine zentrale Voraussetzung für die Einführung einer

9

CRM-Software, dafür Sorge zu tragen, dass zunächst eine kundenorientierte Denkweise über das Relationship Marketing im Unternehmen verankert wird. Dies beinhaltet eine Veränderung und Kommunikation von Werten eines Unternehmens, die zwingend Top-down erfolgt – d. h. von der Unternehmensleitung hin zu ausführenden Ebenen des Unternehmens – und sowohl externe (Kundenkontaktpersonal) als auch interne (z. B. Personalentwicklung, Buchhaltung, technischer Service) Funktionen umfasst. Im Rahmen der Kundenorientierung ist das Relationship Marketing daher deutlich strategischer ausgerichtet als die Einführung eines informationstechnologischen Systems zur Verarbeitung von Kundendaten und der individuellen Bearbeitung einzelner Kundenbeziehungen (*Bruhn* 2016b).

Im Sinne einer Abgrenzung zwischen der informationstechnologischen Perspektive des Customer Relationship Management und dem Relationship Marketing kann die Implementierung einer CRM-Software als ein Instrument der Unternehmenssysteme zur Steuerung von Kundenbeziehungen betrachtet werden, dessen sinnvoller Einsatz jedoch die Erfüllung verschiedener Bedingungen im Rahmen einer **kundenorientierten Unternehmensführung** voraussetzt. Der Fokus liegt somit in erster Linie bei der Einführung der Kundenorientierung, deren informationstechnische Umsetzung durch ein CRM-System erfolgt (vgl. Kapitel 9, Umsetzung der Kundenorientierung). Im Rahmen der Kundenorientierung ist das Relationship Marketing deutlich strategischer ausgerichtet als die Einführung eines informationstechnologischen Systems zur Verarbeitung von Kundendaten und der individuellen Bearbeitung einzelner Kundenbeziehungen (*Bruhn* 2016b).

Bei der konzeptionellen Auseinandersetzung mit dem Relationship Marketing sind einige grundlegende Ansätze zu berücksichtigen, die als Basis für die Gestaltung von Beziehungen dienen. Unter strategischen Gesichtspunkten wird das Relationship Marketing vor allem von zwei zentralen **Denkkonzepten** geprägt:

- Dem „Denken im Kundenbeziehungslebenszyklus" und

- dem „Denken in der Erfolgskette".

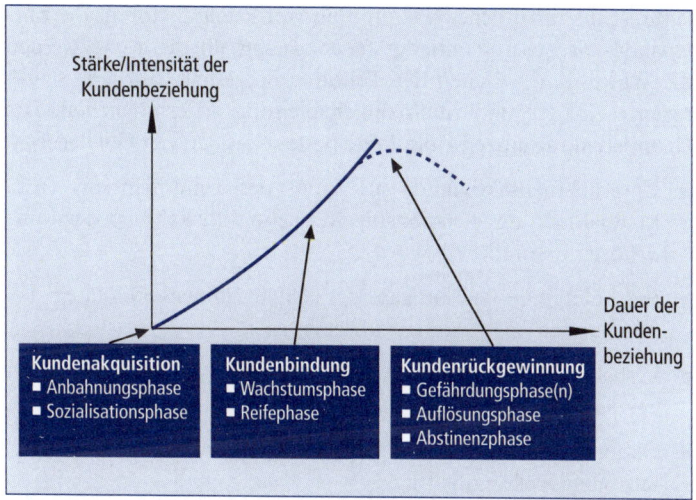

Schaubild 1–3: Phasen des Kundenlebenszyklus (Quelle: *Stauss* 2000, S. 16; *Bruhn* 2016b, S. 66)

Aufgrund des dynamischen Charakters von Kundenbeziehungen stellt der so genannte **Kundenlebenszyklus** oder genauer: Kunden-beziehungslebenszyklus (*Stauss* 2000; *Bruhn* 2016b) das Denkraster für die Ableitung der spezifischen Marketingaktivitäten im Relationship Marketing dar. Im Vordergrund steht dabei nicht die kurzfristige Initiierung und Gestaltung von Kundenkontakten, sondern die langfristige Steuerung von Kundenbeziehungen. Der Kundenlebenszyklus unterstellt einen direkten Zusammenhang zwischen der Dauer der Beziehung zwischen Unternehmen und Kunde sowie der Intensität der entsprechenden Beziehung. **Schaubild 1–3** zeigt den idealtypischen Verlauf einer Kundenbeziehung mit den Phasen Kundenakquisition, Kundenbindung und Kundenrückgewinnung.

Das zweite relevante konzeptionelle Fundament eines Relationship Marketing – das **Denken in der Erfolgskette** (*Heskett/Sasser/Schlesinger* 1997; *Homburg/Wieseke/Hoyer* 2009) – dient als gedankliche Basis für die Analyse, Steuerung und Kontrolle der Marketingaktivitäten (vgl. **Schaubild 1–4**). Die Grundüberlegung bei einer Erfolgskette ist die inhaltliche Verknüpfung von Erfolgsfaktoren, die miteinander in Zusammenhang stehen. Innerhalb der Kette werden die Wirkungen zwischen den Faktoren dargestellt, um eine strukturierte Analyse und Maßnahmenableitung zu ermöglichen. Die **Grundstruktur einer Erfolgskette** besteht aus den vier Gliedern:

- Unternehmensaktivitäten als Input des Unternehmens (z. B. Maßnahmen des Relationship Marketing im Rahmen der Kundenorientierung),

- Psychologische Wirkungen der Unternehmensaktivitäten bei den Kunden (z. B. Kundenzufriedenheit),

- Verhaltensbezogene Wirkungen der Unternehmensaktivitäten bei den Kunden (z. B. Kundenbindung)

- Ökonomischer Erfolg als Output des Unternehmens (z. B. Umsatz oder Deckungsbeitrag).

Bei den Wirkungszusammenhängen innerhalb der Erfolgskette handelt es sich allerdings nicht um eindeutige Zusammenhänge. Dies ist auf die unternehmensinternen sowie -externen Einflussfaktoren zurückzuführen, die die Kettenglieder sowie die Zusammenhänge zwischen den einzelnen Kettengliedern beeinflussen. Auf Seiten der **unternehmensexternen** Faktoren kann beispielsweise die Heterogenität der Kundenerwartungen dazu führen, dass es nicht möglich ist, mit einer bestimmten Marketingmaßnahme eine generelle Erhöhung der Kundenzufriedenheit zu erreichen. Weiterhin ist eine erhöhte Kundenzufriedenheit nicht zwangsläufig mit Kundenbindung gleichzusetzen. Vielmehr können etwa Variety-Seeking-Motive zu einer gesteigerten Wechselbereitschaft der Kunden führen. Beispielsweise ist es denkbar, dass ein Gast, der regelmäßig ein bestimmtes Restaurant besucht – trotz genereller Zufriedenheit mit der angebotenen Leistung – nach einer gewissen Zeit ein Bedürfnis nach Abwechslung (z. B. in Bezug auf die Speisen) verspürt und deswegen ein anderes Restaurant bevorzugt. Schließlich wird der ökonomische Erfolg eines Unternehmens auch davon abhängen, ob die Kunden in der Lage bzw. bereit sind, die vom Unternehmen festgelegten Preise zu zahlen. Auf Seiten der **unternehmensinternen** Faktoren können z. B. die Individualität der Leistung, die Möglichkeit ver-

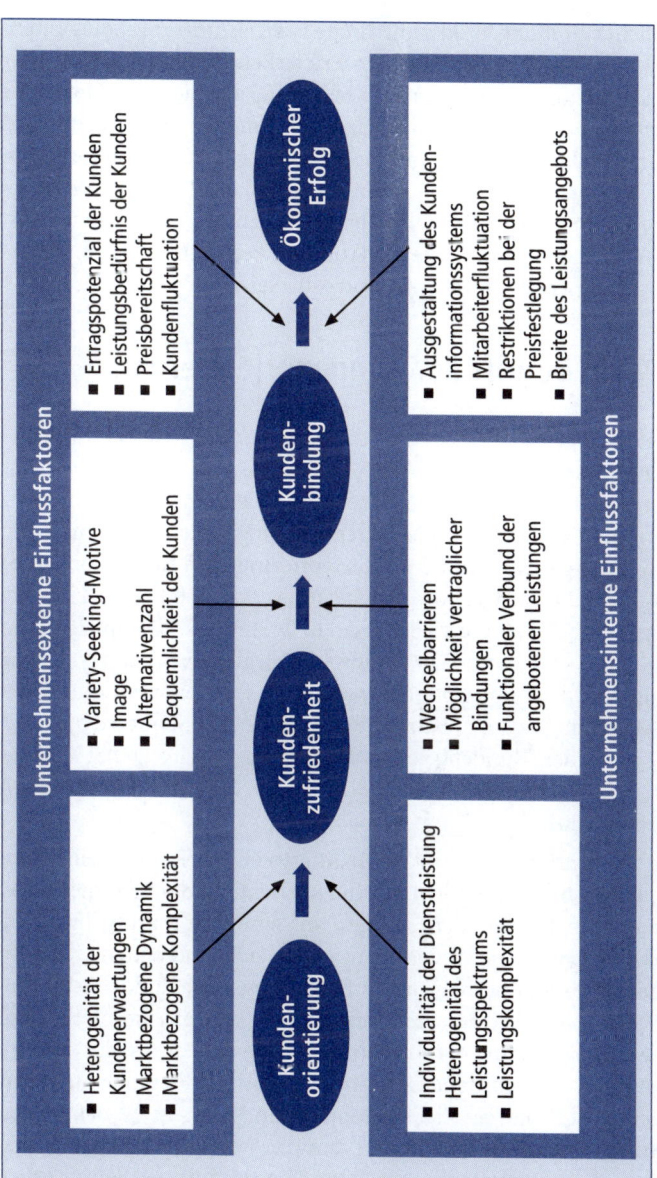

Schaubild 1–4: Erfolgskette der Kundenorientierung (Quelle: *Bruhn* 2016b, S. 73)

traglicher Bindungen oder die Breite des Leistungsangebotes einem idealtypischen Durchlaufen der Erfolgskette entgegenstehen. Für die Umsetzung des Relationship Marketing zur Sicherstellung einer konsequenten Kundenorientierung im Sinne der Erfolgskette wird es notwendig sein, diese internen und externen „Störfaktoren" in den Griff zu bekommen. Deshalb entwickeln Unternehmen verschiedene Steuerungssysteme, deren Aufgabe es ist, die unternehmensexternen und -internen Faktoren zu kontrollieren (z. B. Qualitäts-, Beschwerde-, Kundenbindungsmanagement).

2. Zum Begriff der Kundenorientierung

Eine Ursache für das bestehende Umsetzungsdefizit der Kundenorientierung ist in der Vielfalt der Begriffe und unterschiedlichen Interpretationsvarianten zu sehen. Ein häufig zu beobachtendes Phänomen ist die fehlende Differenzierung oder sogar synonyme Verwendung der Begriffe **Marktorientierung** und **Kundenorientierung**. Aus diesem Grunde ging *Shapiro* vermutlich bereits 1988 der Frage nach: „What the Hell Is Market Oriented?" (*Shapiro* 1988, S. 119). Eine synonyme Verwendung der Begriffe erscheint vor dem Hintergrund der konzeptionellen Basis der Kundenorientierung wenig sinnvoll. Aus diesem Grund wird der Begriff Marktorientierung von dem der Kundenorientierung wie folgt abgegrenzt (*Plinke* 1992a, 1996; *Homburg* 2000; *Menguc/Auh* 2006; *Homburg/Müller/ Klarmann* 2011a):

Die **Marktorientierung** ist in einen erweiterten Kontext einzubetten. Dieser beinhaltet nicht nur die Ausrichtung des Unternehmens auf die aktuellen Kunden, sondern auf sämtliche Marktteilnehmer, die mit dem Unternehmen in direktem oder indirektem Kontakt stehen. Die Orientierung an den Bedürfnissen der Kunden ist somit nur ein Teilbereich der Marktorientierung, die gleichermaßen auf die Berücksichtigung der Konkurrenz sowie der Ansprüche der Absatzmittler, Mitarbeitende, Anteilseigner oder Fremdkapitalgeber gerichtet ist. Primäres Ziel der Marktorientierung ist es, dauerhafte Wettbewerbsvorteile aufzubauen, um die Wettbewerbsfähigkeit des Unternehmens langfristig zu sichern. Hingegen ist der Begriff **Kun-**

denorientierung durch eine dyadische Beziehung – Kunde und Unternehmen – gekennzeichnet. Primäres Ziel der Kundenorientierung ist die Erfüllung des individuellen Kundenwunsches bzw. der Erwartungen der Kunden und nicht die Schaffung eines allgemeinen Wettbewerbsvorteils.

BEISPIEL: In den letzten Jahren gelang es *Apple*, seine Marktposition durch die konsequente Ausrichtung von Produktinnovationen an den Kundenbedürfnissen wie beispielsweise die Einführung der *Siri-Funktion* zu stärken und sich von anderen Konkurrenten wie *Samsung* abzugrenzen. Das Ziel der Unternehmensstrategie besteht darin, die Nutzung der Produkte für den Kunden durch stetige Innovationen einfacher und nicht komplexer zu gestalten. Das Unternehmen kann weltweit trotz seiner Positionierung im Premiumpreisbereich hohe Verkaufszahlen verbuchen.

Als zentrales Ziel der Kundenorientierung ist die Sicherstellung profitabler Kundenbeziehungen zu identifizieren. Dieses Ziel kann nur durch eine Orientierung an den individuellen Wünschen und Bedürfnissen der Kunden realisiert werden. Der Grundgedanke, Kundenbeziehungen individuell zu steuern, ist eng verbunden mit dem zuvor erläuterten Konzept des Relationship Marketing. Somit ist zur Gewährleistung einer ausgeprägten Kundenorientierung die Umsetzung eines Relationship Marketing erforderlich, das dem Aufbau, der Erhaltung und der Verbesserung profitabler Kundenbeziehungen dient (*Grönroos* 2004; *Bruhn* 2016b). In Anbetracht der unterschiedlichen Interpretationsvarianten erscheint es sinnvoll, eine weite Definition des Begriffes Kundenorientierung zugrunde zu legen, die sowohl den Informations- und Kultur-, als auch den Leistungs- und Interaktionsaspekt beinhaltet. Der **Begriff Kundenorientierung** wird wie folgt definiert (*Kühn* 1991; *Bruhn* 1995, S. 393; *Nguyen et al.* 2014):

Kundenorientierung ist die umfassende, kontinuierliche Ermittlung und Analyse der individuellen Kundenerwartungen sowie deren interne und externe Umsetzung in unternehmerische Leistungen sowie Interaktionen im Rahmen eines Relationship-Marketing-Konzeptes mit dem Ziel, langfristig stabile und ökonomisch vorteilhafte Kundenbeziehungen zu etablieren.

Der Ableitung einer verbindlichen Definition der Kundenorientierung kommt eine zentrale Bedeutung zu. In der Unternehmenspraxis ist noch zu oft festzustellen, dass der Begriff als „Worthülse" oder „Lippenbekenntnis", beispielsweise in Unternehmensleitbildern, erscheint, ohne dass konkrete Vorstellungen und Maßnahmen daraus abgeleitet werden. So ergaben beispielsweise Studien, dass mangelnde Kundenorientierung noch immer eine der Hauptschwachstellen im Management von Unternehmen darstellt, obwohl die kundenorientierte Unternehmensführung bei vielen Unternehmen seit längerem als Leitgedanke proklamiert wird (*Diller/Saatkamp* 2002; *Orcale* 2013).

3. Stand der Kundenorientierung aus Unternehmens- und Kundensicht

Trotz der etablierten Konzeptionierung der Kundenorientierung kann nicht verleugnet werden, dass in der Unternehmenspraxis starke Diskrepanzen zwischen Anspruch und Realität der Kundenorientierung bestehen. Dies bestätigen Erhebungen, die den aktuellen Stand der Kundenorientierung und Kundenzufriedenheit analysieren (*Droege&Comp.* 2000; *Meyer/Dornach* 2001; *Oracle* 2013; *Homburg* 2016). Insbesondere drei Problembereiche – so genannte Lücken zwischen dem Anspruch und der Realität – können ein Scheitern der kundenorientierten Unternehmensausrichtung zur Folge haben:

- Analyselücke,
- Planungslücke,
- Implementierungslücke.

Ein wesentlicher Grund der Anwendungsprobleme der Praxis besteht in der mangelnden Fähigkeit der Führungskräfte, den bisher erreichten Realisierungsgrad der Kundenorientierung realistisch einzuschätzen. Diese so genannte **Analyselücke** lässt darauf schließen, dass die eigenen Stärken und Schwächen nicht adäquat identifiziert worden sind. Die formulierte Strategie deckt sich nicht mit den eigenen Kompetenzen und Ressourcen sowie dem Umfeld des

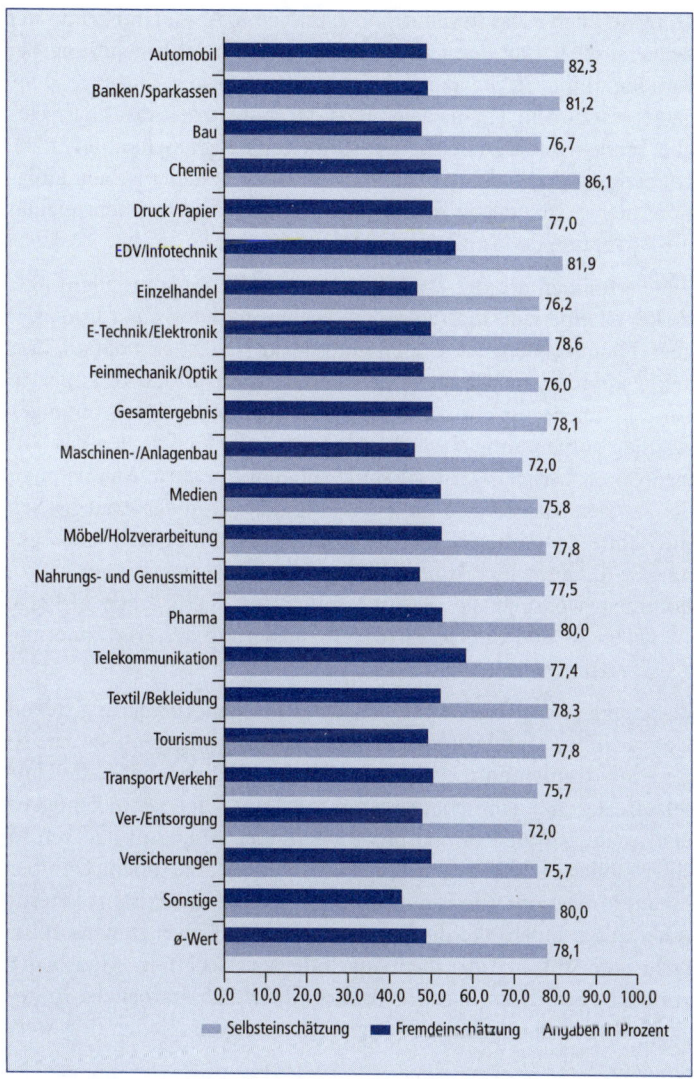

Schaubild 1–5: Branchenbezogene Gegenüberstellung der Selbst- und Fremdeinschätzung in Bezug auf die Umsetzung der Kundenorientierung (Quelle: *Droege&Comp.* 2000, S. 8)

Unternehmens. Das Resultat sind signifikante Abweichungen in der Selbsteinschätzung der Unternehmen und der Wahrnehmung der Kunden. Eine Studie der Unternehmensberatung *Droege&Comp.* (2000) zu diesem Thema zeigt, dass die Problematik der Analyselücke branchenübergreifend vorzufinden ist (vgl. **Schaubild 1–5**). Dies verdeutlicht die Notwendigkeit einer systematischen Situationsanalyse, die neben der Beurteilung der Unternehmensqualität die Perzeption der Kunden berücksichtigt.

Eng verbunden mit der Analyselücke ist die so genannte **Planungslücke**, da eine einwandfreie Analyse Voraussetzung einer erfolgreichen Planungsphase ist. Die Planungslücke bezieht sich darauf, dass keine koordinierte Planung der strategischen kundenorientierten Unternehmensausrichtung sowie der operativen Marketingmaßnahmen vorgenommen wurde. Als Folge konzentriert sich das Unternehmen beispielsweise zu stark auf rein operative Maßnahmen der Kundenorientierung, die nicht in Einklang mit der strategischen Ausrichtung stehen. Die interne Ressourcenplanung und -entwicklung wird somit nicht unter strategischen Gesichtspunkten vorgenommen, wodurch die Zielkonformität der Maßnahmen in Frage zu stellen ist und die Gefahr der Verwässerung der Positionierung als kundenorientiertes Unternehmen besteht.

Besonders in der Umsetzungsphase der Kundenorientierung stehen Unternehmen verschiedenen Herausforderungen gegenüber. Die so genannte **Implementierungslücke** beschreibt die mangelhafte Umsetzung der Maßnahmen. Dies kann zum einen in einer ungenügenden Analyse- und Planungsphase begründet sein, zum anderen in einer isolierten Implementierung einzelner Maßnahmen. Darüber hinaus können interne Herausforderungen wie die Existenz heterogener Subgruppen, die die kundenorientierte Unternehmenskultur nicht unterstützen, oder die mangelnde Bereitschaft der Mitarbeiter kundenorientiert zu handeln dazu führen, dass erarbeitete Strategien nicht in der eigentlich konzipierten Form implementiert werden (*Greve* 2010).

Vor diesem Hintergrund stellt sich die Frage, wie interne Barrieren überwunden werden können, die Unternehmen daran hindern, Kundenorientierung zu realisieren (vgl. hierzu auch Kapitel 9, Umsetzung der Kundenorientierung). Ein bedeutsamer Faktor ist die Fähigkeit, Informationen über die eigenen Kunden im Rahmen eines **Informationsmanagementsystems** zu erheben. In Unternehmen fallen eine Vielzahl von Daten und Informationen an, die es in aktives Wissen über Kunden zu verwandeln gilt. In diesem Zusammenhang können beispielsweise Datenanalysen dazu beitragen, die Bedürfnisse einzelner Kunden zu ermitteln sowie den individuellen Wert dieser Kunden für das Unternehmen zu prognostizieren. Allerdings gibt es in der Praxis noch erheblichen Handlungsbedarf bei der Speicherung und Analyse von Kundendaten. Insbesondere die Analyse des Kundenwertes stellt in der Unternehmenspraxis eine schwierige Aufgabe dar. Dieser umfasst die ökonomische Gesamtbedeutung, d. h. den aktuellen sowie potenziellen monetären und nicht-monetären Wert eines Kunden für das Unternehmen (*Pufahl* 2014). Aufgrund der vielfältigen Faktoren, die den Kundenwert determinieren (z. B. Ertragspotenzial, Referenzpotenzial, Cross-Buying-Potenzial; vgl. Kapitel 8, Kundenwertmanagement), gestaltet es sich zum einen schwierig, ein integratives und für die Praxis realisierbares Modell zu entwickeln, zum anderen die dafür notwendigen Kundendaten zu erheben.

Unternehmen sind daher gefordert, die Rahmenbedingungen zur Umsetzung von Kundenorientierung zu schaffen bzw. zu verbessern. Allerdings geht es dabei nicht nur um die technischen Möglichkeiten im Unternehmen oder die Regelmäßigkeit von Kundenzufriedenheitsstudien, sondern darum, dass die Entscheidungsträger die Bedürfnisse der Kunden in der Alltagssituation wirklich verstehen und diesen gerecht werden (*Greve* 2010).

4. Bezugsrahmen zur Umsetzung der Kundenorientierung

Aus den aufgezeigten Sachverhalten ergibt sich die Schlussfolgerung, dass ein umfassendes System notwendig ist, mit dessen Hilfe Kundenorientierung geplant und umgesetzt werden kann. Im Vordergrund steht die Bemühung, bislang vorhandene Einzellösungen im Unternehmen in ein möglichst geschlossenes und aufeinander abgestimmtes Gesamtsystem zu integrieren.

Kundenorientierung → Kundenzufriedenheit → Kundenbindung → Ökonomischer Erfolg

Bausteine der Kundenorientierung

	Qualitäts-management	Service-management	Kundenbindungs-management	Beschwerde-management	Innovations-management	Kundenwert-management	Kommunikations-management
Analyse	Qualitätsmessung	Servicebedarf	Analyse der Verbundenheit; Abwanderungsanalyse	Beschwerdeanalyse	Analyse der Kernkompetenzen; Ideengenerierung	Kundenwertmessung; Segmentierung	Analyse der Kommunikationsbedürfnisse
Strategische Planung	Qualitätsstrategie	Servicestrategie; Servicetiefe	Kundenbindungsstrategie; Kundenbindungsarten	Festlegung der Beschwerdeprozesse	Market Pull versus Technology Push	Segmentspezifische Kundenwertstrategie	Planung der Zusammenführung der Kommunikation
Operative Planung	Qualitätssicherung; Qualitätsinstrumente	Serviceinstrumente	Kundenbindungsinstrumente	Instrumente des Beschwerdemanagements	Ideenprüfung und -auswahl; Markt- und Produkttests; Markteinführung	Kundenwertorientierte Instrumente	Integration der Kommunikationsinstrumente
Umsetzung	Kundenorientierte Strukturen		Kundenorientierte Systeme			Kundenorientierte Kultur	
Kontrolle			Messung der Kundenorientierung				

Schaubild 1–6: Bezugsrahmen der Kundenorientierung

Zur Lösung dieser Herausforderung wird der in **Schaubild 1–6** dargestellte **Bezugsrahmen der Kundenorientierung** zugrunde gelegt, mit dessen Hilfe die relevanten Schritte in Richtung einer Kundenorientierung in systematischer Form vollzogen werden. Die Auswahl der einzelnen Bausteine der Kundenorientierung erfolgte insbesondere durch die Tatsache, dass es möglich ist, mittels dieser Bausteine einen hohen Beitrag zur Beeinflussung der einzelnen Dimensionen der Kundenorientierung zu leisten. Beispielsweise wird ein Qualitätsmanagement die Produktqualität, ein Servicemanagement die Servicequalität oder ein aktives Beschwerdemanagement die Offenheit im Informationsaustausch positiv beeinflussen.

Der Bezugsrahmen der Kundenorientierung ist in die vier **Phasen eines klassischen Managementprozesses** unterteilt:

- Analysephase der Kundenorientierung,
- Planungsphase der Kundenorientierung,
- Umsetzungsphase der Kundenorientierung,
- Kontrollphase der Kundenorientierung.

Den Ausgangspunkt bildet die **Analysephase**. In dieser Phase sind sämtliche Informationen zu erheben, die helfen können, die Bedürfnisse und Erwartungen der Kunden hinsichtlich Leistung und Interaktion der Unternehmen besser zu verstehen. Die Erhebung der kundenbezogenen Informationen findet in der Regel im Rahmen von schriftlichen oder telefonischen Kundenbefragungen zur Ermittlung von Kennzahlen zur Kundenzufriedenheit und Kundenbindung statt.

Neben der Analyse der aktuellen sind auch die ehemaligen Kunden und deren Gründe für die Abwanderung eingehend zu analysieren, um Verbesserungspotenziale der Kundenorientierung aufzudecken und weitere Abwanderungen zu verhindern. Die Analyse der Kundenstruktur, beispielsweise durch ABC-Analysen, Kundenportfolios oder mittels „Customer-Lifetime-Value"-Betrachtungen, kann wertvolle Hinweise darüber geben, in welche Kundensegmente heute und in Zukunft Investitionen sinnvoll sind. Über diese vier „klassischen" kundenbezogenen Analysen hinaus existieren weitere Analyseverfahren. Im Rahmen der Bausteine sind z. B. Imageanalysen,

Benchmarkingstudien oder Gap-Analysen denkbar, die ebenfalls herangezogen werden können, um Kundenerwartungen zu spezifizieren und im Weiteren eine Steigerung der Kundenorientierung zu erreichen.

Die **Planungsphase** lässt sich in eine strategische und eine operative Komponente unterteilen. Hier werden zunächst strategische Stoßrichtungen festgelegt, die hinsichtlich eines ganzheitlich kundenorientierten Konzeptes möglicherweise umfangreiche Veränderungen erfordern. Beispielsweise definiert eine Strategie mit dem Ziel einer Integrierten Kommunikation, wie die Zusammenführung der Kommunikationsinstrumente zu realisieren ist. Anschließend werden die Maßnahmen festgelegt, die in Bezug auf die einzelnen Bausteine einzusetzen sind, so z. B. die einzelnen Kundenbindungsinstrumente oder die Prozesse eines Beschwerdemanagements.

Die dritte Phase des Bezugsrahmens stellt die größten Herausforderungen an die Unternehmenspraxis dar. Hier gilt es, die Strategien zur Verbesserung der Kundenorientierung in aktionsfähige Handlungen umzusetzen. In der **Umsetzungsphase** werden somit Anpassungen der Unternehmensstrukturen, der -systeme und der -kultur erforderlich, um das definierte Ziel der Kundenorientierung langfristig sicherstellen zu können.

Im Anschluss an die Umsetzung folgt die **Kontrolle der Kundenorientierung**. Es stehen unterschiedliche Messansätze zur Verfügung, mit dem der Umsetzungsgrad der Kundenorientierung, mit dem Ziel einer kontinuierlichen Verbesserung, gezielt erhoben werden kann.

Die Darstellung der einzelnen Bausteine der Kundenorientierung in den Kapiteln 2 bis 10 des Buches hat zur Aufgabe, dem Leser aus der Unternehmenspraxis eine grundlegende Vorstellung darüber zu vermitteln, welche Unternehmensbereiche oder -aufgaben möglicherweise ausbaufähig bzw. welche in der Zukunft zu beachten sind. Im Vordergrund steht die Darstellung der wesentlichen Grundlagen des Themengebietes sowie der Bezug zur Kundenorientierung und nicht die detaillierte Beschreibung einzelner Vorgehensweisen wie z. B. bestimmter Analysemethoden. Obwohl jeder Baustein der Kundenorientierung ein in sich geschlossenes Kapitel bildet, ist zu berücksichtigen, dass eine Vernetzung der einzelnen Maßnahmen erforderlich ist. Insbesondere gilt dies für das Kundenwertmanagement, dem hinsichtlich der Zielsetzung möglichst rentabler, d. h. kundenwertspezifischer, Investitionen in die Kundenorientierung eine zentrale Funktion zukommt. Ferner ist darauf hinzuweisen, dass kein „Patentrezept" zur Steigerung der Kundenorientierung erwartet werden kann (*Benning-Rohnke/Greif* 2010). Um Kundenorientierung methodisch erfolgreich im Unternehmen zu implementieren, bedarf es einer übergeordneten Gesamtkonzeption, in die die einzelnen Bausteine der Kundenorientierung integriert werden, um eine Verbindung zwischen den einzelnen Maßnahmen sicherzustellen.

Der Bezugsrahmen der Kundenorientierung zeigt ein breites Spektrum an Maßnahmen auf, die teilweise relativ leicht, mitunter jedoch auch nur langfristig und unter zahlreichen Widerständen, umgesetzt werden können. Langfristiges Ziel ist es, die Diskrepanz zwischen Anspruch und Realität der Kundenorientierung schrittweise abzubauen.

2. Kapitel

Qualitätsmanagement

1. Grundlagen des Qualitätsmanagements

Die Erbringung einer exzellenten Produkt- und Dienstleistungsqualität im Rahmen eines systematischen Qualitätsmanagementsystems ist ein zentraler Ansatzpunkt zur Steigerung der Kundenorientierung. Wie dies in Unternehmen realisiert werden kann und welche Phasen, Instrumente und Methoden hierbei eine besondere Rolle spielen, wird innerhalb des ersten Bausteins der Kundenorientierung näher betrachtet. Die Bedeutung der Qualität ist dabei sowohl in der Wissenschaft als auch in der Praxis unumstritten (*Beckett* 2008; *Bruhn* 2008). Nachdem die Qualitätsförderung ihren Anfang in den USA und Japan nahm, erfuhr die Thematik seit der Einführung des European Quality Award 1992 auch in Europa einen Bedeutungsschub. In den folgenden Jahren wurden mehrere Qualitätspreise etabliert (z. B. Ludwig-Erhard-Preis in Deutschland seit 1997, Esprix in der Schweiz seit 1999, Malcolm Baldrige Award in den USA seit 1988), die zunehmende Beachtung finden und dazu führen, dass Qualitätskonzepte wie das EFQM-Modell (European Foundation for Quality Management) von zahlreichen Unternehmen eingesetzt werden.

Studie:

> Das *Georgia Institute of Technology* stellte fest, dass – über eine Zeitspanne von fünf Jahren – bei Preisträgern des amerikanischen Qualitätspreises Malcolm Baldrige Award, d. h. Unternehmen mit einem ganzheitlichen Qualitätsmanagement, der Anstieg von Gewinn und Umsatz mehr als doppelt so hoch ausfiel, als beim Durchschnitt der im Aktienindex S&P 500 vertretenen Unternehmen (*Dubacher* 2005).

Schaubild 2–1 verdeutlicht den Zusammenhang von Kundenorientierung und Qualitätsmanagement. Es wird deutlich, dass ein Qualitätsmanagementsystem primär auf die erste Dimension der Kundenorientierung, das Leistungsangebot, wirkt.

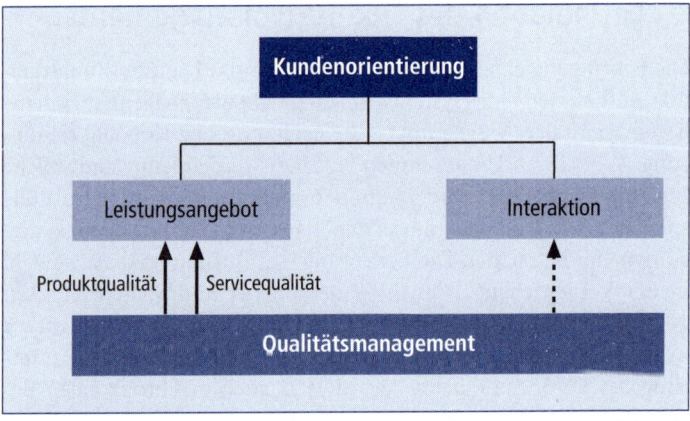

Schaubild 2–1: Zusammenhang von Kundenorientierung und Qualitätsmanagement

1.1 Zum Begriff Qualität

Der Qualitätsbegriff zeichnet sich in Theorie und Praxis durch divergierende Sichtweisen und uneinheitliche Interpretationsansätze aus. Die heterogenen Auffassungen über den Begriff Qualität machen deutlich, dass es bis heute nicht gelungen ist, ein in Ansätzen tragfähiges und allgemein akzeptiertes Qualitätsverständnis zu schaffen. Versteht man Qualität als Ergebnis eines Leistungserstellungsprozesses, so besteht Einigkeit darüber, dass zwei generelle **Begriffsansätze** zu unterscheiden sind (*Meffert/Bruhn/Hadwich* 2015):

- Produktbezogener Qualitätsbegriff,

- Kundenbezogener Qualitätsbegriff.

Produktbezogener Qualitätsbegriff: Qualität wird in diesem Fall als die Summe bzw. das Niveau der vorhandenen Eigenschaften von Produkten oder Dienstleistungen definiert. Beim produktbezogenen Qualitätsbegriff ist eine hohe Qualität – im Vergleich zu entsprechenden Leistungsangeboten der Wettbewerber – durch ein überlegenes Niveau von vorab festgelegten Eigenschaften des eigenen Angebotes, wie z. B. Stabilität, Haltbarkeit, gekennzeichnet. Diese enge Auffassung rückt die Betrachtung objektiver, messbarer Kriterien in den Vordergrund („Product Based"). Bei Dienstleistungen ist diese Qualitätsauffassung aufgrund der Integration des Kunden bzw. anderer externer Faktoren in den Erstellungsprozess sowie die Immaterialität des Leistungsergebnisses problematisch, da aufgrund dieser Eigenschaften eine „Objektivität" nur teilweise zu gewährleisten ist.

Aufgrund der hohen Relevanz des kundenbezogenen Qualitätsbegriffs im Rahmen der Kundenorientierung wird dieser im Folgenden detaillierter dargestellt. Der **kundenbezogene Qualitätsbegriff** ist auf die Wahrnehmung der Produkteigenschaften bzw. Leistungen aus der Kundenperspektive fokussiert („User Based"). Bei dieser Begriffsauffassung entscheiden nicht die objektiv vorhandenen Qualitätsmerkmale, sondern vielmehr stellt deren subjektive Wahrnehmung in den Augen der Konsumenten die Grundlage des Qualitätsurteils dar. Demzufolge beurteilen die Kunden, welche Qualitätseigenschaften als wichtig erachtet werden und ob sie ihren Erwartungen entsprechen (*Bruhn* 2013b, S. 31). Eine Messung der Qualität erfolgt bei dieser Begriffsdefinition somit nach subjektiven Kriterien.

Im Folgenden wird eine **Definition des Begriffes Qualität** zugrunde gelegt, die zwar produkt- und kundenbezogene Aspekte vereint, jedoch die Kundenerwartungen in das Zentrum der Begriffsdefinition stellt (in Anlehnung an die ISO-Norm und die Definition der *Deutschen Gesellschaft für Qualität*).

Qualität

ist die Fähigkeit eines Anbieters, die Beschaffenheit einer Sach- oder Dienstleistung aufgrund von Kundenerwartungen auf einem bestimmten Anforderungsniveau zu erstellen. Sie bestimmt sich aus der Summe der Eigenschaften bzw. Merkmale einer Leistung, bestimmten Anforderungen gerecht zu werden (*Bruhn* 2013b, S. 33).

Die Qualität steht in einem Spannungsfeld, auch „magisches Dreieck" genannt, das sich aus der Sicht der Kunden, der Wettbewerber und des eigenen Unternehmens ergibt. Obgleich die Kundenanforderungen den primären Maßstab für das Qualitätsmanagement eines Unternehmens darstellen, sind im Rahmen einer umfassenden Sichtweise gleichfalls die Wettbewerber sowie das eigene Unternehmen in die Betrachtung zu integrieren. Eine Übersicht der Anforderungen der drei aufgeführten Gruppen zeigt **Schaubild 2–2.**

2. Strategische Ansatzpunkte des Qualitätsmanagements

2.1 Total Quality Management als Grundlage des Qualitätsmanagements

Die Prinzipien des Total Quality Management (TQM) bilden die strategische Grundlage zur Umsetzung eines Qualitätsmanagements im Unternehmen (*Schildknecht* 1992; *Rogers* 2013). Unter **Total Quality Management** ist eine auf der Mitwirkung aller ihrer Mitglieder beruhende Führungsmethode einer Organisation zu verstehen, die Qualität in den Mittelpunkt stellt und durch Zufriedenheit der Kunden auf langfristigen Geschäftserfolg sowie auf Nutzen für die Mitglieder der Organisation und für die Gesellschaft zielt (*Deutsche Gesellschaft für Qualität e. V.* 1995). Total Quality Management ist somit nicht nur Bestandteil eines Unternehmensführungskonzeptes, sondern dominiert als grundlegende Denkhaltung sämtliche Managementaktivitäten im Sinne einer ganzheitlichen Qualitätskultur (*Kamiske* 2015).

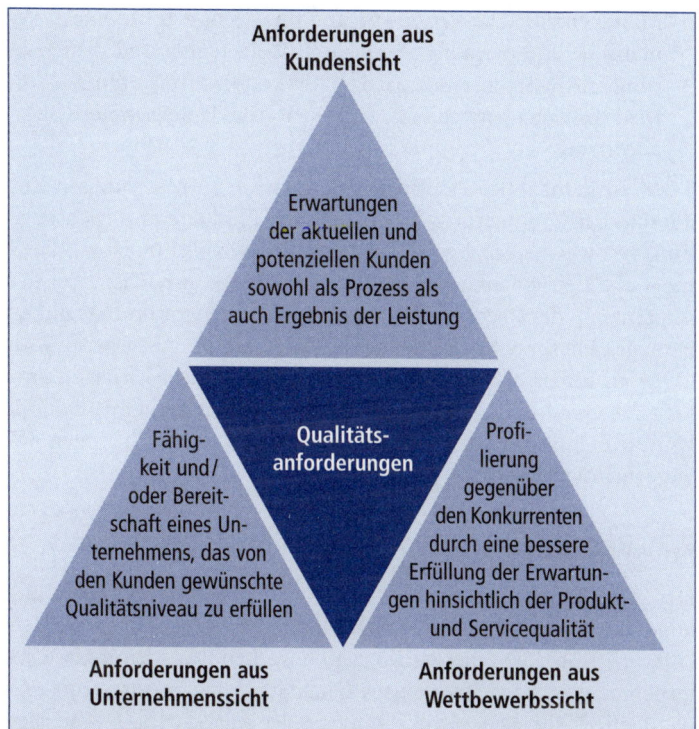

Schaubild 2–2: Anforderungen aus Kunden-, Wettbewerbs- und Unternehmenssicht

Im Laufe der Zeit sind mit einer wachsenden Zahl von Publikationen auch zahlreiche Entwicklungsrichtungen entstanden. Die inhaltlichen Schwerpunkte des Total Quality Management können jedoch auf folgende **Aussagen** reduziert werden (*Kamiske* 2015, S. 2):

- **Total:** Im Rahmen des TQM-Konzeptes werden sämtliche Personengruppen, die an der Leistungserstellung beteiligt sind (Mitarbeitende des Unternehmens, alle Kundengruppen, Lieferanten usw.), in den Qualitätsprozess einbezogen.

- **Quality:** Innerhalb des TQM erfolgt eine konsequente Orientierung aller Aktivitäten des Unternehmens an den Qualitätsanforderungen der externen und internen Kundengruppen.

- **Management:** Die Verantwortung und Initiative für eine systematische und permanente Qualitätsüberzeugung und -verbesserung im Rahmen eines partizipativ-kooperativen Führungsstils wird von den obersten Führungsebenen des Unternehmens übernommen.

TQM ist demzufolge ein langfristig angelegter Ansatz, dessen Ziel die ständige Optimierung der Qualität der Produkte und Dienstleistungen sowie die Effizienz der internen Prozesse ist, um so die bestmögliche Befriedigung der Kundenwünsche zu erreichen. Bei der Abgrenzung der Begriffe Total Quality Management und Qualitätsmanagement besteht häufig noch Unsicherheit. Ausgehend vom TQM als umfassende qualitätsorientierte Strategieausrichtung umfasst das Qualitätsmanagement die Analyse, Planung, Organisation, Umsetzung und Kontrolle der qualitätsbezogenen Maßnahmen des Unternehmens.

2.2 Regelkreiskonzept des Qualitätsmanagements

Der grundsätzliche Aufbau eines Qualitätsmanagements kann anhand des so genannten **Regelkreiskonzeptes** beschrieben werden (*Bruhn* 2013b). Von diesem Konzept ausgehend wurden in der Unternehmenspraxis vielfach eigene Qualitätsmanagementsysteme implementiert, die sich – trotz individueller Ausgestaltung – an vier idealtypischen **Phasen des Qualitätsmanagements** orientieren (DIN ISO 9001:2008; **Schaubild 2–3**):

- Qualitätsplanung,
- Qualitätslenkung,
- Qualitätsprüfung,
- Qualitätsmanagementdarlegung.

Qualitätsplanung: Die Qualitätsplanung als erste Phase eines systematischen Qualitätsmanagements umfasst das vorausschauende Planen und Weiterentwickeln der Qualitätsanforderungen an die Leistungserstellung sowie die Formulierung von kundengerichteten Qualitätszielen und -strategien. Die Qualitätsplanung konkretisiert somit alle Qualitätsanforderungen unter Berücksichtigung der unternehmensinternen Realisationsmöglichkeiten.

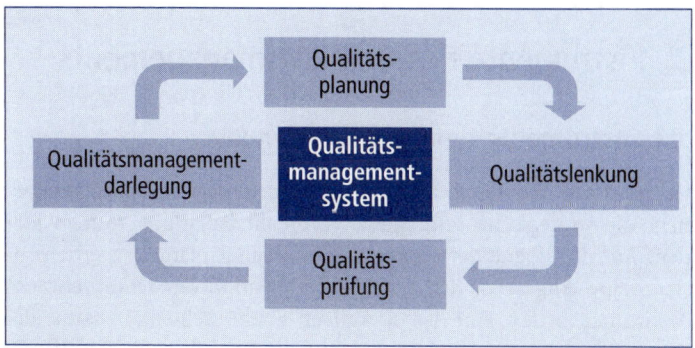

Schaubild 2–3: Idealtypische Phasen eines Qualitätsmanagementsystems

Qualitätslenkung: Die Phase der Qualitätslenkung, auch als Qualitätssteuerung bezeichnet, baut auf den Ergebnissen der Qualitätsplanung auf. Diese Phase beinhaltet sämtliche vorbeugenden, überwachenden und korrigierenden Tätigkeiten mit dem Ziel, die Qualitätsanforderungen und definierten Qualitätsziele zu erfüllen.

Qualitätsprüfung: Innerhalb der Qualitätsprüfung ist durch geeignete Verfahren festzustellen, ob und inwieweit die Kundenerwartungen an die Qualität tatsächlich umgesetzt werden konnten. Es handelt sich somit um die laufende Kontrolle der definierten Qualitätsziele. Werden diese nicht erreicht, sind geeignete Maßnahmen zur Gegensteuerung erforderlich, wie beispielsweise Mitarbeiterschulungen.

Qualitätsmanagementdarlegung: Schließlich ist am Ende des Regelkreises die Phase der Qualitätsmanagementdarlegung zu betrachten, in der eine Dokumentation sämtlicher Tätigkeiten und Maßnahmen, die im Rahmen des Qualitätsmanagements realisiert wurden, stattfindet.

Im Rahmen der vier Phasen des Regelkreiskonzeptes können verschiedene Instrumente zur Sicherstellung einer hohen Qualität Anwendung finden.

3. Instrumente des Qualitätsmanagements

3.1 Instrumente der Qualitätsplanung

In der Phase der Qualitätsplanung werden zwei Instrumentalebenen, die strategische und operative Qualitätsplanung, unterschieden. Auf der Ebene der strategischen Qualitätsplanung werden Instrumente eingesetzt, die die Qualitätsposition des Unternehmens bestimmen helfen. Auf der operativen Ebene steht die Analyse der Kundenerwartungen im Hinblick auf die Produkt- und Leistungsqualität im Vordergrund (*Bruhn* 2013b).

(1) Strategische Qualitätsplanung

Die strategische Qualitätsplanung beinhaltet diejenigen Aspekte, die den grundlegenden Handlungsrahmen des Qualitätsmanagements festlegen. Die globale Analyse der qualitätsbezogenen Position eines Unternehmens sowie die Entwicklung eines langfristig angelegten Konzeptes stehen hierbei im Vordergrund. Zu diesem Zweck können folgende Instrumente herangezogen werden:

- Qualitätsorientierte SWOT-Analyse,
- Qualitätsportfolios,
- Qualitätsstandards.

Qualitätsorientierte SWOT-Analyse: Die Bestimmung der strategischen Qualitätsposition des Unternehmens bildet die wesentliche Grundlage für den Entwurf eines Qualitätsmanagementkonzeptes (*Bruhn* 2013c, S. 106). Als Instrument zur Bestimmung dieser Qualitätsposition kann grundsätzlich die aus der strategischen Marketingplanung bekannte SWOT-Analyse (Strengths, Weaknesses, Opportunities and Threats) eingesetzt werden, die ausschließlich die qualitätsorientierten Stärken und Schwächen des Unternehmens (interne Sicht) sowie die qualitätsorientierten Chancen und Risiken des Marktes (externe Sicht) konkretisiert. Hauptverantwortlich für die Erstellung einer qualitätsorientierten SWOT-Analyse ist die mit Qualitätsfragen betraute Führungsebene. In der Regel werden die

SWOT-Analyse	Stärken	Schwächen
Chancen	■ Freundlichkeit der Mitarbeiter ■ Hohe Beratungskompetenz ■ Steigende Kundenerwartung hinsichtlich fachlicher Beratung ■ Verbesserung des Banken-images in der Öffentlichkeit	■ Datensicherheit beim eigenen Online-Banking-System wird angezweifelt ■ Zunehmende Bereitschaft zum Online Banking ■ Anzahl der Internet-Kunden steigt permanent
Risiken	■ Etabliertes Qualitätsmanagement ■ Kundenbindungswerte sind sehr stabil ■ Wettbewerber führen neues Qualitätsmanagement-system ein ■ Aggressive Versuche der Wettbewerber, Kunden abzuwerben	■ Kein Beschwerdemanagement vorhanden ■ Lange Reaktionszeiten bei Kundenanfragen ■ Steigende Erwartungen der Kunden hinsichtlich der Beschwerdereaktion ■ Tendenz zu Zweitkonten nimmt stetig zu

Schaubild 2–4: Qualitätsorientierte SWOT-Analyse am Beispiel einer Bank

einzelnen Dimensionen (Stärken/Schwächen, Chancen/Risiken) parallel abgeleitet und in einer Matrix zusammengestellt. Die Gegenüberstellung bietet gegenüber einer reinen Auflistung der Stärken/ Schwächen bzw. Chancen/Risiken z. B. eine Übersicht darüber, welche (externen) Entwicklungen des Marktes durch welche (internen) Stärken des Unternehmens besonders gut genutzt werden können. **Schaubild 2–4** zeigt eine qualitätsorientierte SWOT-Matrix am Beispiel einer Bank.

Qualitätsportfolios: Basierend auf der jeweiligen Qualitätsposition des Unternehmens in den spezifischen Geschäftsfeldern sind wettbewerbsorientierte Qualitätsstrategien abzuleiten, die zu einer eindeutigen Positionierung des Unternehmens am Markt führen (*Heskett* 1988; *Bruhn* 2013b). Eine geeignete Maßnahme stellt in diesem Zusammenhang die Ableitung eines Qualitätsportfolios dar, durch das die Position des Unternehmens in Bezug auf die Qualitätsdimensionen dargelegt wird und Handlungsempfehlungen abgeleitet werden können (*Horváth/Urban* 1990; *Meffert/Bruhn/Hadwich* 2015, S. 237). Allerdings können durch Qualitätsportfolios lediglich generelle Stoßrichtungen in Bezug auf die zukünftige Qualitätsstrategie aufgezeigt werden. Detaillierte Informationen lassen sich erst mit Hilfe umfangreicher Kundenbefragungen sowie weiterer Qualitätsplanungsinstrumente gewinnen. **Schaubild 2–5** zeigt ein Qualitätsportfolio am Beispiel eines Hotels.

Qualitätsstandards: Ausgehend von der gewünschten Qualitätsposition und -strategie können konkrete Qualitätsstandards für die einzelnen strategischen Geschäftsfelder bzw. Bereiche des Unternehmens festgeschrieben werden. Bei Erfüllung der Standards ist ein Vorteil in der damit realisierten Planungssicherheit zu sehen, die Mindestanforderungen aus Kundensicht zu erfüllen. In **Schaubild 2–6** sind verschiedene Beispiele für Standards eines Call Centers zusammengestellt.

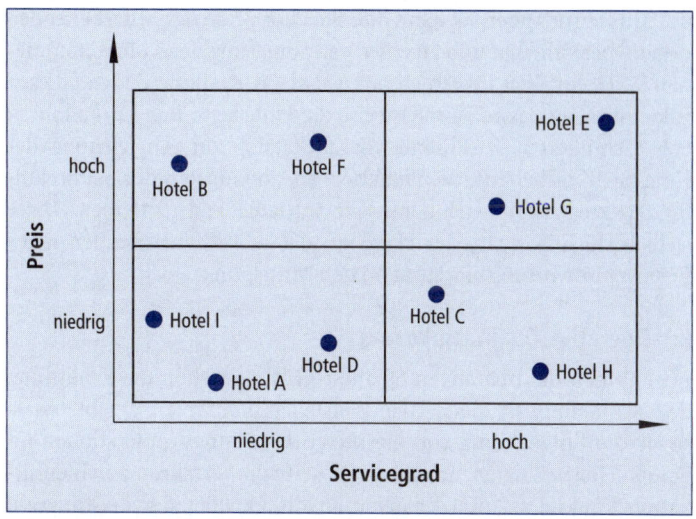

Schaubild 2–5: Positionierungsmodell am Beispiel eines Hotels (Quelle: in Anlehnung an *Lovelock/Wirz* 2010, S. 96)

Qualitätsmerkmal	Vorgabe
Durchschnittliche Wartezeit des Kunden	Maximal 2 Minuten
Innerhalb einer Zeitvorgabe angenommene Anrufe	Mindestens 80 Prozent
Zeit bis zum Tätigen des Rückrufs	Maximal 10 Minuten
Anteil im Gespräch gelöster Kundenprobleme	Mindestens 30 Prozent
Zeit zur Beantwortung von Mail- und Faxanfragen	Maximal 12 Stunden

Schaubild 2–6: Beispiele für Qualitätsstandards bei einem Call Center (Quelle: in Anlehnung an *Schneider* 2002, S. 1013)

Wichtig anzumerken ist dabei jedoch, dass vorgegebene Qualitätsstandards auch **negative Effekte** auf die kundenseitige Qualitätswahrnehmung bewirken können. Das Ziel von Qualitätsstandards wie Service-Skripten ist die Homogenisierung der einzelnen Serviceinteraktionen bzw. die Abstimmung mit der gewünschten Qualitätspositionierung (*Walsh et al.* 2012). Sind diese jedoch zu eng formuliert und somit nicht individuell auf die Eigenschaften des Mitarbeitenden bzw.

des Kunden adaptierbar, kann dies die Perzeption des Mitarbeitenden negativ beeinflussen und zu einer Verminderung der wahrgenommenen Servicequalität führen (*Nguyen et al.* 2014). Basierend auf diesen Erkenntnissen passte beispielsweise die Hotelkette *Ritz Carlton* ihren eng formulierten 20-Punkte Vorgabekatalog zur Angleichung der Kunden-Mitarbeitenden-Interaktion an, zu Gunsten der Servicekultur „We are ladies and gentlemen serving ladies and gentlemen". Diese stellt bedürfnisorientiertes Handeln, das den Mitarbeitenden mehr Eigenverantwortung einräumt, in den Mittelpunkt.

(2) Operative Qualitätsplanung

Im Rahmen der operativen Qualitätsplanung stehen die Ermittlung der Kundenerwartungen, das Aufstellen konkreter Qualitätsziele sowie die Entwicklung von konkreten Handlungsimplikationen im Fokus. Hierbei bieten sich eine Vielzahl von Verfahren zur Identifikation konkreter Anforderungen an die Qualität der Leistung an, die in der Unternehmenspraxis einen unterschiedlichen Stellenwert einnehmen. Prinzipiell lässt sich zwischen **unternehmensorientierten und kundenorientierten Messverfahren** zur Erfassung der Qualitätskriterien differenzieren (vgl. **Schaubild 2–7**).

Von den zahlreichen Qualitätsmessverfahren werden im Folgenden ausschließlich diejenigen Instrumente thematisiert, die zur Erfassung der spezifischen Qualitätskriterien besonders geeignet erscheinen (*Benkenstein* 1993; *Brüggemann* 2012).

Sequenzielle Ereignismethode: Konkrete Schlüsselerlebnisse der Kunden mit dem Anbieter auf der Grundlage eines so genannten „Blueprints" stehen im Mittelpunkt der Sequenziellen Ereignismethode (**Schaubild 2–8**). Dieser Blueprint beinhaltet die systematische Analyse eines Dienstleistungsprozesses anhand eines grafischen Ablaufdiagramms (vgl. z. B. *Stauss/Hentschel* 1991, S. 242; *Meffert/Bruhn/Hadwich* 2015). Alle unmittelbaren Kontaktpunkte mit dem Kunden werden in chronologischer Reihenfolge dargestellt und grafisch von den „unterstützenden" Prozessen im Back Office getrennt. So wird die vollständige Erfassung und Bewertung verschiedener Kontaktsituationen aus Sicht der Kunden ermöglicht.

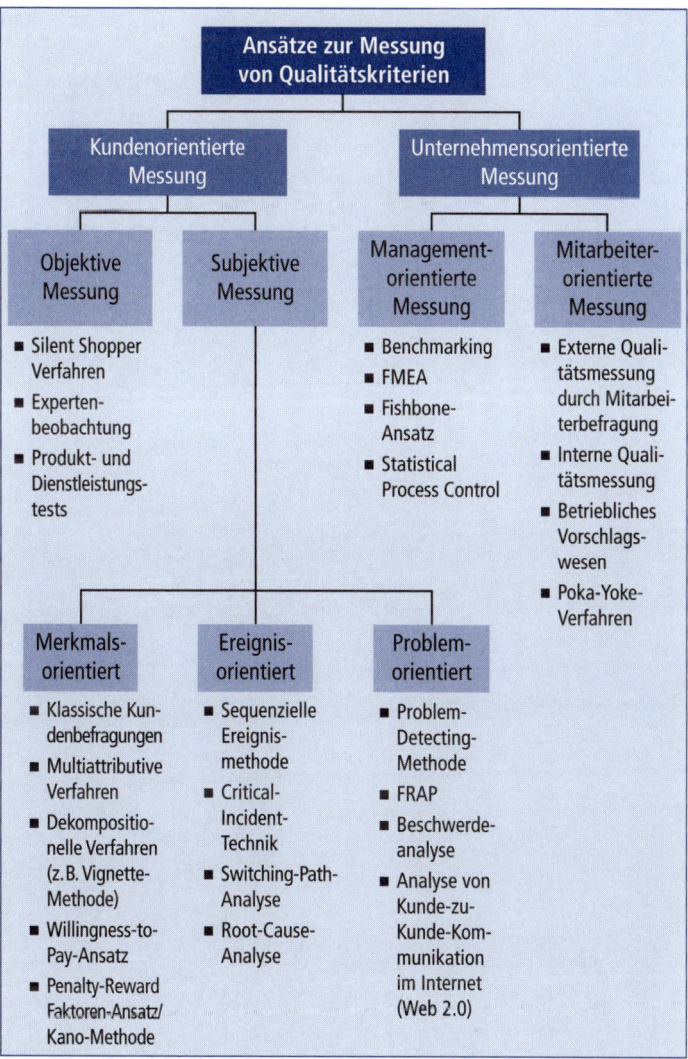

Schaubild 2–7: Methoden zur Erfassung von spezifischen Qualitätskriterien (Quelle: *Bruhn* 2013b, S. 116)

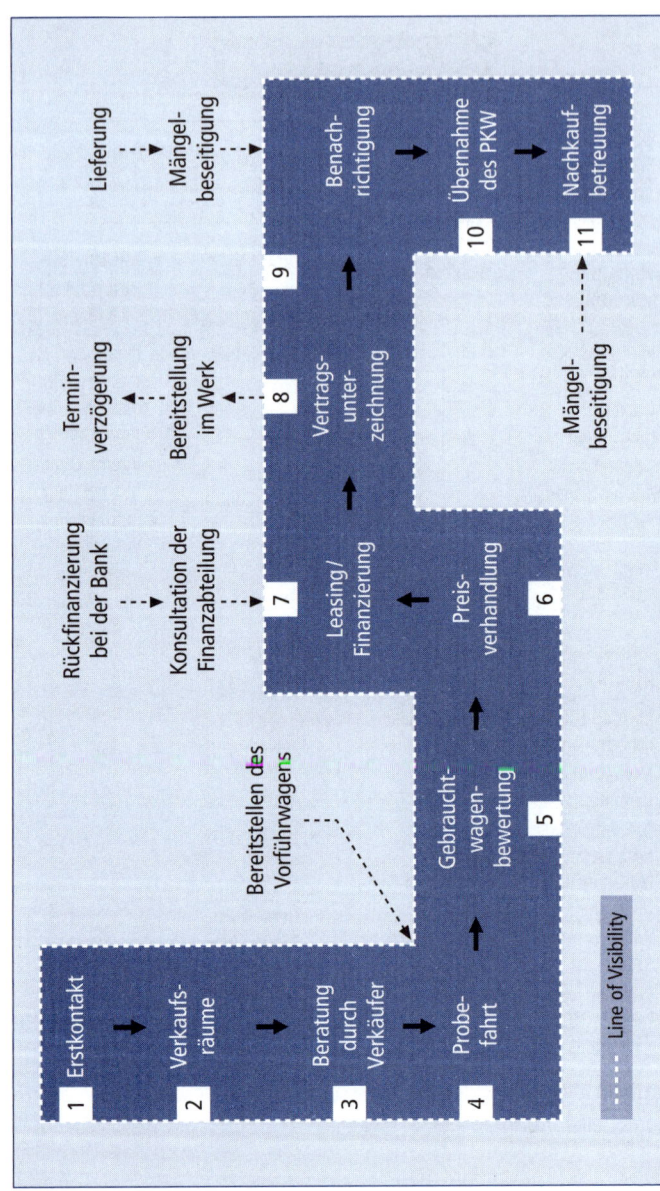

Schaubild 2–8: Beispiel eines Blueprinting für einen Neuwagenkauf (Quelle: *Gelbrich* 2009, S. 621)

Frequenz-Relevanz-Analyse von Problemen (FRAP): Weiterhin kann im Rahmen der operativen Qualitätsplanung die Frequenz-Relevanz-Analyse von Problemen (FRAP) eingesetzt werden. Unter der Annahme, dass sich Unternehmen dringlicher mit einem konkreten Problem der Leistungserstellung befassen, je häufiger es auftritt und je bedeutsamer sein Erscheinen für den Kunden ist, werden innerhalb der FRAP Kundengruppen nach dem Auftreten bestimmter Probleme, dem Ausmaß ihrer Verärgerung sowie nach ihrer anschließenden Verhaltensreaktion befragt. Das Vorgehen der FRAP erfolgt mehrstufig: Nach der Ermittlung einer Problemliste werden die erfassten Einzelprobleme zu Problemclustern verdichtet. Der anschließend zu erstellende Fragebogen weist je Problemklasse drei Fragenkategorien auf: (1) Ist das konkrete Problem bereits aufgetreten? (2) Wie groß ist das Ausmaß der Verärgerung? (3) Welche Reaktionen wurden ins Auge gefasst? An die Datenerhebung schließt sich die Auswertung an, die die ermittelten Kundenreaktionen in Frequenz- und Relevanzwerte überführt. Während die Ermittlung der Frequenzwerte weitgehend unproblematisch ist, sind die Relevanzwerte durch die Verknüpfung der Kundenaussagen zu gewinnen. Dabei werden sowohl das Ausmaß der Verärgerung als auch die einzelnen Reaktionsformen mit Punktwerten belegt, so dass sich aus der Multiplikation der beiden Werte die Kennzahl für die Problemrelevanz ergibt (*Bruhn* 2013a).

Merkmalsorientierte Kundenbefragungen: Die relevanten Leistungskriterien, generelle Zufriedenheitsmaße sowie Bestimmungsfaktoren der unternehmerischen Qualität können durch merkmalsorientierte Kundenbefragungen ermittelt werden (*Parasuraman/ Zeithaml/Berry* 1985, 1988; *Bruhn* 2013b). Beim Einsatz dieses Instrumentes innerhalb der Qualitätsplanung haben Unternehmen darauf zu achten, dass sie zunächst im Rahmen von Fokusgruppeninterviews mit Kunden, Expertengesprächen und Pretests prüfen, welche Qualitätskriterien speziell für ihr Unternehmen und ihre Branche von Bedeutung sind. In regelmäßigen, d. h. mindestens jährlich durchzuführenden Kundenbefragungen ist dann zu ermitteln, wie die Anspruchsgruppen die Leistungskriterien bewerten, welche Bedeutung sie ihnen zumessen und wo die Ursachen für

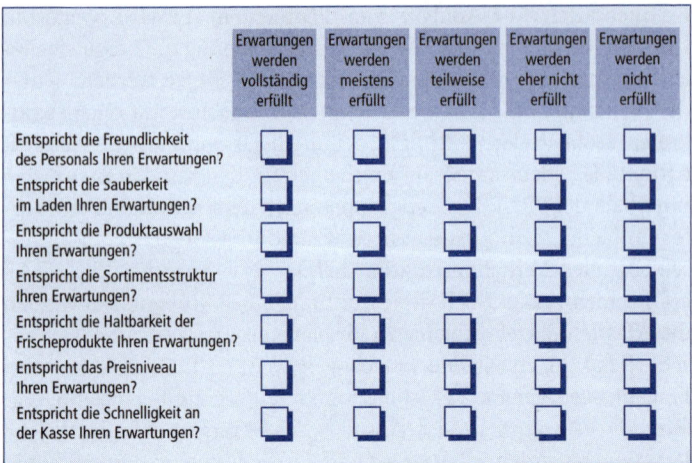

Schaubild 2–9: Auszug aus einer Kundenbefragung im Lebensmitteleinzelhandel

schlechte Qualität im Unternehmen zu finden sind. **Schaubild 2–9** zeigt ein Beispiel aus einer Kundenbefragung im Lebensmitteleinzelhandel. Wird diese Befragung um die Erhebung der Gesamtqualität erweitert, so ist es möglich, analog der FRAP – jedoch mit statistisch belegter Signifikanz – zu erkennen, welche Merkmale in überdurchschnittlichem Maße mit der gesamthaften Wahrnehmung der Qualität zusammenhängen.

Dies sind nur einige Beispiele für Qualitätsdimensionen, die vom Kunden zu beurteilen sind. Im Dienstleistungsbereich hat sich in diesem Zusammenhang der so genannte **SERVQUAL-Ansatz** als äußerst praktikables Verfahren zur Ermittlung der Kundenerwartungen herausgestellt (vgl. hierzu ausführlich Kapitel 3, Servicemanagement).

Merkmalsorientierte Mitarbeiterbefragungen: Umfassende Mitarbeiterbefragungen (z. B. *Brüggemann/Bremer* 2012; *Bruhn* 2013b) sind besonders relevant für die reibungslose Entwicklung und Umsetzung eines Qualitätsmanagementsystems im Unternehmen. Durch regelmäßige Befragungen sämtlicher Mitarbeitenden (in der

Regel alle 12 Monate) gilt es, die wahrgenommene Qualität von extern und intern erbrachten Dienstleistungen zu eruieren. In diesem Zusammenhang ist zum einen von Interesse, wie die Mitarbeitenden die Qualität der eigenen Produkte und Dienstleistungen beurteilen (*Borg* 2003; *Domsch/Ladwig* 2013); zum anderen, inwieweit sie die Erwartungen der Kunden antizipieren können. Sowohl Unterschiede zwischen den Ansichten von Führungskräften und Mitarbeitenden im Kundenkontakt als auch Divergenzen bei einzelnen Geschäftsstellen können erfasst und bei der Umsetzung der Qualitätsstrategie berücksichtigt werden. Die Verantwortung für die umfassenden Mitarbeiterbefragungen liegt idealtypisch direkt bei der Geschäftsleitung des Unternehmens, damit die Untersuchungen unternehmensweit akzeptiert werden.

Betriebliches Vorschlagswesen: Als Ergänzung zu den Mitarbeiterbefragungen ist das Betriebliche Vorschlagswesen (z. B. *Krug* 2002; *Läge* 2003; *Schulte* 2012) zu betrachten. Durch dessen Hilfe können qualitätsrelevante Problemfelder entdeckt und beseitigt werden. Aus Gründen der Mitarbeitermotivation ist es wichtig, die Verbesserungsvorschläge zum einen zu prämieren (hier ist eine materielle oder auch immaterielle Anerkennung sinnvoll) und vor allem umzusetzen. Darüber hinaus kann es sinnvoll sein, prämierte Vorschläge beispielsweise in Mitarbeiterzeitungen zu veröffentlichen, um Kollegen Anreize zur Beteiligung am Vorschlagsprogramm zu geben (*Haist/Fromm* 1991; *Hansen* 2006).

BEISPIEL: Die Firma *Unilever* bietet ihren Mitarbeitenden durch ein Programm mit dem Namen „*UniClever*" eine Möglichkeit, eigene Vorschläge und Ideen alleine oder in Teams zu erarbeiten und einzureichen. Über kleinere Verbesserungsvorschläge entscheidet der Vorgesetzte, während bei weitreichenderen Ideen die Entscheidung von einem Bewertungsgremium getroffen wird. Der Gewinner erhält als Prämie 33 Prozent des betrieblichen Nutzens im ersten Jahr.

Fishbone-Analyse: Als weiteres Instrument der operativen Qualitätsplanung ist die Fishbone-Analyse zu nennen. Hier werden auf der Basis eines Ishikawa-Diagramms (*Ishikawa* 1985) systematisch und umfassend die verschiedenen Ursachen für ein konkretes Qua-

litätsproblem aus Anbieterperspektive ermittelt und grafisch dargestellt. Der erste Schritt besteht darin, alle potenziellen Faktoren aus-
findig zu machen, die ein bestimmtes Qualitätsdefizit in der Leistungserstellung verursachen können. Die ermittelten Faktoren werden anschließend in ein Diagramm überführt, das einer Fischgräte
ähnelt. Am „Kopf des Fisches" wird das zu lösende Problem einge-
tragen (z. B. die ständige Überlastung des Call Centers), die „Haupt-
gräten" bilden die zentralen Dimensionen, die für die Problement-
stehung verantwortlich sind. Das Ergebnis der Fishbone-Analyse ist
ein komplexes Ursache-Wirkungs-System, das als Diskussions-
grundlage genutzt wird, um Lösungsvorschläge für Qualitätsprobleme zu erarbeiten (*Bruhn* 2013b, S. 149 f.).

Die hier aufgezeigte Auswahl an Qualitätsplanungsinstrumenten ist
bei weitem nicht vollständig. Weitere Instrumente, beispielsweise
Beschwerdeanalysen, können Hinweise auf relevante Qualitätsmängel geben und somit die Planungen des Qualitätsmanagements unterstützen. Um eine kontinuierliche Analyse der zentralen Kundenanforderungen sicherzustellen, ist eine regelmäßige Durchführung
der Messungen anzustreben.

3.2 Instrumente der Qualitätslenkung

Die Phase der **Qualitätslenkung** baut auf den Ergebnissen der Qualitätsplanung auf. Sie beinhaltet sämtliche Tätigkeiten, die der Realisierung der Anforderungen an die Qualität aus Kunden- und Unternehmenssicht dienen. Hierbei lassen sich zur Systematisierung der
in dieser Phase einzusetzenden Maßnahmen folgende Instrumente-
gruppen unterscheiden:

- Mitarbeiterbezogene Instrumente,
- Kulturbezogene Instrumente,
- Organisationsbezogene Instrumente.

Mitarbeiterbezogene Instrumente der Qualitätslenkung: Die subjektive Einschätzung des Kunden in Bezug auf die Kunden- und
Qualitätsorientierung eines Unternehmens wird in hohem Maße
durch die Mitarbeitenden im direkten Kundenkontakt bestimmt.

Somit fungiert der Verkäufer bzw. Berater häufig als Personifizierung der angebotenen Qualität (*Paul/Hennig-Thurau/Groth* 2015). Folglich ist es von ausschlaggebender Bedeutung, das Qualifikationsprofil des Kundenkontaktpersonals an das in der Beratungssituation vom Kunden als relevant angesehenes Anforderungsprofil anzupassen. Führt man sich den Zusammenhang zwischen Kundenorientierung und Qualitätsmanagement vor Augen (vgl. **Schaubild 2–1**), so wird hier insbesondere die Interaktionsdimension des Konstruktes Kundenorientierung angesprochen. Dementsprechend sind von der Unternehmensführung personalpolitische Maßnahmen zu ergreifen, um sowohl die Fähigkeiten als auch die Bereitschaft der Mitarbeitenden zur Schaffung einer Interaktionsqualität auf hohem Niveau sicherzustellen und permanent zu verbessern. Hierzu werden Personalauswahl und -entwicklungsverfahren sowie Anreizsysteme eingesetzt, die neben den fachlichen Qualifikationen auch die Kundenorientierung der Mitarbeitenden berücksichtigen (*Bruhn* 2003).

Kulturbezogene Instrumente der Qualitätslenkung: Das „Arbeitsklima" innerhalb einer Organisation spielt eine nicht zu vernachlässigende Rolle bei der Entwicklung und Umsetzung des Qualitätsmanagements. Die Unternehmenskultur als System gemeinsamer Werte- und Normenvorstellungen sowie geteilter Denk- und Verhaltensmuster, das die Entscheidungen, Handlungen und Aktivitäten der Organisationsmitglieder prägt (*Wanzel/Heinritz/Berkemer* 2012, S. 114 ff.), gilt es in Richtung Kunden- und Qualitätsorientierung zu entwickeln. Sowohl unter den Führungskräften als auch bei den sonstigen Mitarbeitenden stellt das kunden- und qualitätsorientierte Denken und Handeln eine Selbstverständlichkeit dar. Der tiefgreifende Wandel der Unternehmenskultur ist jedoch ein zeitintensiver und schwieriger Prozess. Zum einen bestehen bei einem Teil der Mitarbeitenden oftmals Barrieren gegenüber der kulturellen Entwicklung, wenn die Veränderungen im Widerspruch zu ihren über Jahre verankerten Werte- und Normensystemen stehen. Zum anderen ist ein grundlegender Kulturwandel – im Gegensatz zur Einführung bestimmter Qualitätsaktivitäten oder der Umgestaltung von Organisationsstrukturen – durch formale Änderungen kaum herbeizuführen. Vor diesem Hintergrund sind vor allem die Führungskräfte des Unternehmens gefordert, durch ihr aktives Engagement gegenüber den Mitarbeitenden und Marktpartnern den Qualitätsgedanken vorzuleben und so eine Kultur der Qualität im Unternehmen zu fördern.

Organisationsbezogene Instrumente der Qualitätslenkung: Neben den personalpolitischen und kulturbezogenen Aspekten ist der Wandel der Unternehmensorganisation als relevante Erfolgsgröße für die Entwicklung und Umsetzung des Qualitätsmanagements zu betrachten. Somit stellt sich das Problem der optimalen Institutionalisierung des Qualitätsmanagements in das bestehende Organisationssystem, um eine schnelle und flexible Qualitätslenkung zu ermöglichen (*Lovelock/Wirtz* 2011; *Haller* 2012). Die organisatorische Verankerung des Qualitätsmanagements ist abhängig von den bestehenden Strukturen im Unternehmen und entsprechend unternehmensindividuell festzulegen. In vielen Unternehmen hat sich eine Abteilung „Qualitätsmanagement" fest etabliert, die sich mit sämtlichen qualitätsbezogenen Fragestellungen unternehmensweit auseinander setzt, und an die organisatorisch häufig auch noch angrenzende Aufgabenbereiche angegliedert werden. Hinzu kommen geschäftsbereichs- sowie projektspezifische Regelungen, wie qualitätsbezogene Fragen im Unternehmen bearbeitet werden und organisatorisch zu verankern sind.

Die organisatorische Umsetzung des Qualitätsmanagements wird in der Praxis oft durch interne Barrieren erschwert, die sich beispielsweise in einer fehlenden Benennung eines Qualitätsverantwortlichen oder in einer mangelnden Zusammenarbeit von Abteilungen (z. B. Marketing und Qualitätsmanagement) äußern. Zur Überwindung dieser Barrieren können **Qualitätszirkel** implementiert werden, die neben der bestehenden Aufbauorganisation abteilungsübergreifend Qualitätsfragen bearbeiten (vgl. z. B. *McKinsey* 2007; *Evans/Lindsay* 2011; *Kamiske/Brauer* 2011). Qualitätszirkel sind auf Dauer angelegte Gesprächsgruppen, bei denen sich fünf bis zehn Mitarbeitende unterschiedlicher Hierarchieebenen eines Unternehmensbereiches in regelmäßigen Abständen treffen, um Qualitätsprobleme des eigenen Arbeitsbereiches zu diskutieren.

BEISPIEL: Ein Instrument des Qualitätsmanagementsystems, das vom Hotel *Schindlerhof* in der Nähe von Nürnberg eingesetzt wird, sind Qualitätszirkel, die je nach Bedarf durch die Abteilungsleiter einberufen werden. Die Qualitätszirkel unterscheiden sich dahingehend, dass sie entweder zur Behandlung spezieller Vorkommnisse abteilungsübergreifend einberufen oder sich mit abteilungsspezifischen Fragestellungen auseinandersetzen. Die Moderation der Qualitätszirkel wird durch den Abteilungsleiter oder durch einen externen Moderator durchgeführt.

BEISPIEL: Die *Lufthansa Group* hat das Ziel, sich durch eine stärkere Kundenorientierung sowie einen Qualitätsfokus eindeutig vom Wettbewerb zu differenzieren. Zur Umsetzung der Etablierung als Marktführer hinsichtlich der Qualität in sämtlichen Märkten führte die Fluggesellschaft unter den Vorstandsmitgliedern aller Geschäftsfelder einen Qualitätszirkel ein. Auf diese Weise wird eine Verankerung der Philosophie einer Qualitätsführerschaft in sämtlichen Geschäftsbereichen angestrebt und gemeinsam kontinuierlich weiterentwickelt (*Lufthansa* 2014).

3.3 Instrumente der Qualitätsprüfung

Neben der Planung und Steuerung der Qualität ist auch die tatsächliche Erfüllung der Qualitätsanforderungen zu beurteilen. Diese Aufgabe wird der **Qualitätsprüfung** zugeordnet, in der zwei Instrumentalebenen zu unterscheiden sind:

- Instrumente der internen Qualitätsprüfung,
- Instrumente der externen Qualitätsprüfung.

(1) Instrumente der internen Qualitätsprüfung

Im Rahmen der internen Qualitätsprüfung ist festzustellen, inwiefern die Kundenanforderungen aus Unternehmensperspektive erfüllt werden. Zur internen Qualitätsprüfung werden u. a. die folgenden Maßnahmen ergriffen:

- Vieraugenprinzip/Dienstaufsichtskontrolle,
- Mitarbeiterbeobachtung,
- Mitarbeiterbeurteilung/Mitarbeitergespräch,
- Mitarbeiterbefragung,
- Interne Qualitätsmessung.

Vieraugenprinzip/Dienstaufsichtskontrolle: Mit Hilfe des Vieraugenprinzips kann eine interne Qualitätsprüfung vorgenommen werden, wenn alle Mitarbeitenden über ein ausgeprägtes Qualitätsbewusstsein verfügen und sich über die internen bzw. externen Kundenanforderungen bewusst sind. Neben dem Vieraugenprinzip können digitale Dienstaufsichtskontrollen und Datensicherungen zum einen als Kontrollinstrumente gegen missbräuchliches Verhalten genutzt werden, zum anderen können sie auch der Einhaltung von vorgegebenen Qualitätsnormen dienen. Zur Sicherstellung einer hohen Verfügbarkeit interner Qualitätsnormen implementieren Unternehmen zunehmend so genannte Information Sharing Systeme. Information Sharing impliziert neben der reinen Weitergabe von Informationen die gemeinsame Nutzung von Wissen durch die Mitarbeitenden (*Lehner* 2003).

Mitarbeiterbeobachtung: Im Rahmen der internen Qualitätsprüfung ist die gelegentliche beobachtende Teilnahme des Vorgesetzten, beispielsweise am Kundenberatungsgespräch, empfehlenswert. Nach der Mitarbeiterbeobachtung erfolgt idealtypisch stets ein Feedback-Gespräch, in dem die Stärken und Schwächen der Kundenkontaktperson im Hinblick auf kundenorientiertes Verhalten offengelegt werden. Die Mitarbeiterbeobachtung ist dabei nicht als starres Kontrollinstrument zu verstehen, sondern als konstruktive Möglichkeit für den Mitarbeitenden, sich permanent zu verbessern und somit die Kundenorientierung des Unternehmens zu steigern (*Bühner* 1993; *Bruhn* 2013b).

> **BEISPIEL:** Als Instrument der internen Qualitätsprüfung setzt die Wirtschaftsprüfungs- und Steuerberatungsgesellschaft *Gothentreuhand GmbH* ein Information Sharing System ein, um internes und externes Wissen systematisch zu erfassen, automatisch zu vernetzen sowie aktuelle Fachinformationen bereitzustellen und somit eine hohe Qualität in der Kundenberatung zu gewährleisten. Neben der Verbesserung der Kundenzufriedenheit ist das Ziel der Implementierung die Prüfung sowie Vereinfachung der Einhaltung interner sowie externer Qualitätsstandards (*Gothentreuhand GmbH* 2015).

Mitarbeiterbeurteilung/Mitarbeitergespräch: Des Weiteren dienen Mitarbeiterbeurteilungen bzw. Mitarbeitergespräche, die in den Unternehmen meist einmal jährlich zur generellen Leistungsbeurteilung und Planung zukünftiger Tätigkeiten der einzelnen Mitarbeitende durchgeführt werden, als Instrument der internen Qualitätsprüfung. Im Rahmen von Mitarbeitergesprächen kann beispielsweise geprüft werden, ob die Mitarbeitenden die definierten Qualitätsziele verstanden, akzeptiert und verinnerlicht haben. Da grundsätzlich ein starker Zusammenhang zwischen Mitarbeiter- und Kundenzufriedenheit vermutet wird, ist es sinnvoll, die von den Mitarbeitenden gegenüber ihren Vorgesetzten artikulierten Probleme und Missstimmungen genau zu analysieren und möglicherweise die Tätigkeits- und Kompetenzbereiche der Mitarbeitenden zu verändern. Relevant im Rahmen der Mitarbeitergespräche ist letztlich auch der Austausch über den individuellen Beitrag des Mitarbeitenden zur Sicherstellung und Verbesserung der von den Kunden wahrgenommenen Qualität.

Mitarbeiterbefragung: Mitarbeiterbefragungen werden im Rahmen der Personalentwicklung als Teil des Total Quality Management eingesetzt. Durch die Aufnahme in das EFQM-Modell für Exzellenz haben sie zusätzlich an Relevanz gewonnen und werden weiterhin als Teil des Performance Managements und des Einsatzes von Audits und von Balanced Scorecards gewonnen (*Domsch/Ladwig* 2013). Durch den nachgewiesenen Zusammenhang zwischen Mitarbeiter- und Kundenzufriedenheit werden Aspekte der Arbeits- und Arbeitsplatzgestaltung ebenfalls zunehmend als Objekte des Qualitätsmanagements betrachtet (*Stock-Homburg* 2012). In diesem Zusammenhang sind ferner interne Servicebarometer zu erwähnen, die ein wichtiges Instrument zur Messung der internen Servicequalität darstellen. Hierbei wird nicht die Zufriedenheit in Bezug auf den eigenen Arbeitsplatz, sondern im Hinblick auf interne Dienstleistungen bzw. Kunden-Lieferanten-Beziehungen beurteilt (*Bruhn* 2010).

Interne Qualitätsmessung: Mit Verfahren der internen Qualitätsmessung kann schließlich die Erfüllung sowohl der internen als auch externen Kundenanforderungen aus Unternehmenssicht ermittelt werden. In diesem Zusammenhang ist primär an die Messung von festgelegten Qualitätsstandards für Produkte oder Dienstleistungen zu denken.

> **BEISPIEL:** In so genannten *T-Labs* untersucht die *Telekom* die subjektiv wahrgenommene Quality of Experience der Konsumenten, um die Bereitschaft für die Nutzung der Telekommunikationsdienstleistungen sicherzustellen. Somit werden beispielsweise die Netzqualität sowie die Übertragungsleistung anhand technischer Parameter erhoben und mit der wahrgenommenen Qualität aus Nutzersicht verglichen. Durch die Messtools in den *T-Labs* konnte die *Telekom* über Benchmarking-Verfahren bereits zahlreiche Optimierungen vornehmen (*Telekom* 2014).

(2) Instrumente der externen Qualitätsprüfung

Im Rahmen der externen Qualitätsprüfung geht es darum, die Erfüllung der Qualitätsanforderungen aus Sicht der Kunden zu überprüfen. Auch in diesem Zusammenhang können verschiedene Ansätze zur Messung von Qualitätsmerkmalen herangezogen werden. Zu den bevorzugt eingesetzten Verfahren gehören:

- Mystery Shopping,
- Kundenbefragungen (Customer Satisfaction Tracking System).

Mystery Shopping: Als Instrument der Qualitätsprüfung wird das Mystery Shopping zunehmend professionell eingesetzt. Geschulte Testkunden nehmen dabei systematisch und unerkannt Leistungen – einzelne Leistungen oder das komplette Leistungsspektrum eines Unternehmens – in Anspruch, um Schwachstellen bei der Leistungserstellung und speziell bei der Interaktion mit Mitarbeitenden aufzudecken. Beobachtete Merkmale sind dabei z. B. die Freundlichkeit von Verkäufern, die Wartezeit beim Anruf einer Service-Hotline, das Angebot des günstigsten verfügbaren Preises einer Bahnfahrt oder die Individualität der Anlageberatung einer Bank.

> **BEISPIEL:** Als Instrument der Qualitätsprüfung wird im Bankensektor regelmäßig das Instrument des Mystery Shopping eingesetzt (*Ryser* 2011). So prüfte beispielsweise die *UBS* die Qualität der Umsetzung von Kundenmanagementkonzepten in den einzelnen Geschäftsstellen mittels Mystery Shopping. Zudem konnten anhand der Qualitätsprüfung

Unterschiede zwischen den Filialen bezüglich des Kundenempfangs, der Abwicklung, der Verabschiedung des Kunden sowie des Gesamteindrucks des Filialbesuchs identifiziert werden (*UBS* 2013).

Kundenbefragungen: Die Durchführung von Kundenbefragungen ist ein weit verbreitetes Kontrollinstrument innerhalb des Qualitätsmanagements (*Hill* 2006). Um feststellen zu können, welche Instrumente des Qualitätsmanagements besonders effektiv waren, ist es erforderlich, die Meinung der aktuellen Kunden zu den Produkten und Leistungen des Unternehmens vor, während und nach der Umsetzung des konzipierten Qualitätsmanagementsystems zu erfragen. Werden derartige Kundenbefragungen nicht nur einmal, sondern kontinuierlich im Rahmen eines so genannten „**Customer Satisfaction Tracking Systems**" durchgeführt, ist es möglich, Vergleichsdaten im Zeitablauf zu ermitteln. So können positive wie negative Veränderungen der von den Kunden wahrgenommenen Qualitätsdimensionen aufgezeigt und ggf. entsprechende Maßnahmen eingeleitet werden. In diesem Zusammenhang werden auch so genannte **Kundenbarometer** eingesetzt, die zum Ziel haben, Veränderungen der Kundenzufriedenheit im Hinblick auf die relevanten Einflussfaktoren (z. B. Qualitätsmerkmale, Kundenbindung) zu erfassen. Auch bei den Kundenbarometern stehen Längsschnittanalysen, d. h. die Beobachtung von zeitlichen Entwicklungen zum Zweck einer kontinuierlichen Analyse und Kontrolle von Veränderungen der Kundenzufriedenheit im Vordergrund (*Bruhn* 2013b, S. 490 f.).

3.4 Instrumente der Qualitätsmanagementdarlegung

Am Ende des Regelkreises steht die Phase der **Qualitätsmanagementdarlegung**. In dieser Phase erfolgt die Dokumentation des konkreten Vorgehens innerhalb des realisierten Qualitätsmanagements. Es wird somit „dargelegt", wie Qualität im Unternehmen entsteht und kontrolliert wird. Zu den Instrumenten der Qualitätsmanagementdarlegung zählen:

- Qualitätsmanagementhandbücher,
- Qualitätsaudits,
- Zertifizierungen.

Qualitätsmanagementhandbücher: Qualitätsmanagementhandbücher – in der Praxis häufig auch als Quality Manuel bezeichnet – fixieren die Qualitätspolitik des Unternehmens (*Brüggemann* 2012; *Schmitt/Pfeifer* 2015). Bei der Ausarbeitung eines solchen Handbuches ist – ausgehend von den Qualitätszielen des Unternehmens – der gesamte Prozess des unternehmensinternen Qualitätsmanagements niederzulegen. Es umfasst die Dokumentation von Aufbau- und Ablaufstrukturen des Qualitätsmanagements, Qualitätselementen und -anforderungen ebenso wie die Zuweisung von Verantwortlichkeiten im Rahmen der Organisation des Qualitätsmanagementsystems.

Schaubild 2–10 zeigt das Inhaltsverzeichnis eines solchen Qualitätshandbuches beispielhaft im Überblick.

Inhaltsverzeichnis	
1.	**Einleitung (Vorwort, Allgemeines)**
2.	**Anwendungsbereich**
1.1	Zweck und Geltungsbereich
1.2	Aufbau des QM-Handbuchs
1.3	Ausschlüsse des Anwendungsbereichs
3.	**Organisation und Verantwortungen**
3.1	Firmenprofil
3.2	Organigramm
3.3	Unternehmensphilosophie
4.	**Qualitätsmanagementsystem**
4.1	Allgemeine Anforderungen (Ziele und Geltungsbereich des QM-Systems)
4.2	Dokumentationsanforderungen (QM-Handbuch, Lenkung von Dokumenten und Qualitätsaufzeichnungen)
5.	**Verantwortung der Leitung**
5.1	Verpflichtung der Leitung
5.2	Kundenorientierung
5.3	Qualitätspolitik
5.4	Planung (Qualitätsziele, Planung des QM-Systems)
5.5	Verantwortung, Befugnis und Kommunikation
5.6	Managementbewertung

Inhaltsverzeichnis		
6.	**Management der Ressourcen**	
	6.1	Bereitstellung von Ressourcen
	6.2	Personelle Ressourcen (Allgemeines, Fähigkeiten, Bewusstsein, Schulung)
	6.3	Infrastruktur
	6.4	Arbeitsumgebung
7.	**Produktion- und Dienstleistungsrealisierung**	
	7.1	Planung der Realisierungsprozesse
	7.2	Kundenbezogene Prozesse (Ermittlung und Bewertung der Anforderungen)
	7.3	Entwicklung (Entwicklungsplanung, -eingabe, -ergebnis, -bewertung, -verifizierung,-validierung, Lenkung von Entwicklungsänderungen)
	7.4	Beschaffung (Beschaffungsprozess, -angaben, Verifizierung der beschafften Produkte)
	7.5	Produktion und Dienstleistungserbringung
8.	**Messung, Analyse und Verbesserung**	
	8.1	Allgemeines
	8.2	Überwachung und Messung (Kundenzufriedenheit, Interne Audits, Prozesse, Produkte)
	8.3	Lenkung von fehlerhaften Produkten/Dienstleistungen
	8.4	Datenanalyse
	8.5	(Ständige Verbesserung, Korrekturmaßnahmen, Vorbeugemaßnahmen)

Schaubild 2–10: Inhaltsverzeichnis eines Qualitätshandbuches (Quelle: *CERTQUA* 2012; *2013b*, S. 334)

Qualitätsaudits: Um Schwachstellen des Qualitätsmanagementsystems aufzudecken und zur Dokumentation der qualitätsbezogenen Aktivitäten werden in Unternehmen ferner Qualitätsaudits entweder extern, z. B. durch eine Unternehmensberatung, oder intern als Qualitätsrevision durchgeführt (*Bruhn* 2013b; *Herrmann* 2014). Unter dem Begriff Qualitätsaudit ist eine unabhängige Untersuchung durch Experten zu verstehen, die das Vorhandensein und die sachgerechte Anwendung des Qualitätsmanagementsystems dokumentieren. Qualitätsaudits werden prinzipiell von Personen durchgeführt, die keine direkte Verantwortung in den zu auditierenden Bereichen haben. Zweck eines Qualitätsaudits ist vor allem die Beurteilung der Notwendigkeit von Verbesserungen und Korrekturmaßnahmen (*DIN EN ISO 9000:2005* 2005, S. 36). **Schaubild 2–11** zeigt einen typischen Fragenkatalog zur Auditierung eines mittelständischen Unternehmens.

Zur Vorbereitung, Durchführung und Dokumentation interner Audits sind mittlerweile Softwarepakete auf dem Markt, die nach den ISO-Normen gestaltete Checklisten zur Durchführung von Qualitätsaudits enthalten.

Typische Fragen eines Qualitätsaudits	
(1)	Hat die Organisation die für das Qualitätsmanagementsystem und seine Anwendungen erforderlichen Prozesse erkannt? (Managementtätigkeiten, Bereitstellung von Ressourcen, Dienstleistungsrealisierung, Messung und Prüfung von Prozessen)
(2)	Wurden die Abfolge und potenzielle Wechselwirkungen von Prozessen berücksichtigt und existiert ein Qualitätshandbuch?
(3)	Gibt es einheitliche Regelungen für die Kommunikation mit dem Kunden? (z. B. Art und Umfang der Leistungsinformation, Anfragen, Verträge oder Auftragsbestätigungen einschließlich Änderungen, Rückmeldungen an den Kunden inklusive Kundenbeschwerden und Reklamationen)
(4)	Werden im Unternehmen geeignete Methoden zur Messung und Kontrolle des Qualitätsmanagementsystems eingesetzt?

Schaubild 2–11: Beispiel eines Fragenkatalogs zur Durchführung eines Qualitätsaudits

Zertifizierung: In engem Zusammenhang zum Auditing ist die Zertifizierung von Unternehmen zu sehen. Der Zertifizierungsprozess entspricht einer Prüfung des Unternehmens durch einen unabhängigen Dritten zum Erhalt eines schriftlichen Zertifikates, das die Übereinstimmung des Unternehmens oder einzelner Unternehmensbereiche mit bestimmten Qualitätsanforderungen oder Qualitätsnormen belegt. Als Prüfungsgrundlage wurde bisher in der Praxis vor allem die Normen DIN EN ISO9000 bis 9004 (1994) europaweit angewandt. Diese Normenreihe wurde im Jahre 2000 grundlegend revidiert und ist seit Dezember des gleichen Jahres in der überarbeiteten Fassung gültig. Die Normen werden weiterhin stetig überarbeitet und neuen Entwicklungen und Erkenntnissen angepasst, so dass bei fortwährender Gültigkeit der ISO 9001:2000-Normen inzwischen bereits die Norm ISO 9001:2015 existiert.

Das für die Revision der ISO9000 ff. zuständige Komitee ISO/TC 176/SC 1 hat folgende acht **Grundsätze des Qualitätsmanagements** identifiziert, die der revidierten Normenreihe zugrundeliegen:

- **Kundenorientierte Organisation:** Organisationen hängen von ihren Kunden ab. Daraus leitet sich die Notwendigkeit ab, die jetzigen und künftigen Erfordernisse der Kunden zu verstehen, Kundenforderungen zu erfüllen und danach eine Übererfüllung der Erwartungen ihrer Kunden anzustreben.

- **Führung:** Führungskräfte legen die einheitliche Zielsetzung, die Richtung und das interne Umfeld der Organisation fest. Sie schaffen die Umgebung, in der Mitarbeitende sich voll und ganz für die Erreichung der Ziele der Organisation einsetzen.

- **Einbeziehung der Mitarbeitenden:** Mitarbeitende machen auf allen Ebenen das Wesen einer Organisation aus und ihre vollständige Einbeziehung gestattet die Nutzung ihrer Fähigkeiten zum Vorteil der Organisation.

- **Prozessorientierter Ansatz:** Das gewünschte Ergebnis lässt sich auf effizientere Weise erreichen, wenn zusammengehörige Mittel und Tätigkeiten als ein Prozess geleitet werden.

- **Systemorientierter Managementansatz:** Das Erkennen, Verstehen und Führen eines Systems miteinander in Wechselbeziehung stehender Prozesse für ein gegebenes Ziel trägt zur Wirksamkeit und Effizienz der Organisation bei.

- **Ständige Verbesserung:** Ständige Verbesserung ist ein permanentes Ziel der Organisation.

- **Sachbezogener Ansatz zur Entscheidungsfindung:** Wirksame Entscheidungen beruhen auf der logischen und intuitiven Analyse von Daten und Informationen.

- **Lieferantenbeziehungen zum gegenseitigen Nutzen:** Beziehungen zum gegenseitigen Nutzen zwischen der Organisation und ihren Lieferanten fördern die Fähigkeit beider Organisationen, Werte zu schaffen.

Es wird damit deutlich, dass zahlreiche Instrumente des Qualitätsmanagements zur Steigerung der Kundenorientierung eingesetzt werden können. Jedes Unternehmen hat jedoch individuell festzulegen, welche Instrumente vorrangig zum Einsatz kommen und wer dafür konkret verantwortlich ist.

4. Kontrolle der Wirtschaftlichkeit des Qualitätsmanagements

Während die Bedeutung der Qualität für den Unternehmenserfolg in Wissenschaft und Praxis unbestritten ist, mangelt es häufig an einer konsequenten Umsetzung umfassender Qualitätsmanagementkonzepte. Als zentrale Barrieren wird zum einen das unzureichende Verständnis der **Kosten- und Erlöswirkungen** von Qualitätsmanagementmaßnahmen und zum anderen die Quantifizierung dieser Wirkungen angeführt (*Rust/Zahorik/Keiningham* 1994; *Bruhn/Georgi* 1999; *Hansen/Kamiske* 2002; *Bruhn* 2013b, S. 513). Die Auseinandersetzung mit der Wirtschaftlichkeitsproblematik von Qualitätsmanagementsystemen verlangt somit eine systematische Ableitung der relevanten Kosten- und Nutzenkategorien.

Wesentlicher Ansatzpunkt zur Bestimmung der Wirtschaftlichkeit von Maßnahmen des Qualitätsmanagements bildet das Konzept der qualitätsbezogenen Kosten (*Campanella* 1999; *Dale/Plunkett* 1999; *Schmitt/Pfeifer* 2015). Der **Begriff der qualitätsbezogenen Kosten** wird in diesem Zusammenhang wie folgt definiert (*Mitra* 2008, S. 23 ff.):

Qualitätsbezogene Kosten

umfassen sämtliche Aufwendungen einer Unternehmung zur Erstellung einer betrieblichen Leistung, die vorwiegend durch die an das Unternehmen gerichteten Qualitätsanforderungen verursacht werden.

Im Rahmen einer traditionellen Sichtweise können grundsätzlich drei qualitätsbezogene **Kostenarten** unterschieden werden (*Wildemann* 1992; *Chiadamrong* 2003; *Hellmich* 2010, S. 140; *Seghezzi/Fahrni/Friedli* 2013):

- Fehlerverhütungskosten (Vorbeugungskosten),
- Prüfkosten,
- Fehlerkosten.

Fehlerverhütungskosten: Zu den Fehlerverhütungskosten (Vorbeugungskosten) zählen die Kosten der Qualitätsplanung und -lenkung. Qualitätsdefizite des Leistungsangebotes beispielsweise aufgrund unzureichender Kenntnisse der Kundenbedürfnisse können so vermieden werden, um marktgerechte Leistungen anbieten zu können.

BEISPIEL: Die intensive Schulung von Mitarbeitenden wird in der Regel durchgeführt, um Fehler bei der Leistungserstellung, insbesondere im Kontakt mit den Kunden, zu vermeiden. Die Kosten dieser Trainingsmaßnahmen können den Fehlerverhütungskosten zugerechnet werden.

Prüfkosten: In die Kategorie der Prüfkosten lassen sich sämtliche Maßnahmen der Qualitätsprüfung von Unternehmen einordnen, wobei zwischen Kosten planmäßiger sowie unplanmäßiger Prüfungen zu differenzieren ist.

BEISPIEL: Zu den Prüfkosten eines Qualitätsmanagements zählen die Kosten für die Durchführung von Qualitätsaudits, Laborkosten, Mitarbeiterbeobachtungen oder auch die Zertifizierung.

Fehlerkosten: Die Fehlerkosten können in externe und interne Fehlerkosten unterschieden werden. Interne Fehlerkosten treten auf, wenn die Beseitigung der Qualitätsmängel erfolgt, bevor die Unternehmensleistung am Markt angeboten wird und der Kunde einen Qualitätsmangel bemerken kann. Externe Fehlerkosten entstehen hingegen bei einer nachträglichen Wiedergutmachung von Fehlern gegenüber dem Kunden.

> **BEISPIEL:** Personalkosten für das Aussortieren von Produktausschuss können zu den internen Fehlerkosten gezählt werden, wohingegen Schadensersatzzahlungen, Rabattangebote im Rahmen des Beschwerdemanagements oder auch Kundenabwanderungen externe Fehlerkosten sind.

Sowohl bei den Prüf- als auch bei den Fehlerkosten tritt die Unzweckmäßigkeit der vorgenommenen Kosteneinteilung zutage. Prüfkosten können nur teilweise geplant und somit kalkuliert werden. Fehlerkosten, die sich erst indirekt als Fehlerfolgekosten ergeben, insbesondere die Abwanderung von Kunden und negative Kommunikation (persönliche Kaufwarnungen oder mediale Berichterstattung), finden keine Berücksichtigung. Daher wird eine adaptierte **Gliederung der qualitätsbezogenen Kosten** vorgeschlagen, bei der lediglich zwei Kategorien unterschieden werden (*Hoeck* 2007; *Hellmich* 2010; *Brüggemann/Bremer* 2012):

- Kosten der Qualität i. e. S.,
- Kosten der Nichtqualität.

Die auftretenden Kosten dieser beiden Kategorien können für unterschiedliche Strategien gegenübergestellt werden, um nachfolgend eine Kosten-Nutzen-Analyse der Strategieoptionen durchzuführen.

Kosten der Qualität i. e. S.: Diese qualitätsbezogenen Kosten entstehen durch Aufwendungen des Unternehmens, die mit dem Ziel einer den Kundenerwartungen entsprechenden Leistungserstellung getätigt werden. Ihnen sind alle geplanten Kosten zur Erhaltung bzw. Verbesserung der Qualität, so z. B. Kosten, die für die Durchführung eines Qualitätsworkshops oder einer Befragung von Kunden und Mitarbeitenden usw. entstehen, zuzuordnen.

Kosten der Nichtqualität: Diese entstehen immer dann, wenn Ressourcen verschwendet werden durch eine Untererfüllung der Kundenerwartungen oder auch einer extremen Übererfüllung dieser und dies vom Kunden als negativ empfunden wird (z. B. der aus Kundensicht übertriebene architektonische Auftritt von Unternehmensgebäuden), wobei die Kosten aufgrund der Untererfüllung von Kundenerwartungen im Vordergrund stehen. Ein Beispiel für diese Kostenart sind Verluste, die durch Nacharbeitungen bei Reklamationen entstehen. Kosten von Nachbearbeitungen oder Rückrufaktionen sind direkt messbar. Insbesondere werden aber oft die nicht unmittelbar sichtbaren Kosten bei der Betrachtung der Nichtqualitätskosten vernachlässigt. Hierzu zählen beispielsweise die Kundenabwanderung aufgrund von Unzufriedenheit, die Auswirkungen negativer Mund-zu-Mund-Kommunikation auf Kaufentscheidungen oder die Notwendigkeit, aufgrund von Qualitätsmängeln oder Imageschäden (so genannter Goodwill-Verlust) nach negativer Medienberichterstattung das Preisniveau zu senken (*Chiadamrong* 2003). Wie die Kategorien der traditionellen und der neuen Kostengliederung zusammenhängen, wird in **Schaubild 2–12** deutlich.

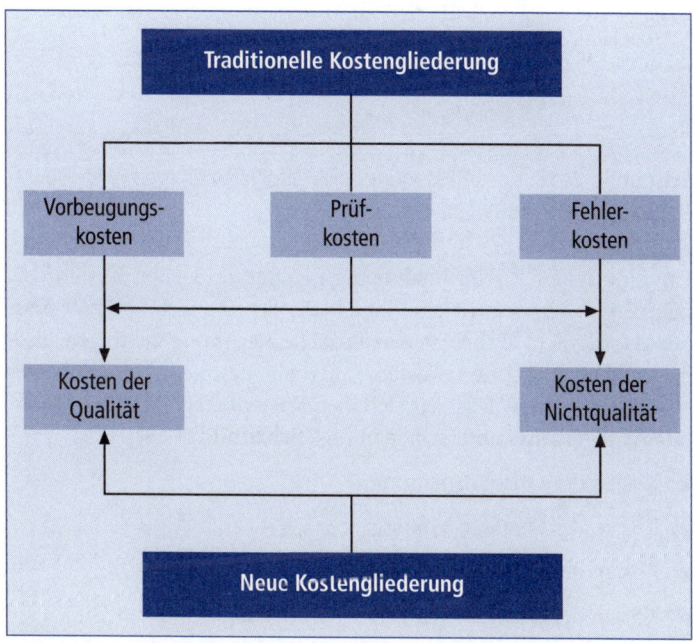

Schaubild 2–12: Systematisierung von Qualitätskostenkategorien (Quelle: *Bruhn* 2013b, S. 520)

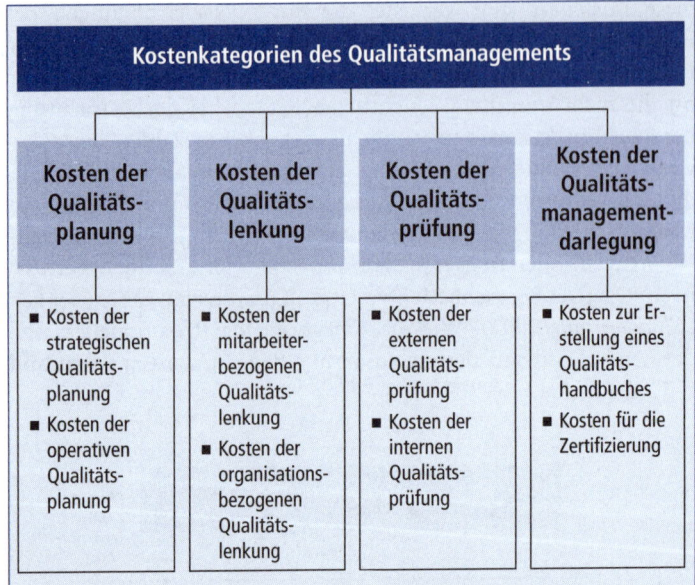

Schaubild 2–13: Kostenkategorien des Qualitätsmanagements (Quelle: *Bruhn* 1998b, S. 155)

Um eine systematische Analyse der qualitätsbezogenen Kosten vornehmen zu können, ist eine inhaltliche Strukturierung dieser Kosten erforderlich. Dabei ist der Tatsache Rechnung zu tragen, dass die qualitätsbezogenen Kosten innerhalb des Regelkreiskonzeptes entstehen. Demnach lassen sich vier **Kostenkategorien des Qualitätsmanagements** unterscheiden (vgl. **Schaubild 2–13**):

■ Kosten der Qualitätsplanung,

■ Kosten der Qualitätslenkung,

■ Kosten der Qualitätsprüfung,

■ Kosten der Qualitätsmanagementdarlegung.

Kosten der Qualitätsplanung: Die Kosten der strategischen Qualitätsplanung entstehen bei der Festlegung der Qualitätsposition und der hieraus abgeleiteten Qualitätsstrategie. In diese Kostenkategorie sind beispielsweise die Kosten zur Durchführung von qualitätsbezogenen SWOT-Analysen oder zur Erstellung von Qualitätsportfolios einzurechnen. Weiterhin werden Kosten der Qualitätsplanung durch Aktivitäten verursacht, die der Ermittlung der Kundenanforderungen dienen. Demnach sind dieser Subkategorie z. B. auch Kosten für die Durchführung von Kunden- und Mitarbeiterbefragungen zuzurechnen.

Kosten der Qualitätslenkung: Ferner entstehen Kosten der Qualitätslenkung, die für sämtliche Tätigkeiten zur Realisierung der Kundenanforderungen anfallen. Gemäß der Unterteilung der Instrumente der Qualitätslenkung können in dieser Phase zwei Subkategorien qualitätsbezogener Kosten unterschieden werden. Zu den mitarbeiterbezogenen Kosten der Qualitätslenkung zählen z. B. die Kosten für eine qualitätsorientierte Personalauswahl und -entwicklung sowie für qualitätsorientierte Anreizsysteme. Ferner lassen sich den organisationsbezogenen Kosten der Qualitätslenkung, z. B. die Kosten für die Einführung eines qualitätsorientierten Informations- und Kommunikationssystems, subsumieren.

Kosten der Qualitätsprüfung: Außerdem entstehen im Rahmen der Qualitätsprüfung Kosten, z. B. durch die Beurteilung des Realisierungsgrades der Kundenanforderungen. Diese können in eine externe und interne Subkategorie eingeteilt werden. Zu den externen Kosten der Qualitätsprüfung zählen beispielsweise Kosten zur Durchführung von Kundenbefragungen. Kosten für Mitarbeiterbefragungen oder die Umsetzung eines betrieblichen Vorschlagswesens sind hingegen den internen Kosten der Qualitätsprüfung zuzurechnen.

Kosten der Qualitätsmanagementdarlegung: Schließlich ergeben sich Kosten der Qualitätsmanagementdarlegung aus den Aktivitäten zur Dokumentation der qualitätsbezogenen Aktivitäten. Hierzu zählen Kosten für die Durchführung einer Zertifizierung oder Erarbeitung eines Qualitätsmanagementhandbuches des Anbieters.

Im Rahmen der Wirtschaftlichkeitsanalyse wird den entstandenen Kosten der induzierte Nutzen des Qualitätsmanagements gegenübergestellt. Unter dem Begriff **Qualitätsnutzen** werden jene positiven Wirkungen subsumiert, die dem Unternehmen aufgrund der Kundenreaktion auf Maßnahmen des Qualitätsmanagements entstehen. Die Gesamtheit der qualitätsbezogenen Nutzenkategorien kann in zwei **Kategorien** unterteilt werden (*Bruhn/Georgi* 1999; *Haller* 2012):

■ Externer Nutzen des Qualitätsmanagements,

■ Interner Nutzen des Qualitätsmanagements.

Externer Nutzen: Ein externer Nutzen des Qualitätsmanagements wird durch die Realisierung externer Ziele erreicht, die das Kundenverhalten positiv beeinflussen. Gemäß der Erfolgskette des Marketing können Unternehmen kundenseitige verhaltensbezogene Reaktionen durch die Beeinflussung psychologischer Größen stimulieren. Diese umfassen affektive (z. B. Emotionen) sowie kognitive Größen (z. B. Kundenzufriedenheit; *Heskett/Schlesinger* 1994; *Homburg/Wieseke/Hoyer* 2009). Die zentrale – durch das Qualitätsmanagement beeinflussbare – psychologische Determinante des Kundenverhaltens stellt gemäß der Erfolgskette des Qualitätsmanagements die Kundenzufriedenheit dar (*Oliver* 2010). Als verhaltensbezogene Konsequenzen der Kundenzufriedenheit werden in der Qualitätsmanagementforschung primär der Kundenbindungsnutzen sowie der Kommunikationsnutzen durch positive Mund-zu-Mund-Propaganda diskutiert (*Bruhn* 2013b, S. 530). Der Kundenbindungsnutzen ergibt sich durch eine Steigerung der Wiederwahl der Leistungen des Unternehmens, eine Erhöhung der Kauffrequenz oder ein Cross-Buying (Inanspruchnahme von Leistungen eines Anbieters, die bisher nicht beansprucht wurden) sowie durch eine Erhöhung der Preisbereitschaft zufriedener Kunden (*Krafft* 2007, S. 33 und S. 67 ff.). Der positive Zusammenhang zwischen der Kundenzufriedenheit, daraus resultierender langfristiger Kundenbeziehungen sowie höheren Performance und ROI-Werten konnten in diversen empirischen Arbeiten Bestätigung finden (z. B. *Rust/Lemon/Zeithaml* 2004; *Homburg/Müller/Klarmann* 2011a). Der Kommunikationsnutzen beschreibt hingegen den Nutzen, der durch eine positive Mund-zu-Mund-Kommunikation zufriedener Kunden oder die Verhinderung einer negativen Mund-zu-Mund-Kommunikation unzufriedener Kunden entsteht. So konnte beispielsweise in der Automobilwirtschaft festgestellt werden, dass für den Kauf eines *Toyota Lexus* mehr Neukunden aufgrund von Weiterempfehlungen als mit irgendeiner anderen Maßnahme gewonnen werden konnten (*Reichheld/Teal* 2001).

Interner Nutzen: Der interne Nutzen des Qualitätsmanagements bezieht sich auf eine Verbesserung der Leistungserstellung, die primär kostensenkenden Charakter haben und sich auf das Potenzial, den Prozess sowie das Ergebnis des Qualitätsmanagements beziehen. Zu den internen Nutzenkategorien gehören somit Potenzialverbesserungen (potenzialbezogener Nutzen), Prozessverbesserungen (prozessbezogener Nutzen) und Fehlervermeidungen (ergebnisbezogener Nutzen). Der potenzialbezogene Nutzen beschreibt dabei den Nutzen, der durch qualitätsinduzierte Modifikationen im Rahmen der Leistungserstellung entsteht, z. B. die Erzielung von Kostensenkungen durch Mitarbeiterbindung mittels leistungsspezifischer Lerneffekte. So können Kosteneinsparungen aufgrund einer geringeren Notwendigkeit von Personalakquisitionen oder geringeren Investitionen in Schulungsmaßnahmen erreicht werden (*Reichheld* 1993). Der prozessbezogene Nutzen bezieht sich hingegen auf den Nutzen, der aus Interaktionen zwischen Kunden und Mitarbeitenden entsteht. Hierzu zählen unter anderem Kostensenkungen durch eine Steigerung des kundenorientieren und fehlervermeidenden Verhaltens der Mitarbeitenden im Rahmen der Interaktion (*Atkinson/Hamburg/Ittner* 1994). So strebte beispielsweise die *Lufthansa* im Rahmen der Restrukturierung ihres Tochterunternehmens *LSG Sky Chefs* eine signifikante Reduktion der Prozesskosten durch die Standardisierung der Prozessabläufe an (*Lufthansa* 2012). Kosteneinsparungen, die durch eine Verringerung fehlerhafter Ergebnisse der Leistungserstellung entstehen, sind hingegen dem ergebnisbezogenen Nutzen zuzuschreiben (*Atkinson/Hamburg/Ittner* 1994; *Seghezzi/Fahrni/Friedli* 2013). So stellt die fehlerfreie Erstellung eines Leistungsangebotes einen ergebnisbezogenen Nutzen dar, wodurch unter anderem Kosten der Nachbcreclinung des Leistungsangebotes vermieden werden.

Nach der Ableitung der Kosten- und Nutzenkategorien können die entsprechenden Ergebnisse im Rahmen einer ganzheitlichen Effizienzbetrachtung analysiert werden. Qualitätsbezogene Effizienzkennziffern liefern wie andere betriebswirtschaftliche Kennzahlen konzentrierte und präzise Informationen über wichtige quantifizierbare Tatbestände im Unternehmen (*Bayraktar/Tatoglu/Zaim* 2013). Hierbei können statische sowie dynamische **Kosten-Nutzen-Analysen** vorgenommen werden (vgl. vertiefend *Bruhn* 2013b, S. 534 ff.). Um dem Investitionscharakter von qualitätsbezogenen Maßnahmen Rechnung zu tragen, sind allerdings eher dynamische Kosten-Nutzen-Analysen sinnvoll. Nur so können die langfristigen finanziellen Konsequenzen von Maßnahmen des Qualitätsmanagements fundiert eingeschätzt werden, da diese zeitliche Unterschiede im Auftreten von Kosten und Nutzen der Qualitätsinvestition berücksichtigen und dies explizit in das Ergebnis der qualitätsbezogenen Wirtschaftlichkeitsanalyse einfließt.

Auch wenn die Notwendigkeit eines systematischen Qualitätsmanagements zur Verbesserung der eigenen Leistungsfähigkeit und insbesondere der Kundenorientierung in der Praxis nicht in Frage gestellt wird, trifft die Umsetzung eines Qualitätsmanagements auf zahlreiche Barrieren. Wenn bereits die Umsetzung der herkömmlichen Qualitätsinstrumente mit Problemen behaftet ist, so gestaltet sich die Durchführung von Wirtschaftlichkeitsanalysen für diesen Bereich nicht minder schwer. In Bezug auf **kostenrechnungstechnische Barrieren** lässt sich zunächst feststellen, dass qualitätsbezogene Kosten in traditionellen Kostenrechnungssystemen nicht als eigenständige Kostenart ausgewiesen werden (*Bruhn* 2013b, S. 514). Vielmehr bleibt es jedem Unternehmen selbst überlassen, in Anlehnung an die allgemeine Definition qualitätsbezogener Kosten und unter Berücksichtigung unternehmensspezifischer Erfordernisse zu entscheiden, welche Kosten den qualitätsbezogenen Kosten zugerechnet werden.

Als weitere Barriere wird ein **zusätzlicher Erfassungsaufwand**, beispielsweise im Rahmen von Mitarbeiterbefragungen, deutlich. Die Erfassung beinhaltet z. B. Angaben darüber, welcher Anteil der Arbeitszeit auf Maßnahmen der Qualitätsplanung sowie der Prüfung und Steuerung von Arbeitsprozessen entfällt. Dabei besteht die Gefahr, dass einzelne Mitarbeitende des Unternehmens bewusst niedrige Kostenschätzungen abgeben.

Schließlich lässt sich als Barriere feststellen, dass der **Qualitätsnutzen** nur schwer zu ermitteln ist, da der Nachweis eines eindeutigen Ursache-Wirkungs-Zusammenhangs nicht immer gelingt. Beispielsweise ist die kausale Beziehung zwischen wahrgenommener Qualität und Weiterempfehlung oder Wiederwahl des Unternehmens nur unternehmensspezifisch zu quantifizieren.

Die Analyse der Wirtschaftlichkeit des Qualitätsmanagements ist zwar noch mit einigen Operationalisierungs- und Zurechnungsschwierigkeiten verbunden, wird jedoch zunehmend in den Unternehmen betrieben. In diesem Zusammenhang ist es für jedes Unternehmen notwendig, die bestehenden Möglichkeiten der Erfassung und Messung der qualitätsbezogenen Kosten und Nutzen auszuschöpfen, um Hinweise über die Wirtschaftlichkeit des Qualitätsmanagementsystems zu erhalten.

Zusammenfassung

Die folgenden zehn Merkpunkte können eine Hilfestellung für die Umsetzung eines Qualitätsmanagements im eigenen Unternehmen geben:

(1) **Philosophie des Total Quality Management vermitteln:** Fördern Sie das Verständnis auf allen Ebenen, dass ein integriertes Qualitätsmanagement eine langfristige Aufgabe und zentraler Erfolgsfaktor im Sinne eines Total Quality Management ist.

(2) **Qualitätsbewusstsein schaffen:** Zur permanenten Steuerung und Weiterentwicklung des Qualitätsmanagements ist es sinnvoll, Qualitätszirkel zu institutionalisieren. Kümmern Sie sich persönlich um die Bildung dieser Teams und sprechen Sie geeignete Mitarbeitende auf die aktive Beteiligung in einem Qualitätszirkel an.

(3) **Qualitätsmanagement strategisch planen:** Formulieren Sie qualitätsbezogene Unternehmensgrundsätze, -ziele, -strategien sowie -standards und vergewissern Sie sich einer eindeutigen Operationalisierung.

(4) **Regelkreiskonzept des Qualitätsmanagements umsetzen:** Erarbeiten Sie ein individuelles Regelkreiskonzept des Qualitätsmanagements, in dem die zentralen Qualitätsinstrumente der einzelnen Phasen bestimmt wurden.

(5) **Instrumente des Qualitätsmanagements integrieren:** Hierarchisieren und verknüpfen Sie die ausgewählten Instrumente des Qualitätsmanagements, um ein integriertes Qualitätsmanagement realisieren zu können.

(6) **Ressourcen für die Umsetzung eines Qualitätsmanagements bereitstellen:** Stellen Sie sicher, dass die erforderlichen Ressourcen zur Umsetzung des Qualitätsmanagements im Unternehmen gegeben sind.

(7) **Zertifizierung des Unternehmens überdenken:** Überlegen Sie, ob eine Zertifizierung für Ihr Unternehmen sinnvoll sein kann, zumindest in Teilbereichen.

(8) **Qualitätsbezogene Erhebung der Kundenerwartungen sicherstellen:** Stellen Sie eine regelmäßige Messung der Kundenerwartungen und der Kundenzufriedenheit als Schlüsselgrößen des Qualitätscontrolling sicher.

(9) **Qualitätsbezogene Kosten- und Nutzenkategorien fassbar machen:** Erarbeiten Sie in Zusammenarbeit mit dem Rechnungswesen und Controlling ein unternehmensindividuelles System, mit dem die Kosten des Qualitätsmanagements sowie der Qualitätsnutzen erfasst werden können.

(10) **Wirtschaftlichkeit des Qualitätsmanagements ermitteln:** Stellen Sie den Kostenkategorien die Nutzendimensionen gegenüber und beachten Sie, dass das Qualitätsmanagement auch dem Gesichtspunkt der Wirtschaftlichkeit gerecht wird.

3. Kapitel

Servicemanagement

1. Grundlagen des Servicemanagements

Neben einer hohen Produktqualität können ausgezeichnete Service-leistungen bzw. die Realisierung einer hohen Servicequalität einen bedeutsamen Beitrag zur Kundenorientierung leisten. Dies wurde in den vergangenen Jahren insbesondere von Branchen, in denen das eigentliche Produktprogramm (z. B. Mobilfunk, Postdienstleistungen) nur wenig Spielraum zur Verbesserung oder Variation der Leistung lässt, erkannt und durch ein breites Angebot von Zusatzleistungen umgesetzt. Im deutschsprachigen Raum bestand lange Zeit kein Unterschied zwischen dem **Servicemanagement** und dem Angebot technischer Kundendienstleistungen. Mit dem Bedeutungszuwachs von Serviceleistungen zur Wettbewerbsdifferenzierung auch im Sachgüterbereich wird offenkundig, dass in vielen Fällen keine trennscharfe Abgrenzung von Sachgütern und Dienstleistungen möglich ist. Vielmehr lässt sich ein kontinuierliches Spektrum tangibler und intangibler Wertbeiträge für verschiedene Leistungen darstellen. Mit einer Intensivierung der Forschungsarbeiten auf dem Gebiet der Dienstleistungen und der Entwicklung von Ansätzen zur Messung und Erfassung der Dienstleistungsqualität hielten entsprechende Konzepte auch Einzug in die Unternehmenspraxis. In den darauf folgenden Jahren wurden diese Ansätze verfeinert und weiterentwickelt. Heute ist die Bedeutung von Serviceelementen weitgehend allen Unternehmen bewusst und es wird versucht, durch innovative Serviceleistungen die Kundenorientierung zu steigern und die aktuellen Kunden an das Unternehmen zu binden. Das Servicemanagement setzt dabei sowohl an der Leistungs- als auch Interaktionsdimension der Kundenorientierung an (*Homburg/Müller/Klarmann* 2011a, b). Dies verdeutlicht **Schaubild 3–1**.

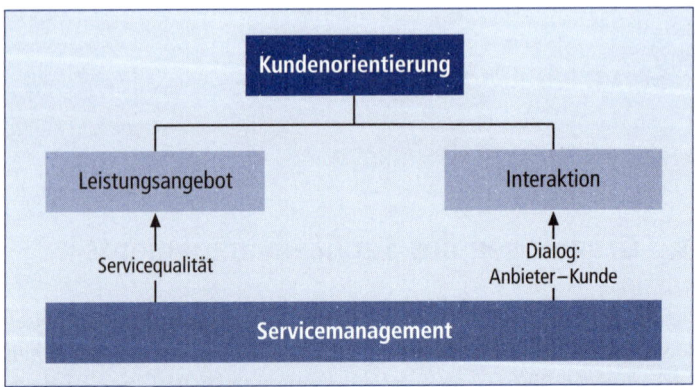

Schaubild 3–1: Kundenorientierung und Servicemanagement

Die **Bedeutung von Serviceleistungen** zur Erfüllung der Kundenerwartungen ist unumstritten. So geben 69 Prozent der Befragten im Rahmen einer *OVUM*-Kunden-Studie an, im Falle von mangelhaftem Service eine Geschäftsbeziehung zu beenden (*OVUM* 2010). Allerdings bestehen in der Unternehmenspraxis teilweise erhebliche Umsetzungsprobleme, da die Umsetzung von Servicestrategien die Fähigkeit von Unternehmen voraussetzt, potenzielle Probleme des Kunden zu antizipieren und daraufhin maßgeschneiderte Lösungen anzubieten. Diese Fähigkeit ist noch nicht bei allen Unternehmen ausreichend entwickelt.

Für ein besseres Verständnis des Servicemanagements ist es erforderlich, die Begriffe Service und Dienstleistung zunächst näher zu kennzeichnen, denn obwohl sie in zahlreichen Veröffentlichungen und Vorträgen verwendet werden, existiert bis dato kein einheitliches Begriffsverständnis. Die Interpretationen des Begriffes „Service" reichen von einer Beschreibung des technischen Kundendienstes bis hin zur synonymen Verwendung der Begriffe Dienstleistung und Service. Im Folgenden wird von einem erweiterten Verständnis des Begriffes ausgegangen. Die **Begriffe Service und Dienstleistung** werden hierbei synonym verwendet.

Dienstleistungen/Services:

Dienstleistungen sind selbständige und vermarktungsfähige Leistungen eines Unternehmens, die mit der Bereitstellung und dem Einsatz von Leistungsfähigkeiten (z. B. Reparaturleistung) verbunden sind. Ein zentraler Unterschied zu Produkten ist, dass sowohl interne Faktoren (z. B. Geschäftsräume, Personal, Ausstattung) als auch externe Faktoren (z. B. Kunde, Auto des Kunden) auf den Erstellungsprozess und somit die Leistung Einfluss nehmen. Das Ziel einer Dienstleistung ist die Generierung einer nutzenstiftenden Wirkung am externen Faktor (z. B. Inspektion des Autos).

Aktuell sind besonders eine starke Neuentwicklung und ein andauerndes **Wachstum elektronischer Dienstleistungen** festzustellen. Dies ist vorwiegend durch die fortschreitende Entwicklung und Vernetzung von Informationstechnologien zu begründen. Elektronische Dienstleistungen oder so genannte E-Services sind daher von immer größerer Relevanz für Unternehmen und sollen im Folgenden eine nähere Betrachtung erfahren.

Unter dem Begriff **E-Services** sind auf elektronischen Wege bereitgestellte immaterielle Leistungen zu verstehen, bei denen der Kunde aktiv am Leistungserstellungsprozess beteiligt ist (*Bruhn* 2002a; *Janiesch/Ruggaber/Sure* 2008). E-Services können danach unterschieden werden, ob sie ein anderes Produkt bzw. Dienstleistung als „**Value Added Service**" flankieren oder unabhängig von anderen Produkten oder Dienstleistungen angeboten werden („**Stand Alone Service**"). Value- Added-Services alleine stiften dem Kunden keinen oder nur einen geringen eigenen Nutzen und dienen vor allem dazu, durch ihre Verfügbarkeit den Nutzen aus dem Hauptprodukt/der Hauptdienstleistung für den Kunden zu erhöhen.

BEISPIEL: Typische Value-Added-Services sind Push-Nachrichten einer Dienstleistungs-App, da sie inhaltlich in einem sehr engen Zusammenhang zum Hauptprodukt stehen und für den Leser ohne Produktbezug in der Regel mit einem geringen Nutzen verbunden sind (z. B. Apps von Anbietern von Handys, Reisen u.a.m.).

Im Gegensatz dazu stiften Stand-Alone-Services dem Kunden einen weitgehend autonomen Nutzen, so dass eine Verknüpfung mit anderen Produkten oder Dienstleistungen nicht zwingend erforderlich ist.

> **BEISPIEL:** Das Portalangebot von *Yahoo!* stellt ein Beispiel für einen Stand-Alone E-Service dar. Es bildet eine eigenständige Dienstleistung und steht in keinem unmittelbaren Zusammenhang zur Nutzung eines weiteren Produkts.

Vernetzte **multimediale Systeme** wie das Internet ermöglichen es, die Übermittlungszeiten von Daten und Informationen zu reduzieren, bis hin zu bidirektionaler Kommunikation in nahezu Echtzeit. Dies führt dazu, dass die Geschwindigkeit von Prozessen, z. B. die Bearbeitung von Bestellungen, signifikant erhöht werden kann. E-Mail-Kommunikation bietet die Möglichkeit, auf Kundenwünsche und -anfragen unmittelbar zu reagieren. Die systematische Erfassung von Kundenanfragen (Monitoring) hilft, das E-Service-Angebot zu verbessern. Durch Mail-Ankündigungen seitens des Anbieters kann einem E-Service-Angebot eine größere Aufmerksamkeit verschafft werden.

E-Services können mit Blick auf die Kundenorientierung zur **Reduzierung von Unsicherheiten** während des gesamten Kundenbeziehungsprozess beitragen, z. B. durch eine Komplexitätsreduzierung der Kernleistung. Als Beispiel aus der Unternehmenspraxis können Online-Warnsysteme für Wertpapierfonds genannt werden, die die Kunden im Falle einer Unterschreitung eines Schwellenwerts von Aktienkursen sofort per E-Mail oder SMS informieren. Zudem kann durch das ergänzende Angebot von E-Services die Funktionalität der Kernleistung erweitert und so das Produkt lebhafter gestaltet werden. Dies kann z. B. durch Online-Spiele geschehen, die mit dem Kernprodukt in einem unmittelbaren Zusammenhang stehen und ihm auf diese Weise eine höhere Emotionalität verleihen (*Wirtz/Schilke* 2010, S. 527). Weiterhin bieten E-Services die Möglichkeit zur **Erhöhung der Kontakthäufigkeit** zwischen Kunden und Unternehmen, wodurch sich Unternehmen verstärkt die Möglichkeit bietet, den Kunden besser zu verstehen und so das Angebot zu optimieren. **Schaubild 3–2** stellt den Beitrag von E-Services zur Kundenorientierung anhand exemplarischer E-Services dar.

Value-Added E-Services	Beschreibung	Beitrag zur Kundenorientierung	Beispiel
Informationsangebot auf Website	Kernproduktbezogene- und komplementierende Sachinformationen	Reduzierung von Unsicherheiten, Erhöhung der Kontakthäufigkeit	Kursinformationen und Wirtschaftsnews auf den Websites von Finanzdienstleistern, z. B. comdirect
FAQ	Standardisierte Antworten zu häufig gestellten Kundenfragen zum Kernprodukt	Reduzierung von Unsicherheiten	Besonders auf Websites technisch komplexer Produkte, wie z. B. Microsoft
Newsletter	Standardisierte, regelmäßige E-Mail-Kommunikation vom Anbieter	Erhöhung der Kontakthäufigkeit	Miles&More-Newsletter von Lufthansa
E-Mails	Individuelle Nachrichten für den Kunden in Bezug auf das Kernprodukt	Erhöhung der Kontakthäufigkeit	Einsatz im Rahmen des Beschwerdemanagements
Chat	Textbasierte Echtzeitkommunikation bzgl. des Kernprodukts, z. B. technischer Chat-Support	Reduzierung von Unsicherheiten, Vereinfachter Zugang zu Informationen	Chat-Funktion von Dell, die es Kunden ermöglicht, in direkten Kontakt mit dem technischen Support zu treten
Voice-over-IP	Telefonischer Kundenservice über Computernetzwerke, z. B. Produktberatungen	Reduzierung von Unsicherheiten, Vereinfachter Zugang zu Informationen	Bei Premiumseinträgen im Branchenbuch GoYellow haben Kunden die Möglichkeit, sich kostenlos via Voice-over-IP mit dem entsprechenden Unternehmen verbinden zu lassen
Mashups	Integration des Kernprodukts in Online-Tools, z. B. Einbindung in Online-Routenplan	Erhöhung der Kontakthäufigkeit	Einbindung der Hotels der Arcor-Gruppe in die Karten des Routenplaners map24
Downloads	z. B. Download von Software zur Bedienung des Kernprodukts	Vereinfachter Zugang zu Informationen	Download von Werbejingles als Klingeltöne (z. B. Coca-Cola stellt AlmdudlerKlingelton zum Download zur Verfügung
Online-Spiele	Werbe-Spiele, die auf der Website eines Anbieters genutzt werden können	Erhöhung der Kontakthäufigkeit	Online-Werbespiele von eon oder Edeka
Diskussionsforen/ Communities	Online-Plattformen zur themenspezifischen, multilateralen Interaktion bzgl. des Kernprodukts	Erhöhung der Kontakthäufigkeit	Online-Community zur Microsoft X-Box

Schaubild 3-2: Kundenorientierungsbeitrag exemplarischer E-Services (Quelle: Wirtz/Schilke 2010, S. 528)

Im Anschluss an die dargestellte Systematisierung von Serviceleistungen sowie deren Besonderheiten im Rahmen von E-Services ist eine **Typologisierung von Serviceleistungen** vorzunehmen, mit dem Ziel, die zur Erfüllung der Kundenerwartungen bzw. die zur Steigerung der Kundenorientierung relevanten Servicekategorien näher zu beschreiben. Zur Typologisierung wird eine Unterscheidung der Dimensionen „Erwartungshaltung der Nachfrager" und „Affinität zum Kernprodukt" vorgenommen. Die **Erwartungsdimension** (erste Dimension) analysiert, inwieweit die angebotene Serviceleistung vom Nachfrager derzeit zwingend erwartet oder als Zusatzleistung lediglich positiv bewertet wird („Nice to Have"). Im Kano-Modell wird die Erwartungshaltung des Kunden zu verschiedenen Leistungskomponenten abgefragt und darauf basierend eine Einordnung der Relevanz für die Zufriedenheit des Kunden nach drei Abstufungen vorgenommen:

- Muss-Serviceleistung,

- Soll-Serviceleistung,

- Kann-Serviceleistung.

Muss-Serviceleistung: Zu den Muss-Serviceleistungen zählen sämtliche Serviceleistungen des Anbieters, die aus Kundensicht unabdingbar sind. Sie werden auch „Hygienefaktoren" genannt. Ferner können diejenigen Leistungen zu der Kategorie der Muss-Serviceleistungen gezählt werden, die bereits von sämtlichen Unternehmen der Branche als Standardleistung erbracht werden, so dass der Kunde das Vorhandensein dieser Leistung voraussetzt. Werden Muss-Serviceleistungen von einem Unternehmen nur unzureichend oder gar nicht erbracht, so wird das Unternehmen vermutlich nicht nur eine schlechte Beurteilung hinsichtlich der Kundenorientierung erhalten, sondern zudem sehr hohe Migrationsraten aufweisen.

BEISPIEL: Zu den Muss-Serviceleistungen zählen die Reinigung eines Hotelzimmers während eines Urlaubs, die Erteilung von Auskünften an einem Bankschalter usw. Bei einem Arztbesuch erwartet der Patient eine grundlegende Anamnese durch einen Arzt, eine darauffolgende Diagnose und bei Bedarf eine erneute Terminvereinbarung am Empfang durch die Sprechstundenhilfe.

Soll-Serviceleistung: Bei den Soll-Serviceleistungen kann sich der Anbieter durch eine professionelle Erfüllung beim Kunden profilieren. Zu dieser Kategorie zählen folglich sämtliche Serviceleistungen, die ergänzend zur Kern- oder Primärleistung erbracht werden und deren Vorhandensein aus Kundensicht angenehm und komfortabel ist. Diese sind eine gute Möglichkeit, Kundenorientierung unter Beweis zu stellen. Allerdings verändern sich die Serviceerwartungen von Kunden im Zeitablauf. Daher ist das eigene Serviceangebot kontinuierlich zu analysieren und zu modifizieren. Insbesondere ist bei einer aktiven Veränderung und der Reaktion auf Maßnahmen der Konkurrenz das Phänomen der „Anspruchsinflation" zu beobachten. Das heißt, Soll-Leistungsfaktoren werden bei deren Übernahme durch die Mehrheit der Marktteilnehmer im Zeitablauf zur Muss-Leistung.

BEISPIEL: Bei der Entsorgung von Verpackungsmaterial ist eine rasche Veränderung der Serviceerwartungen der Kunden eingetreten. Bei der Lieferung einer neuen Waschmaschine wurde es vor einigen Jahren noch als besondere Serviceleistung empfunden, dass der Lieferant das Verpackungsmaterial entsorgte. Heute ist diese Leistung eine Selbstverständlichkeit, die von fast allen Anbietern der Branche erbracht wird.

Kann-Serviceleistung: Kann-Serviceleistungen erhöhen demgegenüber vor allem die Attraktivität des Leistungsangebotes. Sie werden von den Kunden nicht zwingend erwartet und daher auch als „Begeisterungsfaktoren" bezeichnet. Insofern haben diese Serviceleistungen immer dann eine besonders hohe Auswirkung auf die Kundenorientierung, wenn die neuen Serviceleistungen einen hohen individuellen Kundennutzen stiften und von den übrigen Anbietern der Branche (noch) nicht erbracht werden. Je höher die Affinität dieser Serviceleistungen zum Kernprodukt ist, desto leichter kann eine Profilierung am Markt realisiert werden.

BEISPIEL: Ein Gastronom könnte seinen Gästen einen kostenlosen Begrüßungsaperitif beim Restaurantbesuch offerieren und ihnen eine individuelle Weinberatung vorschlagen. Eine Arztpraxis kann seinen Patienten zur Erfrischung Getränke und eine Spielecke für Kinder im

Wartezimmer bereitstellen. Besondere Leistungen wie die Erinnerung an Termine (per Telefon oder Email) sowie an Impfaktualisierungen durch die Sprechstundenhilfe können dem Patienten angeboten werden.

Im Rahmen von merkmalsorientierten Analysen, wie z. B. der **Kano-Methode**, ist es möglich festzustellen, ob eine Leistungskomponente als Muss-, Soll- oder Kann-Serviceleistung bzw. als Hygiene- oder als Begeisterungsfaktor wahrgenommen wird. Entsprechend kann das Unternehmen sein Leistungsspektrum bzw. die Bündelung spezieller Leistungspakete daran ausrichten und beispielsweise Standard- und Premiumleistungen für Personen mit unterschiedlichen Leistungsansprüchen und Zahlungsbereitschaften differenzieren.

Die zweite Dimension – **Affinität zum Kernprodukt** – beschreibt den sachlogischen und inhaltlichen Zusammenhang der angebotenen Serviceleistung zur primären Leistungskompetenz des Unternehmens. Dabei weist z. B. ein kostenloser Transportservice eines Möbelhauses eine hohe, die Möglichkeit in diesem Möbelhaus Konzertkarten zu kaufen, eine geringe Verbindung zum Kernprodukt auf. Das Kernprodukt kann sowohl ein Sachgut als auch eine Dienstleistung sein.

Schaubild 3–3 zeigt die sich hieraus ergebende Typologisierung von Serviceleistungen am Beispiel eines Hotels (Primärleistung: Übernachtungs- und Verpflegungsleistung).

Leitet man aus der vorgenommenen Systematisierung die Möglichkeiten zur Profilierung durch das Angebot von Serviceleistungen ab, so ergibt sich eine Profilierung im **ersten Profilierungsfeld** durch das Angebot bisher im Branchenumfeld nicht üblicher Serviceleistungen. Allerdings besteht aufgrund der geringen Affinität zum Kernprodukt die Gefahr einer isolierten Bewertung der Serviceleistung. Dies kann zu einer mangelnden Übertragung der Kundenzufriedenheit, ausgelöst durch die Serviceleistung, auf die Kernleistung des Anbieters führen (*Laakmann* 1995, S. 18 f.).

Im **zweiten Profilierungsfeld** ist die Profilierung im Wettbewerb durch das Angebot von Serviceleistungen aufgrund der hohen Erwartungshaltung des Kunden bereits relativ eingeschränkt. Hier gewinnen zusätzlich Kosten- und Qualitätsunterschiede der Serviceleistung an Bedeutung.

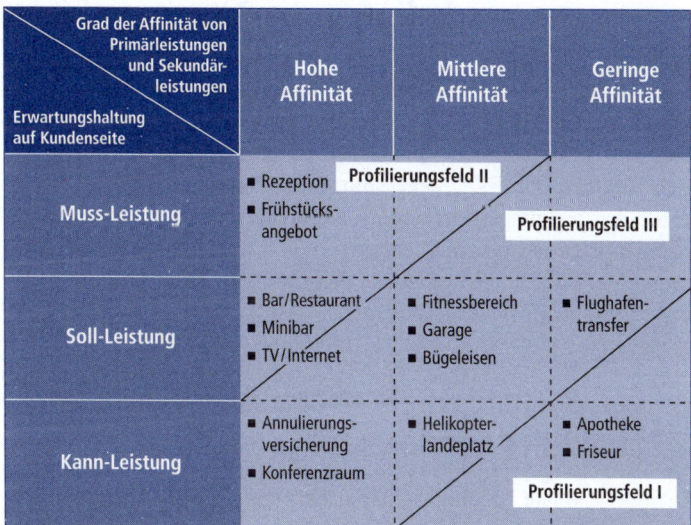

Schaubild 3–3: Profilierungsfelder im Servicemanagement am Beispiel eines Hotels

BEISPIEL: In einem Hotel zählen eine besetzte Rezeption sowie ein Frühstücksangebot in der Regel zur Standardleistung. Hier wäre eine Profilierung allenfalls über Sonderleistungen (z.B. Begrüßungsgetränk an der Rezeption, Vielfalt des Frühstücksbuffets) denkbar. Darüber hinaus sind auch durch Hoteleinrichtungen wie eine Bar in der Lobby, eine attraktive Minibar im Zimmer oder kostenfreier WLAN-Anschluss Möglichkeiten zur Profilierung gegeben.

Wettbewerbsprofilierung ist weiterhin durch Zusatzleistungen des dritten Feldes möglich. Das **dritte Profilierungsfeld** umfasst Leistungen, die sich durch eine mittlere bis hohe Affinität zur Kernleistung auszeichnen und sowohl als Kann- oder Soll-Leistung erwartet werden. Beispiele für diese sind die Möglichkeit, bei einem Hotel einen Flughafentransfer oder Fitnessgeräte anzubieten. Die Profilierung kann dadurch erreicht werden, dass durch diese Leistungen die Kundenerwartung übertroffen werden. Gemäß des Confirmation/Disconfirmation-Paradigmas führt die Übererfüllung der Kundenerwartungen zu Zufriedenheit (vgl. Kapitel 4, Kundenbindungsmanagement).

Die Analyse der Besonderheiten im Servicemanagement und die Typologisierung des eigenen Leistungsangebotes zeigen Verbesserungs- bzw. Ergänzungspotenziale für Unternehmen auf und eröffnen somit in der Folge neue strategische Ansatzpunkte für das eigene Servicemanagement und die Kundenorientierung. Ausgeprägte Kundenorientierung wird jenen Anbietern bescheinigt werden, die individuelle Profilierungsfelder erkennen bzw. entwickeln und dadurch eine Alleinstellung erreichen.

2. Servicequalität als strategischer Ansatzpunkt des Servicemanagements

Die operationale Formulierung der **Serviceziele** – nach Inhalt, Ausmaß, Zeit- und Segmentbezug – ist ein wesentlicher Bestandteil der strategischen Planung des Servicemanagements, ohne die eine Steigerung der Kundenorientierung und eine Profilierung im Wettbewerb überhaupt nicht messbar bzw. kontrollierbar wären. Grundsätzlich lässt sich die Systematisierung von Zielen nach ihren Inhalten in psychologische, verhaltensbezogene sowie ökonomische Ziele auch auf das Servicemanagement übertragen.

Psychologische Ziele: Die psychologischen Ziele nehmen generell auf die mentalen Prozesse der Käufer Bezug. Ihre Erreichung trägt direkt zur Realisierung der verhaltensbezogenen Ziele und indirekt zur Realisierung der ökonomischen Ziele bei. Für das Servicemanagement sind folgende Zielsetzungen von besonderer Bedeutung (*Meffert/Bruhn/Hadwich* 2015, S. 154 f.):

- Verbesserung der Qualitätswahrnehmung,
- Erhöhung der Kundenzufriedenheit,
- Erhöhung der Kundeneinstellung,
- Imageverbesserung,
- Erhöhung der Mitarbeiterzufriedenheit und -motivation.

Verhaltensbezogene Ziele: Die verhaltensbezogenen Ziele des Servicemanagements beziehen sich auf das explizite Kundenverhalten sowie deren Verhaltensabsichten wie das konkrete Wiederkaufverhalten bzw. die Absicht, die Leistung erneut zu konsumieren. Determinanten der verhaltensbezogenen Zielgrößen sind psychologische Prozesse. Für das Servicemanagement sind folgende **Zielsetzungen** von besonderer Bedeutung (*Meffert/Bruhn/Hadwich* 2015, S. 155 f.):

- Wiederkaufsverhalten und -absicht,
- Weiterempfehlungsverhalten und -absicht,
- Cross- und Up-Selling,
- Erhöhung der Preisbereitschaft.

Ökonomische Ziele: Die ökonomischen Ziele des Servicemanagements knüpfen unmittelbar an den Erwerbszielen eines Unternehmens an. Zu den zentralen ökonomischen Zielen zählen beispielsweise der Deckungsbeitrag, der Marktanteil sowie der wert- oder mengenmäßige Absatz von Serviceleistungen. Bei der Formulierung dieser Ziele ist im Servicemanagement zunächst die Frage zu klären, durch welche Größen die „Absatzmengen" der Serviceleistungen ausgedrückt werden. Zur Ermittlung können z. B. die folgenden **Maßzahlen** herangezogen werden (*Meffert/Bruhn/Hadwich* 2015, S. 153 f.):

- Kontaktzahl (z. B. bei einer Verbraucherzentrale),
- Tourenzahl (z. B. in Verkehrsbetrieben),
- Passagierzahl (z. B. bei Fluglinien),
- Bettenauslastung (z. B. in Krankenhäusern),
- Behandelte Patienten (z. B. in Arztpraxen),
- Einsatzfahrten (z. B. bei Hilfsdiensten, Feuerwehr).

Aus den Besonderheiten von Serviceleistungen resultiert ein erhöhtes Risikoempfinden des Nachfragers. Dieser Vertrauensgutcharakter von Serviceleistungen wirkt sich auf die Priorität einzelner Ziele im Rahmen der Zielsystematik eines kundenorientierten Unternehmens aus. So erklärt sich z. B. auch die ungleich höhere Bedeutung mitarbeitergerichteter Ziele im Servicemanagement. Diese resultiert aus der Interaktivität von Kunde und Serviceanbieter sowie dem daraus folgenden Zusammenhang zwischen Mitarbeitermotivation → Leistungsqualität → Kundenzufriedenheit → Kundenbindung → Ökonomischer Erfolg (*Heskett* 1986, S. 117 ff.; *Baron/Harris/Hilton* 2008; *Homburg/Wieseke/Hoyer* 2009).

> **BEISPIEL:** Der Autovermieter *AVIS* hat mitarbeitergerichtete Ziele dahingehend definiert, dass sich interner und externer Service entsprechen. Es ist ein Arbeitsumfeld geschaffen worden, bei dem 90 Prozent der Mitarbeitenden überzeugt sind, dass *AVIS* einer der besten Arbeitgeber ist. Das Arbeitsumfeld trägt dazu bei, dass die Notwendigkeit der Erbringung des besten Services innerhalb des Unternehmens erkannt wird.

Die Ziele des Servicemanagements lassen sich aber nur dann erreichen, wenn die Erwartungen des Kunden in Bezug auf die Serviceleistungen des Unternehmens erfüllt werden. Verbesserungen der **Servicequalität** sind insofern nicht nur zentrales Oberziel innerhalb des Servicemanagements, sondern dienen auch als Ansatzpunkt zur strategischen Weiterentwicklung des Unternehmens. In der Wissenschaft wurden verschiedene Modelle zur Ermittlung der Servicequalität entwickelt. Besondere Beachtung hat in diesem Zusammenhang der von *Parasuraman/Zeithaml/Berry* (1985; 1988) entwickelte Ansatz – das so genannte GAP-Modell – gefunden.

Das **GAP-Modell** stellt ein umfassendes Rahmenkonzept zur Bestimmung der Servicequalität aus Kunden- und Unternehmenssicht dar. Es wurde auf der Basis von Fokusgruppeninterviews mit Dienstleistungskunden sowie Expertengesprächen mit Serviceanbietern aus den Bereichen Banken, Kreditkartenunternehmen, Versicherungen, Broker und Reparaturdienstleister entwickelt. Als Ergebnis konnten Diskrepanzen – so genannte „GAPs" – zwischen den Wahrnehmungen der Kunden in Bezug auf die Servicequalität und den Vorstellungen in den Unternehmen identifiziert werden (vgl. **Schaubild 3–4**). Folgende Diskrepanzen wurden in der Untersuchung festgestellt (*Zeithaml/Parasuraman/Berry* 2000):

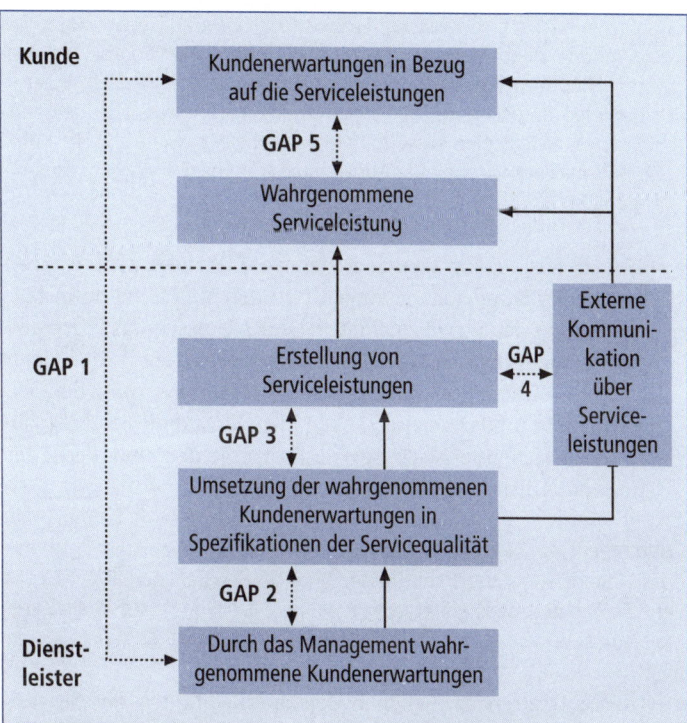

Schaubild 3–4: GAP-Modell der Servicequalität (Quelle: *Zeithaml/Parasuraman/Berry* 2000, S. 119)

■ GAP 1: Diskrepanz zwischen den tatsächlichen Kundenerwartungen und den vom Management wahrgenommenen Kundenerwartungen. – Die wesentlichen Gründe für ein solches Gap sind eine unzureichende Berücksichtigung von Marktforschungsergebnissen, ineffiziente Kommunikation und zu viele Hierarchiestufen zwischen Topmanagement und Kundenkontaktmitarbeitern.

BEISPIEL: In einem Kongresshotel wurden bei der Analyse der Kundenerwartungen bezüglich der Seminarpausen folgende Ergebnisse ermittelt: Das Management des Hotels ging davon aus, dass die Seminarteilnehmer zunächst eine Tasse Kaffee, zweitens Obst und Gebäck, drittens eine schöne Dekoration der Tische und viertens Blumengestecke erwarten. Bei der Kundenbefragung wurde jedoch eine gänzlich andere Reihenfolge der Kundenerwartungen ermittelt. Die Seminarteilnehmer erwarteten erstens eine Tasse Kaffee, zweitens eine weitere Tasse Kaffee, drittens eine Toilette aufzusuchen und viertens die Möglichkeit von Telefonaten.

- GAP 2: Diskrepanz zwischen den vom Management wahrgenommenen Kundenerwartungen und deren Umsetzung in Spezifikationen der Servicequalität. – Dieses Umsetzungsdefizit entsteht in der Praxis häufig durch folgende Faktoren: Mangelnde Entschlossenheit des Managements zur Verbesserung der Servicequalität, unklare Zielsetzungen in Bezug auf die Servicequalität, unzureichende Nutzung von Instrumenten und Verfahren zur Standardisierung von Serviceleistungen.

BEISPIEL: GAP 2 könnte im angeführten Hotelbeispiel entstehen, wenn das Hotelpersonal dazu angewiesen wird, in den Seminarpausen Obst auf die Tische zu stellen, hinsichtlich der Bereitstellung von frischem Kaffee jedoch keine internen Qualitätsstandards gesetzt werden.

- GAP 3: Diskrepanz zwischen den Spezifikationen der Servicequalität und der tatsächlich erstellten Leistung. – Verursachende Faktoren sind in diesem Zusammenhang insbesondere eine mangelnde Qualifikation der Mitarbeitenden, falsche Kriterien der Leistungsüberwachung, mangelhafte Teamarbeit oder Rollenkonflikte bzw. ein falsches Rollenverständnis des Servicepersonals.

BEISPIEL: Legt das Kongresshotel fest, dass Reservierungsanfragen innerhalb von einigen Stunden beantwortet werden und ein Mitarbeitender reagiert, jedoch erst nach einigen Tagen auf die eingehenden Anfragen, so wäre dies ein Beispiel für die Diskrepanz zwischen Spezifikation und tatsächlicher Dienstleistung.

- GAP 4: Diskrepanz zwischen tatsächlich erstellter Serviceleistung und der an den Kunden gerichteten Kommunikation über diese

Serviceleistung. – Dies entsteht, wenn die Wahrnehmung des Kunden bezüglich der Servicequalität durch übertriebene Versprechungen in der Werbung oder auch durch fehlende Informationen so beeinflusst wird, dass eine Diskrepanz zwischen tatsächlich erstellter und versprochener Leistung entsteht.

BEISPIEL: Gap 4 könnte entstehen, wenn das Hotel in seiner Unternehmenskommunikation die Berücksichtigung der individuellen Bedürfnisse der Kunden besonders betont, solche Bedürfnisse, wie beispielsweise besondere Essenswünsche einiger Teilnehmer, von den Mitarbeitenden des Hotels aber nicht beachtet werden.

■ GAP 5: Diskrepanz zwischen den Erwartungen an die Serviceleistung durch den Kunden und der tatsächlich wahrgenommenen Serviceleistung. – Dieses Gap stellt die zentrale Lücke des Modells dar, die weitgehend von den intern bedingten Gaps eins bis vier verursacht ist und somit durch die Minimierung der übrigen vier Gaps verringert werden kann (*Parasuraman/Zeithaml/ Berry* 1985, S. 46). Hierbei kann die wahrgenommene Qualität der Kunden ihre Erwartungen erfüllen, nicht erfüllen oder auch übertreffen .

BEISPIEL: Eine besonders freundliche Bedienung im Restaurant, täglich frisches Obst im Hotelzimmer, Lieferung einer Bestellung eine Woche vor dem vereinbarten Zeitpunkt oder lange Wartezeiten an der Kasse, unfreundliche Sachbearbeiter usw. sind Beispiele für die Über- bzw. Untererfüllung von Serviceleistungen.

Als zentrales Ergebnis der Forschungsarbeiten zum GAP-Modell konnten fünf Qualitätsdimensionen isoliert werden, die zur Beurteilung der Servicequalität von den Kunden herangezogen werden.

Aufgrund dieser Ergebnisse wurde der so genannte **SERVQUAL-Ansatz** entwickelt, der heute in vielen Unternehmen eine bedeutende Stellung bei der Messung der Servicequalität einnimmt. Die fünf Dimensionen des SERVQUAL-Ansatz sind:

■ Annehmlichkeit des tangiblen Umfeldes („Tangibles"),

■ Zuverlässigkeit („Reliability"),

■ Reaktionsfähigkeit („Responsiveness"),

■ Leistungskompetenz („Assurance"),

■ Einfühlungsvermögen („Empathy").

Diese fünf Dimensionen werden durch die Abfrage von 22 Items mit einer Doppelskala messbar gemacht. Die 22 Items des SERVQUAL-Ansatzes sind in **Schaubild 3–5** am Beispiel eines Mobilfunkanbieters dargestellt (*Bruhn* 2013b, S. 132).

	Annehmlichkeit des tangiblen Umfeldes („Tangibles")
1.	Zu hervorragenden Service-Providern gehört eine moderne technische Ausstattung.
2.	Die Einrichtung eines Service-Providers sollte angenehm ins Auge fallen.
3.	Die Mitarbeiter eines Service-Providers sollten ansprechend gekleidet sein.
4.	Hervorragende Service-Provider sollten ihre Broschüren und Mitteilungen für die Kunden ansprechend gestalten.
	Zuverlässigkeit („Reliability")
5.	Wenn hervorragende Service-Provider die Einhaltung eines Termins versprechen, wird der Termin auch eingehalten.
6.	Bei hervorragenden Service-Providern sollte das Interesse erkennbar sein, ein Problem zu lösen.
7.	Hervorragende Service-Provider sollten den Service gleich beim ersten Mal richtig ausführen.
8.	Hervorragende Service-Provider sollten Ihre Dienste zum versprochenen Zeitpunkt ausführen.
9.	Hervorragende Service-Provider sollten fehlerfreie Belege für die Kunden besitzen.
	Reagibilität („Responsiveness")
10.	Mitarbeiter hervorragender Service-Provider können über den Zeitpunkt einer Leistungsausführung Auskunft geben.
11.	Mitarbeiter eines hervorragenden Service-Providers werden Kunden prompt bedienen.
12.	Hervorragende Service-Provider sollten stets bereit sein, den Kunden zu helfen.
13.	Bei hervorragenden Service-Providern sind die Mitarbeiter nie zu beschäftigt, um auf Kundenanliegen einzugehen.

Leistungskompetenz („Assurance")
14.	Bei hervorragenden Service-Providern weckt das Verhalten der Mitarbeiter Vertrauen bei den Kunden.
15.	Bei Transaktionen mit hervorragenden Service-Providern fühlt man sich sicher.
16.	Mitarbeiter eines hervorragenden Service-Providers sind stets gleichbleibend höflich zu den Kunden.
17.	Mitarbeiter hervorragender Service-Provider verfügen über das Fachwissen zur Beantwortung der Kundenfragen.

Einfühlungsvermögen („Empathy")
18.	Hervorragende Service-Provider widmen jedem ihrer Kunden individuell ihre Aufmerksamkeit.
19.	Hervorragende Service-Provider bieten ihre Dienste zu Zeiten an, die allen Kunden gerecht werden.
20.	Hervorragende Service-Provider haben Mitarbeiter, die sich den Kunden persönlich widmen.
21.	Hervorragenden Service-Providern liegen die Interessen der Kunden am Herzen.
22.	Die Mitarbeiter hervorragender Service-Provider verstehen die spezifischen Servicebedürfnisse ihrer Kunden.

Schaubild 3–5: Erhebung der Serviceerwartungen nach dem SERVQUAL-Ansatz am Beispiel eines Mobilfunkanbieters (Quelle: *Bruhn* 2013b, S. 132)

Bei der im SERVQUAL-Ansatz verwendeten **Doppelskala**, die exemplarisch in **Schaubild 3–6** wiedergegeben ist, werden durch die erste Beurteilung idealtypische Zustände erfasst (Soll-Profil), während mit der zweiten Skala tatsächliche Zustände erhoben werden (Ist-Profil). Beiden Skalen liegt eine siebenstufige Unterteilung zugrunde, die Aussagen von „lehne ich entschieden ab" (1) bis „stimme ich völlig zu" (7) zulässt. Aus der Differenz zwischen Soll- und Ist-Zustand eines Items resultiert ein Einzelwert zwischen – 6 und + 6, wobei die wahrgenommene Servicequalität bezüglich eines bestimmten Kriteriums mit der Größe des Wertes steigt. Die Mitte dieses Kontinuums trennt schließlich gute und schlechte Servicequalität (*Zeithaml/Parasuraman/Berry* 1992, S. 38 ff.).

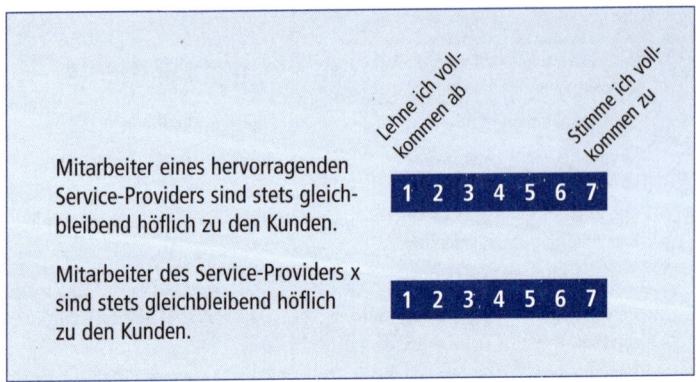

Schaubild 3–6: Doppelskala im SERVQUAL-Ansatz

Trotz der empirischen Fundierung des Ansatzes und seiner grundsätzlichen Eignung zur Messung der Servicequalität wird dieser Messansatz nicht unkritisch, insbesondere hinsichtlich der Validität der Qualitätsmessung, gesehen (*Hentschel* 1992). So stellt die verwendete Doppelskala hohe Ansprüche an die Urteilsfähigkeit der Kunden. Auch das Problem der Anspruchsinflation, bei dem die Kunden im Soll-Bereich tendenziell höhere Werte angeben, als tatsächlich erwartet werden, konnte beobachtet werden. Ein wesentlicher Kritikpunkt betrifft auch die Differenzbildung des Modells, die zu Fehlinterpretationen führen kann (*Hentschel* 2000; *Meffert/Bruhn/Hadwich* 2015). Hier wären dementsprechende Modifizierungen notwendig.

Durch die Darstellung des GAP-Modells sowie des SERVQUAL-Ansatzes werden Ansatzpunkte deutlich, die vom Management ergriffen werden können, um die Servicequalität und somit auch die Kundenorientierung zu steigern (*Bruhn* 2013b). Diese liegen insbesondere im Personalmanagement, in der internen und externen Kommunikationspolitik, im Einsatz der Marktforschung, in der Umgestaltung von Organisationsstrukturen, im Einsatz von Informationssystemen sowie im Bereich des Controlling.

BEISPIEL: Mit der Service Excellence Initiative verfolgte die *Lufthansa* das Ziel, ihren Mitarbeitenden die Bedeutung des Faktors Kundenorientierung zu verdeutlichen sowie den Fokus auf die Servicequalität an Bord zu legen. Im Rahmen von kontinuierlichen Veranstaltungen erfolgte ein Dialogaustausch mit verschiedenen Statuskunden der *Lufthansa*. Als Ergebnis wurden fünf Serviceversprechen in einem Servicehandbuch dokumentiert. Darüber hinaus wird mittels eines Service Excellence-Programms mit speziellen Veranstaltungen wie einer Service Excellence-Lounge eine kontinuierliche Reflektion und Konkretisierung der Serviceversprechen im Rahmen eines Meinungsaustausches mit Piloten, Topkunden und Flugbegleitern ermöglicht. Die Ergebnisse werden dann in Crewbriefings und Arbeitsunterlagen eingearbeitet, so dass eine Optimierung des Services gewährleistet wird (*Lufthansa* 2010). Insgesamt konnte die *Lufthansa* durch das Service Excellence-Programm einen deutlichen Qualitätsanstieg verzeichnen, dies ergaben entsprechende Kundenbewertungen.

3. Instrumente des Servicemanagements

Nachdem die Problemfelder im eigenen Unternehmen identifiziert wurden und somit die strategischen Ansatzpunkte des Servicemanagements feststehen, folgt eine Konkretisierung der einzusetzenden Instrumente des Servicemanagements. Die klassischen Bereiche des Marketingmix sowie der Personalbereich sind in Bezug auf ihre Beiträge zur Steigerung der Servicequalität zu überprüfen. Folgende Fragen des Servicemanagements stehen in den einzelnen **Instrumentenbereichen** im Vordergrund:

Leistungspolitik: Welche Serviceleistungen sind zukünftig im Leistungsprogramm zu berücksichtigen? Können die Serviceleistungen in der aktuellen Form beibehalten werden oder sind Änderungen im Leistungsprogramm erforderlich? Inwiefern können entwickelte Serviceinnovationen in das bisherige Leistungsprogramm integriert werden? Sind innovative Lösungen Voraussetzung zur nachhaltigen Differenzierung vom Wettbewerb?

Kommunikationspolitik: Wie kann die Serviceleistung bestmöglich bekannt gemacht werden? Wie kann die Leistungsfähigkeit des Serviceanbieters verdeutlicht werden? Wie kann der Dienstleistungsprozess dargestellt werden? Welchen Einfluss hat die Kommunikation auf die Erwartungsbildung?

Preispolitik: Welcher Preis ist für die Serviceleistungen angemessen? Werden von unterschiedlichen Zielgruppen des Serviceanbieters identische Preise verlangt? Entspricht die Preisforderung dem Qualitätsimage des Serviceanbieters?

Vertriebspolitik: Welche Form des Vertriebs ist für die Vermarktung der entsprechenden Serviceleistung ideal? An welchen Orten kann der Kunde in den Serviceprozess integriert werden?

Personalpolitik: Wie können die Mitarbeitenden dazu motiviert werden, sich kundenorientiert zu verhalten? Benötigen die Mitarbeitenden mehr Kompetenzen, um die Erwartungen der Kunden hinsichtlich eines optimalen Services zu erfüllen?

Im Hinblick auf die Ausgestaltung des Servicemanagements ist zu beachten, dass sich aufgrund der Besonderheiten von Serviceleistungen – Leistungsfähigkeit des Anbieters, Integration des Kunden in den Leistungserstellungsprozess sowie Immaterialität – auch Besonderheiten bei der Umsetzung von operativen Maßnahmen ergeben. Diese sind bei der Umsetzung von Instrumenten des Servicemanagements zu berücksichtigen (vgl. hierzu ausführlich *Meffert/Bruhn/Hadwich* 2015).

3.1 Leistungspolitik im Rahmen des Servicemanagements

Innerhalb der Leistungspolitik ist festzulegen, welche konkreten Serviceleistungen in welcher Form angeboten werden. Dabei erscheint eine differenzierte Betrachtung durch zwei Ebenen sinnvoll:

- Ebene der Kernleistung (Muss-Serviceleistung),
- Ebene der Zusatzleistung (Kann- und Soll-Serviceleistungen).

Ebene der Kernleistung: Um sich von der Konkurrenz abzugrenzen und die eigene Leistung für den Kunden attraktiv zu gestalten, stellt der Kundennutzen den Ausgangspunkt der Festlegung des Leistungsprogramms dar. Dieser Kundennutzen wird als Kernleistung (Muss-Serviceleistung) bezeichnet (*Bruhn/Hadwich* 2006, S. 195 ff.).

Durch diese ist es dem Unternehmen möglich, einen dauerhaften Wettbewerbsvorteil aufzubauen.

Ebene der Zusatzleistung: Die zweite Ebene umfasst leistungsprogrammpolitische Entscheidungen, die über den Kernnutzen hinausgehen, Zusatzleistungen darstellen und die Gestaltung sowie Erstellung des gesamten Leistungsprogramms des Anbieters betreffen (*Bruhn/Meffert* 2012, S. 419). Dies können beispielsweise Garantieleistungen, Lieferleistungen (z. B. Vorort- oder Abholservice), Kundendienstleistungen (z. B. telefonischer Support) oder Value Added Services sein, die nicht in direktem Zusammenhang mit der Kernleistung stehen, aber deren Wert gegenüber konkurrierenden Angeboten aus Kundensicht erhöhen.

BEISPIEL: Der Logistikdienstleister der *Lufthansa* AG, *Lufthansa Cargo*, bietet neben seiner Kernleistung, dem Transport von Waren, zusätzliche Services für spezielle Güter an. Beispielsweise existieren für Gefahrengut, Frischware, Tiere oder Werttransporte spezielle Leistungspakete, die den sachgemäßen und sicheren Transport gewährleisten. So werden bei Frischwaren spezielle Behälter angeboten, deren Temperatur überwacht wird, so dass eine unterbrechungsfreie Kühlkette gewährleistet ist (*Lufthansa* 2015a).

Im Kontext zunehmender Angebotshomogenisierung und der daraus resultierenden Notwendigkeit eines den Kundenbedürfnissen angepassten Serviceangebotes spielen **Serviceinnovationen** eine essentielle Rolle zur nachhaltigen Wettbewerbsdifferenzierung (*Schumpeter* 2006; *Lerch* 2015). Unternehmen können mit Hilfe von Serviceinnovationen die Qualitätswahrnehmung von physischen Produkten und Dienstleistungen steigern, neue Märkte durchdringen sowie Kosten reduzieren (*Dreher/Stock-Homburg/Zacharias* 2011). Innovative Serviceleistungen, die Kern- oder Zusatzleisungen umfassen, können sowohl radikaler als auch inkrementeller Natur sein (*Menor/Tatikonda/Sampson* 2002) und sich auf das Konzept (die Leistung), den Prozess oder das Geschäftsmodell beziehen (*Boss* 2011, S. 32 ff.). Darüber hinaus wird zwischen **technologiegetriebenen Serviceinnovationen** (Impuls: Forschung und Entwicklung) sowie **kundengetriebenen Serviceinnovationen** (Impuls: Markt) differenziert (*Lerch* 2015).

Der Erfolg einer Serviceinnovation wird von verschiedenen internen Faktoren (z. B. Akzeptanz und Fähigkeiten der Mitarbeitenden, Kompatibilität mit internen Systemen) sowie externen Faktoren (z. B. Akzeptanz durch Kunden, Schutz vor Imitation durch die Konkurrenz) determiniert (*Meffert/Bruhn/Hadwich* 2015, S. 284 f.). Die Abhängigkeit von sowohl steuerbaren als auch nicht steuerbaren internen und externen Herausforderungen unterstreicht die Notwendigkeit eines systematischen **Innovationsentwicklungsprozesses**. Hierbei stehen Unternehmen eine Vielzahl von Verfahren zur Verfügung, die in der Unternehmenspraxis einen unterschiedlichen Stellenwert einnehmen. Prinzipiell können diese vier **Kernelemente des Entwicklungsprozesses** zugeordnet werden:

- Bedürfnisidentifikation,
- Ideengenerierung,
- Konzeptentwicklung,
- Konzeptprüfung.

Im Rahmen der Aufdeckung bewusster sowie unbewusster Kundenbedürfnisse (**Bedürfnisidentifikation**) können Unternehmen quantitative sowie qualitative Erhebungsmethoden nutzen. Damit eng verbunden ist die Phase der **Ideengenerierung**, deren Ziel es ist, Vorschläge für potenzielle Serviceinnovationen zu generieren. Hierbei können Unternehmen auf interne sowie externe Datenquellen zurückgreifen. Neben dem betrieblichen Vorschlagswesen oder direkten Mitarbeiterbefragungen (interne Datenquellen) ergeben sich für Dienstleistungsunternehmen aufgrund des Uno actu-Prinzips Möglichkeiten, den Kunden als Lieferanten und Co-Produzenten von Innovationen in den Entwicklungsprozess einzubeziehen (externe Datenquellen). Eine zunehmend genutzte Quelle zur kundenbasierten Generierung von Innovationsideen stellen Social Media-Plattformen dar. Hierbei können Unternehmen passiv den Austausch zwischen Community-Mitgliedern tracken und analysieren oder diese aktiv in den Innovationsprozess einbeziehen und gemeinsam potenzielle Ideen diskutieren.

BEISPIEL: Die Kaffeehauskette *Starbucks* hat eine Internetseite *www. mystarbucksidea.force.com* eingerichtet, die Konsumenten auffordert, Ideen zu Produktinnovationen (z. B. neue Geschmacksrichtungen für Kaffees, Smoothies oder Muffins), aber auch zu neuen Verkaufsformen und Serviceleistungen (z. B. Größe der Kaffeebecher, Treuekarten usw.) vorzuschlagen und aktiv zu diskutieren. Zusätzlich wird auf der Seite von *Starbucks* regelmäßig Feedback zur Umsetzung der von den Konsumenten vorgeschlagenen Innovationsideen gegeben. So wurde beispielsweise auf Grundlage von Konsumentenvorschlägen für Snack-Boxes eine weizenfreie Alternative eingeführt.

Im Rahmen der anschließenden **Konzeptentwicklungs-** sowie **Konzeptprüfungsphase** werden Prototypen designed und deren potenzieller Erfolg bestimmt. Zentrale Ansatzpunkte des Erfolges sind hierbei die Kundenakzeptanz, die Prüfung der Mitarbeiterfähigkeit sowie des Schutzes der Innovation vor Imitation. Frühzeitige Tests des Servicekonzeptes geben Hinweise, welche Servicekomponenten noch zu verbessern sind, um die Zufriedenheit der Kunden zu steigern. Dabei werden Methoden und Werkzeuge eingesetzt (z. B. Service Blueprinting, Frequenz-Relevanz-Analyse von Problemen), die ebenfalls im Qualitätsmanagement für Dienstleistungen Anwendung finden (vgl. Kapitel 2, Qualitätsmanagement).

Darüber hinaus steht Unternehmen im Rahmen des so genannten **Service Engineering** ein umfangreiches Instrumentarium zur systematischen Prüfung von Serviceinnovationen zur Verfügung. Diese erfolgt im Rahmen eines Prozesses, in den Kundenurteile systematisch und kontinuierlich eingebunden werden und die organisatorischen Gegebenheiten des Unternehmens, das Personalmanagement sowie die technische Ausstattung berücksichtigt. Um Dienstleistungsprozesse zu modellieren, werden dabei so genannte Prozessmodelle eingesetzt, die eine Simulation der entworfenen Serviceprozesse ermöglichen (vgl. *Scheer/Grieble/Klein* 2006, S. 37 ff.).

3.2 Kommunikationspolitik im Rahmen des Service-managements

Die Kommunikationspolitik übernimmt die schwierige Aufgabe, eine immaterielle Serviceleistung bzw. den Prozess der Serviceerstellung durch Visualisierungen für den Konsumenten verständlich und „sichtbar" zu machen. Die Signalisierung einer hohen Kompetenz, ohne zu hohe Serviceversprechen abzugeben, ist dabei eines der zentralen Kommunikationsziele. Zur Zielerreichung können – je nach Art der Serviceleistung – unterschiedliche Instrumente der **Marktkommunikation** eingesetzt werden, die wiederum in Instrumente der **Unternehmens-, Marketing-** sowie **Dialogkommunikation** differenziert werden (*Bruhn* 2015a). Die Instrumente der Unternehmenskommunikation, wie beispielsweise Public Relations, dienen primär der Unternehmenspräsentation nach innen und außen zur Erreichung der Unternehmensziele. Die dominierenden Instrumente der Marketingkommunikation stellen die Mediawerbung, Public Relations, die Verkaufsförderung, das Sponsoring sowie das Event Marketing dar. Die Bereiche der Dialogkommunikation stellen hingegen zumeist eine Spezialisierung im Rahmen der Marketingkommunikationsabteilungen dar. Instrumente der Dialogkommunikation sind u. a. Social Media, Direct Marketing oder Messen und Ausstellungen, die den aktiven Austausch zwischen Unternehmen und potenziellen sowie bestehenden Kunden unterstützen.

Der Einsatz der Kommunikationsinstrumente erfolgt dabei keinesfalls isoliert. Vielmehr ist die Auswahl und Abstimmung der zentralen Leitinstrumente der Kommunikation notwendig (*Bruhn* 2016b). Neben der Integration der Instrumente und des Instrumenteeinsatzes ist zudem besonders darauf zu achten, dass die Serviceversprechen nicht übertrieben sind (vgl. GAP-Modell, Gap 4).

BEISPIEL: Für eine kreative Umsetzung von Kommunikationsideen sei auf ein Reisebüro in Düsseldorf verwiesen. Falls ein Kunde eine Reise bucht, erhält er nach Ankunft am Zielort eine Postkarte des Reisebüros mit den besten Wünschen für seinen gerade angetretenen Urlaub. Ein weiterer Kommunikationskontakt entsteht, nachdem der Kunde wieder zu Hause eingetroffen ist. Der Kunde erhält einen Anruf des zuständigen Reisebürosachbearbeiters, der die Zufriedenheit des Kunden erfragt und mögliche Verbesserungsvorschläge der Serviceleistung des Reisebüros sowie der Leistungen vor Ort aufnimmt.

Bei einer Systematisierung der unterschiedlichen Instrumente der Kommunikationspolitik kann zum einen nach der **Art der Kommunikation** in unpersönliche und persönliche Kommunikation sowie nach der zu analysierenden **Kommunikationsebene** zwischen Marktkommunikation (Kommunikation zwischen Unternehmen und Kunde), Kundenkommunikation (Kommunikation zwischen Mitarbeitenden und Kunde) und Mitarbeiterkommunikation (Kommunikation zwischen Management und Mitarbeitenden) unterschieden werden (*Bruhn* 2015b). **Schaubild 3–7** zeigt Beispiele für Kommunikationsmaßnahmen des Servicemanagements innerhalb der vorgenommenen Systematisierung.

Art der Kommunikation	Kommunikationsebene		
	Marktkommunikation	Kundenkommunikation	Mitarbeiterkommunikation
	Unternehmen – Kunde	Mitarbeiter – Kunde	Management – Mitarbeiter
Unpersönliche Kommunikation	▪ Mediawerbung ▪ Pressearbeit ▪ Firmenbroschüren ▪ Clubsysteme	▪ Prospekte ▪ Spezialangebote ▪ Preisausschreiben ▪ Clubsysteme	▪ Internes Berichts- und Informationswesen ▪ Arbeitsplatzbeschreibungen ▪ Corporate Identity ▪ Firmenbroschüren
Persönliche Kommunikation	▪ Vorträge ▪ Tag der offenen Tür ▪ Kundenbeschwerden ▪ Kundenbeiräte	▪ Kontakt-/Verkaufsgespräche ▪ Verkaufsförderungsprogramm vor Ort ▪ Beschwerdeableitung ▪ Clubsysteme ▪ Messen	▪ Mitarbeitergespräche ▪ Arbeitssitzungen ▪ Betriebsversammlungen ▪ Workshops, Seminare ▪ Qualitätszirkel

Schaubild 3–7: Instrumente der Kommunikationspolitik im Servicemanagement

Ferner kommt der **Mund-zu-Mund-Kommunikation** im Dienstleistungsbereich eine besondere Relevanz zu. Da Dienstleistungen meistens erst nach ihrer Inanspruchnahme beurteilt werden können, versuchen potenzielle Konsumenten das Kaufrisiko dadurch zu minimieren, dass sie die Erfahrungen Dritter zur Beurteilung heranziehen. Im Hinblick auf die Arten der Mund-zu-Mund-Kommunikation lassen sich eine positive (Weiterempfehlung) sowie eine negative Ausprägung (Kaufwarnung) unterscheiden. Besonders durch das wachsende Angebot an Social Media-Plattformen wird die Verbreitung einer Mund-zu-Mund-Kommunikation immer weiter vereinfacht. Kunden können auf diesen Plattformen direkt mit dem Unternehmen in Kontakt treten, aber vor allem mit anderen Kunden ihre Erfahrungen teilen und sich austauschen.

3.3 Preispolitik im Rahmen des Servicemanagements

Der Preispolitik kommt im Servicebereich insbesondere die Aufgabe zu, die **Auslastung der aufgebauten Kapazitäten** zu gewährleisten. Preispolitik im Servicemanagement dient aber auch dazu, die sich aus den Besonderheiten von Serviceleistungen ergebenden Probleme, z. B. schwerere Beurteilungsmöglichkeit der Qualität einer Dienstleistung, zu kompensieren (z. B. Qualitätsirradiation durch einen hohen Preis). Als preispolitische Instrumente kommen insbesondere die Preisdifferenzierung und Preisbündelung in Frage.

Zur Differenzierung des Preises sind unterschiedliche Ansatzpunkte möglich, die isoliert und auch kombiniert eingesetzt werden können (*Simon/Fassnacht* 2009; *Meffert/Bruhn/Hadwich* 2015). Zu unterscheiden sind folgende **Formen der Preisdifferenzierung:**

Räumliche Preisdifferenzierung: Bei der räumlichen Preisdifferenzierung werden die Serviceleistungen auf geografisch unterschiedlichen Märkten zu unterschiedlichen Preisen angeboten. Eine häufig vorzufindende Form der räumlichen Preisdifferenzierung ist bei Serviceleistungen gegeben, die direkt vor Ort zu erbringen sind (z. B. Wartungsarbeiten, Reparaturdienstleistungen). Eine regionen- oder länderspezifische Differenzierung der Preisforderungen wird ebenfalls vorgenommen, um unterschiedlichen Kaufkraftniveaus gerecht zu werden.

BEISPIEL: Preise für Zubringerflüge sowie Inlandsflüge zwischen wenig frequentierten Flughäfen sind wegen ihrer durchschnittlich geringeren Auslastung meist höher als zwischen hoch frequentierten Flughäfen. Typisch für räumliche Preisdifferenzierungen sind auch Kraftstoffpreise, die in abgelegenen Gebieten aufgrund des größeren logistischen Aufwands und bei Autobahnraststätten aufgrund ihrer bevorzugten Lage für Fernreisende im Vergleich zu den Preisen in größeren Städten meist höher sind.

Zeitliche Preisdifferenzierung: Zur Steuerung der Nachfrage kann insbesondere die zeitliche Preisdifferenzierung herangezogen werden, bei der verschiedene Erscheinungsformen zu unterscheiden sind. Zum einen können Preisdifferenzierungen nach dem Zeitpunkt der konkreten Inanspruchnahme einer Leistung vorgenommen werden. Zum anderen kann der Preis auch mit der definitiven Zusage der Leistungsinanspruchnahme variieren. Dadurch erhöht sich der Dispositionsspielraum des Unternehmens, der durch einen entsprechenden Preisnachlass für den Kunden abgegolten wird.

BEISPIEL: Im Touristikbereich ist es üblich, dass in Zeiten höherer Nachfrage, wie z. B. an Feiertagen oder in der Ferienzeit, höhere Preise gefordert werden. Hingegen kann eine frühzeitige Auslastung der Kapazitäten gesichert werden, indem Frühbucher-Rabatte gewährt werden. Auch Stromanbieter nehmen eine zeitliche Preisdifferenzierung vor, indem sie für Stoßzeiten Aufschläge verlangen.

Abnehmerorientierte Preisdifferenzierung: Die abnehmerorientierte Preisdifferenzierung knüpft an die mit verschiedenen abnehmerbezogenen Merkmalen (z. B. Alter, Familienstand, Geschlecht, soziale Stellung) variierende Preisbereitschaft bei der Inanspruchnahme von Serviceleistungen an.

BEISPIEL: In Abhängigkeit von den Merkmalen „gewerblich" und „privat" verlangen Stromanbieter unterschiedliche Preise. Studentenvergünstigungen bei Zeitungsabonnements sind ebenfalls Beispiele einer abnehmerorientierten Preisdifferenzierung.

Schließlich bieten Unternehmen zum Teil Formen der **quantitativen Preisdifferenzierung** an. Dabei wird die Preisfestlegung in Abhängigkeit von der nachgefragten Menge vorgenommen (*Meffert/ Burmann/Kirchgeorg* 2015, S. 473). Beispiele sind Abonnements, Dauer- und Mengenkarten, beispielsweise für Kinobesuche oder Gruppenrabatte. Im Servicebereich ist der Abschluss längerfristiger Rahmenverträge ein gängiges Instrument, um der Abnahme einer größeren Menge Rechnung zu tragen (z. B. Wartungsabkommen für Waschmaschinen, Full-Service-Reparaturverträge für Baugeräte).

Preisbündelung : Neben der Preisdifferenzierung kann das Instrument der Preisbündelung (Price Bundling) zum Einsatz gelangen (*Meffert/Burmann/Kirchgeorg* 2015, S. 474). Unter den Begriff Preisbündelung fallen zum einen Formen der Zusammenfassung von Sach- und Serviceleistungen, wie z. B. der Kauf eines Kopiergerätes mit Wartungsvertrag, das dann gegenüber der Summe an Einzelpreisen als Komplettpaket günstiger angeboten wird. Zum anderen können auch reine Serviceangebote gebündelt werden (*Simon* 1995; *Herrmann* 2003; *Meffert/Bruhn/Hadwich* 2015).

> **BEISPIEL:** Preisbündelung findet sich z. B. bei Versicherungen, die in Anlehnung an ein Baukastensystem ihre Versicherungsleistungen den Kunden zu einem summarisch betrachtetem günstigeren Preis offerieren, um ein bestmöglich auf die Bedürfnisse der Versicherungsnehmer abgestimmtes Leistungspaket anzubieten. Die Ferien- und Reiseversicherung der Schweizer Krankenversicherung *CSS Versicherungen* ist ein Beispiel einer derartigen Preisbündelung. Versicherungsnehmer haben hierbei die Möglichkeit, aus verschiedenen Basiselementen (z. B. Auslandsrechtsschutz) und Zusatzelementen (z. B. Reisegepäckversicherung, Versicherungsschutz für mehrere Personen) das für sie optimale Versicherungspaket abzuschließen – kumulativ betrachtet zu einem günstigeren Preis als beim Bezug der einzelnen Leistungen.

Ziel der Preisbündelung ist es, Kapazitäten und auch Cross-Selling-Potenziale optimal auszunutzen. Zudem kann durch das Angebot von Komplettpaketen eine Reduktion des empfundenen Kaufrisikos bewirkt werden. Eine faire Preisgestaltung, die eine Win-Win-Situation erzeugt, kann als kundenorientierte Maßnahme verstanden werden. Wenn sich die Kunden nicht übervorteilt fühlen, nehmen sie die Anstrengungen zur Kundenorientierung auch als solche wahr.

3.4 Vertriebspolitik im Rahmen des Service-managements

Kundenorientierung durch Servicemanagement kann ferner durch neue Vertriebswege und -formen umgesetzt werden. Untersucht man die Alternativen bzgl. der Wahl der Absatzwege, so kann zwischen den **Grundformen eines direkten und indirekten Absatzweges** unterschieden werden. Der indirekte Vertrieb liegt vor, wenn Dritte – z. B. Einzelhändler – in den Absatzweg integriert sind. Der direkte Vertrieb findet hingegen ausschließlich zwischen Serviceanbieter und Nachfrager statt. Ferner existieren Kombinationslösungen aus direkter und indirekter Distribution.

Direkter Vertrieb: Im Rahmen des direkten Vertriebs erfolgt die Verpflichtungserklärung sowie die Erbringung der Serviceleistung durch das gleiche Unternehmen. Dies kann durch die Erscheinungsform des **unmittelbaren Direktvertriebs** erfolgen, d. h., der Serviceanbieter stellt sein Leistungspotenzial dem Kunden an einer zentralen Stelle zur Verfügung (z. B. einzelner Friseursalon, einzelnes Restaurant). Ferner kann der **mittelbare Direktvertrieb** realisiert werden, bei dem der Anbieter sein Leistungspotenzial an unterschiedlichen Stellen (z. B. verschiedene Filialen einer Fastfood-Kette) anbietet. Ein Nachteil dieser Form des direkten Vertriebs ist darin zu sehen, dass der Hersteller starke finanzielle Ressourcen zum Aufbau eines eigenen Distributionsnetzes benötigt und das gesamte finanzielle Risiko der Expansion zu tragen hat.

Eine Sonderform des direkten Vertriebs stellt der **E-Commerce** – der elektronische Handel von Dienstleistungen über das Internet – dar. E-Commerce Plattformen können dabei die existierenden Vertriebskanäle unterstützen oder zur Durchdringung neuer Geschäftsfelder dienen (*Busch/Dögl/Unger* 2008). Der Konsum bzw. Bezug von Dienstleistungen über das Internet hat in den letzten Jahren stark zugenommen. So kaufen in Deutschland mehr als ein Drittel der Internetnutzer einmal oder mehrmals im Monat Waren oder Dienstleistungen im Internet ein (*Statista* 2014). Besonders häufig werden Reisedienstleistungen über das Internet gebucht. Nach einer Studie des *Verband Internet Reisevertrieb* buchten im Jahr 2014 bereits 37 Prozent der Internetnutzer Reisen über das Internet (*VIR* 2015). Als weiteren Trend im E-Commerce ist die zunehmende Nutzung von mobilen Devices zu nennen. So verfügen mittlerweile 63 Prozent der Online-Shops in Deutschland über eine mobile Website, ein Responsive Design oder eine Shopping-App (*Statista* 2015a).

BEISPIEL: Das klassische Beispiel des Direktvertriebs ist der Versandhandel. Beim *Otto*-Versand stehen mehrere Möglichkeiten zur Verfügung, Bestellungen aufzugeben. Neben dem weit verbreiteten Katalog können Kunden auf der deutschlandweit zweitpopulärsten E-Commerce Plattform *Otto.de* Artikel direkt über das Internet bestellen (*ecommerce* 2015). Darüber hinaus setzt *Otto* auf den Einsatz von Social Media mittels *Facebook* und *Twitter*. So können Kunden zusätzliche Informationen über die Angebote von *Otto* durch Social Media erhalten und sich mit anderen Kunden austauschen. Zudem bietet *Otto* mit seiner Shopping-App die Möglichkeit, mit dem Mobiltelefon Bestellung aufzugeben sowie verschiedene Applikationen, wie z. B. eine automatische Benachrichtigung über den Deal des Tages, zu nutzen.

BEISPIEL: Mobile Apps wie *mytaxi* oder *uber* sind ebenfalls Formen von E-Commerce. Konsumenten haben durch den Download der Apps und ihre Registrierung die Möglichkeit, Taxis oder Fahrer ohne Telefonanruf schnell und bequem per GPS über das Smartphone zu bestellen. Besonders vorteilhaft für die Nutzer stellt die mobile Zahlung per Kreditkarte über die App dar. Zur Offenlegung der Fahrerroute sowie Preisgestaltung wird dem Nutzer zusätzlich eine E-Mail mit allen Detailinformationen gesendet (*mytaxi* 2015; *uber* 2015). Anbieter wie *mytaxi* arbeiten mit verschiedenen Funkzentralen zusammen; *uber* hingegen nutzt das Potenzial privater Fahranbieter, wobei dem Nutzer bei einer Bestellung auf einer Karte die Fahrerroute visualisiert sowie die Telefonnummer des Fahrers angezeigt wird (*uber* 2015).

Eine Möglichkeit, die engen Grenzen des direkten Vertriebs auszuweiten, ist im Franchising zu sehen. **Franchising** bezeichnet eine Betriebsform, bei der der Franchisegeber dem Franchisenehmer gegen Entgelt das Recht einräumt, bestimmte Serviceleistungen unter Verwendung von Namen, Warenzeichen, Ablaufprozessen usw. selbständig anzubieten. Die Bedeutung des Franchisings im Servicebereich gründet sich auf die zahlreichen Vorteile dieser Betriebsform. Beispielsweise ergeben sich für den Franchisegeber Vorteile der Risikominimierung, der Einsatzmöglichkeit von Personalressourcen mit regionalem Know-how und der Kontrolle der Servicequalität.

BEISPIEL: Die Baumarktkette *OBI* verfolgt als Franchisegeber eine qualitätsorientierte Servicestrategie, deren Ziel eine hohe Kundenzufriedenheit ist: Die Zufriedenheit der Kunden wird jährlich im Rahmen des europaweit durchgeführten *OBI*-Barometers erhoben, das als Instrument der Serviceorientierung in den gesamten Service- und Qualitätsmanagementprozess eingebunden ist. Die Bewertung der Servicekomponenten, wie z. B. Freundlichkeit, Kompetenz und Hilfsbereitschaft der Mitarbeitenden, liefert zunächst Ansatzpunkte für Verbesserungen, dient aber auch dazu, Franchisenehmer in die Qualitätsstrategie mit einzubinden (*Bruhn/Ahlert* 2002, S. 244).

Somit stellt das Franchising eine gute Option dar, erfolgreiche Servicekonzepte mit begrenztem Kapitaleinsatz und gleichzeitig intensiven Steuerungsmöglichkeiten zu multiplizieren (*Creusen* 2000).

Indirekter Vertrieb: Aufgrund der Immaterialität von Serviceleistungen ist der Vertrieb über Absatzmittler (Handel, Großhandel) von geringerer Bedeutung. Allerdings können Serviceversprechen, also die Verpflichtung des Anbieters, zu einem späteren Zeitpunkt eine mehr oder weniger genau definierte Serviceleistung zu erbringen, auch über Absatzmittler gehandelt werden (*Ackerschott* 2001; *Hofbauer/Hellwig* 2015). Die Verpflichtung wird häufig an ein materielles Trägermedium, wie z. B. eine Eintrittskarte oder Versicherungspolice, gebunden. Ferner unterscheidet sich der indirekte Vertrieb von Serviceleistungen gegenüber demjenigen von Sachgütern dahingehend, dass der Absatzmittler als reiner Verkäufer der Leistung/des Leistungsversprechens oder aber als so genannter „Co-Producer" der Leistung auftritt. Im zweiten Falle werden durch den Absatzmittler Teile der Leistungserstellung übernommen. Entscheidet sich ein Serviceanbieter für den indirekten Vertrieb seiner Leistungen, so strebt er an, dass der Absatzmittler entsprechende Aufgaben, wie z. B. Verkaufs-, Beratungs- oder Kommunikationsaufgaben, im Rahmen des Leistungsabsatzes übernimmt. Eine Sonderform des indirekten Vertriebs stellt das Angebot der Serviceleistung über Suchmaschinen dar. Beispiele sind *skyscanner.de* oder auch Beurteilungsportale wie *tripadvisor.de*, die den Nutzern neben individuellen Erfahrungsberichten anhand von spezifisch definierten Kriterien Angebote vorschlagen und diese vergleichen. Zentral hierbei ist jedoch, dass derartige Suchmaschinen die Dienstleistung nicht direkt verkaufen, sondern den Nutzer an die E-Commerce Plattform des Unternehmens weiterleiten und hierfür eine Provision erhalten.

Bei vielen Serviceleistungen bietet es sich nicht an, lediglich einen der beiden alternativen Absatzwege zu wählen. Vielmehr ist in der Praxis häufig der kombinierte Einsatz beider Alternativen zu beobachten. Eine Kombination der Vertriebswege wird beispielsweise von der *Deutschen Bahn AG* und verschiedenen Fluggesellschaften genutzt, die eigene Verkaufsstellen unterhalten und zudem ihre Leistungen über Reisebüros, E-Commerce Plattformen sowie in Kooperation mit Suchmaschinen vertreiben.

3.5 Personalpolitik im Rahmen des Servicemanagements

Angesichts der Erkenntnis, dass Kundenkontaktmitarbeitende häufig als Indikator zur Beurteilung der Qualität der angebotenen Serviceleistung herangezogen werden, ist die Personalpolitik als Instrument des Servicemanagements besonders wichtig. Zur Schaffung einer hohen Servicequalität stehen unterschiedliche **Instrumente des Personalmanagements** zur Verfügung, von denen hier näher auf zwei Instrumente eingegangen wird:

- Personalentwicklung,

- Anreizsysteme.

Personalentwicklung: So können Maßnahmen der Personalentwicklung – insbesondere Aus- und Weiterbildungsmaßnahmen – ergriffen werden, um den Anspruch einer unternehmensweiten Umsetzung des Servicegedankens zu erfüllen. Das bestehende Personalentwicklungsprogramm des Unternehmens ist folglich dahingehend zu erweitern, dass die Mitarbeitenden – neben ihrer Fach- und Methodenkompetenz – ihre sozialen und kommunikativen Fähigkeiten verbessern können.

BEISPIEL: Das Schweizer Handelsunternehmen *Migros* verfolgt durch Maßnahmen der Personalentwicklung das Ziel, das Qualifikationsprofil ihrer Mitarbeitenden an das aus Kundensicht erwartete Anforderungsprofil anzupassen. Zu diesem Zweck wird eine qualitätsorientierte Personalauswahl und Personalentwicklung realisiert. Bei der Neueinstellung von Mitarbeitenden wird besonders darauf geachtet, dass sie neben der fachlichen Qualifikation auch über Serviceorientierung und Kommunikationsfähigkeit verfügen. Zudem wird bei der *Migros* durch eine gezielte interne sowie externe Aus- und Weiterbildung der Mitarbeitenden, beispielsweise im Rahmen von Qualitätsseminaren, sichergestellt, dass alle mit qualitätssichernden Tätigkeiten betrauten Personen für die Erfüllung ihrer Aufgaben geschult werden. *Migros* verwendet z. B. multimediale Lernprogramme. Diese enthalten detaillierte Informationen zu diversen Themenbereichen, wie Umtausch und Reklamationen, Hygiene, Warenpräsentation, Verhalten an der Kasse, Freundlichkeit, Diebstahl, exotische Früchte, Fleisch-Fisch-Geflügel, Berufsbilder bei *Migros* u.v.m. (*Bruhn/Ahlert* 2002, S. 205 ff.).

Zur Gestaltung der Inhalte der Aus- und Weiterbildungsprogramme können Mitarbeiterbefragungen hilfreich sein, die Aufschluss darüber geben, in welchen Bereichen die Mitarbeitenden selbst Schulungsbedarf für sich und ihre Kollegen sehen. Zudem sind Feedback-Gespräche zur Bewertung von Schulungsinhalten, -formen und -zeiträumen sinnvoll, um die Qualität der Personalentwicklung permanent verbessern zu können.

Anreizsysteme: Damit Mitarbeitende auch bereit sind, die in den servicebezogenen Schulungen vermittelten Erkenntnisse der Kundenorientierung umzusetzen, ist es häufig sinnvoll, Anreizsysteme zur Motivationsunterstützung anzubieten. Anreize sind Maßnahmen zur Verhaltenssteuerung. Allgemein kann zwischen extrinsischer und intrinsischer Motivation unterschieden werden. **Schaubild 3–8** zeigt mögliche Anreizsysteme des Servicemanagements im Überblick.

Extrinsische Motivation	Intrinsische Motivation
■ Prämien für kundenorientierte Beratung ■ Lohnerhöhungen, variable Vergütung in Bezug auf die erzielte Kundenzufriedenheit ■ Anrecht auf Seminarbesuche ■ Incentive-Reisen ■ Statussymbole ■ Individuelle Auszeichnungen ■ Bekanntmachung der Leistung in internen Medien ■ Übertragung von Projektarbeit (z. B. Serviceteams) ■ Anbieten von Aufstiegsmöglichkeiten ■ u. a.m.	■ Persönliches Lob ■ Verbesserung der Arbeitsbedingungen ■ Modifikation der bisherigen Arbeitsinhalte (Job Enrichment) ■ Autonomiegewährung ■ u. a.m.

Schaubild 3–8: Extrinsische und intrinsische Anreizformen im Servicemanagement

Beispiele für die Umsetzung monetärer Anreizsysteme sind in der Unternehmenspraxis in jüngster Zeit vermehrt zu beobachten.

BEISPIEL: Der deutsche Fachverlag *Haufe-Lexware* versucht, das Ziel der maximalen Kundenorientierung u. a. dadurch zu erreichen, dass Prämien und Vergütungssysteme an Kundenzufriedenheitswerte gekoppelt sind.

Bei der Einführung von Anreizsystemen ist eine Abstimmung auf Abteilungs-, Bereichs- oder auch Unternehmensebene zwingend erforderlich, damit Benachteiligungen einzelner Mitarbeitergruppen trotz identischer Leistungen vermieden werden können. Abschließend bleibt festzuhalten, dass innerhalb des erweiterten Marketingmix zahlreiche Ansatzpunkte zur Verbesserung der Serviceorientierung und -qualität vorhanden sind, die systematisch umgesetzt werden können, um Kundenorientierung im Unternehmen zu erreichen. Den Instrumenten der Personalpolitik ist in diesem Zusammenhang ein besonderer Stellenwert einzuräumen.

Zusammenfassung

Die folgenden zehn Merkpunkte dienen als Hilfestellung bei der Entwicklung eines Servicemanagements:

(1) **Serviceerwartungen analysieren:** Analysieren Sie, welche Serviceleistungen aus Kundensicht besonders großen Nutzen schaffen und eine Differenzierung gegenüber dem Wettbewerb herbeiführen.

(2) **Profilierungsfelder im Servicemanagement festlegen:** Definieren Sie die operationalen Ziele des Servicemanagements und legen Sie Muss-, Kann- und Soll-Serviceleistungen fest.

(3) **Verbindliche Servicestandards festlegen:** Prüfen Sie, ob in jedem Leistungsbereich des Unternehmens Servicestandards existieren bzw. ob diese an neue Anforderungen anzupassen sind.

(4) **Informations- und Kommunikationstechnologien einführen:** Analysieren Sie, welche informations- und kommunikationstechnologischen Voraussetzungen zur Erfüllung der Kundenerwartungen erforderlich sind, und leiten Sie entsprechende Maßnahmen ein.

(5) **Servicequalität entlang der gesamten Wertschöpfungskette bereitstellen:** Verpflichten Sie sämtliche am Leistungserstellungsprozess Beteiligten (Zulieferer, Händler) zur Erbringung eines hohen Qualitätsniveaus und setzen Sie dementsprechende Anreize.

(6) **Servicequalität durch Maßnahmen des Internen Marketing verbessern:** Erhöhen Sie die Serviceorientierung sämtlicher Mitarbeitender, indem Sie Maßnahmen des Marketingmanagements (z. B. Mitarbeiterkommunikation) sowie des Personalmanagements (z. B. Aus- und Weiterbildung) umsetzen.

(7) **Anreizsystem zur Steigerung der Servicequalität einführen:** Überlegen Sie, ob die Einführung eines Anreizsystems bzw. seine Erweiterung zur Mitarbeitermotivation für Ihr Unternehmen sinnvoll ist.

(8) **Serviceorientierung durch Projektteams implementieren:** Bilden Sie zur systematischen Umsetzung der erarbeiteten Servicestrategie Projektgruppen, in denen Mitarbeitende aus unterschiedlichen Hierarchiestufen die Verantwortung für die erfolgreiche Umsetzung übernehmen.

(9) **Kundeninformationen zur Leistungsverbesserung nutzen:** Nutzen Sie den Informationsrückfluss Ihrer Kunden und setzen Sie Maßnahmen wie z. B. ein Beschwerdemanagementsystem ein, um Informationen für eine Verbesserung der Servicequalität zu gewinnen.

(10) **Servicequalität kontinuierlich messen:** Nutzen Sie einen geeigneten Messansatz zur Kontrolle der Servicequalität und führen Sie kontinuierlich Messungen durch.

4. Kapitel

Kundenbindungsmanagement

1. Grundlagen der Kundenbindung

Angesichts der hohen Wettbewerbsintensität und -dynamik haben sich in jüngerer Zeit die marktorientierten Zielsetzungen vieler Unternehmen, nicht nur Anbieter von individuellen Produkten und Dienstleistungen, sondern in wachsendem Maße auch Anbieter weniger differenzierter Leistungen, gewandelt. Stand bis Mitte der 1990er Jahre noch die Gewinnung neuer Kunden im Vordergrund der Marketingstrategien, so rückt in den vergangenen Jahren zunehmend die langfristige Bindung der vorhandenen Kunden in das Zentrum der marketingpolitischen Überlegungen. Der ausschlaggebende Grund für diese Entwicklung ist die Erkenntnis, dass durch systematische Kundenbindung der Erfolg eines Unternehmens wesentlich gesteigert werden kann. In einer empirischen Studie aus den USA wurde ermittelt, dass eine Verhinderung der Kundenabwanderung um 5 Prozent langfristig zu einer Steigerung des Gewinns pro Kunde von bis zu 85 Prozent führen kann (*Reichheld/ Sasser* 1991). Auch die Bedeutung weiterer Konsequenzen eines erfolgreichen Kundenbindungsmanagements, wie z. B. Weiterempfehlungen durch loyale Kunden, wird zunehmend erkannt und versucht, als strategische Wettbewerbsvorteile zu nutzen.

Die Bedeutung der Kundenbindung zeigt sich auch in der Anzahl wissenschaftlicher Beiträge, die sich diesem Gebiet widmen (*Diller* 1995, 1996; *Peter* 1999; *Meyer/Dornach* 2001; *Reinartz/Thomas/*

Kumar 2005; *Keiningham et al.* 2007a; *Homburg/Bruhn* 2013) und zahlreiche Facetten der Kundenbindung beleuchten. Allgemein anerkannt ist die Tatsache, dass Kundenbindung sowohl den Aspekt des tatsächlichen Verhaltens von Konsumenten als auch die Dimension der Verhaltensabsicht beinhaltet (*Meyer/Oevermann* 1995). Angesichts dieser zwei Dimensionen wird von **Kundenbindung** gesprochen, wenn ein oder mehrere der folgenden Faktoren auf Kundenseite gegeben sind:

- Wiederkauf (der bisherigen Leistung),
- Cross-Buying (zusätzlicher Leistungen),
- Weiterempfehlung (der Leistungen und/oder des Anbieters),
- Preiserhöhungstoleranz (bei bestehenden Leistungen).

Grundsätzlich kann die Kundenbindung aus Nachfragersicht (der Kunde bindet sich an einen Anbieter) oder Anbietersicht (der Kunde soll gebunden werden) gesehen werden. Aus Unternehmenssicht wird der **Begriff Kundenbindungsmanagement** wie folgt definiert:

Kundenbindungsmanagement

ist die systematische Analyse, Planung, Durchführung sowie Kontrolle sämtlicher auf den aktuellen Kundenstamm gerichteten Maßnahmen eines Unternehmens mit dem Ziel, dass die Kunden auch in Zukunft die Geschäftsbeziehung aufrechterhalten oder intensiver pflegen (*Homburg/Bruhn* 2013, S. 8).

Kundenbindung – als Wunsch des Kunden, bei einem Anbieter zu verbleiben – wird primär nicht durch die Einführung einzelner Kundenbindungsinstrumente, z. B. eines Kundenclubs oder Kundenkarten, erzeugt, sondern dadurch, dass die Kundenerwartungen aufgrund eines kundenorientierten Angebotes erfüllt werden und der Kunde mit den Leistungen des Anbieters zufrieden ist. Es wird somit ein positiver Zusammenhang zwischen Kundenorientierung und Kundenzufriedenheit unterstellt. Der Begriff **Kundenzufriedenheit** beschreibt dabei das Resultat eines komplexen Informationsverarbeitungsprozesses (*Cronin/Brady/Hult* 2000; *Homburg/Stock* 2006; *Huber/Herrmann/Braunstein* 2009). Wie **Schaubild 4–1** verdeutlicht, vergleichen die Konsumenten ihre subjektiven Wahrnehmungen nach dem Kauf eines Produktes bzw. der Inanspruchnahme einer Leistung mit den Erwartungen, die vor der Kaufentscheidung existierten. Der Vergleich zwischen dem Erwarteten und der subjektiv wahrgenommenen Leistung des Anbieters führt zu einer Erfüllung, Untererfüllung oder Übererfüllung der Erwartungen des Kunden (Confirmation-/Disconfirmation-Paradigma). Das Resultat dieses Vergleiches ist ein bestimmtes Niveau der Zufriedenheit bzw. Unzufriedenheit von Konsumenten (*Homburg* 2016).

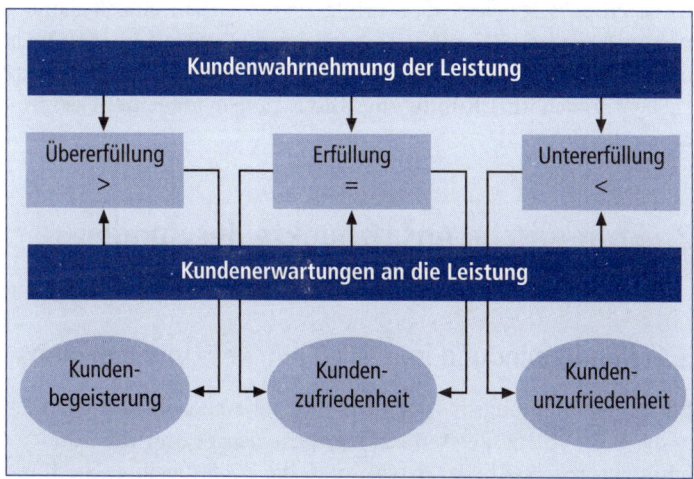

Schaubild 4–1: Konstrukt der Kundenzufriedenheit

Fällt die Bewertung des Kunden positiv aus oder werden seine Erwartungen sogar noch übertroffen, kann Kundenbindung bzw. Kundenloyalität entstehen. Kundenzufriedenheit ist somit ein ausschlaggebender Faktor für die Entstehung von Kundenbindung.

BEISPIEL: Eine Studie der Initiative *Fanfocus Deutschland* (2013) belegt, dass die Wahrscheinlichkeit der Weiterempfehlung bei Kunden, die mit dem Unternehmen sehr zufrieden waren, wesentlich höher ausfällt als bei Kunden, die gegenüber dem Unternehmen „lediglich" Zufriedenheit signalisieren (*Fanfocus Deutschland* 2013).

Als ein weiterer zentraler Teilbereich der Kundenbindung ist die Kundenrückgewinnung (auch: Customer Recovery, Regain Management) zu sehen. Aufbauend auf den Erkenntnissen über die im Zeitablauf steigende Profitabilität von Kundenbeziehungen wie auch der Erkenntnisse über die höheren Kosten der Akquisition von Neukunden im Vergleich zur Bindung bestehender Kunden hat die Kundenbindung und hierbei auch deren Rückgewinnung im Fall der Abwanderung an Bedeutung gewonnen.

Es ist empirisch belegt, dass Erfolgsaussichten auf eine Reaktivierung während des Abwanderungsprozesses deutlich höher sind als nach endgültig erfolgter Abwanderung (*Michalski* 2002). In diesem Fall wird auch von **Kündigungspräventionsmanagement** gesprochen.

2. Strategische Ansatzpunkte der Kundenbindung und Kundenrückgewinnung

2.1 Kundenbindung im Zielsystem des Unternehmens

Ein Kundenbindungsmanagement verlangt eine systematische Planung und Vernetzung von Maßnahmen. Den Beginn des Kundenbindungsprozesses bildet dabei i. d. R. die Zielfestlegung. Die Kundenbindungsziele werden nach Inhalt, Ausmaß, Zeit und Segment konkretisiert und schriftlich fixiert. Darüber hinaus wird angestrebt, die Kundenbindung möglichst harmonisch in das bestehende **Zielsystem des Unternehmens** einzugliedern. Diese Integration wurde in den letzten Jahren in zahlreichen Unternehmen vollzogen. Die Stellung der Kundenbindung im Zielsystem eines Unternehmens sowie die möglichen Zusammenhänge zu anderen Zielgrößen zeigt **Schaubild 4–2** im Überblick.

Kundenbindung ist eine **psychografische Zielgröße**, die – ebenso wie die Mitarbeiterbindung – maßgeblichen Einfluss auf den langfristigen Erfolg eines Unternehmens hat (*Floh* 2002; *Bruhn* 2016b). Die Gründe für die postulierten positiven Wirkungen von Kundenbindung auf die Zielgröße Erfolg sind vielfältig. Betrachtet man die

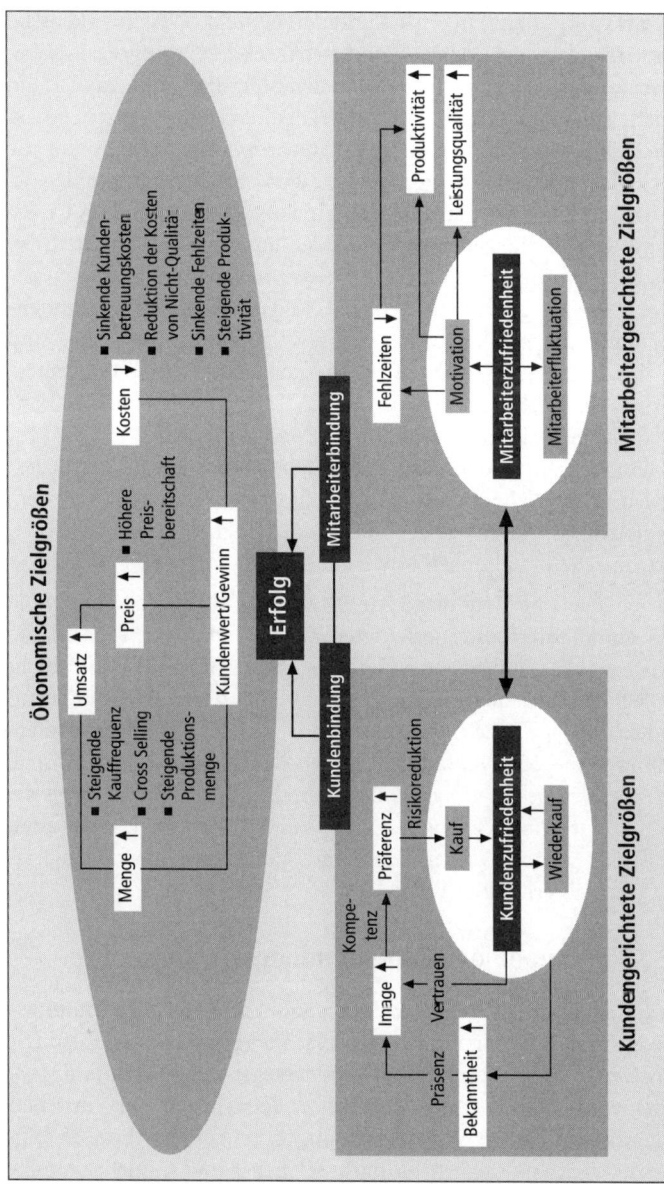

Schaubild 4–2: Kundenbindung im Zielsystem des Unternehmens (Quelle: *Meffert/Bruhn/Hadwich* 2015, S. 152)

Umsatzkomponente in einer Kundenbeziehung, so ist zu erkennen, dass (freiwillig) gebundene Kunden teilweise eine höhere Preisbereitschaft aufweisen als nicht-gebundene Kunden. Hier existiert ein Preissteigerungspotenzial für das entsprechende Unternehmen. Gleichzeitig wirkt sich eine hohe Kundenbindung positiv auf die Verkaufsmenge eines Unternehmens aus. Bei loyalen Kunden ist oftmals eine höhere Kauffrequenz zu beobachten und auch Cross-Buying-Potenziale lassen sich leichter ausschöpfen. Durch diese Effekte kann der Umsatz sowie der Gewinn eines Unternehmens gesteigert werden. Auf der **Kostenseite** hat ein systematisches Kundenbindungsmanagement ebenfalls positive Auswirkungen. Hier sind vor allem sinkende Kundenbetreuungskosten durch eine Konzentration auf die wichtigen, treuen Kunden zu vermerken. Ferner können, beispielsweise durch eine Integration der Kunden in den Produktentwicklungsprozess, die Kosten der „Nicht-Qualität" reduziert werden. Des Weiteren ist eine Senkung der Transaktionskosten, beispielsweise durch neue Interaktionsmöglichkeiten (Internet, elektronische Bestellungen usw.), denkbar.

Eine bedeutsame Grundlage zur Erreichung dieser Ziele bildet die Umsetzung **mitarbeitergerichteter Zielgrößen**. Grundlage ist die Annahme, dass zufriedene Mitarbeitende die Basis für den Aufbau von Kundenzufriedenheit und Kundenbindung sind. Geht man von der Richtigkeit dieser Aussage aus, so ist es folglich Ziel des Unternehmens, die Motivation der Mitarbeitenden durch extrinsische und intrinsische Leistungsanreize zu steigern, um in der Folge die Produktivität und Leistungsqualität zu erhöhen sowie Fehlzeiten der Mitarbeitenden zu vermeiden und gute Mitarbeitende langfristig an das Unternehmen zu binden.

2.2 Planung einer Kundenbindungsstrategie

Ein systematisches Kundenbindungs- und Kundenrückgewinnungsmanagement erfordert ein strategisches Vorgehen. Die zentralen **Dimensionen einer Kundenbindungsstrategie** zeigt **Schaubild 4–3**. Dabei wird zunächst eine detaillierte Betrachtung der einzelnen Dimensionen für die Kundenbindung durchgeführt. Darauf folgt im zweiten Schritt die Erörterung zusätzlicher und spezieller Aspek-

Schaubild 4–3: Dimensionen einer Kundenbindungsstrategie (Quelle: *Homburg/Bruhn* 2013, S. 20)

te der Kundenrückgewinnung, die ebenfalls auf der Grundstruktur dieser Dimensionen aufbaut.

(1) Bezugsobjekt der Kundenbindung

In einem ersten Schritt ist die Frage zu beantworten, auf welches Objekt sich die Kundenbindungsstrategie bezieht. Aus Unternehmenssicht können drei **Bezugsobjekte der Kundenbindung** unterschieden werden. Die Kundenbindung kann sich auf den Anbieter, das Produkt bzw. die Marke sowie auf den Absatzmittler beziehen.

> **BEISPIEL:** Bei der Erarbeitung der Kundenbindungsstrategie eines Auto-
> mobilherstellers, z. B. *Volkswagen*, kann zum einen beabsichtigt sein, dass
> die Kunden eine hohe Wiederkaufrate bei *Volkswagen*-Modellen aufwei-
> sen, falls unterschiedliche Modelle für dieselbe Zielgruppe (z. B. aufgrund
> der Höhe des Einkommens) im Programm zur Verfügung stehen. Eine
> Kundenbindungsstrategie kann sich zum anderen auf eine bestimmte
> Marke, z. B. *Polo, Golf, Touran, Passat, Tiguan oder Touareg* konzentrie-
> ren. Gerade in Branchen wie dem Automobilbereich, in dem Kunden aus
> dem Wunsch nach Abwechslung (dem so genannten „Variety Seeking")
> zu Markenwechseln tendieren, führt dies jedoch nur unter bestimmten
> Bedingungen zum Erfolg, so z. B. bei einem „Legenden-Status", wie ihn
> etwa die *VW T*-Modelle innehaben. *Volkswagen* setzt zunächst, beispiels-
> weise durch den *Volkswagen*-Club, eher auf eine Bindung an das Unter-
> nehmen. Je nachdem, welches Bezugsobjekt der Kundenbindung im Vor-
> dergrund steht, ist ferner auch die Berücksichtigung der *VW*-Vertrags-
> händler in der Kundenbindungsstrategie des Herstellers erforderlich.

Bei der Planung der Kundenbindungsstrategie ist es daher notwendig, die Bezugsobjekte zu konkretisieren, in einem Strategiepapier
festzuschreiben und inhaltlich aufeinander abzustimmen. Ziel dieses ersten Planungsschrittes ist es, Redundanzen und Diskrepanzen
zwischen den einzelnen Maßnahmen der Kundenbindung (z. B.
Kundenbindungsmaßnahmen eines Automobilherstellers und seiner Vertragshändler) zu vermeiden.

(2) Zielgruppe der Kundenbindung

Ferner ist festzulegen, mit welcher Priorität das Unternehmen sinn-
vollerweise in die aktuellen Kundensegmente investiert. Es geht
folglich um eine optimale **kundenbezogene Ressourcenallokation,**
wobei zu klären ist, wer die strategisch bedeutsamen Kunden in den
definierten Geschäftsfeldern sind und wie das konkrete Profil dieser
Kunden aussieht (*Keller/Krause/Sieck* 2002).

Ein strategisches Planungsinstrument zur Beantwortung dieser Fragen ist die **Kundenportfolioanalyse**. Ziel dieser Methode ist es,
Kunden anhand von Rentabilitätsüberlegungen zu klassifizieren und
anschließend Schwerpunkte hinsichtlich der Realisierung von Kundenbindungsstrategien abzuleiten (*Homburg/Daum* 1997, S. 64 ff.;

Sieck 2011). Als Dimensionen des Kundenportfolios können einerseits die Kundenattraktivität und andererseits die Wettbewerbsstärke (die eigene Position beim Kunden) herangezogen werden. Welche Kriterien zur inhaltlichen Beschreibung der **Wettbewerbsstärke** am besten geeignet sind, ist branchenbezogen bzw. unternehmensindividuell zu entscheiden. Denkbar sind folgende Beurteilungskriterien:

- Preisakzeptanz,
- Umsatz beim Kunden,
- Vertriebsaktivität,
- Produktqualität,
- Technische Betreuung,
- Logistik/Lagerservice,
- Innovationsaktivität.

Als zweite Kundenportfolio-Dimension kann die **Kundenattraktivität** herangezogen werden. Denkbar sind Kriterien wie das Marktwachstum, das Entwicklungs- und Innovationspotenzial oder die Zahlungsmoral der Kunden. Ist ein Unternehmen in der Lage, die eigene Wettbewerbsstärke abzuschätzen und auch die Kundenattraktivität zu berechnen, kann ein **Kundenportfolio** erstellt werden. Dabei wird eine Einordnung der aktuellen Kunden in das Portfolio auf Basis der einzelnen Ergebnisse der Kundenattraktivität sowie der Wettbewerbsstärke vorgenommen. Anschließend wird eine Entscheidung hinsichtlich der Art der geeigneten Kundenbindungsmaßnahmen in Abhängigkeit der ermittelten Kundengruppe getroffen. Den grundsätzlichen Aufbau eines Kundenportfolios zeigt **Schaubild 4–4**. Es werden sechs Kundengruppen – Star-, Entwicklungs-, Perspektiv-, Abschöpfungs-, Mitnahme- und Verzichtskunden – unterschieden (*Breitschuh* 2001):

Starkunden: Von Starkunden wird gesprochen, wenn diese sowohl eine hohe Kundenattraktivität aufweisen als auch eine hervorragende Geschäftsbeziehung mit diesen besteht. In diesem Segment ist eine fokussierte Kundenbindungsstrategie zu verfolgen und durch individuelle Kundenbindungsmaßnahmen (VIP-Service, Einladung zu Events usw.) sicherzustellen, dass diese hochrentablen Kunden gezielt und adäquat angesprochen werden.

> **BEISPIEL:** Starkunden eines Automobilherstellers sind Kunden mit einer hohen Affinität zu Automobilen, die in regelmäßigen Zyklen Neuwagen erwerben und eine hohe Loyalität gegenüber der Marke haben, also die Geschäftsbeziehung langfristig aufrechterhalten wird.

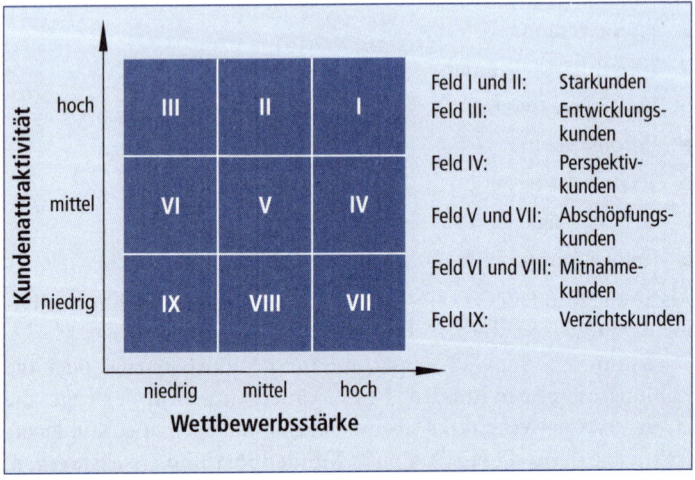

Schaubild 4–4: Aufbau eines Kundenportfolios

Entwicklungskunden: Entwicklungskunden sind sehr attraktiv für das Unternehmen (z. B. hohes Gewinnpotenzial), allerdings verfügt das Unternehmen gegenüber dem Wettbewerb bei diesen Kunden über eine eher schwache Erfolgsposition. Insofern gilt es zu prüfen, ob mittels gezielter Kundenansprache diese langfristig für das Unternehmen gewonnen werden können. Zunächst werden dazu erhebbare Merkmale des Kundenpotenzials für eine (Vor-)Segmentierung festgelegt und gemessen. Auf dieser Grundlage besteht das Ziel darin, Erfolg versprechende Kundenbeziehungen so auszubauen, dass diese Kunden zukünftig dem Segment Starkunden zugerechnet werden können. Entsprechend sind selektive Entscheidungen bezüglich des Ausmaßes und der Intensität von Kundenbindungsmaßnahmen zu treffen (z. B. Spezialangebote, Kundenkarten oder Direct-Mail-Aktionen).

BEISPIEL: Entwicklungskunden einer Bank sind sehr vermögende Privatkunden, die bereits bei dieser Bank Geschäfte tätigen, jedoch den Großteil ihrer Bankangelegenheiten bei anderen Banken erledigen.

Perspektivkunden: Sowohl die Kundenattraktivität als auch die Wettbewerbsposition des eigenen Unternehmens sind bei Perspektivkunden als durchschnittlich einzustufen. Von zentraler Bedeutung ist bei diesen Kunden eine Segmentierung, basierend auf ausgewählten Kriterien der Kundenattraktivität. Bei Kunden mit einem hohen Potenzial werden Unternehmen zur Stärkung der Wettbewerbsposition investieren. Kunden mit einer geringen Attraktivität und einer ungünstigen Zukunftserwartung sind eher zu vernachlässigen.

BEISPIEL: Zu der Kategorie der Perspektivkunden zählen häufig Studierende, die zwar aktuell über ein geringes Einkommen und somit noch über einen geringen Kundenwert verfügen, deren persönliche Situation sich jedoch in absehbarer Zeit wesentlich verändern wird und somit das Entwicklungspotenzial hoch einzuschätzen ist. Möglich wäre z. B. bei Versicherungen im Rahmen eines Haftpflichtversicherungsabschlusses, das Studienfach zu erfragen und auf den Berufs- und Karriereaussichten basierend eine Segmentierung innerhalb des Studentensegments vorzunehmen.

Abschöpfungskunden: Abschöpfungskunden sind durch eine geringe Attraktivität sowie einer guten Wettbewerbsposition gekennzeichnet. Insofern gilt es, diese Kunden möglichst lange zu binden, jedoch ohne übermäßige Investitionen in den Ausbau dieser Kundengruppe zu tätigen. Mögliche Kundenbindungsmaßnahmen stellen nicht-individualisierte Kundenclubs dar.

> **BEISPIEL:** Abschöpfungskunden sind beispielsweise langjährige Kunden eines Versandhauses, die aufgrund ihres Alters (z. B. 70-jährige Pensionärin), ihres gleichbleibenden Einkommens und ihres langjährigen Kaufverhaltens ein konstantes Ertrags-, aber nur ein geringes Entwicklungspotenzial aufweisen, da nicht mit einer Änderung des Bedarfs zu rechnen ist.

Mitnahmekunden: Die Mitnahmekunden zeichnen sich durch eine schwache bis mittlere Kundenattraktivität und Wettbewerbsposition des Unternehmens bei dieser Kundengruppe aus. Da von einer starken Kundenbindung an den Wettbewerb auszugehen ist, sind Kundenbindungsmaßnahmen adäquat zu gestalten, wobei allenfalls kostengünstige Aktivitäten (z. B. allgemeiner Telefonservice) anzuraten sind.

> **BEISPIEL:** Mitnahmekunden sind bestimmte Berufsgruppen oder Rentner mit sehr geringem Einkommen, bei denen in den nächsten Jahren keine wesentliche Veränderung der Einkommenssituation zu erwarten ist und die eng mit der Konkurrenz verbunden sind.

Verzichtskunden: Diese Kunden zeichnen sich durch eine geringe Attraktivität aus sowie einer schwachen Stellung des Unternehmens im Vergleich zum Wettbewerb. Verzichtskunden haben somit kein Potenzial für zukünftige Umsätze und es ist anzunehmen, dass diese für das Unternehmen unrentabel bleiben. Im Rahmen der Entscheidung bezüglich möglicher Kundenbindungsmaßnahmen ist der Deckungsbetrag je Kunde zu beachten, wobei potenzielle negative Spillover-Effekte bei der Beendigung der Kundenbeziehungen zu berücksichtigen sind.

> **BEISPIEL:** Verzichtskunden sind Kunden einer Fluggesellschaft, die die Vorzüge einer Kundenbindungsmaßnahme genießen, jedoch ihre jährlich lediglich geringe Anzahl an vorwiegend Kurzstreckenflügen zumeist bei anderen Fluggesellschaften buchen.

Grundvoraussetzung für die Ableitung von Kundenportfolios ist der direkte Zugriff auf eine **Kundendatenbank**, in der nicht nur demografische Kundeninformationen wie Name, Alter und Adresse, sondern auch weitergehende Daten, beispielsweise zum bisherigen Kauf- oder Beschwerdeverhalten, zur finanziellen Situation oder zur Zahlungsmoral des Kunden abrufbar sind. Ferner sind auch Informationen zum konkreten Entwicklungspotenzial des Kunden systematisch zu erfassen, zu speichern und in die strategische Analyse einzubeziehen.

(3) Arten der Kundenbindung

In einem weiteren Schritt ist festzulegen, welche Art der Kundenbindung anzustreben ist. In diesem Zusammenhang wurde bereits herausgestellt, dass die Bindung über psychologische kognitive sowie affektive Größen wie die Kundenzufriedenheit oder die Markenverbundenheit (**emotionale Kundenbindung**) grundsätzlich im Zentrum der Maßnahmen steht. Es können jedoch noch weitere Arten der Kundenbindung, dargestellt in **Schaubild 4–5**, unterschieden und zur Ableitung einer Kundenbindungsstrategie herangezogen werden (*Meffert* 2009, S. 158; *Mahnel* 2013).

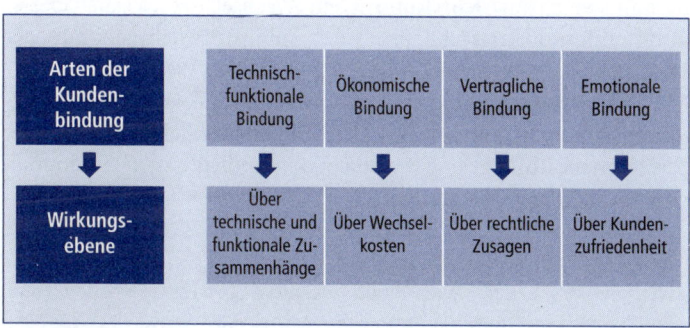

Schaubild 4–5: Arten der Kundenbindung (Quelle: *Meffert* 2009, S. 158)

Technisch-funktionale Kundenbindung: Von einer technisch-funktionalen Kundenbindung kann gesprochen werden, wenn ein funktionaler Zusammenhang zwischen Kern- und Zusatzleistung besteht. Dies ist beispielsweise bei der Reparatur eines Fahrzeuges der Fall, falls die Inanspruchnahme der Dienstleistung aufgrund

notwendiger Spezialwerkzeuge nur von einer bestimmten Vertrags-
werkstatt ausgeführt werden kann. Ferner kann eine zwingende
technische Kompatibilität, beispielsweise bei EDV-Systemen, zu einer technisch-funktionalen Kundenbindung führen. Der Kunde er-
wirbt solche Leistungsbündel meist nicht zu einem Zeitpunkt als
Gesamtpaket, sondern sukzessive. In dieser Situation ist der Kunde
gezwungen, bei Erweiterungs-/Folgekäufen ebenfalls auf die bereits
erworbene Marke zurückzugreifen (Lock-in-Effekt), um den optimalen Betrieb seiner Anlage zu gewährleisten (*Herrmann/Johnson*
1999; *Naß* 2012).

> **BEISPIEL:** Der Erfolg des *Nespresso*-Kaffees der Firma *Nestlé* ist unter
> anderem darauf zurückzuführen, dass die Kaffeemaschinen zu einem
> vergleichbar günstigen Preis erworben werden können, der Betrieb
> der Maschinen jedoch vorwiegend lediglich mit den kostenintensiveren
> *Nespresso*-Kapseln möglich ist.

Ökonomische Kundenbindung: Bei einer ökonomischen Kundenbindung erscheint dem Kunden ein Wechsel der Geschäftsbeziehung aufgrund tatsächlicher oder subjektiv wahrgenommener
Wechselkosten als wirtschaftlich unvorteilhaft. Wechselkosten setzen sich aus Informations- und Anbahnungskosten sowie kog-
nitiven Anstrengungen, verbunden mit finanziellen, sozialen oder
psychischen Risiken sowie zeitlichen Verpflichtungen zusammen
(*Meffert/Pohlkamp/Böckermann* 2010, S. 14).

> **BEISPIEL:** Besitzer der *Miles&More*-Kreditkarte können dazu veranlasst
> werden, die Geschäftsbeziehung weiterhin aufrechtzuerhalten, da
> durch eine Kündigung die gesammelten Vielfliegermeilen nach kurzer
> Zeit verloren gehen. Darüber hinaus stellen die gesammelten Vielflie-
> germeilen eine Verringerung der Wechselbereitschaft der Fluggesell-
> schaft durch den Kunden dar, da dies mit dem potenziellen Verlust der
> Vorteile einhergeht.

Vertragliche Kundenbindung: Bei der vertraglichen Kundenbindung wird der Nachfrager durch rechtlich zwingende Vereinbarun-
gen, wie z. B. Service- oder Leasingverträge, Garantien, Abonne-

ment- oder Mindestbezugsvereinbarungen, an den entsprechenden Anbieter, die Marke oder eine Einkaufsstätte gebunden.

BEISPIEL: Mobilfunkanbieter bieten meist unterschiedliche Leistungsbündel an, die ein Abwägen zwischen der Preisbereitschaft und der Länge der Vertragslaufzeit erfordern. Während die Angebote ohne vertragliche Bindung mit höheren Tarifen verbunden sind und der Kunde ein Mobiltelefon allenfalls vergünstigt erhält, bieten die Mobilfunkunternehmen Kunden, die sich vertraglich binden lassen, hingegen qualitativ höherwertige Mobiltelefone bzw. Mobiltelefone zu niedrigeren Preisen an.

Bei der ökonomischen, vertraglichen und technisch-funktionalen Kundenbindung wird der Entscheidungsspielraum des Kunden somit mehr oder weniger eingeengt. Entsteht beim Kunden während der Geschäftsbeziehung Unzufriedenheit, ist die Wahrscheinlichkeit hoch, dass nach Ablauf der Bindungsvereinbarung die Abwanderung des Kunden nicht mehr zu vermeiden ist.

BEISPIEL: Hohe Abwanderungsbewegungen zu alternativen Beförderungsmitteln wie die Fernbusse sind z. B. bei der *Deutschen Bahn* im Geschäftsfeld Fernverkehr zu beobachten. Wie bei vielen ehemaligen Monopolisten ist auch dieses Unternehmen nun gezwungen, wesentliche Verbesserungen der Kundenorientierung umzusetzen. Als erste Maßnahmen der *Deutschen Bahn* sind dabei die Entwicklung eines Entertainment-Portals sowie die Internetanbindung der *ICE*-Züge zu werten.

Emotionale Kundenbindung: Demgegenüber basiert die emotionale Kundenbindung grundsätzlich auf einer freiwilligen Entscheidung. Der Kunde weist einen hohen Grad der Zufriedenheit auf und entscheidet sich bewusst für einen Wiederkauf. Daher wird auch von einer **Verbundenheit** gesprochen. Diese Art der Kundenbindung entspricht zum einen als einzige einer kundenorientierten Haltung. Zum anderen können Unternehmen nur bei Verbundenheit von einer langfristigen Kundenbeziehung profitieren, wie dem Ausschöpfen von Cross-Selling-Potenzialen oder der Abgabe von Weiterempfehlungen. Vor diesem Hintergrund beinhaltet der Ansatz einer Kundenbindungsstrategie möglichst immer gleichzeitig die Entwicklung einer emotionalen Bindung. Die übrigen Arten der Kundenbindung sind lediglich flankierend einzusetzen.

> **BEISPIEL:** Der Motorradhersteller *Harley Davidson* hat es geschafft, technische Wettbewerbsnachteile gegenüber anderen Herstellern durch eine Verbundenheitsstrategie zu kompensieren. So hat jeder Besitzer eines Motorrads dieser Marke die Möglichkeit, in den *Harley Owners Group* einzutreten, über den das Unternehmen nicht nur Value Added Services, etwa Versicherungsmöglichkeiten oder eine Club-Zeitschrift, anbietet, sondern z. B. auch die Organisation von Rallies oder Konzerten übernimmt. In Kombination mit einer klar definierten Markenpositionierung erreicht das Unternehmen damit ein starkes Zusammengehörigkeitsgefühl der Besitzer, das einen schwer einholbaren Wettbewerbsvorteil darstellt.

(4) Festlegung der Kundenbindungsinstrumente

Ein weiterer Bereich ist die Entscheidung zum Einsatz der Kundenbindungsinstrumente. Ansatzpunkte zur Bindung von Kunden bieten dabei sämtliche Bereiche des Marketingmix (*Diller* 1995). Im Rahmen der **Produktpolitik** liegt der Fokus z. B. auf der Verbesserung des Leistungsprogramms bzw. des Services. Als Kundenbindungsmaßnahmen bieten sich z. B. individualisierte Produktangebote oder ein besonderes Produktdesign an. **Preispolitische Kundenbindungsinstrumente** erhöhen die ökonomischen Barrieren für den Wechsel eines Kunden zum Wettbewerber. Durch den Einsatz preispolitischer Maßnahmen können monetäre Anreize geschaffen werden, die für den Kunden ausschlaggebend sind, die Geschäftsbeziehung aufrechtzuerhalten (*Simon/Tacke/Buchwald* 2005). Maßnahmen der **Kommunikationspolitik** werden mit dem Ziel eingesetzt, in einen kontinuierlichen Dialog mit den Kunden zu treten. Insbesondere die interaktiven Kommunikationsformen bieten hierzu zahlreiche Möglichkeiten. Zu denken ist an Kundenforen, Beschwerdemanagement, Servicenummern, Events sowie Maßnahmen der persönlichen Kommunikation mit dem Kunden. Auch die klassischen Kundenzeitschriften sowie Direct-Mail-Aktionen können dem Bereich der Kommunikationspolitik zugeordnet werden. Elektronische Bestellmöglichkeiten, Internet, Katalogverkauf sowie Abonnements sind Beispiele für Maßnahmen der **Vertriebspolitik** (siehe vertiefend dazu Abschnitt 3).

Neben der Systematik des Marketingmix erscheint es sinnvoll, die Instrumente danach zu differenzieren, ob sie primär zum Ziel haben, den Dialog zu intensivieren (**Fokus Interaktion**), die Kundenzufriedenheit positiv zu beeinflussen (**Fokus Zufriedenheit**) oder hohe Wechselbarrieren aufzubauen (**Fokus Wechselbarrieren**). Gemäß dieser Systematik zeigt **Schaubild 4–6** verschiedene Kundenbindungsinstrumente im Überblick.

	Primäre Wirkung		
Instrumentenbereich	Fokus Interaktion	Fokus Zufriedenheit	Fokus Wechselbarrieren
Produktpolitik	■ Gemeinsame Produktentwicklung ■ Internalisierung/ Externalisierung	■ Individuelle Angebote ■ Qualitätsstandards ■ Servicestandards ■ Zusatzleistungen ■ Besonderes Produktdesign ■ Leistungsgarantien	■ Individuelle technische Standards ■ Value Added Services
Preispolitik	■ Kundenkarten (bei reiner Informationserhebung)	■ Preisgarantien ■ Zufriedenheitsabhängige Preisgestaltung	■ Rabatt- und Bonussystem ■ Preisdifferenzierung ■ Preisbundling ■ Finanzielle Anreize ■ Kundenkarten (bei Rabattgewährung)
Kommunikationspolitik	■ Direct Mail ■ Event Marketing ■ Online Marketing ■ Proaktive Kundenkontakte ■ Servicenummern ■ Kundenforen/-beiräte	■ Kundenclubs ■ Kundenzeitschriften ■ Telefonmarketing ■ Beschwerdemanagement ■ Persönliche Kommunikation	Mailings, die individuelle Informationen (hoher Nutzwert für den Kunden) übermitteln ■ Aufbau kundenspezifischer Kommunikationskanäle
Vertriebspolitik	■ Internet/Gewinnspiele ■ Product Sampling ■ Werkstattbesuche	■ Online-Bestellung ■ Katalogverkauf ■ Direktlieferung	■ Abonnements ■ Ubiquität ■ Kundenorientierte Standortwahl

Schaubild 4–6: Kundenbindungsinstrumente im Überblick (Quelle: in Anlehnung an *Homburg/Bruhn* 2013, S. 23)

(5) Intensität und Timing der Kundenbindung

Als weitere strategische Kundenbindungsdimension sind Überlegungen notwendig, wann und mit welcher Intensität die ausgewählten Instrumente eingesetzt werden. Zu bestimmen sind die konkreten Einsatzzeitpunkte und -intervalle sowie der konkrete Ablauf der Kundenbindungsstrategie. In diesem Zusammenhang ist generell zu entscheiden, ob eine konzentrierte Kundenbindungsstrategie, bei der nur wenige, ausgewählte Maßnahmen realisiert werden, oder eine differenzierte Kundenbindungsstrategie, mit dem integrierten Einsatz mehrerer Maßnahmen, anzustreben ist (*Dowling/Uncles* 1997; *Lippold* 2015, S. 409).

Die strategische Planung hat in diesem Zusammenhang sicherzustellen, dass eine Reizüberflutung der Kunden vermieden und die Schwelle zur Reaktanz der Kunden gegenüber Kundenbindungsmaßnahmen nicht überschritten wird.

BEISPIEL: Der zeitliche Ablauf einer integrierten Kundenbindungsstrategie könnte idealtypisch – dargestellt am Beispiel eines E-Bike Kaufes – wie folgt aussehen:

(1) Händler 1.7.2015:	Übergabe eines Welcome Packages bei der Auslieferung des E-Bikes.
(2) Hersteller 1.3.2016:	Versand eines Wartungs-Mailings.
(3) Händler 11.5.2016:	Zusendung einer Gratulationskarte zum Geburtstag des Kunden.
(4) Hersteller 1.7.2016:	Ein Jahr nach Kaufzeitpunkt Versand eines Fragebogens zur Kundenzufriedenheit.
(5) Händler 1.7.2017:	Versand eines Angebotes zum E-Bike eines aktuellen Modells.
(6) Händler 1.10.2017:	Wartungs-Erinnerung und Information über die aktuelle Produktpalette.

An diesem Beispiel wird der bestehende Abstimmungsbedarf zwischen den Maßnahmen des Herstellers und den Ansprachen des Händlers besonders deutlich, der bei Nichtbeachtung zu Unzufriedenheit oder sogar Abwanderung des Kunden führen kann.

(6) Kooperationsstrategien der Kundenbindung

Schließlich ist bei der Erarbeitung einer Kundenbindungsstrategie zu prüfen, ob die Ziele der Kundenbindung in Kooperationen mit anderen Unternehmen effizienter erreicht werden können. Eine Kooperation ist generell immer dann empfehlenswert, wenn Synergiepotenziale zu erwarten sind, die einen Zielbeitrag zu einer integrierten Kundenbindungsstrategie leisten. Dies ist insbesondere bei Geschäftsbeziehungen der Fall, in denen vom Konsumenten ein direkter Bezug zwischen Marke und Herstellerleistung auf der einen und den Handelsleistungen auf der anderen Seite hergestellt wird (z. B. in der Automobilwirtschaft oder in der Computerbranche).

BEISPIEL: Der *Volkswagen-Club,* im Jahr 2011 in *Volkswagen Group Partner Services* unbenannt, kann als Beispiel einer Zusammenarbeit zwischen Hersteller und Händler angeführt werden. 95 Prozent aller Händler beteiligen sich an dem Club, der seinen Mitgliedern neben Bonuspunkten für Wartungsarbeiten bei offiziellen *VW*-Händlern und zusätzlichen Serviceleistungen über Kooperationspartner ein breites Spektrum von Leistungen bietet, die mit dem Kernprodukt nur noch am Rande in Verbindung stehen. So existierten Sonderangebote und spezielle Leistungen, z. B. für kulturelle Veranstaltungen, Reisen, Hotels und Versandhandelsunternehmen (*Volkswagen-Club* 2015).

BEISPIEL: Ein weiteres Kundenbindungsinstrument stellt die *Payback*-Kundenkarte dar (*Payback* 2015). Der Konsument erhält bei Vorlage der *Payback*-Karte als Gegenleistung für die Bereitstellung der Daten bezüglich Kauf, Produkte, Umsatz und Kaufort Punkte gutgeschrieben. Sämtliche Informationen wie beispielsweise bezüglich der gekauften Produkte oder des Kaufortes werden dann an die Loyality-Partner (z. B. *REWE, dm, Aral*) weitergegeben. Mit der *Payback*-Karte erhält der Konsument einen Rabattbetrag auf den Kaufbetrag in Form von Punkten zugeschrieben, die dann als Bargeld oder Gutscheine eingelöst werden können; des Weiteren ist eine Umwandlung in Flugmeilen möglich. Für den Kunden entstehen somit zahlreiche Vorteile. Durch die Offenlegung der Informationen über den Kunden und seine Bedürfnisse kann ein optimierter Dialog aufgebaut und somit eine bessere Kundenansprache implementiert werden (*Graßmann* 2013).

Eine optimal abgestimmte Kooperationsstrategie kann folglich entscheidend dazu beitragen, die entwickelte Kundenbindungsstrategie erfolgreich und zielgruppenadäquat umzusetzen und den langfristigen Erfolg des Unternehmens zu sichern.

Die **Kundenrückgewinnungsstrategie** unterscheidet sich nicht grundsätzlich von den sechs Dimensionen der Kundenbindungsstrategie. In den einzelnen Ausprägungen ergeben sich jedoch Besonderheiten, die für ein erfolgreiches Rückgewinnungsmanagement zu beachten sind. Zunächst ist es von zentraler Bedeutung so genannte **Frühwarnindikatoren** für eine nahende Beendigung der Geschäftsbeziehung durch den Kunden zu erkennen. Diese Indikatoren umfassen z. B. erstmalige oder sich häufende Beschwerden und sinkende Umsätze des Kunden. Weiterhin sollten mittels eines Kundenportfolios lukrative Kundengruppen ermittelt werden, um die priorisierten **Zielgruppen** der Rückgewinnung zu bestimmen. Zur Bestimmung der angemessenen **Instrumente** der Rückgewinnung ist ein Verständnis der Gründe für die Abwanderung notwendig. Im Rahmen der Instrumentenwahl ist weiterhin darauf zu achten, ob eine faktische Rückgewinnung des Kunden erfolgt (anzustreben bei einem ausreichenden Kundenwert) oder nur eine symbolische, d. h. emotionale Rückgewinnung im Sinne einer wiederhergestellten Kundenzufriedenheit nach der Abwanderung (anzustreben bei Kunden mit geringem oder negativem Kundenwert). Abschließend ist das **Timing** ein weiterer wichtiger Faktor der Kundenrückgewinnung, da ein Kunde im Abwanderungsprozess oft leichter zurückgewonnen werden kann als ein faktisch abgewanderter Kunde (*Boenigk* 2011). Mittels des Ertragspotenzials des Kunden ist zudem die Intensität, d. h. der zeitliche bzw. monetäre Aufwand, der für die Rückgewinnung betrieben wird, zu bestimmen.

3. Instrumente des Kundenbindungsmanagements

3.1 Instrumente der Kommunikationspolitik

Die Kommunikationspolitik erfüllt innerhalb des Kundenbindungsmanagements vorrangig zwei Ziele. Zum einen wird der Aufbau eines kontinuierlichen Dialoges mit dem Kunden angestrebt, um zu einer Stabilisierung oder Veränderung der Kundenerwartungen beizutragen. Zum anderen wird angestrebt, potenziellen Nachkaufdissonanzen durch die Verbreitung von kaufbestätigenden Informationen entgegenzuwirken. Weit verbreitete **kommunikationspolitische Kundenbindungsinstrumente** sind die Folgenden:

- Direct Mailing,
- Kundenzeitschriften,
- Kundenkarten,
- Kundenclubs,
- Telefonmarketing,
- Online Marketing/Social Media,
- Event Marketing.

Direct Mailing: Zur Kategorie der klassischen Kundenbindungsinstrumente zählt das Direct Mail. Dabei handelt es sich um eine adressierte Werbesendung, die in Abhängigkeit von der individuellen Zielsetzung des Unternehmens aus verschiedenen Bestandteilen, wie beispielsweise einem Anschreiben, Katalogen, Prospektbeilagen oder anderen aufmerksamkeitsstarken Gegenständen, bestehen kann (*Holland* 2009; *Bruhn* 2015b). Im Rahmen des Kundenbindungsmanagements werden Direct Mails häufig dann eingesetzt, wenn das Unternehmen den Kunden zu einem bestimmten Anlass, z. B. Einladung zu einem Event, Geburtstag des Kunden, Zeitpunkt kurz vor Vertragsablauf, ansprechen möchte.

> **BEISPIEL:** Im *M-CUMULUS-Programm* des Schweizer Detailhändlers *Migros* wurden spezifische Verhaltens- und Konsummerkmale identifiziert, die auf Potenziale zur Stärkung der Kundenbindung schließen lassen. So werden beispielsweise Kunden, die ihre Club-Punkte mit bis zu 70 Prozent im Non-Food-Bereich gesammelt haben, gezielte Angebote aus dem Food-Bereich unterbreitet. In diesen Fällen werden Direct Mails mit dem Ziel eingesetzt, Cross-Selling-Potenziale zu nutzen und die Kunden intensiver an das Unternehmen zu binden (*Arpagaus/Bartels* 2013).

Häufig ist der Anlass eines Direct Mails jedoch auch eine besondere, individuelle Ansprache eines Starkunden.

Kundenzeitschriften: Hierbei handelt es sich um Publikationen von Herstellern oder Handelsunternehmen, die überwiegend unentgeltlich an die aktuellen Kunden des Unternehmens verschickt werden (*Oschmann* 1997). Diese haben sich in den letzten Jahren zu einem bedeutsamen Instrument des Kundenbindungsmanagements entwickelt. Nach Schätzungen gibt es in Deutschland über 2.400 Kundenzeitschriften; eine Auswahl von Titeln, die im Jahr 2015 im Rahmen des Corporate Publishing Preises als besonders gelungen prämiert wurden, wird in **Schaubild 4–7** dargestellt.

Titel der Kundenzeitschrift	Unternehmen	Branche
Lamborghini Magazin	Lamborghini Automobil S.P.A.	Automobil
Allianz „1890" Allianz Deutschland AG	Allianz Deutschland AG	Finanzen/Versicherungen
Hä?	Rotpunkt Pharma AG	Gesundheitswesen/Pharma
Hamburg: Das Magazin aus der Metropole	Hamburg Marketing GmbH	Tourismus
stilwerk Magazin – MUT	stilwerk GmbH	Handel/Konsum
TrenntMagazin	BSR Berliner Stadtreinigungsbetriebe	Verbände/NonProfit/Institutionen
Klimawald – Magazin der Bayerischen Staatsforsten	Bayerische Staatsforsten AöR	IT/Telekommunikation/Energie
Electronic Beats	Deutsche Telekom AG	Medien/Entertainment/Kultur

Schaubild 4–7: Prämierte Kundenzeitschriften im Jahr 2015 (Quelle: *Best of Corporate Publishing Award* 2015)

Kundenkarten: Ein weiteres klassisches Kundenbindungsinstrument ist der Einsatz von Kundenkarten, die ebenso wie die Kundenzeitschriften in den letzten Jahren eine große Verbreitung gefunden haben. Besonders Kundenkarten, die im Verbund mehrerer Geschäfte und Dienstleistungsanbieter geschaffen werden, sind sehr beliebt bei den Kunden. Das mit Abstand größte und erfolgreichste Multipartner-Kundenkartenprogramm, die *Payback*-Karte, demonstriert, welche Vorteile ein solches Kundenbindungsinstrument für Verbraucher und Anbieter bereithält. Gemäß einer Studie des Meinungs- und Marktforschungsinstituts *Emnid* hat *Payback* einen Bekanntheitsgrad von über 80 Prozent und jeder zweiter Haushalt besitzt mindestens eine Karte (*Emnid* 2014).

Durch die Ausgabe einer Kundenkarte eröffnen sich dem Unternehmen zwei wesentliche Vorteile. Zum einen besteht die Chance des Aufbaus eines individuellen Dialoges. Zum anderen ist die Informationsgewinnung über das Kaufverhalten des Kunden von zentraler Bedeutung (Data Mining), da durch die Nutzung der Karte, z. B. im Lebensmitteleinzelhandel, sämtliche Warenkörbe gespeichert und einem individuellen Kunden zugeordnet werden können. Durch die Einführung eines Kundenkartensystems werden die grundlegenden Voraussetzungen für ein **datenbankgesteuertes Dialogmarketing** geschaffen und eine optimale Planung und Steuerung des operativen Kundenbindungsmanagements ermöglicht. In **Schaubild 4–8** ist eine Typologie von Kundenkarten dargestellt.

Studie:

Als Ergebnis einer Studie von *Glusac/Hinterhuber* (2005) zeigte sich, dass Kundenkarten zu einer Erhöhung der Wiederkaufabsicht führen können. Es ist somit möglich, Cross-Selling-Potenziale, z. B. im Einzelhandel, besser auszuschöpfen und den Share-of-Wallet zu erhöhen. Die Anzahl abgegebener Weiterempfehlungen steigt nach den Ergebnissen der Studie ebenfalls an. Zudem wurde festgestellt, dass Kunden, die die Kundenkarte nutzen, weniger preissensitiv, d. h. bei wahrgenommenen Preisnachteilen weniger geneigt sind, den Anbieter zu wechseln und insgesamt eine höhere Zufriedenheit aufweisen (*Glusac/Hinterhuber* 2005, S. 8 ff.). Es ist allerdings möglich, dass Kunden, die eine entsprechende Karte annehmen, ohnehin eine große Affinität und Loyalität zum Unternehmen aufweisen und aus diesem Grund in das Bonusprogramm eintreten. Der primäre Bindungserfolg einer Kundenkarte ist daher auf Basis der Studie unter Vorbehalt zu interpretieren.

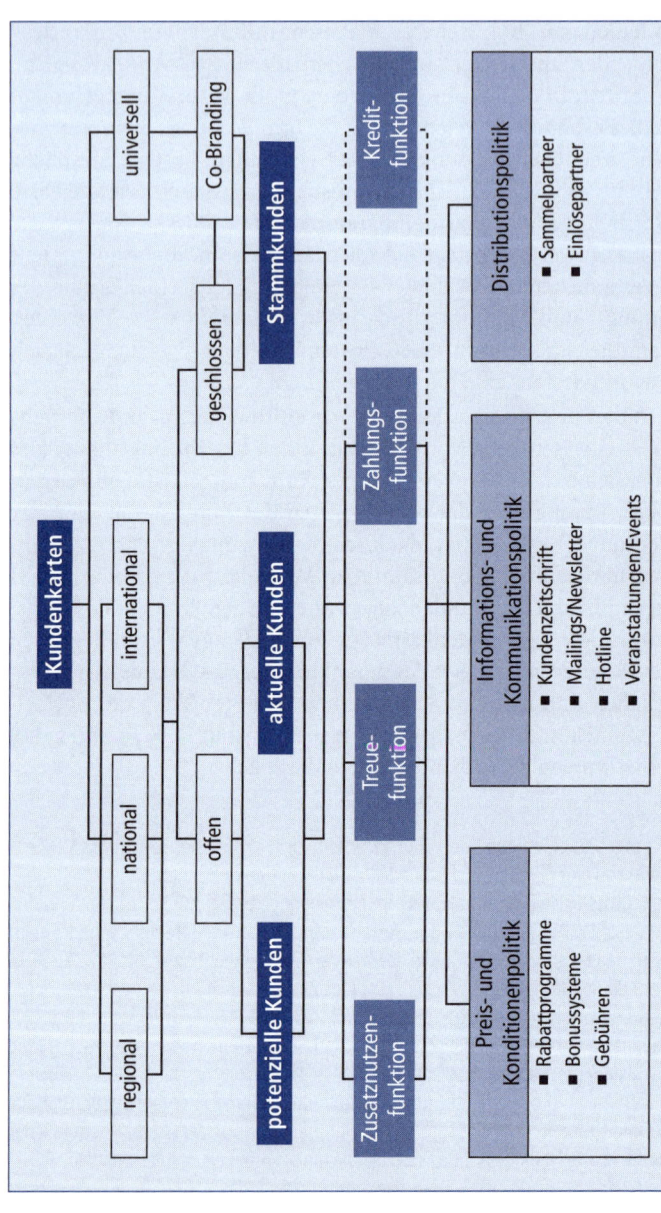

Schaubild 4–8: Typologisierung von Kundenkarten

Um die **Erfolgswirksamkeit einer Kundenkarte** sicherzustellen, sind bei der Einführung verschiedene Kriterien zu beachten. In einem ersten Schritt ist zu prüfen, ob eine generelle Kartenakzeptanz im aktuellen Kundenkreis vorhanden ist und ob das Unternehmen über eine ausreichend breite Vertrauensbasis zur Ausgabe einer solchen Karte verfügt. Zudem sind ein Mindestmaß an Interaktionsfrequenz zwischen Unternehmen und Kunde sowie ein plausibler Zusatznutzen der Kundenkarte ergänzend zum Basisangebot des Unternehmens zu realisieren.

BEISPIEL: Die *Tchibo-PrivatCard* bietet ergänzend zur Möglichkeit der Sammlung und Einlösung von Treuepunkten die Option der Erweiterung als kostenlose Kreditkarte.

Kundenclub: Parallel zur Entwicklung der Kundenkarte ist eine steigende Anzahl von neu gegründeten Kundenclub-Konzepten zu verzeichnen. Der Kundenclub vereint als integrierter Strategieansatz sämtliche Kundenbindungsmaßnahmen wie Kundenkarte, Kundenzeitschrift und Clubveranstaltungen in einem umfassenden Gesamtkonzept (*Holland* 2009). Durch die Mitgliedschaft in einem Kundenclub werden die Bedürfnisse nach sozialem Kontakt, Akzeptanz, Status, Prestige und Selbstverwirklichung des Kunden angesprochen (*Mohme* 1992; *Tomczak/Reinecke/Dittrich* 2013). Diese Erlebniswertvermittlung und das Angebot individueller Serviceleistungen tragen zum Aufbau eines psychologischen Mehrwertes für den Kunden und somit zur Verstärkung der emotionalen Kundenbindung bei. Die Möglichkeit, durch ein Clubkonzept die kundenbezogene Informationsbasis auszubauen und ein professionelles Database Management einzuführen, spielt neben Strategieüberlegungen eine weitere zentrale Rolle. Das Clubkonzept kann in unterschiedlichen Erscheinungsformen verwirklicht werden. Zu den bekanntesten **Erscheinungsformen** zählen (*Diller/Frank* 1996; *Holland* 2009):

- VIP-Club: Richtet sich in der Regel an besonders bedeutsame Stammkunden (Flughafen VIP-Lounge),

- Fan-Club: Richtet sich an sämtliche Kunden (*Pro-7-Club*),

- Product Interest Club: Richtet sich an besonders produktinteressierte Kunden (*Dr. Oetker Back-Club, Maggi Kochstudio Club*),

- Kunden-Vorteils-Club: Richtet sich an sämtliche Kunden (*Ikea-Family-Club*),

- Life Style Club: Richtet sich primär an Kunden mit einem ausgeprägten exklusiven Lebensstil (*Davidoff-Club*).

BEISPIEL: Das Unternehmen *Dr. Oetker* bietet seinen Kunden an, Mitglied im *Dr. Oetker Back-Club* zu werden. Im Rahmen des *Dr. Oetker Back-Club* werden Starkunden „herausgefiltert", indem für die Mitgliedschaft im Club eine Jahresgebühr erhoben wird, die zwar gering ist, jedoch ausreicht, dass sich nur die Kunden mit besonders starkem Commitment zur Marke angesprochen fühlen. Die Kunden erhalten, neben sechs Ausgaben des Clubmagazin „*Gugelhupf*" pro Jahr, Gratisproben, Backseminare, Gutscheine, Rezepthefte, Preisvorteile bei *Dr. Oetker* Produkten und können kostenlos die Back-Hotline nutzen.

Telefonmarketing: Aus dem Bereich der elektronischen Medien wird in der Unternehmenspraxis intensiv das Telefonmarketing für die Zwecke der Kundenbindung eingesetzt. Klassische Einsatzgebiete des Telefonmarketing sind in dem hier betrachteten Zusammenhang Nachfassaktionen im Anschluss an ein Direct Mailing mit dem Ziel, die Rücklaufquote zu erhöhen, oder telefonische Kundenbefragungen zur Produkt- oder Servicezufriedenheit der Kunden nach einem Kauf bzw. der Inanspruchnahme einer Dienstleistung.

Online Marketing/Social Media: Vor dem Hintergrund einer zunehmenden Verbreitung von Informations- und Kommunikationstechnologien werden vermehrt Online-Systeme zum Zwecke der Kundenbindung eingesetzt. Zu den beliebtesten elektronischen Kundenbindungsinstrumenten zählen u. a. die Gestaltung einer Unternehmens-Website, elektronische Newsletter (mit aktuellen Produkt- und Unternehmensinformationen), E-Mail (mit auf den Kunden zugeschnittenen Angeboten) sowie Social Media-Plattformen und Weblogs, in denen Kunden z. B. ihre Erfahrungen bezüglich eines Produktes austauschen können. Die Vorteile dieser Instrumente liegen zunächst in der leichten Handhabung und der preisgünstigen Interaktion. Besonders der wachsende Einsatz von Social Media-Plattformen ermöglicht zudem den direkten Dialog mit den Kunden und somit die Möglichkeit, proaktiv auf die Kunden zuzugehen.

BEISPIELE: Die *DAK* Krankenversicherung bietet ihren Kunden im Rahmen des *Berater-Chats* eine Beratung zum Thema Gesundheit per Live-Chat an.

DHL bietet Kunden die Möglichkeit, über das Eingeben der Belegnummer auf der Website den momentanen Aufenthaltsort ihrer Sendungen und die voraussichtliche Ankunft am Zielort zu überprüfen.

Das Unternehmen *1&1* bietet seinen Kunden zahlreiche Möglichkeiten, mit dem Unternehmen über Social Media in Kontakt zu treten. Neben einer offiziellen *Facebook*-Seite und einem *YouTube*-Videokanal ist das Unternehmen auf *Twitter*, *Google+*, *LinkedIn* sowie *XING* aktiv. Darüber hinaus können die Kunden im Kundenforum mit Mitarbeitenden des Unternehmens aber auch mit anderen Kunden Lösungen für Probleme finden und Erfahrungen austauschen.

Durch die dargestellten Möglichkeiten des Online Marketing sowie der Kommunikation mittels Social Media reduzieren sich die ökonomischen Wechselkosten des Kunden in Form von zeitlichem Aufwand und alternativer Informationssuche. Zudem erhält er Informationen, die gezielt auf seine individuellen Bedürfnisse abgestimmt sind und er kann in direkten Kontakt mit dem Unternehmen treten. Durch diese Wirkungskombination kann in der Folge eine gute Dialogbasis für ein erfolgreiches Kundenbindungsmanagement entstehen.

Event Marketing: Schließlich können auch Event-Marketing-Aktionen als Teilbereich der Kundenbindungsstrategie geplant und umgesetzt werden. Das Event Marketing umfasst die zielgerichtete Planung, Organisation, Inszenierung und Kontrolle von Veranstaltungen oder Ereignissen, die multisensitiv vor Ort meist von ausgewählten Kunden erlebt werden und als Plattform der Unternehmenskommunikation dienen. Mögliche Erscheinungsformen sind beispielsweise Sport- oder Kulturveranstaltungen, Festakte oder ein „Tag der offenen Tür" (*Bruhn* 2015b).

BEISPIEL: Zur Markteinführung des *BMW Alpina B7* veranstaltete das Unternehmen für den amerikanischen Markt ein besonderes Event. So wurden ausgewählte Händler und Endkunden sowie Vertreter der Presse nach Kalifornien eingeladen, um den neuen B7 zu testen. Neben Fahrten auf dem Highway Number One und auf dem Sonoma Raceway, eine Rennstrecke nördlich von San Francisco, konnten sich die Teilnehmer durch Präsentationen über die technischen Besonderheiten von dem neuen Modell überzeugen. Eine Weinverkostung im Napa Valley Resort von ausgesuchten Weinen der renommiertesten kalifornischen Winzer steigerte die Exklusivität des Events (*Alpina* 2010).

3.2 Instrumente der Preispolitik

Im Rahmen des Kundenbindungsmanagements kann auch der Preis als wirkungsvolles Marketinginstrument eingesetzt werden. Es lassen sich folgende **preispolitische Kundenbindungsinstrumente** unterscheiden, wobei in der Praxis häufig mehrere Ansätze kombiniert werden (*Meyer/Oevermann* 1995; *Simon/Tacke/Buchwald* 2005; *Medl* 2006):

■ Rabatt- und Bonussysteme,
■ Verträge und Garantien,
■ Preisdifferenzierungsstrategien.

Rabatt- und Bonussysteme: Diese zwei preispolitischen Instrumente sind in der Unternehmenspraxis relativ häufig anzutreffen, in Deutschland begünstigt durch den Fall des Rabattgesetzes und der Zugabenverordnung im Jahre 2001. Rabattsysteme gewähren dem Kunden finanzielle Vergünstigungen.

BEISPIEL: Die *Adler*-Modemärkte haben sich dem Discount-Gedanken verschrieben. Darauf abgestimmt bietet das Unternehmen seinen Kunden eine Kundenkarte an. Wird beim Modekauf bar bezahlt, erhält der Kunde einen Rabatt von drei Prozent vom Einkaufswert auf einem persönlichen Rabattkonto gutgeschrieben. Bei Vorlage des zugehörigen Kontoauszugs an der Kasse kann das Guthaben bar ausgezahlt oder mit dem nächsten Einkauf verrechnet werden.

Bonussysteme gehen noch einen Schritt weiter. Sie bieten dem Kunden für das wiederholte Zeigen gewünschter Verhaltensweisen gegenüber dem Unternehmen (z. B. Umsatz tätigen, Weiterempfehlungen, Werbung lesen) einen Bonus in Form von Naturalrabatten, z. B. Upgradings, Freiflüge, Sach- oder Geldprämien. Das Ziel ist es, ökonomische Barrieren gegen einen möglichen Wechsel der Geschäftsbeziehung aufzubauen, indem loyale Dauerkunden besser gestellt werden als „sporadische Kunden".

BEISPIEL: Viele Fluggesellschaften bieten Vielfliegerprogramme an, bei denen je nach Flugmeilen verschiedene Boni angeboten werden. Für *Bahncard*-Inhaber gilt etwa, dass ihre Kinder bzw. Enkelkinder im Alter von 6 bis 14 Jahren kostenlos mitfahren können.

Bonusprogramme sind auch im Internet eine gängige Methode zur Kundenbindung. Beispiel hierfür sind unter anderem *bonusNet.de*, *webmiles.de* oder *eCollect.de*.

Garantien und Verträge: Neben den „indirekten Kundenbindungsmaßnahmen", die zum Ziel haben, mehrheitlich über Rabatte und Boni die Kunden freiwillig zu binden, wird häufig auch der direkte Weg über den Abschluss eines langfristigen Kontrakts gewählt. Als Gegenleistung zur langfristigen Bindung des Abnehmers macht der Lieferant i. d. R. Zugeständnisse im preislichen Bereich.

BEISPIEL: Der weltweit tätige Betreiber von Fitnessstudios *FitnessFirst* gewährt seinen Kunden in Abhängigkeit vom Standort, der Kategorie und der Ausstattung des Studios sowie der individuell gewählten Trainingsoption und Laufzeit Preisnachlässe, z. B. variiert der monatliche Mitgliedspreis in einem Studio der Kategorie Lifestyle-Clubs von 44,99 EUR bis 94,99 EUR.

Preisdifferenzierungsstrategien: Des Weiteren kann zur Kundenbindung eine Preisdifferenzierungsstrategie verfolgt werden. Eine spezielle Erscheinungsform der Preisdifferenzierung, die im Rahmen des Kundenbindungsmanagements besondere Relevanz erhält, ist die Methode der **nichtlinearen Preisbildung**. Unter einer nichtlinearen Preisbildung versteht man die Anhebung der einmaligen fixen Eintrittskosten bei gleichzeitiger Ermäßigung der Folgekosten (*Woratschek/Roth/Schmieder* 2005; *Simon/Fassnacht* 2009; *Meinzer* 2013). Dieses preispolitische Instrument kann zu den Maßnahmen der Kundenbindung gezählt werden, da die Methode – beispielsweise im Rahmen der vertraglichen Kundenbindung – dazu führt, dass die Kunden durch den Vorteil der reduzierten Folgekosten in der Zukunft wiederholt das Leistungsangebot des Anbieters in Anspruch nehmen.

BEISPIEL: Die Kundenbindungsstrategie der *Bahn AG* basiert auf der Methode der nichtlinearen Preisbildung. Die Bahnkunden zahlen für den Erwerb einer *BahnCard 50* zweiter Klasse 255 EUR, um die Möglichkeit zu erhalten, alle weiteren Fahrten für die Hälfte der Normalkosten zu beziehen. Rechtlich bindend wird diese Vereinbarung durch einen Vertrag zwischen Unternehmen und Bahnkunde, so dass diese Maßnahme in die Kategorie der vertraglichen Kundenbindung einzuordnen ist. Die nichtlineare Preisabsatzfunktion entsteht folgendermaßen: In Abhängigkeit von der gefahrenen Kilometerzahl besteht eine lineare Preisabsatzfunktion für Kunden mit und ohne *BahnCard.* Der rational handelnde Kunde wird bis zum Schnittpunkt dieser beiden Geraden die Variante „ohne *BahnCard*" wählen. Aufgrund der monetären Vorteile bei den Folgefahrten wird der Kunde ab diesem Schnittpunkt die Variante „mit *BahnCard*" präferieren. Aggregriert man die beiden Preisabsatzfunktionen, ergibt sich eine nichtlineare Preisabsatzfunktion für sämtliche Kunden.

Zusammenfassend bleibt festzuhalten, dass auch preispolitische Instrumente geeignet erscheinen, die Wechselbereitschaft der Kunden zu verringern. Allerdings ist zu beachten, dass ökonomische Anreize der Kundenbindung nicht in der Lage sind, möglicherweise vorhandene Leistungsdefizite der Kernleistung zu kompensieren. Eine langfristige Differenzierungsmöglichkeit im Sinne eines dauerhaften Wettbewerbsvorteils ist durch das ausschließliche Angebot der ökonomischen Kundenbindung somit nicht möglich. Zu beachten ist auch, dass über eine positive Preiswahrnehmung erzeugte Kundenbindung oft nur so lange bestehen bleibt, wie der preispolitische Anreiz aufrechterhalten wird (**„Cold Loyalty"**) (*Hennig-Thurau/Gwinner/Gremmler* 2000; *Siems* 2003, S. 268 f.; *Meffert/Bruhn/Hadwich* 2015, S. 340).

Überlegungen zur Cold Loyalty sind auch im Rahmen der Preispolitik bei der Kundenrückgewinnung zu bedenken. Bei einer fakti-
schen Rückgewinnung sind zwar monetäre Anreize in Form von
Sonderangeboten denkbar. Lässt sich das niedrigere Preisniveau aus
Kostengründen jedoch nicht dauerhaft aufrechterhalten, sind **Preissenkungen** nur kurzfristig eine sinnvolle Option, da bei einer aber-
maligen Preiserhöhung weiterhin mit der Abwanderung zu rechnen
ist. Kann ein Kunde zunächst über Preisreduktionen gehalten werden, ist in jedem Fall der Einsatz weiterer Instrumente anzustreben,
die den Kunden in dieser Zeit auf andere Weise und längerfristig
binden. Dabei ist allerdings auf eine Gleichbehandlung aller Kunden
zu achten. Als langfristige Möglichkeiten kommen bei der Preispolitik dagegen hauptsächlich eine individuellere Gestaltung der Kondi-
tionen oder eine höhere Preistransparenz in Frage (*Michalski* 2002,
S. 206; *Gershoff* 2004).

3.3 Instrumente der Leistungspolitik

Die Grundüberlegung der bisherigen Ausführungen basierte auf der
Annahme, dass Kundenbindung erst auf Basis einer hohen Kundenzufriedenheit entstehen kann. Daher ist es die Hauptaufgabe des
Unternehmens, das Leistungsangebot an den Kundenwünschen auszurichten. Leistungspolitische Kundenbindungsinstrumente haben
folglich bei denjenigen Aspekten anzusetzen, die für die Zufriedenheit der Kunden besonders wichtig sind, d. h., die so genannte
„**Satisfaction Driver**" der Produkte oder Serviceleistungen sind zu
identifizieren, um hier gezielt Maßnahmen ergreifen zu können.
Dies wird in vielen Unternehmen im Rahmen des Qualitätsmanagements umgesetzt. Vor diesem Hintergrund ist es nicht erstaunlich,
dass dem Qualitätsmanagement eine dominante Stellung zur Steigerung der Kundenbindung zukommt (vgl. Kapitel 2, Qualitätsmanagement).

Dies bedeutet jedoch nicht, dass das Angebot eines qualitativ hochwertigen Produktes ausreicht, um Kunden an das Unternehmen zu
binden. Aufgrund der zunehmenden Homogenität der Produkt-
qualitäten ist es vielmehr von Bedeutung, in mindestens einer Zu-
friedenheitsdimension einen wahrgenommenen, dauerhaften Wett-

bewerbsvorteil zu erzielen. Nur so kann eine tragfähige Basis für den Aufbau weiterführender Kundenbindungseffekte geschaffen werden. Ansatzpunkte zum Aufbau dieses Wettbewerbsvorteils und Generierung von Kundenbindung bieten z. B. spezielle Zubehörprogramme, ein besonderes Produktdesign, individualisierte Produktangebote oder besondere technische Standards.

BEISPIEL: Der Automobilhersteller *Fiat* bietet bei dem Modell *Fiat 500* sechs verschiedene Designs der Karosserie in zwei verschiedenen Ausführungen an (Klein: Bedruckung der Türseiten oder Medium: Bedruckung des Dachs, der Motorhaube, der Außenspiegel, der Gürtellinie, des Kofferraums und der Türsäulen), die sich mit der eigentlich gewählten Karosseriefarbe kombinieren lassen. Hierdurch kann sich das Unternehmen vom Angebot der Konkurrenz abheben.

Neben den produktbezogenen können ferner **servicebezogene Maßnahmen** mit dem Ziel der Kundenbindung realisiert werden (*Meyer/Blümelhuber* 2000). Diese Option wird häufig unter dem Oberbegriff Servicemanagement (vgl. Kapitel 3, Servicemanagement) diskutiert. Der Begriff umfasst dabei alle produkt- und personenbezogenen Serviceleistungen, wie z. B. lebenslange Reparaturgarantien, Servicetelefone oder Preisgarantien. *Homburg/Hippen/Beutin* (1998) stellen in diesem Zusammenhang fest, dass sich die Kündigungsrate eines Unternehmens durch die Einführung von Mehrwertdiensten durchschnittlich um ca. 22 Prozent senken lässt.

BEISPIEL: Die *Mercedes Benz AG* bietet für Nutzfahrzeuge die kostenlose *Mercedes Service-Card* an. Mit dieser Karte kann der Fahrer u. a. europaweit bargeldlos tanken, Fähr-, Maut- und Tunnelgebühren bezahlen sowie einen 24-Stunden Pannen- und Notfallservice in Anspruch nehmen (*Mercedes-Benz* 2015).

Falls es gelingt, in Verbindung mit einem kundenorientierten Produktangebot individuelle Serviceleistungen anzubieten, ist ein weiterer Baustein zur Stabilisierung der Geschäftsbeziehung realisiert. So ist beispielsweise im Bankbereich die Erledigung der Bankgeschäfte außerhalb der Öffnungszeiten ein aktuelles Thema. Durch Serviceleistungen, wie 24-Stunden-Telefonbanking, Banking Shops mit verlängerten Öffnungszeiten, 24-Stunden-Service-Chat Angebote, Kundenserviceangebote via *Twitter* oder Online Banking können Beiträge zur Kundenzufriedenheit und Kundenbindung geleistet werden.

BEISPIEL: Die *Deutsche Telekom* twittert seit 2010 unter @Telekom_-hilft und bietet ihren Kunden darüber einen reinen Kundendienstkanal. Mittlerweile hat der Kundendienst über 44.000 Follower und beantwortet Anfragen von Montag bis Samstag in der Zeit von 08:00 bis 22:00 sowie an Sonntagen von 10:00 bis 18:00.

3.4 Instrumente der Vertriebspolitik

Ein aktives Management des Vertriebssystems kann als weitere Maßnahme zur Gestaltung von Kundenzufriedenheit und Kundenbindung herangezogen werden. Aus Unternehmenssicht können dabei mit der handels- und konsumentenbezogenen Vertriebspolitik zwei generelle Ansatzpunkte unterschieden werden. In Bezug auf den Handel steht die Frage im Vordergrund, welche Maßnahmen ergriffen werden können, um die Bereitschaft des Handels zur Umsetzung von Kundenbindungsmaßnahmen zu erhöhen. Die konsumentenbezogenen Aspekte der Vertriebspolitik analysieren hingegen, ob Maßnahmen im Rahmen der Vertriebspolitik die Kundenbindung aktiv unterstützen können.

(1) Handelsgerichtete Kundenbindungsmaßnahmen

Für die Gestaltung eines handelsgerichteten Kundenbindungsmanagements existieren eine Reihe von Instrumenten und Maßnahmen (*Homburg/Werner* 1998). Zwei handelsgerichtete Instrumente, die Bewertung der Handelspartner und das Angebot von Unterstützungsmaßnahmen, nehmen dabei eine besondere Stellung ein.

Bewertung der Handelspartner: Ein aktives, auf Kundenzufriedenheit ausgerichtetes Vertriebsmanagement verlangt vom Hersteller eine fundierte Bewertung der Handelspartner. Somit kann sichergestellt werden, dass der Händler die Mindestanforderungen hinsichtlich der Kundenorientierung erfüllt.

> **BEISPIEL:** Ein Automobilhersteller bewertet seine Händlerorganisation nach verschiedenen Leistungskategorien. Hierzu werden zufällig ausgewählte Kunden des jeweiligen Betriebes zu einer schriftlichen Befragung des Händlers eingeladen. Folgende Fragen werden dabei gestellt:
> – Würden Sie die Werkstatt des Betriebes bei einem Schadensfall wieder besuchen?
> – Würden Sie bei diesem Händler einen Neuwagen oder Gebrauchtwagen kaufen?
> – Würden Sie den Betrieb weiterempfehlen?
> – Würden Sie zusätzliche Services wie den TÜV bei diesem Händler nutzen?

Durch die Ableitung eines Händlerprofils können im Vergleich zu anderen Händlern der *Volkswagen*-Organisation Defizite aufgedeckt und Handlungsbedarf beim entsprechenden Händler konkretisiert werden.

Angebot von händlergerichteten Unterstützungsprogrammen: Ein aktives, zufriedenheitsorientiertes Vertriebsmanagement beinhaltet darüber hinaus das Angebot individueller Händlerunterstützungsprogramme. Die Hilfestellung des Herstellers kann von der Umsetzung der Kundenbindungsmaßnahmen über weiterführende Programme, beispielsweise im Bereich der Regalplatzoptimierung, bis hin zu umfassenden Betriebsführungsprogrammen reichen. Durch die Realisierung derartiger Konzepte wird die Geschäftsbeziehung zwischen Hersteller und Handel langfristig stabilisiert; dies trägt nicht zuletzt zu einer Steigerung der Kooperationsbereitschaft des Handels zur Umsetzung von Kundenbindungskonzepten bei.

> **BEISPIEL:** Der Elektronikhersteller *Konica Minolta* bietet Händlern für sein Druckersortiment ein Partnerprogramm an, das die Händler z. B. mit umsatzabhängigen Rückvergütungssystemen, dem Angebot von Produktbündeln zu einem Vorteilspreis, Marketingmaterial und Schulungen unterstützt. So ist eine Händlerbindung, und durch die Weitergabe der Vorteile an den Endkunden – etwa durch günstige Produktbündel und bessere Beratung – tendenziell auch eine höhere Kundenbindung realisierbar (*Konica Minolta* 2015).

(2) Konsumentenbezogene Kundenbindungsmaßnahmen

Die aktive Gestaltung des Vertriebssystems kann sich ferner direkt auf die Bindung der aktuellen Kunden beziehen. Auch in diesem Bereich können unterschiedliche Maßnahmen, wie z. B. der Einsatz eines Key Account Managements oder des Direkt- bzw. Katalogverkaufs, durchgeführt werden. Der Gebietsschutz sowie das Thema Online-Vertrieb sind in diesem Zusammenhang Instrumente, die zu erheblichen Wechselbarrieren führen können.

Vergabe von Alleinvertriebsrechten: Die Vergabe von Alleinvertriebsrechten für eine größere Region kann eine starke kundenbindende Wirkung erzielen, da der entsprechende Händler dadurch über einen Standortvorteil verfügt. In dieser Situation kann der Fall eintreten, dass der Kunde aufgrund vorhandener räumlicher Barrieren die identische Einkaufsstättenwahl trifft, obwohl er mit der Leistung des Händlers eher unzufrieden ist. Ökonomische Wechselkosten in Form von Aufwand, Zeit oder Mühe können hierfür ausschlaggebend sein.

BEISPIEL: Ein Kunde, der – durch Kommunikationsmaßnahmen des Herstellers stimuliert – Präferenzen für eine bestimmte Fahrradmarke entwickelt hat, findet ein Alleinvertriebsrecht eines Händlers in seinem Wohnort vor. Hat der potenzielle Käufer bereits negative Erfahrungen bei diesem speziellen Fahrradhändler gesammelt (eventuell bei der Reparatur seines alten Fahrrades), so wägt er ab, ob er die Zeit und Mühe in Kauf nehmen möchte, um einen anderen Vertragshändler dieser Marke, eventuell in einem anderen Ort, aufzusuchen. In dieser Situation ist es möglich, dass der Kunde aufgrund der ihm subjektiv zu hoch erscheinenden Wechselkosten den Fahrradkauf bei dem Vertragshändler an seinem Wohnort tätigt, obwohl er in der Vergangenheit eher negative Erfahrungen gesammelt hat.

Online-Vertrieb: Ein vertriebsbezogenes Instrument der Kundenbindung, das eine hohe Bedeutungszunahme erfährt, ist der Online-Vertrieb. Für Unternehmen, die aufgrund ihres indirekten Vertriebskanals nicht direkt mit dem Kunden in Beziehung stehen, bietet dieses Instrument einen neuen Ansatzpunkt zur Steigerung von Kundenzufriedenheit und Kundenbindung (*Bruhn* 2014b).

> **BEISPIEL:** Neben dem Kataloggeschäft sowie dem Direktvertrieb bietet die Modekette *H&M* seit einigen Jahren erfolgreich einen Online-Shop an. Hier können Kunden das gesamte Sortiment erwerben, wobei bei der Bestellung über die Internetseite für den Versand ein Pauschalbetrag, unabhängig von der Menge und der Größe der bestellten Produkte, erhoben wird. Der Online-Vertrieb von *H&M* zählt mittlerweile deutschlandweit zu den zehn umsatzstärksten Online-Shops (*ecommerce* 2015).

Neben der Online-Bestellung von leicht transportfähigen Warensendungen, wie Büchern (z. B. amazon.de; buecher.de), Kleidung (z. B. otto.de; albamoda.de; bader.de) usw., entstehen in jüngster Zeit auch Online-Shopping-Projekte im Lebensmitteleinzelhandel.

> **BEISPIEL:** Unter der Internetadresse http://www.coopathome.ch// (*Coop* 2015) bietet die Schweizer Supermarktkette *Coop* ihren Kunden die Möglichkeit, Produkte online zu bestellen. Im Sortiment finden sich dabei neben Lebensmitteln und Backwaren auch Mobiltelefone oder Bücher. Die Lieferung erfolgt auf vereinbarten Termin und ist ab einem Bestellwert von 500 CHF versandkostenfrei.

Die dargestellten Instrumente zeigen die zahlreichen Möglichkeiten innerhalb des Marketingmix, die Kundenbindung und Rückgewinnung zu unterstützen. Für die Erarbeitung eines erfolgreichen Maßnahmenpaketes wird es darauf ankommen, aus dem isolierten Set der Möglichkeiten jene Instrumente auszuwählen, die für die individuelle Kundenstruktur geeignet sind. Allerdings sind die einzelnen Maßnahmen nicht isoliert zu betrachten, sondern im Rahmen eines **integrierten Kundenbindungsmanagements** zu erarbeiten, einzusetzen und zu kontrollieren.

3.5 Integriertes Kundenbindungsmanagement

Die hier vorgenommene Darstellung verschiedener Instrumente der Kundenbindung ist weder vollständig, noch impliziert sie, dass durch den isolierten Einsatz eines dieser Instrumente das Ziel der Kundenbindung erreicht werden kann. Vielmehr ist ein aufeinander abgestimmter, kombinierter Einsatz von mehreren Maßnahmen vorzunehmen. Der **Begriff des integrierten Kundenbindungsmanagements** bezeichnet einen Koordinationsprozess, der darauf ausgerichtet ist, aus den einzelnen, isolierten kommunikations-, preis-, leistungs- und vertriebsbezogenen Maßnahmen der Kundenbindung eine Einheit herzustellen, die in der Lage ist, den Kunden in verschiedenen Situationen seiner Geschäftsbeziehung an das Unternehmen zu binden.

Allerdings ist der Integrationsgedanke in der Unternehmenspraxis noch nicht so weit umgesetzt, dass von einem ganzheitlichen Integrationskonzept gesprochen werden kann. Es existieren häufig nur erste Ansatzpunkte der Koordination von Kundenbindungsmaßnahmen. Kundenclubs können als erster Schritt in die Richtung einer integrierten Kundenbindungsstrategie gesehen werden, da hier der Versuch unternommen wird, die einzelnen (leistungs-, preis-, kommunikations- sowie vertriebsspolitischen) Instrumente aufeinander abzustimmen. **Schaubild 4–9** zeigt beispielhaft ein integriertes Kundenbindungskonzept von *Maggi*.

BEISPIEL: Unter dem Dach des *Maggi*-Kochstudios sind beim *Nestlé*-Konzern fünf Kundenbindungsinstrumente vereint:

– Die Verbraucherberatung per Telefon, E-Mail oder via Social Media-Plattformen wie *Facebook* wird von Ökotrophologen und Hauswirtschafterinnen geführt. Dieser Kanal dient zur Produktauskunft, gibt aber auch Informationen an den Marketingbereich zurück, die zur Produktentwicklung und -anwendung genutzt werden.

– Der Rezeptservice besteht in der Herausgabe zweier umfangreicher Kochbücher sowie von Mini-Kochbüchern und Rezeptbroschüren. Ferner werden Einkaufszettel für die präsentierten Gerichte zur Verfügung gestellt.

– Das Ziel des *Maggi Kochstudio*-Treffs, der mittlerweile in mehreren deutschen Metropolen eingerichtet wurde, besteht in dem Aufbau einer Markenerlebniswelt, die Beratung, Neuprodukt-Verkostung, Suppenbar und Shop kombiniert. Darüber hinaus haben die Kochstudios einen eigenen *YouTube*-Kanal, auf dem kontinuierlich Koch-Videos sowie Informations-Videos hochgeladen werden. Die Besucher können Rezeptvideos ansehen oder sich durch Kommentare aktiv beteiligen und gegenseitig austauschen.

- Die *Maggi*-Homepage bietet eine Datenbank mit zahlreichen Rezeptvorschlägen. Im passwortgeschützten Bereich „Mein Kochbuch" ist es zudem möglich, favorisierte Rezepte abzulegen und sich eine Einkaufsliste für das gewünschte *Maggi*-Rezept erstellen zu lassen. Darüber hinaus gehören ein virtuelles Kochstudio, ein Newsletter sowie ein Online-Shop zum Funktionsumfang des Internetangebots.
- *Maggi* ist neben der eigenen Homepage auch auf Social Media-Plattformen vertreten. So hat Maggi beispielsweise eine *Pinterest*-Seite, auf der Rezeptideen veröffentlicht und diskutiert werden.

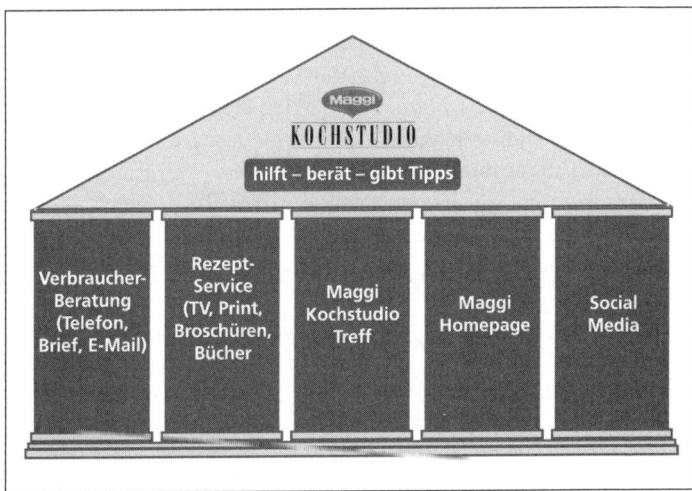

Schaubild 4–9: Kundenbindungskonzept der Marke *Maggi* (Quelle: in Anlehnung an *Peters/Esch/Michel* 2009, S. 841)

Neben dieser Form der Integration, die darauf abzielt, die verschiedenen Instrumente miteinander zu verbinden, gibt es noch weitere **Anforderungen an eine erfolgreiche Integration.** In Bezug auf die Instrumente der Integration ist es wichtig zu entscheiden, ob die jeweiligen Instrumente einen besonders hohen Bindungsanreiz aufweisen. Weiterhin sollten die einzelnen Maßnahmen der Kundenbindung thematisch aufeinander abgestimmt sein, um ein in sich geschlossenes Konzept zu entwickeln, beispielsweise in der Form, dass die Kundenzeitschrift eines Automobilherstellers das Thema

„Fahren im Winter" als Titelthema aufgreift und gleichzeitig im Rahmen einer Direct-Mail-Aktion eine ähnliche Thematik behandelt wird. Die Kundenbindungsinstrumente sind auf den verschiedenen Marktstufen aufeinander abzustimmen, um einen hohen Bindungserfolg zu erzielen.

4. Kontrolle des Kundenbindungsmanagements

Jede Investition eines Unternehmens in die Beziehung zum Kunden ist eine Zukunftsinvestition, die in der Regel erst nach einigen Jahren erfolgswirksam wird. Von zentraler Bedeutung ist es, die getätigten Investitionen laufend zu überwachen, um Veränderungen hinsichtlich der Kundenorientierung eines Unternehmens rechtzeitig zu erkennen und das eigene Verhalten darauf abzustimmen. Da die Hauptaufgabe der Kundenbindung als Bestandteil einer langfristigen, strategischen Zielplanung darin besteht, die ökonomischen Zielgrößen auf lange Sicht positiv zu beeinflussen, kann der Erfolg des Kundenbindungsmanagements nicht anhand kurzfristiger, rein klassischer ökonomischer Erfolgsgrößen, wie dem ROI, Marktanteil oder Umsatz, beurteilt werden. Vielmehr sind, im Sinne eines strategischen Controlling, zusätzliche **vorökonomische und ökonomische Erfolgsmaßstäbe** zur Beurteilung des Kundenbindungsmanagements heranzuziehen (*Bruhn/Georgi* 2013; *Kaufmanns* 2014). Im Rahmen der vorökonomischen Wirkungskontrolle bietet es sich an, als qualitative Beurteilungskriterien der Kundenbeziehung auf die Messung der Kundenzufriedenheit und Kundenbindung sowie -rückgewinnung zurückzugreifen.

Ein erster Schritt bei der Bewertung des Kundenbindungsmanagements besteht darin, Informationen über den augenblicklichen Ist-Zustand der Kundenbefindlichkeiten zu sammeln. Hierzu kann eine Messung der Kundenzufriedenheit und Kundenbindung erfolgen. Aus den Ergebnissen lässt sich ein Ursache-Wirkungs-Zusammenhang zwischen Kundenzufriedenheit und Kundenbindung ableiten, der die Grundlage für die Gestaltung zukünftiger Kundenbindungsmaßnahmen bildet (*Reichheld* 1993, S. 111). Die systematische, regelmäßige und differenzierte **Messung der Kundenzufriedenheit** steht folglich als qualitativer Leistungsindikator im Mittelpunkt des Strategischen Controlling und zählt zu einer der zentralen Aufgaben der betrieblichen Marktforschung. Bei der **Durchführung der Kundenzufriedenheitsmessung** können vier Phasen unterschieden werden (*Homburg/Werner* 1998; *Hörner* 2006):

(1) Erarbeitung des Erhebungsdesigns,

(2) Durchführung eines Pretests,

(3) Durchführung der Befragung,

(4) Datenanalyse.

In der **ersten Phase** werden alle grundsätzlichen, konzeptionellen Details der beabsichtigten Kundenzufriedenheitsmessung erarbeitet **(Erhebungsdesign).** Hierunter wird z.B. die Festlegung der Zielgruppe, der Stichprobengröße oder der Befragungsinhalte verstanden. In Bezug auf die Inhalte der Befragung wird in der Unternehmenspraxis häufig die Ebene der Globalzufriedenheit sowie die Ebene einzelner Teilzufriedenheiten unterschieden (*Homburg/Faßnacht/Werner* 2000; *Oliver* 2010). Die Indikatoren zur Erhebung der Kundenzufriedenheit sind in **Schaubild 4–10** dargestellt.

Themenkomplex	Oberthema/Konstrukt	Einzelfrage
Kontakt	Branchen- bzw. Unternehmenskontext	„Sind Sie bei einem Anbieter dieser Branche Kunde? Wenn ja: Bei welchem Anbieter sind Sie hauptsächlich Kunde?"
Kunden-zufriedenheit	Globalzufriedenheit	„Mit der Leistung von XY bin ich insgesamt zufrieden."
	Erwartungsabgleich	„Die Leistung von XY hat die Erwartungen, die ich vor der Inanspruchnahme hatte, erfüllt."
	Idealvorstellung	„Die Leistung von XY kommt meiner Idealvorstellung in dieser Produktkategorie nahe."

Schaubild 4–10: Fragen im Rahmen von Kundenzufriedenheitsanalysen (Quelle: in Anlehnung an *Homburg/Koschate/Hoyer* 2005; *Bruhn* 2016b, S. 295)

In der **zweiten Phase** wird der gewählte Messansatz einer Überprüfung unterzogen. Hierzu eignet sich ein **Pretest** bei einer ausgewählten Anzahl von Kunden. Dieser bietet die Möglichkeit, die Verständlichkeit, Eindeutigkeit und Überschneidungsfreiheit der Kundenzufriedenheitsfragen zu kontrollieren, die Beantwortungszeit zu testen sowie die Abfolge der Fragen nochmals zu prüfen. Darauf aufbauend können noch Anpassungen der Messkonzeption vorgenommen werden.

Die **Durchführung der Kundenzufriedenheitsstudie** innerhalb der gesamten Stichprobe kennzeichnet die **dritte Phase**. In der Unternehmenspraxis werden dabei häufig externe Dienstleister, z. B. Marktforschungsinstitute, Managementberatungen oder auch Hochschulen integriert, die die Feldarbeit oder betreuende Dienstleistungen übernehmen.

In der **vierten Phase** der Kundenzufriedenheitsmessung werden die erhobenen **Daten analysiert und ausgewertet**. Notwendiger Handlungsbedarf kann somit abgeleitet und Maßnahmen zur Steigerung der Kundenzufriedenheit ergriffen werden.

Ein hohes Zufriedenheitsniveau allein ist jedoch nicht ausreichend, um den Erfolg des Kundenbindungsmanagements beurteilen zu können. Erst wenn sich neben der Kundenzufriedenheit auch die Kundenbindung positiv entwickelt, ist eine aussagekräftige Tendenz hinsichtlich der Effektivität des Kundenbindungsmanagements erkennbar.

Das Konstrukt Kundenbindung kann in die zwei Dimensionen „Verhaltensabsicht" und „tatsächliches Kaufverhalten" unterteilt werden (vgl. auch **Schaubild 4–2**). Entsprechend werden zur Kontrolle der Effektivität des Kundenbindungsmanagements auch zwei unterschiedliche Messgrößen herangezogen (*Homburg/Fürst* 2010, S. 559):

Analyse des beabsichtigten Kaufverhaltens

Das beabsichtigte Kaufverhalten kann mit Hilfe folgender **Indikatoren** untersucht werden:

(1) Wiederkaufabsicht,

(2) Cross-Buying-Absicht,

(3) Weiterempfehlungsabsicht,

(4) Preiserhöhungstoleranz.

Themenkomplex	Oberthema/Konstrukt	Einzelfrage
	Wiederkaufabsicht	„Werden Sie bei Bedarf bei diesem Anbieter Leistungen nachfragen?"
	Cross-Buying-Absicht	„Werden Sie über die bisherigen Leistungen hinaus noch andere Leistungen dieses Anbieters nutzen?"
Kundenbindung	Weiterempfehlungs-absicht	„Werden Sie diesen Anbieter an Freunde oder Bekannte weiterempfehlen?"
	Preiserhöhungstoleranz	„Angenommen, das Unternehmen XY erhöht seine Preise, aber die übrigen Anbieter behalten das alte Preisniveau bei. Um wie viel müsste das Unternehmen XY seine Preise erhöhen, bis Sie einen anderen Anbieter wählen würden?"

Schaubild 4–11: Fragen im Rahmen von Kundenbindungsanalysen (Quelle: in Anlehnung an *Homburg/Fürst* 2010, S. 608)

Die Vorgehensweise bei der Messung entspricht den vorgestellten vier Phasen bei der Messung der Kundenzufriedenheit. Die Indikatoren zur Erhebung des beabsichtigten Kaufverhaltens können durch die in **Schaubild 4–11** dargestellten Fragen erfasst werden.

Analyse des tatsächlichen Kaufverhaltens

Die Messung der Dimension der Kundenbindung, die sich auf das tatsächliche Verhalten bezieht, basiert dabei auf objektiven Verfahren, die nicht durch subjektive Wahrnehmung der Kunden verzerrt werden. Der Einsatz von Messindikatoren, die sich am tatsächlichen, beobachtbaren Verhalten der Kunden orientieren, sind zur fundierten Beurteilung der Erfolgswirksamkeit des Kundenbindungsmanagements unverzichtbar und auch bei langlebigen Produkten zu erheben (*Brusa* 1995). Den folgenden **Messindikatoren** kommt dabei eine besondere Bedeutung zu:

(1) Wiederkauf,

(2) Cross-Buying,

(3) Weiterempfehlungen,

(4) Preiserhöhungstoleranz.

Wiederkauf: Die Wiederkaufrate analysiert den Anteil der tatsächlichen Wiederkäufe von aktuellen Kunden am Gesamtumsatz des Unternehmens in einem festgelegten Zeitraum. Während im Konsumgüter- und Dienstleistungsbereich ein repräsentatives Haushaltspanel geeignet ist, die Wiederkaufrate zu erheben, kann im Industriegütermarketing (aufgrund der tendenziell geringeren Kundenanzahl) bereits eine fundierte Analyse der internen Kundendatenbank ausreichend sein (*Brusa* 1995, S. 20). Die Auswertung der erhobenen Wiederkaufraten kann ferner dazu dienen, eine Segmentierung des Kundenstamms nach Neu- bzw. Stammkunden vorzunehmen, beispielsweise um auf dieser Basis eine fundierte Entscheidung zur Budgetallokation treffen zu können (*Blattberg/ Deighton* 1996, S. 142).

BEISPIEL: Angenommen, ein Spülmittel erreichte 2015 eine Wiederkaufrate von 35 Prozent. Der Umsatzanteil der Wiederkäufer am Gesamtumsatz betrug dabei insgesamt 68 Prozent. Auf Neukunden entfielen entsprechend 32 Prozent des Gesamtumsatzes. Die Folge einer Abwanderung von 5 Prozent dieser gebundenen Kunden würde einer Umsatzeinbuße von ca. 10 Prozent entsprechen.

Weiterempfehlungen und Cross-Buying: Weitere Anhaltspunkte zur Erfolgswirksamkeit der Kundenbindung können die Analyse der aufgrund realer Weiterempfehlungen getätigten Umsätze und der tatsächliche Cross-Buying-Anteil der aktuellen Kunden geben. Der Anteil der Neukunden, die auf Empfehlungen von „Altkunden" verweisen, ist ein Indikator für Weiterempfehlungen im Kundenkreis. Die getätigten Zusatzkäufe im Verhältnis zum Gesamtumsatz (Cross-Buying-Anteil) beim jeweiligen Unternehmen kann mit Hilfe der Kundendatei ermittelt werden.

Preiserhöhungstoleranz: Durch Loyalität gebundene Kunden haben aufgrund des Vertrauens zu und der Identifikation mit ihrem Anbieter eine geringere Abwanderungswahrscheinlichkeit. Die Preiserhöhungstoleranz umfasst die geringere Sensitivität gegenüber Preiserhöhungen, die aus diesen Bindungsfaktoren resultiert. Sie kann beispielsweise gemeinsam mit der Erhebung weiterer Verhaltensmerkmale der Kundenbindung gemessen werden und zu dieser, z. B.

143

mit Hilfe einer Regressionsanalyse, in Bezug gesetzt werden. Je steiler die Regression zwischen Kundenbindung und Wiederkaufabsicht bei höherem Preis ausfällt, desto höher ist die Preiserhöhungstoleranz einzuschätzen.

Ein in der Praxis etablierter Ansatz zur Kontrolle des Kundenbindungsmanagements ist der so genannte **Net Promoter Score** (*Reichheld* 2003). Dieser erhebt nicht – wie vielfach genannt – die Kundenzufriedenheit, sondern die Weiterempfehlungsabsicht der Kunden. Im Rahmen des Net Promoter Score (NPS) werden Kunden auf einer 10er-Skala gebeten, die folgende Frage zu beantworten: „Wie wahrscheinlich ist es, dass Sie Unternehmen XY einem Freund oder Kollegen weiterempfehlen werden?" Bei der Berechnung des NPS werden die Antworten auf der Skala bei 9 und 10 als „Promotoren" gewertet (die das Unternehmen auf jeden Fall weiterempfehlen), die Antworten bei 7 und 8 als „Indifferente" (sie werden weder positiv noch negativ eine Weiterempfehlung aussprechen) und die Antworten 6 bis 0 als „Kritiker" (sie werden sich nicht positiv äußern). Der NPS ergibt sich aus der Differenz zwischen den Promotoren und den Kritikern, wie in **Schaubild 4–12** dargestellt. Der Vorteil des NPS und dessen Attraktivität für Unternehmen liegt vor allem in der Einfachheit der Erhebung sowie Analyse. Methodisch hingegen weist der NPS deutliche Nachteile auf. So ist auf die willkürliche Dreiteilung der Kunden hinzuweisen sowie die Beschränkung auf lediglich eine Dimension der Kundenbindung. Diese Schwächen gegenüber anderen Instrumenten zur Analyse des Kundenbindungsmanagement konnten in verschiedenen Studien bestätigt werden (*Keiningham et al.* 2007b).

Die Kontrolle des Kundenbindungsmanagements ist von zentraler Bedeutung und ist regelmäßig durchzuführen. In der Unternehmenspraxis sind in diesem Bereich jedoch noch erhebliche Defizite festzustellen. So zeigt das Ergebnis einer Studie im Bankenbereich, dass nur ein bis zwei Prozent der Kunden mehrere Produkte aus unterschiedlichen Produktsegmenten in Anspruch nehmen. Hieraus lässt sich zum einen ableiten, dass Cross-Selling-Potenziale nur in sehr geringem Maße ausgeschöpft werden. Es zeigt sich aber auch, dass Banken entsprechende Instrumente nicht gezielt einset-

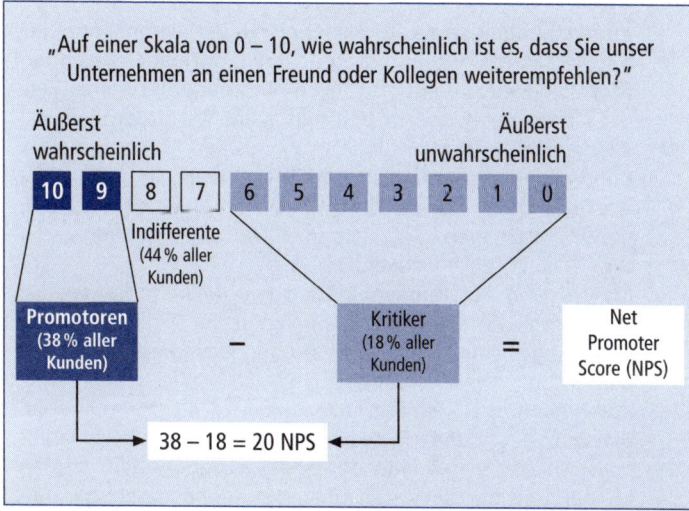

Schaubild 4–12: Berechnung des Net Promoter Score (Quelle: *Bruhn* 2013a, S. 259)

zen. Nach anfänglich breit ausgerichteten Maßnahmen ist es beispielsweise ratsam, sich auf für Cross-Selling empfängliche Kunden zu fokussieren. Ebenso wie in einem diesbezüglichen Controlling besteht ein weiterer Erfolgsfaktor des Kundenbindungsmanagements in der darüber hinausgehenden Analyse des anzunehmenden Bedarfs der Kunden (z. B. Leistungen, die zu den vom Kunden in Anspruch genommenen Kernleistungen passen), die über ein hohes Potenzial verfügen (*Beutin/Klenk* 2005).

Zusammenfassung

Die folgenden zehn Merkpunkte können eine Hilfestellung für die Erarbeitung der verschiedenen Bausteine eines Kundenbindungsmanagements geben:

(1) **Ziele der Kundenbindung im Unternehmen verankern:** Stellen Sie sicher, dass die Ziele der Kundenzufriedenheit und Kundenbindung in Ihrem Unternehmen eine zentrale Stellung einnehmen und von den Mitarbeitenden akzeptiert werden.

(2) **Kundenbindungsziele auf allen Ebenen definieren:** Formulieren Sie ökonomische, psychografische, informationsorientierte, wettbewerbsorientierte sowie mitarbeiterbezogene Ziele der Kundenbindung auf den verschiedenen Unternehmensebenen möglichst operational.

(3) **Kundenbindungsstrategie erarbeiten:** Erarbeiten Sie eine Strategie der Kundenbindung, in der die relevanten Dimensionen (Wer, Wen, Wie, Warum, Wie oft und Wann, mit Wem?) verbindlich festgelegt werden.

(4) **Maßnahmen der Kundenbindung koordinieren:** Sorgen Sie dafür, dass die einzelnen Maßnahmen der Kundenbindung aufeinander abgestimmt sind und der Strategie des Kundenbindungsmanagements folgen.

(5) **Kundendatenbank einführen:** Kümmern Sie sich intensiv um den Aufbau und die Pflege einer umfassenden Kundendatenbank, in der alle Kundendaten aktuell abgerufen werden können und für die Maßnahmen der Kundenbindung kontinuierlich nutzbar sind.

(6) **Kundenzufriedenheitsanalysen durchführen:** Zur Kontrolle der Kundenbindung können zahlreiche Indikatoren erhoben werden. Führen Sie daher kontinuierliche Befragungen insbesondere in Bezug auf Kundenzufriedenheit und die Absichten zum Wiederkauf, Cross-Buying und Weiterempfehlung durch.

(7) **Ursachen der Kundenabwanderung analysieren:** Ermitteln Sie Ursachen für die Abwanderung von Kunden, erkennen Sie gefährdete Kundenbeziehungen und leiten Sie Maßnahmen zur Reaktivierung dieser Kunden ab.

(8) **Verhaltensabsicht der Kunden erfragen:** Erheben Sie im Rahmen von Kundenbefragungen regelmäßig die Wiederkauf-, Cross-Buying- und Weiterempfehlungsabsicht Ihrer Kunden.

(9) **Tatsächliches Kaufverhalten analysieren:** Kontrollieren Sie permanent die Ziele der Kundenbindung anhand des realen Kaufverhaltens und setzen Sie diese Ergebnisse mit den erhobenen Absichtserklärungen der Kunden in Beziehung.

(10) **Kundenbezogene Erfolgsgrößen erfassen:** Erarbeiten Sie in Zusammenarbeit mit Mitarbeitenden aus dem Rechnungswesen ein System, um kundenbezogene Erfolgsgrößen wie Kundenzufriedenheit und Kundenbindung messbar zu machen.

5. Kapitel

Beschwerdemanagement

1. Grundlagen des Beschwerdemanagements

Nachdem ein Kunde gewonnen wurde, kann sich die Beziehung zum Unternehmen in Abhängigkeit der **Kundenzufriedenheit** oder **-unzufriedenheit** in zwei gegenläufige Richtungen entwickeln. Gelingt es dem Unternehmen, den Kunden nachhaltig zufriedenzustellen, steigt mit zunehmender Dauer der Kundenbeziehung die Stärke der Kundenbeziehung und es erfolgt eine Entwicklung vom Kunden zum Klienten, vom Klienten zum Sympathisanten und schließlich – im Idealfall – zum „Enthusiasten" (vgl. **Schaubild 5–1**). Der Enthusiast nimmt sämtliche Leistungen des Unternehmens in hohem Maße in Anspruch, berücksichtigt keine Konkurrenzangebote und empfiehlt das Unternehmen häufig an Freunde oder Bekannte weiter.

Entwickelt sich jedoch die Kundenbeziehung in entgegengesetzte Richtung, ist es im Extremfall möglich, dass der Kunde zum „Terroristen" bezüglich des Unternehmens wird, indem er dem Unternehmen vor der Abwanderung – beispielsweise durch häufige Reklamation – Kosten verursacht und während oder nach der Abwanderung potenziellen sowie aktuellen Kunden vom Unternehmen abrät (*Bruhn* 2016b). Entsprechende Zusammenhänge sind in **Schaubild 5–1** dargestellt.

Häufig zeigt sich erst, wenn sich die Kundenbeziehung nicht idealtypisch entwickelt, ob ein Unternehmen als kundenorientiert bezeichnet werden kann, beispielsweise in Situationen, in denen ein

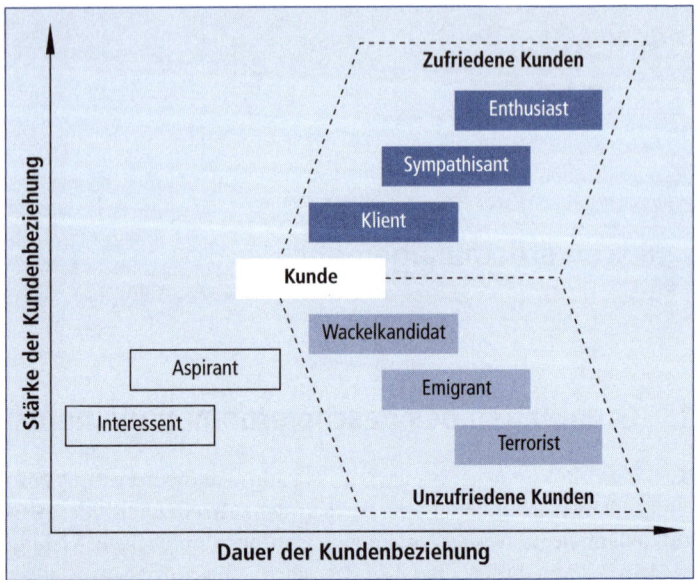

Schaubild 5–1: Phasen einer Kundenbeziehung (Quelle: *Bruhn* 2016b, S. 7)

unzufriedener Kunde versucht, seinen Unmut in Form einer Beschwerde zu artikulieren. Gemäß dem in der Praxis oft artikulierten Leitsatz „Eine Beschwerde ist ein Geschenk" zeigen Beschwerden nicht nur dem Unternehmen Schwachstellen seiner Leistungserstellung auf. Studien zeigen darüber hinaus, dass ein sich beschwerender Kunde meist den Wunsch hat, bei seinem aktuellen Anbieter zu verbleiben, während ein großer Teil der Kunden, die sich nicht beschweren, ohne Beschwerde abwandert und zusätzlich oft seine Unzufriedenheit in Form von Kaufwarnungen weitergibt (*Bender* 2005). Folglich kann ein Kunde, der seine Beschwerde artikuliert, im Allgemeinen mit einem deutlich geringeren Kostenaufwand wieder an das Unternehmen gebunden werden, als einen neuen Kunden zu akquirieren oder einen bereits abgewanderten Kunden zurückzugewinnen ist. Gelingt es dem Unternehmen, das artikulierte Problem inhaltlich sowie in einer akzeptablen Zeitspanne zu lösen, kann häufig die Kundenzufriedenheit wiederhergestellt und die Geschäftsbeziehung stabilisiert werden. Ein aktives Beschwerdemanagement kann insofern einen wesentlichen Beitrag zur Steigerung der Kundenorientierung eines Unternehmens leisten (*Jeschke* 1997; *Stauss/Seidel* 2014). *Stauss/Seidel* (2014, S. 6) bezeichnen das Beschwerdemanagement als Kern des Kundenbindungsmanagements angesichts der zunehmend homogenen Angebotslandschaft. **Schaubild 5–2** verdeutlicht den Zusammenhang von Kundenorientierung und Beschwerdemanagement im Überblick.

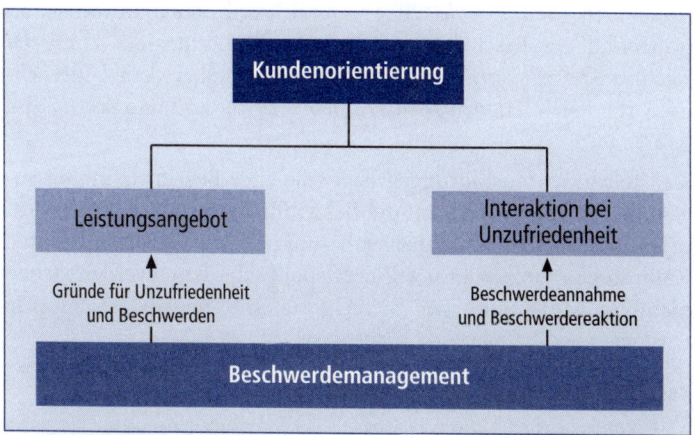

Schaubild 5–2: Zusammenhang von Kundenorientierung und Beschwerdemanagement

Angesichts dieser sowohl in der Wissenschaft als auch in der Praxis akzeptierten Zusammenhänge ist es umso erstaunlicher, dass die Einführung eines Beschwerdemanagements in der Unternehmenspraxis sich noch nicht als Standard etabliert hat (*Stauss* 2013).

BEISPIEL: Im Rahmen einer Studie für das Finanzmagazin €uro wurden Bankkunden nach ihrer Servicezufriedenheit befragt. Die Ergebnisse der Studie zeigen, dass weniger als 30 Prozent der Befragten mit dem Beschwerdemanagement ihrer Bank bzw. mit der Reaktion, die sie auf ihre Beschwerde erhielten, zufrieden sind (*Euro* 2011).

Vor diesem Hintergrund gilt es, die Ziele, Aufgaben, Teilprozesse und Maßnahmen des Beschwerdemanagements näher zu betrachten.

Dem Beschwerdebegriff liegt in der Literatur kein einheitliches Verständnis zugrunde (*Hoffmann* 1991; *Hansen/Jeschke/Schöber* 1995). Mehrheitlich werden unter dem **Beschwerdebegriff** sämtliche Unzufriedenheitsäußerungen von Kunden oder sonstigen Anspruchsgruppen im Hinblick auf die Markttätigkeit des Unternehmens verstanden (*Stauss/Seidel* 2014, S. 27 ff.). Die **Reklamation** ist als Sonderfall der Beschwerde zu betrachten, aus der ein konkreter Rechtsanspruch des Beschwerdeführers gegenüber dem Unternehmen resultiert (*Hansen/Jeschke/Schöber* 1995, S. 77; *Asdecker* 2014, S. 27).

Den folgenden Ausführungen liegt eine enge Begriffsdefinition zugrunde, die sich primär auf die Behandlung produkt- und serviceorientierter Unzufriedenheitsäußerungen von Kunden richtet. Kommunikations- oder gesellschaftspolitische Beschwerden stehen nicht im Mittelpunkt der Betrachtung. Der **Begriff Beschwerde** wird wie folgt definiert:

Beschwerden

sind Artikulationen der Unzufriedenheit von Konsumenten, die gegenüber einem Unternehmen vorgebracht werden, wenn der Kunde die wahrgenommenen Probleme subjektiv als gravierend betrachtet.

Auf diesem Verständnis aufbauend lassen sich unter dem Begriff **Beschwerdemanagement** sämtliche Maßnahmen der Analyse, Planung, Durchführung und Kontrolle verstehen, die ein Unternehmen im Zusammenhang mit Beschwerden von Kunden oder sonstigen Anspruchsgruppen ergreift (*Meffert/Bruhn/Hadwich* 2015). Es handelt sich folglich beim Beschwerdemanagement um einen aktiven Prozess des Unternehmens zur zielgerichteten Gestaltung der Kundenbeziehung und Erhöhung der Kundenzufriedenheit und -bindung.

Homburg/Fürst (2010) sowie *van Varenbergh/Lariviére/Vermeir* (2012) weisen in einer empirischen Studie den positiven Einfluss der Beschwerdezufriedenheit auf die Gesamtzufriedenheit der Kunden nach. Die Beschwerdezufriedenheit wiederum wird von der Qualität der Gestaltung der Beschwerdebehandlung bestimmt. Diese Ergebnisse bekräftigen das Ziel eines aktiven Beschwerdemanagements, auf artikulierte Unzufriedenheit so zu reagieren, dass diese abgebaut bzw. nach Abschluss des Beschwerdemanagementprozesses die Kundenzufriedenheit wiederhergestellt ist. Die Wiederherstellung von Kundenzufriedenheit steht wiederum unmittelbar mit dem Ziel der Steigerung der Kundenbindung in Zusammenhang.

> **BEISPIEL:** In einer Studie von *Bain&Company* im Bereich Retail Banking wird deutlich, dass, abgesehen von Preisnachlässen, das Beschwerdemanagement sowie eine Kundenhotline die aus Kundensicht wichtigsten – und damit wirksamsten – Instrumente der Kundenbindung sind (*Huber/Wisskirchen* 2005, S. 59).

Ergebnisse aus dem Schweizer Kundenbarometer zeigen in diesem Zusammenhang deutlich, dass wesentliche Unterschiede in den Kundenzufriedenheits- und -bindungsindizes der Beschwerdeführer sowie Nicht-Beschwerdeführer bestehen (*Bruhn* 1998a). Kunden, die sich bei einem Mangel beschweren, weisen wesentlich höhere Kundenzufriedenheits- und -bindungswerte auf (Index von 80,7 und 85,0) als Kunden, die sich nicht beschweren (Index von 74,6 und 81,2). Dies lässt den Schluss zu, dass durch ein aktives Beschwerdemanagement bzw. eine adäquate Reaktion auf Beschwerden eine deutliche Verbesserung der Kundenzufriedenheit und -bindung erreicht werden kann. Ein derartiges Ergebnis konnte, mehr oder weniger ausgeprägt, in sämtlichen Branchen festgestellt werden. Insgesamt wurden im Schweizer Kundenbarometer 20 Dienstleistungsbranchen untersucht. Angesichts dieser eindeutigen Ergebnisse ist eine noch stärkere Integration des Beschwerdemanagements in der Unternehmenspraxis notwendig. Weiterhin ist anzunehmen, dass ein Kunde, der den Aufwand einer Beschwerde betreibt und nach einem Beschwerdeanlass nicht sofort abwandert, grundsätzlich den Wunsch hat, bei seinem Anbieter zu verbleiben. In diesem Zusammenhang wurde bereits mehrfach das so genannte „**Beschwerdepa-**

radoxon" nachgewiesen, das besagt, dass Kunden nach einer Beschwerde, die zu ihrer Zufriedenheit bearbeitet wurde, zufriedener sind, als sie zuvor ohne das Auftreten des Beschwerdegrundes waren (*Stauss* 2013, S. 406 ff.).

> **BEISPIEL:** Die Ergebnisse des Kundenmonitors Deutschland (*Servicebarometer* 2010) zeigen am Beispiel der Online-Shopping-Portale, dass Beschwerdeführer, die mit der unternehmerischen Antwort vollkommen zufrieden waren, sogar höhere Zufriedenheitswerte aufwiesen als Kunden, die keine Beschwerde hatten. Dieses Phänomen ist mittels des beschriebenen Beschwerdeparadoxon ("recovery paradox") zu erklären.

2. Ziele und Aufgaben des Beschwerdemanagements

Bereits *Hirschman* (1970) identifizierte mit seinen Arbeiten zum Thema Exit, Voice and Loyalty verschiedene Reaktionsformen bei Unzufriedenheit. Folgende drei **Reaktionsarten** unzufriedener Kunden lassen sich unterscheiden:

- Inaktivität,
- Beschwerde,
- Abwanderung.

In allen drei Fällen besteht die Gefahr einer negativen Mund-zu-Mund-Kommunikation. Diese „negative Weiterempfehlung" wird durch die Möglichkeiten der verschiedenen Formen der Online-Artikulation noch wesentlich verstärkt

Das zentrale Oberziel des Beschwerdemanagements, eine hohe **Beschwerdezufriedenheit** zu generieren, setzt an der hier im Vordergrund stehenden Reaktionsform „Beschwerde" an. Unter dem Begriff Beschwerdezufriedenheit wird das Resultat eines Informationsverarbeitungsprozesses des Beschwerdeführers verstanden, in dem die subjektiven Erwartungen in Bezug auf die Qualitätsdimensionen der Beschwerdebearbeitung und -lösung durch das Unternehmen mit dem tatsächlich eingetroffenen Beschwerdeprozess verglichen und beurteilt werden. Im Mittelpunkt stehen dabei die folgenden vier **Qualitätsdimensionen** (*Stauss/Seidel* 2014):

- **Zugänglichkeit:** Leichtigkeit, mit der ein unternehmensinterner Ansprechpartner für das Kundenproblem gefunden wird; Kenntnis der Beschwerdeadresse.

- **Interaktionsqualität:** Kundenorientierte Ausgestaltung der Interaktion während der Annahme und Bearbeitung. Diese Dimension kann in weitere Qualitätsmerkmale untergliedert werden:

  - **Freundlichkeit/Höflichkeit:** Zuvorkommenheit, mit der der Beschwerdeführer behandelt wird; höflicher Umgangston/ Sprachstil.

  - **Einfühlungsvermögen/Verständnis:** Bereitschaft, die Kundenperspektive einzunehmen; Verständnis für den Ärger des Kunden.

  - **Bemühtheit/Hilfsbereitschaft:** Erkennbares Bemühen, das Problem im Kundensinne zu lösen.

  - **Aktivität/Initiative:** Aktive Suche des Kontaktes zum Kunden; Erkundigung nach gewünschten Lösungen; Benachrichtigung über Verzögerungen.

  - **Verlässlichkeit:** Einhaltung von inhaltlichen und zeitlichen Zusagen.

- **Reaktionsschnelligkeit:** Schnelligkeit, mit der eine Eingangsbestätigung eintrifft, mit der auf Kundenrückfragen reagiert und der Fall gelöst wird.

- **Angemessenheit/Fairness:** Angemessenheit der Problemlösung; Fairness der angebotenen Wiedergutmachung.

Studie:

Im Rahmen einer von *Cambra-Fierro/Melero/Sese* (2015) durchgeführten Studie wurde untersucht, welche Merkmale die Beschwerdezufriedenheit bzw. -unzufriedenheit beeinflussen und inwiefern sich dies auf die Kundenprofitabilität auswirkt. Basierend auf einer Längsschnittstudie zeigen die Autoren, dass ökonomische Fehler eine Wiedergutmachung in Form von monetärer Kompensation lediglich dann erfordern, wenn die Kunden-Unternehmens-Beziehung schwach ausgeprägt ist. Kunden, die eine enge Beziehung zum Unternehmen pflegen,

> sind mit dem Beschwerdeprozess zufriedener und somit auch für das Unternehmen profitabler, wenn die Wiedergutmachung zeitnah umgesetzt wird und sich das Unternehmen entschuldigt bzw. versucht, den Fehler zu erklären.

Eine kulante und schnelle Beschwerdebearbeitung und -reaktion ist folglich auch maßgeblich für das Erreichen nachgelagerter kundenbezogener Ziele des Beschwerdemanagements, wie z. B. die positive Beeinflussung der Wiederkaufabsicht, die Vermeidung negativer Mund-zu-Mund-Kommunikation, die Reduktion der Anzahl von Nicht-Beschwerdeführern und nicht zuletzt die Verhinderung von Abwanderungsprozessen (*Stauss* 2013). Leider fehlt es in der Praxis noch an einer befriedigenden Umsetzung eines effizienten Beschwerdemanagements, das in der Lage ist, Beschwerdezufriedenheit beim Kunden herzustellen (*Servmark* 2010).

BEISPIEL: Für die Sicherstellung einer konsequenten Beschwerdestimulierung sowie einer schnellen Beschwerdeabwicklung, insbesondere im Falle einer möglichen Massenbeschwerde, hat der Reiseveranstalter *Thomas Cook AG* einen IT-gestützten Bearbeitungsprozess etabliert. Die zentralen Merkmale dieses Prozesses sind die Initiierung einer konsistenten, schnellen und kostengünstigen Abwicklung zu erwartender Beschwerden zum frühestmöglichen Zeitpunkt nach der Beschwerde sowie die Einfachheit der Zugänglichkeit des Beschwerdekanals für Kunden. So implementierte das Unternehmen ein Online-Formular auf ihrem Reiseportal und integrierte dieses in ihre interaktive und personalisierte Reise-App *Travelguide* (*Stauss/Seidel* 2014, S. 159 ff.).

Aus dem Oberziel, die Kundenzufriedenheit wiederherzustellen, lassen sich weitere unternehmensbezogene **Ziele des Beschwerdemanagements** ableiten (*Stauss/Seidel* 2014; *Meffert/Bruhn/Hadwich* 2015):

- Umsetzung und Verdeutlichung einer kundenorientierten Unternehmensstrategie. Eine kulante Beschwerdeabteilung und die Existenz eines aktiven Beschwerdemanagements leisten einen Beitrag zur Aufrechterhaltung und Entwicklung eines kundennahen Unternehmensimages.

- Stabilisierung gefährdeter Kundenbeziehungen sowie Intensivierung der Kundenbindung.

- Vermeidung von Opportunitätskosten durch andere Reaktionsformen unzufriedener Kunden. Beschwerden richten Verbraucher direkt an das Unternehmen, so dass das betroffene Unternehmen die Gelegenheit hat, Einfluss zu nehmen. Wählen unzufriedene Kunden andere Reaktionsformen (Abwanderung zur Konkurrenz, negative Mund-zu-Mund-Kommunikation, Einschalten der Presse, Weitergabe in Online-Medien), entstehen für das Unternehmen Kosten in Form von Umsatz-, Gewinn- und Imageeinbußen.

- Auswertung und Nutzung der in Beschwerden enthaltenen Informationen. Beschwerden liefern eine Fülle von Einsichten in Bezug auf Leistungsdefizite. Die Auswertung dieser Informationen kann als strategisches Frühwarnsystem dienen. Das Unternehmen wird in die Lage versetzt, basierend auf diese Informationen, Leistungsverbesserungen, -modifikationen und -differenzierungen durchzuführen.

- Reduzierung interner und externer Fehlerkosten aufgrund von Korrekturmaßnahmen zur Vermeidung von Falsch- und Doppelarbeiten sowie Garantieansprüchen.

BEISPIEL: Gemäß einer Studie der *Universität Dortmund* und des Softwareherstellers *Materna* verwenden 40 Prozent der Unternehmen mit systematischem Beschwerdemanagement die eingegangenen Beschwerden für Produktverbesserungen und die Qualitätssicherung (*Friedrich* 2005).

Hinsichtlich des **Zusammenhangs von Beschwerdezufriedenheit und Abwanderungen** von Kunden kam eine Untersuchung aus der Versicherungsbranche (*Ullmann/Peill* 1995) zu dem Ergebnis, dass Kunden, die mit der Beschwerdebearbeitung sehr zufrieden sind, die Geschäftsbeziehung lediglich zu rund 5 Prozent beenden. Hingegen wurde bei nicht zufrieden gestellten Beschwerdeführern eine Abwanderungsrate von nahezu 50 Prozent festgestellt.

Es ist allerdings davon auszugehen, dass der Anteil der so genannten „**Unvoiced Complainers**", also derjenigen, die sich trotz Unzufriedenheit nicht beschweren, relativ hoch ist, je nach Branche liegt dieser sogar bei über 80 Prozent (*Servicebarometer* 2015). Aus Kundensicht werden hierfür ein zu hoher Zeitaufwand, die Ungewissheit hinsichtlich der richtigen Ansprechpartner sowie die mangelnde Aussicht auf Erfolg genannt. Das bedeutet, selbst Unternehmen mit aktivem Beschwerdemanagement kennen lediglich „die Spitze des Eisberges" (*Stauss/Seidel* 2014). Dies führt neben dem Beschwerdemanagement zur Notwendigkeit weiterer Maßnahmen zur Identifikation abwanderungsgefährdeter Kunden.

Ist die Entscheidung zugunsten eines aktiven Beschwerdemanagements gefallen, ist des Weiteren zu analysieren, welche Aufgaben das Beschwerdemanagement konkret wahrzunehmen hat. Bei einer prozessorientierten Sicht können fünf **Aufgabenbereiche des Beschwerdemanagements** unterschieden werden (*Stauss/Seidel* 2014):

- Beschwerdestimulierung,
- Beschwerdeannahme,
- Beschwerdebearbeitung,
- Beschwerdereaktion,
- Beschwerdeverarbeitung.

Schaubild 5–3 gibt einen Überblick zur Einordnung der einzelnen Prozesselemente in das Beschwerdemanagement, die in den nachfolgenden Abschnitten detailliert erläutert werden.

Schaubild 5–3: Aufgaben des Beschwerdemanagements (Quelle: in Anlehnung an *Stauss/Seidel* 2014, S. 67)

3. Teilprozesse des Beschwerdemanagements und Instrumenteeinsatz

3.1 Beschwerdestimulierung

Bei der Beschwerdestimulierung stehen inhaltlich zwei Fragenkomplexe im Vordergrund:

(1) Welche Beschwerdewege bestehen derzeit im Unternehmen bzw. sind zu aktivieren, zu optimieren oder neu zu schaffen?

(2) Wie können die realisierten Beschwerdewege gegenüber den Kunden bestmöglich kommuniziert werden?

(1) Festlegung des Beschwerdeweges

Bei der Festlegung des Beschwerdeweges stehen dem Unternehmen unterschiedliche Möglichkeiten zur Verfügung. Generell kann eine Beschwerde mündlich, schriftlich, telefonisch oder multimedial an das Unternehmen herangetragen werden. Je nach Branchenzugehörigkeit und Unternehmensstruktur kann die Aktivierung unterschiedlicher Beschwerdewege sinnvoll erscheinen. Mündliche Beschwerden lassen sich beispielsweise häufiger in Dienstleistungsbranchen beobachten, wohingegen schriftliche oder telefonische Beschwerdewege traditionell eher im Konsumgüterbereich anzutreffen sind. Der Einsatz von Social Media-Plattformen hat in den letzten Jahren einen bemerkenswerten Bedeutungszuwachs erlangt und wird als Beschwerdeweg in nahezu allen Branchen eingesetzt. Der Einsatz von Social Media eröffnet den Unternehmen eine Vielzahl neuer unternehmensinitiierter sowie nicht-unternehmensinitiierter Beschwerdekanäle.

Der **mündliche Beschwerdeweg** kann auf einfachem Wege durch eine aktive Nachfrage der Mitarbeitenden umgesetzt werden. Vorteilhaft ist dabei insbesondere die schnelle und effektive Erfassung der Kundenunzufriedenheit. Um sicherzustellen, dass die Nachfrage vom Kunden nicht als reine „Freundlichkeitsfloskel" interpretiert wird, ist eine möglichst direkte Ansprache des Kunden erforderlich, wie z. B.: „Haben Sie einen Vorschlag, wie wir unsere Leistungen verbessern können?".

BEISPIEL: Die Fluggesellschaft *British Airways* wählte eine alternative Form der mündlichen Beschwerdestimulierung. Das Unternehmen stellte am Flughafen London Heathrow Video-Point-Kabinen auf, in denen die ankommenden Kunden ihre Beschwerden, Anregungen oder Wünsche direkt auf ein Band sprechen konnten. Die Bänder wurden von Servicemitarbeitenden regelmäßig abgehört und entsprechend beantwortet (*Hart/Heskett/Sasser* 1991, S. 131).

Über diese aktive Aufforderung hinaus ist zur mündlichen Beschwerdestimulierung ferner die Einrichtung von **Kundenforen** (Consumer Panel) denkbar, die – traditionell aus dem Innovationsmanagement stammend – aktuell auch vermehrt im Bereich des Nachkaufmarketing eingesetzt werden (*Günter* 1996, S. 98; *Nebel/Schulz/Flohr* 2012).

BEISPIEL: Die *Postbank* reagiert auf den demografischen Wandel der Gesellschaft und geht seit 2006 auf die Bedürfnisse von Senioren ein. Um die Erfahrungen dieser Zielgruppe zu nutzen, hat die *Postbank* ein Consumer Panel gegründet, das zu mindestens einem Drittel aus über Sechzigjährigen besteht. Der Beirat trägt dazu bei, Anregungen für Verbesserungen von Produkten, Dienstleistungen und Service aus Sicht von *Postbank*-Kunden zu geben. So wurde zum Beispiel bei der Neugestaltung der *Postbank Finanzcenter* auf Barrierefreiheit geachtet. Zudem war auch bei der Festlegung der Kriterien zur Neugestaltung der Filialen (z. B. spiegelfreie Böden und Flächen, Stühle mit Armlehne usw.) das Consumer Panel beteiligt (*Postbank* 2015).

Eine traditionelle Maßnahme bei der Einrichtung **schriftlicher Beschwerdewege** ist die Ausgabe von **Meinungskarten**. Hierbei handelt es sich um standardisierte Vordrucke, die an leicht zugänglichen und auffälligen Standorten des Unternehmens ausgelegt werden und auf denen der Kunde seine Zufriedenheit sowie Bemerkungen schriftlich darstellen kann. Durch Einwurf in einen hierfür vorgesehenen „**Meckerkasten**" oder durch Abgabe der Meinungskarte beim Personal wird der Beschwerdeprozess eingeleitet. Zur Schaffung zusätzlicher Anreize der schriftlichen Beschwerdestimulierung werden in der Praxis häufig Preisausschreiben oder kleinere materielle Anreize eingesetzt.

BEISPIEL: Eine amerikanische Bank bot jedem Kunden, der sich schriftlich bei der Bank beschwerte, eine Prämie von einem Dollar an. Das Reaktionsergebnis dieser Aktion übertraf alle Erwartungen der Bank, da über 7.000 Anschreiben eingingen (*Ullmann/Peill* 1995, S. 1517).

Die Einrichtung von **gebührenfreien Servicetelefonen** hat sich in der Praxis als weiterer klassischer Beschwerdekanal weitgehend durchgesetzt und gehört somit bei vielen Unternehmen zum Standard. Die telefonische Kontaktaufnahme bietet im Vergleich zum Einsatz von Meinungskarten verschiedene Vorteile. Aus Kundensicht reduziert sich durch das Angebot eines Servicetelefons vor allem der zeitliche Aufwand der Beschwerdeführung. Aus Unternehmenssicht ist eine vergleichsweise schnelle, individuelle und kostengünstige Beschwerdebearbeitung und daraus folgend auch eine schnelle Beschwerdereaktion möglich (*Meffert/Bruhn/Hadwich* 2015).

BEISPIEL: Bei der *Deutschen Telekom* gingen zeitweise zahlreiche Beschwerden über fehlerhafte Abrechnungen ein. Unter der gebührenfreien Rufnummer 0800–3301000 können Kunden bei der *Telekom* ihre Beschwerden äußern. Falls eine derartige Nummer eingerichtet wird, ist es allerdings neben einer Schulung der Mitarbeitenden unerlässlich, dass, besonders im Hinblick auf Auslastungsschwankungen, genügend Personal im Call Center zur Verfügung steht, da der Effekt einer verstärkten Beschwerdestimulierung über eine gebührenfreie Nummer sonst eine noch höhere Kundenunzufriedenheit auslöst.

Durch die in den letzten Jahren zu beobachtende rasche Technologisierung von Unternehmen eröffnet sich mit dem Online-Beschwerdemanagement eine Vielzahl weiterer Möglichkeiten, Kundenbeschwerden zu erfassen. Zu den Online-Beschwerdewegen gehören die Kommunikation per E-Mail bzw. Chats oder die Integration eines Beschwerdeformulars in eine Unternehmens-App sowie die Nutzung von Social Media-Plattformen. Die besonderen Vorteile eines **Online-Beschwerdemanagements** besteht in der Einsparung von Personalressourcen sowie einer beschleunigten Beschwerdeannahme. Außerdem bieten diese Beschwerdewege geringere Dialogbarrieren und fördern so zusätzliche Beschwerden, die ansonsten nicht artikuliert würden (*Meißner* 2004).

> **BEISPIEL:** Die *Raiffeisenbank Rheinbach Voreifel* hat auf der Einstiegs-
> seite ihres Internetauftritts zentral eine Rubrik „Anregungen & Kritik"
> platziert, über die der Nutzer auf ein entsprechendes Formular geführt
> wird. Ähnlich wie beim Beispiel von *PayPal* wird die Beschwerde über
> einen Filter – den der Benutzer hier selbst auswählt – direkt an die für
> den jeweiligen Beschwerdeanlass zuständige Stelle weitergeleitet (*Raiff-
> eisenbank Rheinbach Voreifel* 2015).

Als besonders wirkungsvolles Instrument des Beschwerdemanagements im Rahmen von Social Media haben sich Unternehmensblogs, die Präsenz auf *Facebook*, *Twitter* oder *YouTube* im Markt etabliert. Den Kunden werden schnelle Reaktionsmöglichkeiten eröffnet und die Mitarbeitenden können proaktiv auf Kunden zugehen, sobald sich diese kritisch über Produkte oder Services des Unternehmens äußern. Für das Beschwerdemanagement von Unternehmen bieten Social Media-Plattformen ein großes Potenzial, da mit ihrer Hilfe ein sehr breiter Kundenkreis angesprochen werden kann.

> **BEISPIEL:** Seit 2010 ist der Kundenservice des Softwareanbieters *Lex-
> ware* auf *Facebook* präsent. Neben allgemeinen Beratungsthemen (z. B.
> zu Online-Marketingmaßnahmen) haben Kunden die Möglichkeit, Be-
> schwerden an die Wand zu posten, die von vier Mitarbeitenden direkt
> bearbeitet werden. Die Mitarbeitenden werden mit einem Kurzprofil auf
> der *Facebook*-Seite vorgestellt, was eine Zuordnung der Antworten zum
> jeweiligen Ansprechpartner ermöglicht.

Neben unternehmensinitiierten Online-Beschwerdeplattformen haben sich nicht-unternehmensinitiierte Online-Beschwerdeplattformen im Markt fest etabliert. Beispiele hierfür sind kundengesteuerte private Blogs, *YouTube*-Videos, *Facebook*-Profile oder *Twitter*-Accounts. Darüber hinaus bieten Online-Bewertungsportale wie *Tripadvisor*, *Yelp* oder *Amazon* Möglichkeiten für Beschwerden.

Studien zeigen, dass Bewertungen auf diesen Portalen einen maßgeblichen Einfluss auf den Unternehmensumsatz haben (*Li/Hitt* 2008; *Mudambi/Schuff* 2010). Für Unternehmen besteht bezüglich der nicht-unternehmensinitiierten Beschwerdekanälen die große Herausforderung, diese kontinuierlich zu tracken, zu analysieren und sich in geeignetem Maße an der Diskussion zu beteiligen (*Stauss/Seidel* 2014, S. 539 ff.).

> **BEISPIEL:** Der Musiker *Dave Caroll* nutzte seinen *YouTube*-Kanal als Möglichkeit, sich bei der Fluggesellschaft *United Airlines* zu beschweren, nachdem sie seine Gitarre im Wert von 3.500 USD bei einem Flug beschädigt hatten. Das Video mit dem Titel *United Breaks Guitars* hat inzwischen mehr als 15 Millionen Aufrufe (*Stauss/Seidel* 2014, S. 541).

(2) Kommunikation der realisierten Beschwerdewege

Der zweite Fragenkomplex der Beschwerdestimulierung beschäftigt sich mit der Kommunikation der eingerichteten Beschwerdewege. In der Regel kommen hierzu Maßnahmen im Rahmen der klassischen Werbung, wie z. B. Hinweise in Print-Anzeigen oder TV-Spots, aber auch Verpackungsaufdrucke, Vermerke auf dem Geschäftspapier usw., in Betracht.

> **BEISPIEL:** Die Stadt Halberstadt fordert Besucher der eigenen Homepage aktiv auf, Beschwerden zu äußern. Mittels eines Werbebanners werden Besucher unter dem Motto „Ihre Kritik ist unsere Chance" dazu stimuliert (*Stauss/Seidel* 2014, S. 115).

Im Vorfeld der kommunikativen Maßnahmen der Beschwerdestimulierung ist allerdings eine **Kapazitätsplanung** erforderlich, um die potenzielle Inanspruchnahme der Beschwerdekanäle und die zur Beschwerdebearbeitung erforderlichen Arbeitszeiten planen zu können. Dies ist insbesondere vor dem Hintergrund bedeutsam, dass eine auftretende Überlastung des Beschwerdekanals die Unzufriedenheit der Kunden durch zu lange Wartezeiten verstärkt und der initiierte Beschwerdeprozess bereits zu Beginn der Beschwerdeführung abgebrochen würde.

Neben den kontinuierlichen Instrumenten der Beschwerdestimulierung können zudem punktuelle Maßnahmen mit dem Ziel einer kurzfristig ergänzenden Beschwerdestimulierung durchgeführt werden. Denkbar wäre beispielsweise die Realisation eines **Ideenwettbewerbs**, bei dem die Kunden dazu aufgefordert werden, eigene Ideen zur Verbesserung des Leistungsangebotes zu entwickeln (*Walcher* 2007). Der gezielte Einsatz derartiger Maßnahmen kann jedoch die Durchführung kontinuierlicher Maßnahmen der Beschwerdestimulierung lediglich ergänzen (*Hansen/Jeschke/Schöber* 1995, S. 59 f.).

3.2 Beschwerdeannahme

Im Rahmen der Beschwerdeannahme sind insbesondere die folgenden drei Fragen zu beantworten:

(1) Wer ist im Unternehmen für die Annahme der Beschwerden zuständig?

(2) Wie hat sich ein Mitarbeitender bei der Annahme von Beschwerden zu verhalten?

(3) Welche Informationen sind bei der Beschwerdeannahme zu erfassen?

(1) Zuständigkeit für die Beschwerdeannahme

Die Zuständigkeit der Beschwerdeannahme ist abhängig von der generellen Organisationsform des Unternehmens sowie der Art des primären Beschwerdeweges. Bei dezentral organisierten Unternehmen, beispielsweise Filialbetrieben einer Handelskette und mündlichen Beschwerden, kann das Prinzip der so genannten „**Complaint Ownership**" angewandt werden (*Stauss/Seidel* 2014, S. 128 f.). Der Begriff Complaint Ownership beinhaltet, dass derjenige Mitarbeitende, demgegenüber die Beschwerde geäußert wird oder der nur zufällig ein Kundenproblem erfährt, „Eigentümer" des Problems und damit für dessen Bearbeitung und Klärung zuständig ist. Diese Vorgehensweise impliziert eine Übertragung von Entscheidungsrechten und Handlungsspielräumen auch auf Mitarbeitende unterer Hierarchiestufen.

BEISPIEL: In der *Hotelkette Ritz-Carlton* wird das Prinzip der Complaint Ownership konsequent angewendet. Jeder Mitarbeitende, der eine Beschwerde entgegennimmt, wird Beschwerdeeigner und ist damit automatisch für die Erfassung und Bearbeitung dieser Beschwerde verantwortlich. Zudem stehen jedem Mitarbeitendem bis zu 2.000 USD zur Verfügung, um sofort und auf adäquate Weise auf die Beschwerde reagieren zu können (*Beckett* 2008).

Bei Unternehmen, in denen eine telefonische oder schriftliche Beschwerdeführung überwiegt, liegt die Zuständigkeit für die Beschwerdeannahme zumeist bei einer **zentralen Beschwerdeabteilung**, die in der Unternehmenspraxis häufig auch unter den Bezeichnungen Kundenbetreuung, Verbraucherabteilung oder Customer Care Center figurieren. Die Erfahrungen der Unternehmenspraxis zur organisatorischen Gestaltung des Beschwerdemanagements haben gezeigt, dass grundsätzlich auch eine Kombination der zentralen und dezentralen Beschwerdebearbeitung möglich ist.

(2) Verhalten während der Beschwerdeannahme

Neben der Festlegung der Zuständigkeiten wird des Weiteren ein adäquates Verhalten der Mitarbeitenden im Erstkontakt der Beschwerdeannahme sichergestellt. Angesicht der Tatsache, dass der Grad der späteren Beschwerdezufriedenheit oftmals bereits in dieser Situation entschieden wird, nimmt das Verhalten der Mitarbeitenden eine zentrale Stellung ein. *Homburg/Werner* (1998) weisen in diesem Zusammenhang auf verschiedene **Verhaltensrichtlinien bei der Beschwerdeannahme** hin. Bei der Beschwerdeannahme ist anzustreben:

- Die Freundlichkeit zu bewahren,
- dem Kunden das Gefühl zu vermitteln, dass er ernst genommen wird,
- die Beschwerde sofort zu lösen oder zumindest direkt weiterzuleiten,
- dem Kunden seine Beschwerde schriftlich zu bestätigen,
- dem Kunden einen direkten Ansprechpartner zu nennen, der für die Beschwerdebearbeitung verantwortlich ist,

- dem Kunden einen Endtermin zu nennen, bis zu dem der Beschwerdebearbeitungsprozess spätestens abgeschlossen ist.

Das richtige Verhalten in der Beschwerdesituation kann durch **Schulungen** trainiert und verbessert werden. Beispielsweise ist der Einsatz von **Rollenspielen** möglich, in denen die Mitarbeitenden konkrete Beschwerdesituationen nachzuvollziehen haben.

(3) Inhalte der Beschwerdeannahme

Bei der Beschwerdeannahme ist ferner festzulegen, wie die Inhalte der Beschwerde bestmöglich erfasst werden können. Inhaltlich besteht die Mindestanforderung in der Aufnahme der Informationen zum Beschwerdeproblem, des Beschwerdeführers sowie des Beschwerdeobjekts. Zudem ist eine unternehmensindividuelle Erfassungsform festzulegen, die eine einheitliche Beschwerdeannahme im Unternehmen sicherstellt. Hierzu werden i. d. R. standardisierte **Formblätter** oder computergestützte **Eingabemasken** eingesetzt, die eine unkomplizierte Annahme von Beschwerden der externen und internen Kunden ermöglichen.

> **BEISPIEL:** Die Fluggesellschaft *Singapore Airlines* analysiert die Inhalte und Anzahl der Beschwerdeursachen und verfolgt diese anhand einer Fishbone-Analyse und kategorisiert diese nach externen (beeinflussbaren) und internen (beeinflussbaren) Ursachen. Sowohl für externe als auch für interne Ursachen werden in einem Ablaufplan jeweils zu ergreifende Maßnahmen aufgeführt (*Wirtz/Johnston* 2003).

Sinnvoll ist in diesem Zusammenhang die Einführung eines **computergesteuerten Systems,** das neben der Erfassung auch die Weiterleitung sowie Auswertung der Beschwerdeinformation garantieren kann. Die Bearbeitungszeiten können mit einem derartigen System deutlich gesenkt werden. Durch das computergesteuerte System bei *Rank Xerox* wird beispielsweise garantiert, dass 55 Prozent der eingehenden Beschwerden innerhalb von 48 Stunden bearbeitet werden (*Grunwald* 1999).

BEISPIEL: Die Beschwerdemanagement-Software der *Rödl & Partner Consulting GmbH Targenio* ermöglicht die strukturierte Erfassung, Bearbeitung und Auswertung aller Kundenanliegen. Das Herzstück von *Targenio* ist die mehrstufige Kategorisierung von Kundenbeschwerden. Per Mausklick können die Kundenbetreuer die passenden Kategorien auswählen und damit das Anliegen auswertbar machen. **Schaubild 5–4** zeigt die Vorgangsmaske des Programms. Inzwischen arbeiten Konzerne wie z. B. *Thomas Cook, Skoda* und *McDonald's* mit *Targenio* (*Rödl IT-Consulting GmbH* 2015).

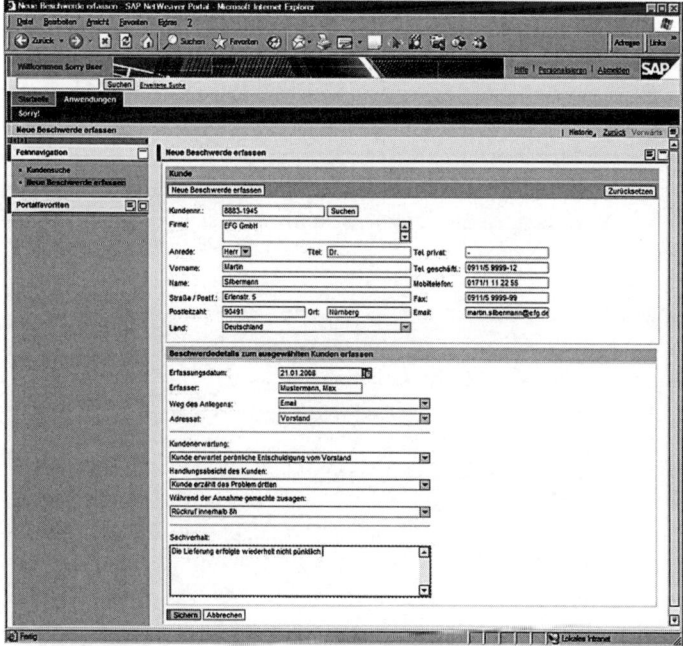

Schaubild 5–4: Vorgangsmaske der Beschwerdesoftware *Targenio* (Quelle: *Rödl IT-Consulting GmbH* 2015)

3.3 Beschwerdebearbeitung

Die Beschwerdebearbeitung umfasst sämtliche Maßnahmen, die unternehmensintern zur Lösung der Beschwerde ergriffen werden. Der internen Bearbeitung von Beschwerden kommt eine besondere Bedeutung zu, da hierbei die Voraussetzung zur Erzielung der Beschwerdezufriedenheit bei den Kunden geschaffen wird. Durch einen reibungslosen internen Ablauf der Beschwerdebearbeitung können die Anforderungen der Kunden z. B. an die Schnelligkeit der Beschwerdebearbeitung erfüllt werden.

Im Mittelpunkt der Beschwerdebearbeitung stehen die Analyse der Beschwerdeursachen, die Weiterleitung der Beschwerdeinformationen sowie die Festlegung von Standards zur Beschwerdebearbeitung. In einem ersten Schritt sind die **Auslöser und Ursachen der Beschwerde** eingehend zu analysieren. Beispielsweise können auch externe Faktoren, wie Zulieferer, Kooperationspartner usw., die eigentliche Ursache der Beschwerde sein. Um eine adäquate Reaktion zu gewährleisten, ist ein möglichst umfassendes Bild der Beschwerdegründe notwendig.

BEISPIEL: Bei der *Vereins- und Westbank* wurden beispielsweise folgende Standards der Beschwerdebearbeitung festgelegt:

Vorgaben an das Beschwerdemanagement	Erfüllung
75 Prozent der Beschwerden sind sofort oder noch am selben Tag zu erledigen.	87 Prozent
Als durchschnittliche Beschwerdedauer sind maximal 5 Tage anzustreben.	92 Prozent
Bei schriftlichen Beschwerden erhält der Kunde noch am gleichen Tag eine Eingangsbestätigung mit Ansprechpartner und Terminzusage.	98 Prozent
Bei Beschwerden, deren Bearbeitung länger als 5 Tage dauert, erfolgt am fünften Tag ein Zwischenbescheid.	79 Prozent
Es ist zu vermeiden, dass eine Beschwerde in den Eskalationsprozess eintritt.	94 Prozent

Sofern die Beschwerdeannahme und -bearbeitung nicht in einen bestimmten Zuständigkeitsbereich fallen, wird ferner **die Weiterleitung der Beschwerdeinformation** geprüft. Falls es erforderlich ist, zusätzliche Mitarbeitende in die Beschwerdebearbeitung zu integrieren, geschieht dies idealtypisch durch eine eindeutige Handlungsanweisung mit der Vorgabe eines konkreten Bearbeitungstermins, um unnötige Verzögerungen im Beschwerdeprozess zu vermeiden. Die Kontrolle der Beschwerdebearbeitungszeit kann z. B. durch ein internes „Eskalationssystem" erfolgen, das bei Überschreitung der festgelegten Bearbeitungszeit den Beschwerdevorgang an eine höhere Hierarchiestufe weiterleitet (*Homburg/Werner* 1998; *Stauss/Seidel* 2014). Um nicht nur den Zeitaspekt, sondern auch die sonstigen inhaltlichen Leistungen und Reaktionen der Mitarbeitenden zu strukturieren, können **Standards zur Beschwerdebearbeitung** eingeführt werden (*Bamford/Xystouri* 2005, S. 315; *Beckett* 2008; *Neu/Günter* 2015, S. 95).

Festzuhalten bleibt, dass für die Erreichung einer hohen Beschwerdezufriedenheit nicht nur das endgültige Beschwerdeergebnis, sondern vor allem der Prozess der Beschwerdebearbeitung von zentraler Bedeutung ist.

3.4 Beschwerdereaktion

Die Beschwerdereaktion umfasst sämtliche Maßnahmen, die der Beschwerdeführer direkt wahrnimmt. Bei der Beurteilung alternativer Maßnahmen zur Beschwerdereaktion steht – vor einer Wirtschaftlichkeitsbetrachtung dieser Maßnahmen – die Angemessenheit der Reaktion aus Sicht des Kunden im Vordergrund. Hierzu kann die aus der amerikanischen Media- und Marktforschung stammende so genannte **Value-Laddering-Technik** eingesetzt werden, um Werte zu entdecken, die das Kundenverhalten steuern. Die Value-Laddering-Technik basiert auf der Means-End-Theory, nach der Individuen Mittel (means) einsetzen, um bestimmte Ziele zu erreichen (ends) (*Gruber* 2006). Bezogen auf die Generierung von Beschwerdezufriedenheit bedeutet dies, dass bestimmte Qualifikationen und Verhaltensweisen eines Kundenkontaktmitarbeiters (means) auf den Kunden positive Auswirkungen haben (ends), die bei ihm wiederum persönliche Werte ansprechen bzw. verstärken (values). Bei diesen Werten könnte es sich zum Beispiel um Gerechtigkeitsbedürfnisse eines Kunden handeln. Vor diesem Hintergrund ist zu untersuchen, welcher Qualifikationen und Verhaltensweisen das Kundenkontaktpersonal bedarf, um durch die Beschwerdereaktion Beschwerdezufriedenheit zu erzeugen, welches die Konsequenzen der genannten Attribute sind (Warum ist die genannte Qualifikation oder Verhaltensweise wichtig?) und welche Werte bei ihnen dahinterstehen und Einfluss auf ihr Beschwerdeverhalten haben.

Studie:

Bei einer Studie zur Beschwerdezufriedenheit wurden „Kompetenz", „Aktives Zuhören" und „Freundlichkeit" als wichtigste Attribute (means) des Kundenkontaktpersonals ermittelt. Der Wunsch der sich beschwerenden Kunden, ernst genommen zu werden (ends), stellt nach dieser Studie die wichtigste Konsequenz dar, aus dem die drei Werte „Gerechtigkeit", „Wohlfühlen" und „Selbstwert" (values) abgeleitet wurden. Die Erkenntnis über die Werte ist von zentraler Bedeutung, da die eingesetzten Maßnahmen und die Priorisierung von Mitarbeiterqualifikationen der Wichtigkeit dieser Werte unterzuordnen sind (*Gruber* 2006).

Um nach der Festlegung der notwendigen Eigenschaften des Personals die aus Kundensicht relevanten **Faktoren der Beschwerdereaktion** zu konkretisieren, ist eine Unterteilung dieser Faktoren in vier Bereiche sinnvoll (*Spork/Palmersheim* 2004; *Gelbrich/Roschk* 2011; *Cambra-Fierro/Melero/Sese* 2015):

- Zeit, die zwischen Beschwerdeeingang beim Unternehmen und der Reaktion gegenüber dem Beschwerdeführer verstreicht.

- Individualität der Beschwerdehandhabung und der Reaktion.

- Medium, mit dem der Kontakt zum Beschwerdeführer besteht.

- Ausmaß der Wiedergutmachung als Teil der Beschwerdereaktion.

Mit der Artikulation einer Beschwerde beginnt aus Kundensicht die Wartephase auf eine entsprechende Reaktion des Unternehmens. Wird die aus Kundensicht als realistisch eingeschätzte Zeitspanne der Beschwerdereaktion überschritten, sinkt die Erfolgsaussicht des Unternehmens auf die Wiederherstellung der Kundenzufriedenheit.

Daher lässt sich die **Reaktionsschnelligkeit** als eine zentrale Qualitätsdimension des Beschwerdemanagements definieren (*Stauss* 2009, S. 355; *Kollmann* 2011, S. 350).

In kommunikationsbezogener Hinsicht ist als erste Reaktion des Unternehmens auf die Beschwerde an die Zusendung eines **Bestätigungsschreibens** und/oder an einen **Zwischenbescheid** zu denken. Ferner ist der Frage nachzugehen, ob im konkreten Beschwerdefall eine **Standard-** oder eine **Individualreaktion** angemessen ist. Im erstgenannten Fall handelt es sich um ein standardisiertes Reaktionsverhalten des Unternehmens bei häufiger auftretenden Beschwerdefällen mit geringerem Problemausmaß. Vorteilhaft ist die Standardreaktion insbesondere durch ihre schnelle Anwendbarkeit bei entsprechend kostengünstigem Verwaltungsaufwand (*Hart/Heskett/Sasser* 1991, S. 135).

> **BEISPIEL:** Bei der Fast-Food-Kette *McDonald's* ist jeder Mitarbeitende instruiert, bei einer Beschwerde über einen zu kalten Hamburger diesen sofort durch einen frisch zubereiteten Hamburger zu ersetzen.

Eine **Individualreaktion** ist hingegen immer dann angebracht, wenn der Beschwerdefall ein besonders schwerwiegendes Problem darstellt, die situativen Bedingungen mit anderen Beschwerdefällen nicht vergleichbar sind oder der Beschwerdeführer eine besondere Bedeutung im Kundenportfolio des Unternehmens einnimmt. Darüber hinaus ist es Aufgabe des Beschwerdemanagements, den jeweiligen Einzelfall dahingehend zu prüfen, ob eine telefonische Kontaktaufnahme sinnvoll und Erfolg versprechend ist. Besonders gravierende Vorfälle, bei denen der Kunde als Adressat gezielt die Geschäftsführung des Unternehmens anspricht, werden in den meisten Fällen zwar an das Beschwerdemanagement delegiert, es kann aber im Rahmen der Beantwortung ratsam sein, z. B. einen Antwortbrief von einer leitenden Instanz unterzeichnen zu lassen. Dies signalisiert dem Beschwerdeführer, dass seinem Vorfall die entsprechende Bedeutung beigemessen wird und vermittelt dem Schreiben zugleich einen individuellen Charakter. Diese Individualität erwies sich zudem als weiterer Bestimmungsfaktor der Beschwerdezufriedenheit (*Spork/Palmersheim* 2004; *Cambra-Fierro/Melero/Sese* 2015).

Vor diesem Hintergrund ist im Zusammenhang mit dem **Einsatz von Textbausteinen** bei der schriftlichen Beantwortung von Beschwerden Vorsicht anzuraten. Dies gilt insbesondere dann, wenn sich der Kunde nicht zum ersten Mal an das betreffende Unternehmen wendet. Automatisierte, allgemeine Formulierungen können zu weiterer Verärgerung beim Kunden führen, wenn dieser sein unerfreuliches Erlebnis nicht in entsprechendem Maße als gewürdigt ansieht. In jedem Fall ist auf den jeweiligen Vorfall konkret Bezug zu nehmen, indem z. B. einzelne Formulierungen des Kunden gezielt aufgegriffen werden. Teilweise lassen sich solche individualisierten Antworten zwar mittels intelligenter Technik automatisiert realisieren. Hier wird jedoch die Vorteilhaftigkeit des telefonischen Dialogs deutlich, bei dem zwischenmenschliche Aspekte besser beurteilt werden können. Zudem kann eine kürzere Reaktionszeit realisiert werden. Aufgrund der höheren Kosten ist insgesamt in Abhängigkeit der Wichtigkeit des Problems und der Konsequenzen einer möglichen Beschwerdeunzufriedenheit für das Unternehmen abzuwägen, welcher Weg zu favorisieren ist.

> **BEISPIEL:** Ist bei einem Kunden durch die Anwendung von Kosmetika eine Hautkrankheit entstanden, so ist es sicherlich nicht angebracht, einen Standardbrief und einen Gutschein für ein anderes Produkt des Anbieters anzubieten.

Schließlich ist die definitive Beschwerdelösung dem Kunden mitzuteilen. Dabei wird der Kommunikationskanal gewählt, den der Kunde bevorzugt, d. h. in der Regel jener Kanal, über den der Kunde Kontakt zum Unternehmen aufgenommen hat. Im Normalfall erfolgt dies durch die Zustellung einer **schriftlichen Benachrichtigung**, die eine kurze Analyse des Beschwerdevorfalls und die Mitteilung des konkreten Kompensationsangebotes enthält.

Grundsätzlich sind in diesem Zusammenhang finanzielle, materielle und immaterielle Lösungsangebote denkbar, die einzelfallspezifisch zu wählen sind. Die Minimalanforderung besteht hier in der Einhaltung gesetzlicher Vorgaben des BGB, die im Folgenden aufgeführt sind:

(1) Finanzielle Kompensationsangebote: Erstattung des Kaufpreises (Rücktritt § 437, § 441 BGB), Angebot eines Schadensersatzes (Schadensersatz § 437, § 439 BGB) oder die Gewährung eines Preisnachlasses (Minderung § 437, § 441 BGB).

(2) Materielle Kompensationsangebote: Umtausch- (Nachlieferung § 437, § 439 BGB) bzw. Reparaturrecht (Nachbesserung § 439 BGB) oder die Wiedergutmachung eines entstandenen Schadens durch ein individuelles Geschenk.

(3) Immaterielle Kompensation: Offizielle Entschuldigung oder Erklärung zu den situativen Faktoren des Beschwerdefalles im Unternehmen.

Bei den **kompensatorischen Maßnahmen der Beschwerdereaktion** ist häufig nicht der tatsächliche Wert des finanziellen oder materiellen Angebotes, sondern die Art und Weise der Beschwerdereaktion ausschlaggebend für die Erreichung von Beschwerdezufriedenheit.

Wird das Beschwerdemanagement als Baustein einer kundenorientierten Unternehmensstrategie verstanden, ist es letztlich Aufgabe der Unternehmensführung, geeignete Beschwerdemanagementsysteme zu implementieren, mit deren Hilfe die Aufgaben des Beschwerdemanagements erfüllt werden können. Sinnvoll ist in diesem Zusammenhang ein computergestütztes System, das sämtliche Bereiche des Beschwerdemanagements koordiniert und auch kontrolliert.

3.5 Beschwerdeverarbeitung

Im Mittelpunkt der Beschwerdeverarbeitung steht die **Dokumentation** und weitere **Nutzung der gewonnen Beschwerdeinformationen.** Die im Rahmen des Beschwerdemanagements gewonnen Erkenntnisse liefern wertvolle Informationen bezüglich Kundenproblemen mit den Produkten oder Services des Unternehmens. Darüber hinaus werden aber auch wichtige Informationen der einzelnen Kunden erfasst, z. B. können Kunden identifiziert werden, die sich sehr häufig beschweren. Aus diesen Informationen kann das Unternehmen dann weitere Maßnahmen ableiten. Um die gewonnenen Informationen im Rahmen des Beschwerdemanagements nutzen zu können ist es von zentraler Bedeutung, ein System der Dokumentation einzuführen, das regelmäßig aktualisiert wird. Ein solches Informationssystem ermöglicht dann auch die regelmäßige Auswertung der Daten. Die Analyse der dokumentierten Beschwerden ermöglicht es den Unternehmen, Schwächen z. B. bei der Planung oder der Vermarktung der Produkte und Dienstleistungen festzustellen. Auch Erkenntnisse bezüglich der Veränderung von Kundenpräferenzen werden mittels einer erfolgreichen Dokumentation und Analyse von Kundenbeschwerden generiert.

BEISPIEL: Die *Barmer/GEK* analysiert die dokumentierten Beschwerden systematisch im Hinblick auf ihre Ursachen. Die gewonnenen Erkenntnisse unterstützen dann die Verbesserung von Dienstleistungen und Prozessen. Die *Barmer/GEK* setzt hierfür die Frequenz-Relevanz-Analyse von Beschwerden ein. Mittels dieser Methode werden die Menge (Frequenz) und die Bedeutung (Relevanz) der Kritik erfasst. Der Erfolg der systematischen Dokumentation und Analyse der Kundenbeschwerden wird durch die Tatsache bestätigt, dass die *Barmer/GEK* nach den Ergebnissen des Kundenmonitors Deutschland 2015 zur kundenfreundlichsten Krankenkasse gewählt wurde (*Stauss/Seidel* 2014, S. 285; *Servicebarometer* 2015).

Eine erfolgreiche Durchführung aller Phasen des Beschwerdemanagements und somit eine effiziente Bearbeitung von Beschwerden erfordert die Erfüllung bestimmter Voraussetzungen im Unternehmen. Diese Voraussetzungen umfassen zunächst **strukturelle Maßnahmen**, wie die Schaffung von verantwortlichen Organisationseinheiten und eine entsprechende Ausrichtung der Organisationskultur. Zusätzlich besteht eine Prämisse in der Integration gewisser **informatorischer Maßnahmen**, z. B. die Anwendung von Feedbackschleifen und Beschwerdemanagement-Tools. Schließlich gilt es **personelle Maßnahmen**, wie gezielte Schulungen der Mitarbeitenden, zu fördern, um ein erfolgreiches Beschwerdemanagement zu ermöglichen.

4. Kontrolle der Wirtschaftlichkeit des Beschwerdemanagements

Im Rahmen der Wirtschaftlichkeitskontrolle ist der Frage nachzugehen, ob sich Investitionen in ein Beschwerdemanagement lohnen. Das Hauptproblem einer **Wirtschaftlichkeitsanalyse des Beschwerdemanagements** liegt in der Erfassung der Nutzen- und Kostenkomponenten, die einander gegenüberzustellen sind. Die Kosten des Beschwerdemanagements lassen sich in Anlehnung an den Prozess des Beschwerdemanagements in fünf Kategorien einteilen. Diese Kategorien umfassen Kosten der Beschwerdestimulierung, -annahme, -bearbeitung, -reaktion sowie -kontrolle. Den Kosten stehen die Nutzen des Beschwerdemanagements gegenüber, die in vier Nutzenkategorien eingeteilt werden können. Eine Gegenüberstellung der Kosten und der Nutzen des Beschwerdemanagements ist **Schaubild 5–5** zu entnehmen.

Um eine fundierte Beurteilung des Beschwerdemanagements zu gewährleisten, werden in einem letzten Schritt die abgeleiteten **Kosten-Nutzen-Komponenten** einander gegenübergestellt und verglichen. Übersteigen die ermittelten Kosten den Nutzen des Beschwerdemanagements, sind Einsparungen auf der Kostenseite zu realisieren. Hierzu sind alle Kostenkategorien in Bezug auf Einsparungsmöglichkeiten zu kontrollieren, ohne die Kundenzufriedenheit in Bezug auf Produkt- und Servicequalität aus den Augen zu verlieren. Es werden diejenigen Aktivitäten gestrichen, die nur eine unterproportionale Nutzensteigerung herbeiführen. Im Normalfall jedoch wird der Nutzen überwiegen und sich die Einführung eines Beschwerdemanagements für das Unternehmen als eine lohnende Investition auf dem Weg zu einem kundenorientierten Unternehmen erweisen.

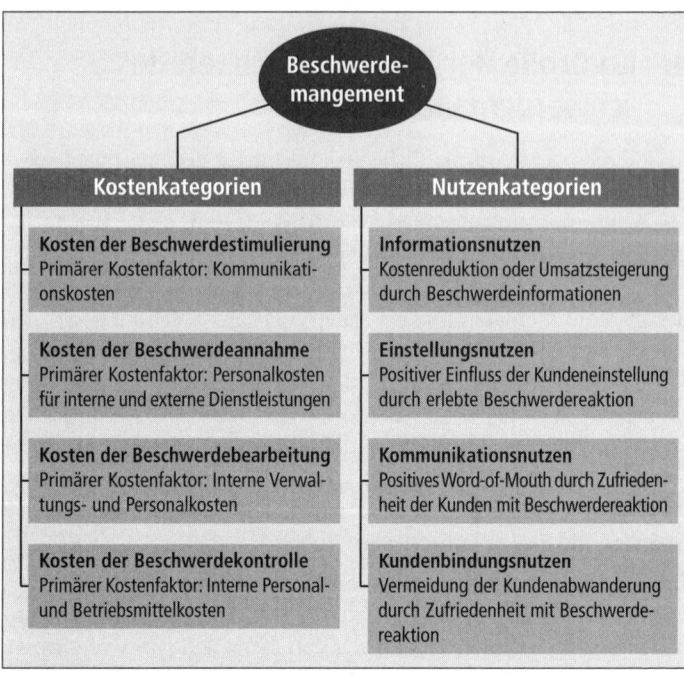

Schaubild 5–5: Kosten- und Nutzenkategorien des Beschwerdemanagements.

Zusammenfassung

Die folgenden zehn **Merkpunkte** können als Hilfestellung für die Umsetzung eines erfolgreichen Beschwerdemanagements im eigenen Unternehmen dienen:

(1) **Unternehmensspezifische Aufgaben des Beschwerdemanagements festlegen:** Definieren Sie die Ziele und Aufgaben des Beschwerdemanagements eindeutig und legen Sie die Zuständigkeiten im Unternehmen sowie die organisatorische Verankerung im Detail fest.

(2) **Beschwerdestimulierung aktiv unterstützen:** Setzen Sie sich für eine aktive Beschwerdestimulierung ein und überlegen Sie, welche externen und internen Maßnahmen die Beschwerden stimulieren können.

(3) **Beschwerdemanagement als Chance begreifen:** Trainieren Sie die Mitarbeitenden hinsichtlich der Bewältigung von Beschwerdesituationen und arbeiten Sie daraufhin, dass das Beschwerdemanagement als Chance zur Weiterentwicklung des Unternehmens gesehen wird.

(4) **Hohe Qualität der Beschwerdeannahme realisieren:** Gewährleisten Sie, dass allen beschwerdeführenden Kunden bei der Beschwerdeannahme ein positives Gefühl vermittelt wird.

(5) **Leistungsindikatoren der Beschwerdebearbeitung festlegen:** Legen Sie für die Beschwerdebearbeitung eindeutige Leistungsindikatoren und Sollstandards fest und kontrollieren Sie diese regelmäßig.

(6) **Kommunikationspolitische Maßnahmen zur Initiierung des Dialoges durchführen:** Bestätigen Sie Beschwerden durch Eingangs- bzw. Zwischenbescheide. Gehen sie beim schriftlichen Endbescheid und der angebotenen Kompensationslösung auf die individuelle Situation ein.

(7) **Beschwerdeinformationen systematisch analysieren:** Unterziehen Sie die Beschwerdeinformationen regelmäßig qualitativen und quantitativen Analysen, um Defizite im Leistungsangebot frühzeitig erkennen zu können.

(8) **Kundenzufriedenheitsanalysen regelmäßig durchführen:** Erfassen Sie die Beschwerdezufriedenheit kontinuierlich im Rahmen von umfassenden Zufriedenheitsanalysen.

(9) **Interne Voraussetzungen für ein Beschwerdemanagement schaffen:** Schaffen Sie die organisationalen und informationstechnischen Voraussetzungen, damit die Mitarbeitenden in der Lage sind, den Prozess eines aktiven Beschwerdemanagements selbständig voranzutreiben.

(10) **Effizienzkontrollen durchführen:** Gewährleisten Sie, dass ein Kosten-Nutzen-Vergleich des Beschwerdemanagements durchgeführt wird.

6. Kapitel

Innovationsmanagement

1. Grundlagen des Innovationsmanagements

Das Angebot kundenorientierter Produkte und Dienstleistungen bezieht sich nicht nur auf die Sicherstellung des aktuellen Leistungsangebotes. Vielmehr sind im Rahmen der Kundenorientierung auch Leistungen zu generieren, die die latent vorhandenen, jedoch noch nicht artikulierten Erwartungen der Kunden erfüllen. Gelingt es Unternehmen, diese „versteckten" Bedürfnisse und Erwartungen zu identifizieren, so eröffnet sich eine weitere Möglichkeit, die Kundenorientierung zu steigern. Der Zusammenhang zwischen Kundenorientierung und dem Baustein Innovationsmanagement, dargestellt in **Schaubild 6–1**, liegt somit primär auf der Seite des Leistungsangebotes, jedoch spielen auch Interaktionsaspekte eine Rolle, insbesondere bei dem zunehmend diskutierten Ansatz der „Open Innovation", deren Wesen darin besteht, insbesondere Innovationspotenziale von Kunden, aber auch anderer Personen und Institutionen in den Leistungs- bzw. Produktentwicklungsprozess mit einzubeziehen. Besonders die Einbindung der Kunden durch das Internet stellt ein neues und vor allem vielversprechendes CRM-Instrument dar. Empirische Studien haben nachgewiesen, dass Kunden, die aktiv in die Entwicklung neuer Produkte und Dienstleistungen eingebunden werden, das Unternehmen als kundenorientiert bewerten, sich ernst genommen fühlen und ein stärkeres Vertrauen in das Unternehmen entwickeln (*Füller/Jawecki/Bartl* 2009; *Grissemann/Stokburger-Sauer* 2012).

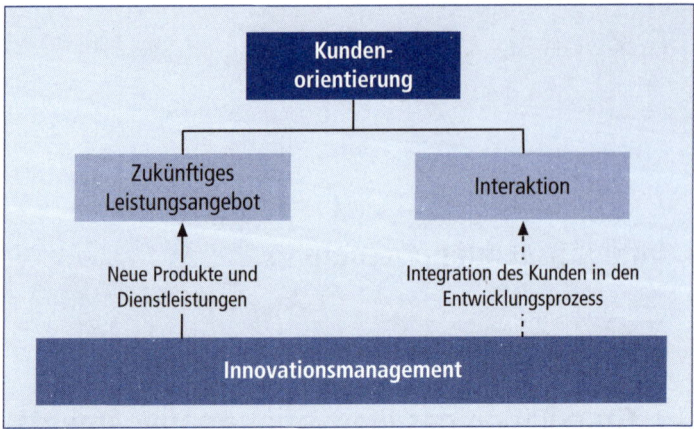

Schaubild 6–1: Zusammenhang zwischen Kundenorientierung und Innovationsmanagement

Studien zeigen darüber hinaus, dass die erfolgreichsten Unternehmen im Schnitt auch deutlich höhere Innovationsgrade aufweisen als ihre Konkurrenz (*Schimank/Römer/Wunderlich* 2011; *Roth* 2012). Eine erfolgreiche Entwicklung von Innovationen durch Unternehmen setzt innovationsförderliche Rahmenbedingungen und ein professionelles Innovationsmanagement voraus. Gleichzeitig ist ein Unternehmertyp gefragt, der mit Risikobereitschaft und Durchhaltevermögen neue Ideen entwickelt und realisiert. In der heutigen Diskussion zum Thema „Innovation" werden jedoch gerade diese Merkmale vermisst und teilweise wird von einem deutlichen Innovationsdefizit gesprochen (*Credit Suisse* 1998; *McKinsey&Company* 2001; *IDC* 2006; *Frodl* 2011).

Unternehmen stehen vielfach vor dem komplexen Planungsproblem, Maßnahmen zur Reaktivierung der im Laufe der Zeit nachgelassenen Innovationsfähigkeit zu entwickeln. Ein Rückblick auf die in den letzten Jahren verfolgte Innovationspolitik vieler Unternehmen lässt erste Anhaltspunkte für die Ursachen dieser **Innovationsdefizite** erkennen. In diesem Zusammenhang identifiziert *Roth* (2012) Unternehmensmerkmale zur Erläuterung von Innovationsdefiziten. Die Ergebnisse bestätigen die Relevanz eines konsequenten Innovationsmanagements (Steuerung, Planung, Kontrolle), der internen sowie externen Wissensvernetzung sowie der Schaffung einer innovationsfördernden Atmosphäre durch zeitliche Freiräume für Ideengenerierung oder der Selbstorganisation der Mitarbeitenden als Merkmale eines innovativen Unternehmens. Darüber hinaus werden in Literatur sowie Praxis drei Entwicklungstendenzen als **Erklärungsansatz für Innovationsdefizite** diskutiert (*Warnecke* 1996; *Booz Allen Hamilton* 2006):

- **Kontinuierliche Senkung der Ausgaben für Forschung und Entwicklung**

Eine kontinuierliche Senkung der staatlichen Forschungsausgaben sowie eine unterdurchschnittliche Innovationskraft der Wirtschaft in einigen Branchen sind seit einigen Jahren in Deutschland zu beobachten (*Specht/Beckmann/Amelingmeyer* 2002; *Fehrle/Philipp/ Fleßa* 2013).

Studie:

Das Marktforschungsunternehmen *IDC* konstatiert in seiner Analyse von 300 führenden Firmen in den USA, Deutschland, Frankreich, Großbritannien, China und Indien den europäischen Unternehmen eine zu große Zurückhaltung bei der Investition in IT-Innovationen. Die Implementierung von neuen Trends erfolgt gemäß der Studie erst, wenn diese sich am Markt etabliert haben (*IDC* 2006).

- **Zögerliche Nutzung externer Ressourcen innerhalb des Innovationsmanagements**

Während z. B. im Produktionsbereich zahlreiche Bestrebungen unternommen werden, die Wettbewerbsfähigkeit durch eine Senkung der Fertigungstiefe zu verbessern, sind derartige Aktivitäten in Bezug auf die Entwicklungstiefe lediglich vereinzelt zu beobachten. Hierdurch werden Innovationspotenziale verschenkt, die die Wettbewerbsfähigkeit von Unternehmen maßgeblich steigern könnten.

BEISPIEL: *Henkel* hat gemeinsam mit einem amerikanischen Tücherspezialisten im Rahmen eines fünfjährigen Projektes das *Pure Complete 3-in-1 Laundry Sheet* entwickelt. Das Produkt wurde in den USA als echte Innovation wahrgenommen, da es drei Eigenschaften (Waschmittel,

Weichspüler und Anti-Statik) in einem Produkt kombiniert. Ohne die Kooperation und die damit verbundene Öffnung für externe Ressourcen und Nutzung von Synergien wäre *Henkel* nicht imstande gewesen, das Produkt in dieser Art zu entwickeln (*Burkhart/Müller-Kirschbaum/Wuhrmann* 2011, S. 230 f.)

BEISPIEL: Die *Deutsche Bahn* plant an der Jannowitzbrücke in Berlin einen Think-Tank für Startups im Bereich Mobilität 4.0 zu errichten. Die „Mindbox" soll Räumlichkeiten für den Austausch zwischen Mitarbeitenden der verschiedenen Geschäftsfelder der *Deutschen Bahn* sowie zwischen den Startups schaffen. Im Rahmen von Hackathons – kollaborativen Software- und Hardwareentwicklungen – haben die Jungunternehmen die Möglichkeit, mit Daten der *Deutschen Bahn* zu experimentieren und Prototypen zu testen sowie zu optimieren (*Deutsche Bahn* 2015).

■ **Verbesserungsfähiges Management der eigenen internen Forschungskapazitäten**

Ferner ist zu beobachten, dass die Unternehmenspotenziale, wie z. B. die Unternehmensstrukturen, Informationssysteme, Unternehmenskultur und auch Führungssysteme, noch zu wenig auf die Schaffung eines günstigen Innovationsklimas ausgerichtet sind. So verfügen rund 86 Prozent der Unternehmen über eine Innovationsstrategie, über die Hälfte setzt diese jedoch nicht konsequent um (*Zollinger* 2008). Darüber hinaus ist besonders die Forderung der eigenen Mitarbeitenden, Innovationsvorschläge einzubringen, von zentraler Bedeutung. Dies kann mittels materieller und immaterieller Anreizsysteme unterstützt werden (*Specht/Beckmann/Amelingmeyer* 2002).

BEISPIEL: Der Multitechnologiekonzern *3M* stellt Mitarbeitenden 15 Prozent ihrer Arbeitszeit zur Verfügung, an so genannten „U-Boot-Projekten" zu arbeiten. Dies sind Projekte, über deren Inhalte Mitarbeitende zum großen Teil selbst entscheiden. Erst wenn sich die Frage nach der direkten Umsetzung in Produkte bzw. Herstellungsprozesse stellt, wird der Vorstand über die konkreten Vorschläge informiert. Ziel dieser Projekte ist es, das „Querdenken" im Unternehmen zu fördern (*BSG* 2013).

Führungskräfte, die sich zum Ziel gesetzt haben, die Kundenorientierung durch das Angebot innovativer Leistungen zu steigern, haben sich somit auch die Frage zu stellen, wie die Rate der erfolgreichen Innovationen in ihrem Unternehmen erhöht werden kann. Erste Hinweise zur Umsetzung eines erfolgreichen Innovationsmanagements kann die Analyse der **Gründe für das Scheitern von Innovationen** geben. Bei einer Untersuchung aus dem Industriegüterbereich konnten sechs Hauptgründe für den Mindererfolg bei der Einführung von Innovationen identifiziert werden (*Backhaus/Voeth* 2014):

(1) Die Zahl der potenziellen Kunden für die Innovation wurde überschätzt; die Anzahl der Käufer war zu gering, um mit der Innovation langfristig Gewinne realisieren zu können (28 Prozent der fehlgeschlagenen Neueinführungen).

(2) Es handelte sich lediglich um Betriebsneuheiten (abweichende Imitationen bereits vorhandener Produkte/Me-too-Produkte) und nicht um echte Marktinnovationen (24 Prozent der fehlgeschlagenen Neueinführungen).

(3) Es handelte sich um Me-too-Produkte, die dem Wettbewerbsdruck neuer Anbieter nicht gewachsen waren (13 Prozent der fehlgeschlagenen Neueinführungen).

(4) Die Produktinnovation hatte technische Schwächen (15 Prozent der fehlgeschlagenen Neueinführungen).

(5) Die Preissetzung für die Produktinnovation war zu hoch, so dass die Nachfrage zu gering war, um die Innovation flächendeckend durchzusetzen (13 Prozent der fehlgeschlagenen Neueinführungen).

(6) Die Produkte entsprachen nicht den Kundenbedürfnissen, d. h., die Marktsituation wurde von den Unternehmen falsch eingeschätzt (7 Prozent der fehlgeschlagenen Neueinführungen).

Die Herausforderungen des Wettbewerbs können folglich nur dann bewältigt werden, wenn der Innovationsprozess – insbesondere in Bezug auf die oben angesprochenen Gründe – optimiert und auch beschleunigt wird. Ein zentrales Ziel bei der Einführung von Innovationen ist die Notwendigkeit, die Bedürfnisse der aktuellen und potenziellen Kunden detailliert und systematisch zu erfassen, um kundenorientierte Produkte und Serviceleistungen anbieten zu können.

Der im Folgenden zugrundegelegte Begriff der Innovation basiert daher insbesondere auf der Grundüberlegung, dass das Konstrukt Kundenorientierung zu einem großen Anteil durch das Produkt- und Dienstleistungsangebot des Unternehmens beeinflusst wird, dessen inhaltliche Gestaltung somit eine wichtige Komponente der Kundenorientierung darstellt. Daher bezieht sich der hier zugrundegelegte Innovationsbegriff sowohl auf Produkte als auch auf Dienstleistungen (zum Innovationsmanagement in Dienstleistungsunternehmen vgl. *Benkenstein* 2001; *Bruhn/Stauss* 2004; *Meffert/Bruhn/Hadwich* 2015, S. 283). Daher wird folgende Definition verwendet:

Innovationen

> sind mit einer mittelbaren und/oder unmittelbaren Erarbeitung einer aus Unternehmens- und Kundensicht neuen Idee des Leistungsangebotes (Produkt und/oder Dienstleistung) verbunden – mit dem Ziel, diese Idee erfolgreich am Markt durchzusetzen und somit in der Folge den Kundennutzen nachhaltig zu steigern.

Innovationen sind somit kein Selbstzweck, sondern haben zum Ziel, einen Beitrag zur Kundenorientierung und letztlich zum wirtschaftlichen Erfolg des Unternehmens zu leisten. Diese kundenbezogene Sichtweise wird in jüngster Zeit gemeinsam mit Konzepten zur Kundenintegration in den Innovationsprozess deutlich betont und stellt den zentralen Erfolgsfaktor im Rahmen des Innovationsmanagements dar (*Gustafsson/Kristensson/Witell* 2012).

Unabhängig von den gewählten Interpretationsformen sind Innovationen im Allgemeinen durch vier Merkmale gekennzeichnet. Diese haben einen wesentlichen Einfluss auf die Gestaltung und Steuerung von Innovationsprozessen und werden daher kurz beschrieben. Als zentrale **Merkmale von Innovationen** sind zu unterscheiden (*Thom* 1980; *Gierl* 1995; *Perl* 2007; *Heesen* 2009; *Vahs/Brem* 2015):

- Neuheit,
- Komplexität,
- Unsicherheit,
- Konfliktgehalt.

Neuheit: Ein konstitutives Merkmal von Innovationen ist ihre „Neuheit". Kann zum einen die Assoziation der Neuheit beim Kunden nicht erreicht werden (Produkt ist „nicht neu") oder wird zum anderen ein zu starker technologischer Fortschritt wahrgenommen (Produkt ist „zu neu"), so ist die Gefahr des Scheiterns am Markt relativ groß (*Perl* 2007).

Komplexität: Bei Entwicklungsprojekten handelt es sich stets um komplexe, wenig strukturierte Entscheidungsprobleme, die durch eine große Anzahl unterschiedlicher Elemente, interdependenter Beziehungen und eine hohe Eigendynamik gekennzeichnet sind. Je größer die Komplexität des Entscheidungsproblems, desto schwieriger wird die systematische Planung von Innovationen. Aus diesem Grunde ist ein Vorgehen erforderlich, das die Kundenorientierung in den Mittelpunkt der Planungen stellt. In jeder Phase des Innovationsprozesses ist zu prüfen, ob der Kundennutzen durch die Neuentwicklung gesteigert werden kann. Eine Möglichkeit, die in diesem Zusammenhang oft Anwendung findet, ist die Integration des Kunden in den Innovationsprozess (*Kleinaltenkamp* 1996; *Backhaus/Voeth* 2014).

Unsicherheit: Innovationen sind ferner durch das Merkmal der Unsicherheit gekennzeichnet. Beispielsweise ist unsicher, ob die Innovationsidee von den Kunden akzeptiert wird, inwieweit eine Durchsetzung der Innovation auch unter Effizienzgesichtspunkten möglich ist und ob die Innovationsidee nicht bereits von der Konkurrenz realisiert wurde bzw. diese kurz vor dem Abschluss steht. Das Merkmal der Unsicherheit wird durch die zunehmende Dynamik der Umwelt intensiviert, die sich dadurch äußert, dass Trendzyklen immer kürzer werden. In den verschiedenen Phasen der Produktentwicklung stehen zur Unsicherheitsreduktion unterschiedliche Instrumente zur Verfügung (vgl. auch Abschnitte 2.4 und 2.5 in diesem Kapitel).

Konfliktgehalt: Neues hat auch seine „unangenehmen Seiten", da das Auseinandersetzen mit dem Neuen das Verarbeiten mehrdeutiger Informationen sowie den Umgang mit Risiken beinhaltet und in einer stressgeladenen Situation münden kann (*Vahs/Brem* 2015). Aus diesem Grund löst die Abkehr von Vertrautem hin zu etwas

Neuem nicht selten Widerstände und Abwehrreaktionen bei Mitarbeitenden und Kunden des Unternehmens aus. Die Berücksichtigung dieses Konfliktpotenzials ist bei der Planung von Produkt- und Dienstleistungsinnovationen in der Weise notwendig, dass das Ausmaß (Innovationshöhe) und die Geschwindigkeit (Innovationsintervall), mit der Innovationen auf den Markt gebracht werden, auf die Akzeptanz der Mitarbeitenden und Kunden abzustimmen sind.

> **BEISPIEL:** Die Einführung der so genannten neuen *„New Coke"* in den USA löste so starke Abwehrreaktionen auf Kundenseite aus, dass kurz nach der Einführung die „alte" *Classic Coke* wieder eingeführt wurde, obwohl sich im Blindtest eine überwältigende Mehrheit für die „neue" *Coke* ausgesprochen hatten.

Je nach Erfüllungsgrad der Innovationsmerkmale kann von Substitutions-/Inkrementalinnovationen, Verbesserungs-/Quasi-Innovationen oder von Me-too-Produkten/Imitationen gesprochen werden (*Becker* 2013). Die **Substitutionsinnovationen** zeichnen sich dadurch aus, dass das Merkmal „Neuheit", aber auch alle anderen oben dargestellten Merkmale in hohem Maße erfüllt sind. Bisherige Alternativen werden in ihrem Leistungsumfang und ihrer -fähigkeit völlig ersetzt (z. B. Videokassetten werden durch DVD's abgelöst). Bei **Verbesserungs-/Quasi-Innovationen** handelt es sich um neuartige Produkte, bei denen bekannte Elemente bestehender Produkte in ihrer Leistung verbessert wurden (z. B. Leistungssteigerungen von Computern). Bloße Nachahmungen bestehender Produkte hingegen werden als **Me-too-Produkte/Imitationen** bezeichnet.

In mehreren Branchen haben sich darüber hinaus weitere Bezeichnungen für Produktinnovationen herausgebildet: Modellwechsel und „Face Lifting" in der Autoindustrie, „New Generations" und „Updates" bei Software, „New Chemical Entities" bei Pharmazeutika (*Brockhoff* 2007, S. 23).

2. Planung und Umsetzung von Innovationen

2.1 Systematisierung des Innovationsmanagements

Innovationen setzen neue Maßstabe im Markt. Um dies realisieren zu können, werden neue Produkte oder Dienstleistungen innerhalb eines Innovationsmanagements systematisch geplant, organisiert, umgesetzt und der Innovationserfolg kontrolliert. Ein Innovationsmanagement besteht aus verschiedenen Phasen, die in **Schaubild 6–2** im Überblick dargestellt sind.

Ausgangspunkt des Innovationsmanagements ist die Festlegung der **Innovationsstrategie**, bei der traditionell entweder technologie- oder marktorientierte Aspekte dominieren. In der ersten Phase des Innovationsprozesses geht es um die **Gewinnung von Produkt- und Serviceideen.** Im Bereich der Kundenintegration werden, ebenso wie beim Konzept der Open Innovation, neue Möglichkeiten zur schnellen und bedarfsgerechten Umsetzung von Innovationen diskutiert. Beim Black-Box-Engineering liegen im Gegensatz zu herkömmlichen Innovationsprozessen die genauen Inputs der beteiligten Parteien nicht fest, so dass während des Prozesses der Ideengenerierung das Maximum an möglichen Synergien aus den Ideen und Kenntnisständen der einzelnen Partner nutzbar ist (*Freiling/Busse/Estavo* 2004, S. 163; *Rothlauf* 2014).

Hinsichtlich der **Art der Kundenintegration** bieten sich unterschiedliche Möglichkeiten an. Traditionelle Quellen kundenseitiger Innovationsideen sind qualitative Befragungen und das Beschwerdemanagement. Sie greifen jedoch häufig zu kurz, um tiefgreifende Informationen über die aktuellen und zukünftigen Bedürfnisse der Kunden zu erhalten (*Hünerberg/Mann* 2004, S. 255). Bei Customer Focus Groups wird eine Gruppendiskussion mit Hilfe eines geschulten Moderators durchgeführt. Der Vorteil besteht darin, dass sich die Kunden bei der Entwicklung ihrer Ideen ergänzen und eine gegenseitige Inspiration für Weiterentwicklungen und Vertiefungen der Ideen möglich ist (*Thallmaier* 2014, S. 56). Weniger aufwändige Möglichkeiten der Ideensuche beinhalten z. B. Kundenforen im In-

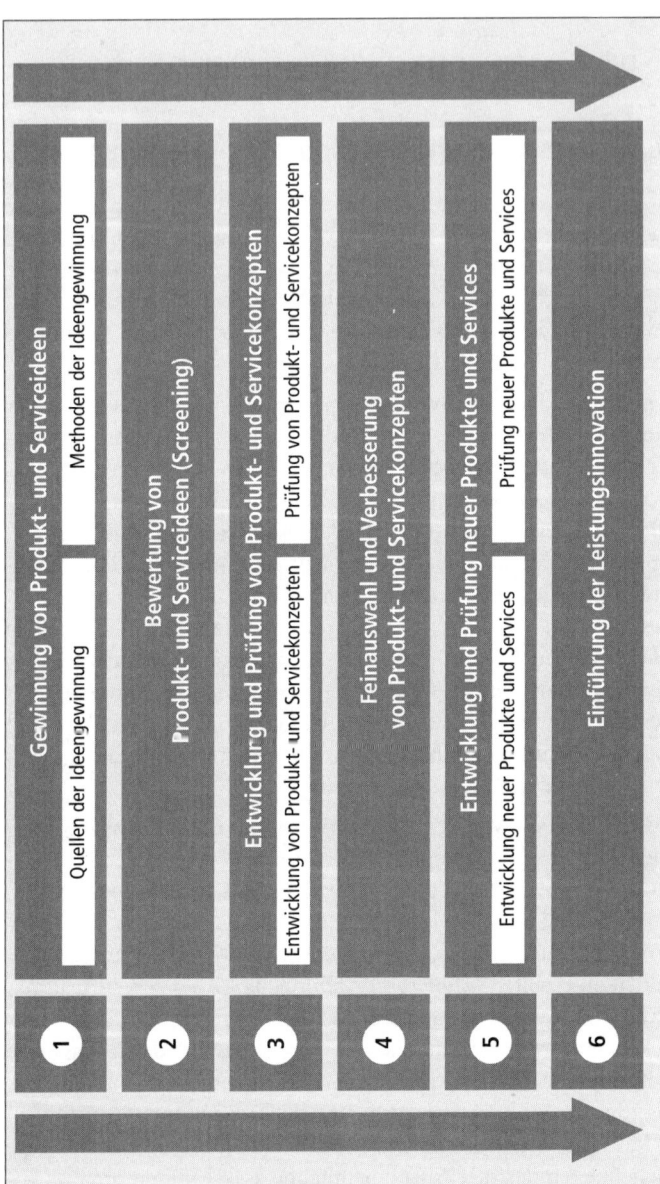

Schaubild 6–2: Planungsprozess für Innovationen (Quelle: *Bruhn/Hadwich* 2006, S. 206)

ternet, User Groups, Kundenclubs oder Customer Advisory Boards, d. h. Kundenbeiräte, die als ständige Teilnehmer regelmäßiger Meetings zur Weiterentwicklung von Produkten und Dienstleistungen institutionalisiert sind (*Hünerberg/Mann* 2004, S. 261 ff.; *Debruyne* 2014, S. 79 f.). Besonders die Integration der Kunden mittels Social Media-Plattformen z. B im Rahmen von Online-Communities eröffnet den Unternehmen eine Vielzahl neuer Möglichkeiten für eine erfolgreiche Einbindung der Kunden in den Innovationsprozess (*Füller/Jawecki/Bartl* 2009; *Wirtz et al.* 2013).

Studie:

Eine Studie von *Gustafsson/Kristensson/Witell* (2012) zur Integration von Kunden in Innovationsprozesse demonstriert Unterschiede bezüglich des Produkterfolges in Abhängigkeit der Innovationsart. So haben die Häufigkeit der Kommunikation zwischen den Kunden und dem Unternehmen, das Ausmaß der Kollaboration sowie die frühe inhaltliche Einbindung der Kunden einen signifikant positiven Effekt auf den Erfolg des Produktes bzw. der Dienstleistung im Rahmen von inkrementellen Innovationen, wohingegen bei radikalen Innovationen die frühe inhaltliche Einbindung einen signifikant negativen Effekt auf den Produkterfolg aufweist.

Die zweite Phase des Innovationsprozesses – das **Ideenscreening** – beschäftigt sich mit der Bewertung der einzelnen Innovationsideen, auch hinsichtlich der Frage, ob diese vom Unternehmen überhaupt realisiert werden können. Ziel dieser ersten Auslese vorliegender Innovationsideen (Screening) ist die Konzentration auf potenziell erfolgreiche Ideen. Dabei können ebenfalls vom Unternehmen einberufene Personengruppen in ähnlicher Art wie bei der Ideensuche und -produktion zum Einsatz kommen.

Fallen die Bewertungen positiv aus, so schließt sich die dritte Phase der **Entwicklung und Prüfung von Produkt- und Servicekonzepten** an. In diesem Zusammenhang sind aus der Unternehmensstrategie Richtwerte bzgl. der Intensität und Dauer des F&E-Projekts abzuleiten. Es ist zu klären, in welchem Umfang über das eigene Know-how hinaus technologisches Wissen zur Umsetzung der Innovation notwendig ist. Hierbei kann der Technologietransfer auf dem Weg eines informellen Informationsaustauschs mit einer externen Institution oder aufgrund vertraglicher Informationsüberlassung, z. B. im Rahmen von Lizenzverträgen, erfolgen.

Hat die Prüfung der Konzepte ergeben, dass einige Ideen verworfen und andere weiterverfolgt werden, schließt sich die vierte Phase der **Feinauswahl und Verbesserung von Produkt- und Service-konzepten** an. Hier geht es in erster Linie um eine Verfeinerung und Justierung der Konzepte. Denn in der fünften Phase der **Entwicklung und Prüfung neuer Produkte und Services** wird es sehr konkret, hier werden bereits diverse Testverfahren eingesetzt, bevor in der abschließenden sechsten Phase die **Einführung der Leistungsinnovation** erfolgt und die Marktakzeptanz getestet wird.

Da sich die Phasen teilweise überschneiden ist es empfehlenswert, schon in frühen Entwicklungsphasen auf Entscheidungshilfen zurückzugreifen, um erkennbaren Fehlentwicklungen gegenzusteuern und so das Risiko eines wirtschaftlichen Fehlschlags zu reduzieren. Weiterhin können durch frühzeitige Tests die Akzeptanz und das Marktpotenzial der Innovation besser abgeschätzt werden. Den im Rahmen dieser Phase entstandenen Kosten stehen keine Erlöse gegenüber, falls ein Abbruch der Entwicklung unausweichlich wird. Gleichzeitig steigt jedoch die Sicherheit mit den Vorhersagen über den wirtschaftlichen Erfolg des Neuproduktes.

Im Rahmen dieser Phasen findet ein Auswahlprozess statt, in dem aus einer Vielzahl generierter Ideen nur einige wenige Erfolg versprechende Produkt- und Dienstleistungen entstehen.

2.2 Festlegung der Innovationsstrategie

Ausgangspunkt des Innovationsmanagements ist die Festlegung der Innovationsstrategie. In dieser Phase ist festzulegen, wie Innovationen im Unternehmen generiert und durchgesetzt werden. Im Folgenden werden zwei grundsätzliche **Innovationsstrategien** diskutiert (*Lerch* 2015):

(1) Technology-Push-Innovationsstrategie,

(2) Market-Pull-Innovationsstrategie.

Zentrales Differenzierungskriterium dieser Innovationsstrategien ist die Richtung, aus der die Innovation initiiert wird. Während bei der erstgenannten Strategie die Idee für ein neues Produkt oder eine neue Dienstleistung aus dem Unternehmen (in der Regel der Forschungs- und Entwicklungsabteilung) stammt, geht bei der Market-Pull-Innovationsstrategie die Initiative zur Innovation vom Kunden aus. Beide Ansätze werden in **Schaubild 6–3** grafisch verdeutlicht.

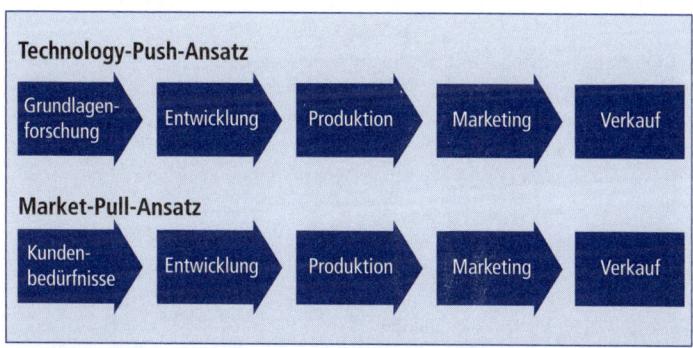

Schaubild 6–3: Alternative Innovationsstrategien (Technology-Push vs. Market-Pull) (Quelle: *Carter/Williams* 1957; *Smookler* 1966; *Rothwell* 1992)

(1) Technology-Push-Ansatz

Unternehmen, die den Technology-Push-Ansatz präferieren, sind bemüht, für ihre erarbeitete (technologische) Lösung bzw. Erfindung eine adäquate Anwendungsmöglichkeit zu finden.

> **BEISPIEL:** Ein Technology-Push-Ansatz war bei der Einführung des Potenzmittels *Viagra* zu beobachten. Das von Wissenschaftlern des *Pfizer*-Forschungszentrums entwickelte Medikament strebte ursprünglich die Zulassung als Bluthochdruckmedikament an. Nachdem die männlichen Probanden die Steigerung ihrer Potenz zunehmend als Nebenwirkung angaben, verfolgte *Pfizer* diese Wirkung weiter. Diese zunächst unbeabsichtigte Eigenschaft brachte den Hersteller auf die Idee, das Medikament als Mittel zur Potenzsteigerung zu vermarkten. *Viagra* wurde daraufhin weltweit erfolgreich am Markt durchgesetzt und revolutionierte die Therapiemöglichkeiten bei erektiler Dysfunktion und Enttabuisierte das Krankheitsbild in der Gesellschaft (*Welt* 2015).

Vorteilhaft ist bei diesem strategischen Ansatz insbesondere die Tatsache, dass eine relativ große Anzahl von Innovationsideen entwickelt werden kann. Allerdings ist mit dieser Innovationsstrategie gleichzeitig auch ein höheres Risikopotenzial und eine höhere Innovationsfloprate – insbesondere aufgrund einer eher geringeren Orientierung am Kundenwunsch – verbunden (*Bruhn/Hadwich* 2006).

BEISPIEL: Ein Beispiel des Technology-Push-Ansatzes bei *3M* ist die Entwicklung der Haftnotizen (*Post-It™*). Den Mitarbeitenden der Forschungsabteilung stehen 15 Prozent ihrer Arbeitszeit zur Verfügung, um an eigenen Forschungsprojekten zu arbeiten. Ein Entwicklungsingenieur des Unternehmens (Arthur Fry) hatte in seiner frei verfügbaren Forschungszeit einen neuen Klebstoff entwickelt. In der Testphase zeigte sich, dass dieser Klebstoff sehr schlechte Klebeeigenschaften aufwies. Der Kundenwunsch (hohe Klebekraft) konnte folglich nicht erfüllt werden. Daraufhin suchte der Mitarbeitende nach neuen Anwendungsgebieten für seine Erfindung. Dabei fiel ihm ein, dass er sich beim Kirchenbesuch schon sehr häufig gewünscht hatte, dass das lästige Blättern nach neuen Liedern entfiele. Er bestrich einige Blätter Papier mit seinem neuen Kleber und markierte bei seinen Kirchengängen die Seiten des Gesangbuches. Die Idee gefiel dem Entwicklungsingenieur so gut, dass er anfing, Haftnotizen mit geringer Klebekraft in Eigenproduktion herzustellen, die er kostenlos an sämtliche Kollegen verteilte. Der Erfolg war nicht nur unternehmensintern, sondern auch am externen Markt sehr groß.

Voraussetzungen für den Erfolg eines auf der Basis der Technology-Push-Strategie entwickelten Produktes ist ein effizientes Technologie- sowie F&E-Management. Darüber hinaus sind Freiräume für Mitarbeitende zu schaffen, um zu Erfindungen und Innovationen zu motivieren. Tendenziell gilt: Je höher der Innovationsgrad, desto eher ist der Technology-Push-Ansatz erfolgreich (*Meffert/Burmann/Kirchgeorg* 2015, S. 375 ff.).

(2) Market-Pull-Ansatz

Der Grundgedanke der Market-Pull-Innovationsstrategie basiert auf der Annahme, dass die ausschlaggebenden Impulse für neue Produkt- oder Dienstleistungsinnovationen vom Markt bzw. den

Bedürfnissen der Kunden (Nachfragesog) ausgehen. In dieser Situation „verlangt" der Markt nach einer Innovation, d. h., die Ansatzpunkte zur Steigerung des Kundennutzens wurden von den aktuellen Kunden bereits artikuliert.

BEISPIEL: Ein klassisches Beispiel einer Market-Pull-Innovation ist der Walkman von *Sony*, der auf Basis des Kundenbedürfnis, überall Musik zu hören, sogar gegen internen Wiederstand der technischen Entwicklung umgesetzt wurde (*Franken/Franken* 2011, S. 203). Weitere Beispiele für Innovationen, die durch einen Market-Pull ausgelöst worden sind, finden sich im Bereich erneuerbarer Energien. Stetig steigende Preise für fossile Rohstoffe, insbesondere Öl, sorgen für einen kundenseitigen Bedarf an alternativen Möglichkeiten zur Erzeugung von Heizwärme oder zur Reduktion des Energieverbrauchs. Dieser Market-Pull kann durch Steuerungsinstrumente, wie die so genannte „Öko-Steuer" in Deutschland, noch verstärkt werden.

In diesem Zusammenhang wird auch verstärkt der Begriff der **Open Innovation** diskutiert. Hierunter werden Innovationsprozesse verstanden, die nicht an den Grenzen der Unternehmen oder ihrer Innovationsabteilungen enden. Vielmehr sollen Akteure außerhalb des Unternehmens an der Entwicklung von Innovationen mitwirken (*Möslein/Neyer* 2009, S. 85; *Vollmann/Lindemann/Huber* 2012). In Bezug auf die Kundenorientierung ist die Integration von Kunden in den Innovationsprozess als ein Teilbereich der Open Innovation von besonderer Bedeutung, da hierbei wertvolle Erkenntnisse über die Wünsche und Bedürfnisse der Kunden gewonnen werden können, die das Unternehmen unterstützen, kundenorientierte Innovationen zu entwickeln.

Zur Identifikation der Kundenwünsche hat in den vergangenen Jahren das so genannte **Lead User-Konzept** eine beachtliche Bedeutung erlangt. Als Lead User werden diejenigen Kunden bezeichnet, deren ausgeprägte Produkt- und Systemwünsche zunächst den am weitesten gehenden technologischen Fortschritt repräsentieren. In der Regel weist diese Kundengruppe ein sehr hohes Involvement in diesem speziellen Bereich auf und setzt sich auch privat intensiv mit dem Produkt des jeweiligen Anbieters auseinander. Dies kann so weit gehen, dass Unternehmen Quasi-Prototypen einer kundendeterminierten Innovation zur Verfügung gestellt bekommen. Beim Lead User-Konzept werden diese Kunden direkt in den Innovationsprozess einbezogen, um die (latent) vorhandenen Kundenbedürfnisse schnell und präzise erfassen zu können. Lead User können mit ihrem Bedürfnis nach fortschrittlichen Lösungen für Probleme konkrete Anregungen für die Gestaltung von Produkten und Systemen liefern (*Katz* 2003; *Bruhn/Hadwich* 2006; *Burgelman/Christensen/Wheelwright* 2008; *Herrmann/Huber* 2013, S. 134).

> **BEISPIEL:** Ein Beispiel für den erfolgreichen Einsatz des Lead User-Konzepts bietet *McDonald's*. Im Jahr 2012 hat das Unternehmen zur Mitmachkampagne „Mein Burger 2012" aufgerufen. Auf der Website konnten Lead User mit Hilfe eines Burgergenerators genormte Zutaten kombinieren. Alle Lead User-Varianten wurden dann der Community präsentiert. Die besten fünf Entwicklungen der Lead User waren dann auch als limitierte Auflage auf der Speisekarte von *McDonald's* erhältlich.

Eine weitere Form der Zusammenarbeit kann ferner durch die Umsetzung des **Customer-Integration-Ansatzes** verwirklicht werden (*Hofbauer/Hellwig* 2015). Ein Unternehmen versucht im Rahmen des Customer-Integration-Ansatzes, Kundenlösungen in sehr enger Zusammenarbeit und Einbindung des Kunden zu entwickeln. In Abhängigkeit davon, wie ausgeprägt das Beschaffungsverhalten der Kunden und in welchem Umfang der Nachfrager an der Leistungserstellung mitwirken will bzw. seine Mitwirkung aus Unternehmenssicht anzustreben ist, wird der Kunde in den Prozess der Leistungs-/Produktgestaltung mit einbezogen. So entsteht Klarheit darüber, welche Kundenwünsche zu erwarten sind. Die Zusammenarbeit mit dem Kunden beschränkt sich bei diesem Ansatz nicht nur auf Lead User, sondern berücksichtigt sämtliche Nachfrager des jeweiligen Unternehmens (*Reichwald/Piller* 2009; *Picot/Reichwald/Wiegand* 2010; *Hofbauer* 2012). Durch die Verfügbarkeit neuer (Internet-) Technologien und die Möglichkeit der direkten Interaktion mit den Kunden mittels Social Media-Plattfomen erhalten Unternehmen zunehmend die Möglichkeit, Kundenideen zur Entwicklung von Innovationen zu generieren und so Innovationen verstärkt an den Bedürfnissen der Kunden auszurichten (*Herstatt* 2009). Social Media-Plattformen stellen für Unternehmen eine einzigartige Wissens- und Innovationsquelle dar, die es in dieser konzentrierten Form vor dem Internetzeitalter nicht gegeben hat. Nutzer tauschen aktiv im Dialog untereinander oder aber auch mit Unternehmensmitarbeitenden Erfahrungen mit Produkten aus und machen Vorschläge zu Produktmodifikationen und Neuproduktideen. Das ständig wachsende Angebot an internetbasierten Instrumenten ermöglicht so die effiziente und effektive Einbindung der Kunden in die Produkt- und Serviceentwicklung *(Füller/Jawecki/Bartl* 2009).

> **BEISPIEL:** Die Firma *LEGO* demonstriert, wie Offline- und Online-Communities gemeinsam für die Kundeneinbindung in den Innovationsprozess genutzt werden können. *LEGO* beobachtet intensiv die Aktivitäten in den verschiedenen *LEGO*-Online Communities und fördert diese. Außerdem initiiert *LEGO* zweimal im Jahr ein Treffen begeisterter Teilnehmer dieser Communities. Während dieses Treffens arbeiten die Teilnehmer intensiv an neuen Ideen. So gelingt es *LEGO,* Offline- und Online-Instrumente zu kombinieren, um Kunden erfolgreich in den Innovationsprozess zu integrieren.

Die Market-Pull-Innovationsstrategie bietet somit eine Möglichkeit, die zukünftigen Bedürfnisse der Kunden zu analysieren und Ansatzpunkte zur Steigerung der Kundenorientierung zu entdecken. Voraussetzung für den Erfolg ist vor allem eine zielführende Marktforschung sowie ein schlagkräftiges Marketing. Außerdem wird es für Unternehmen zunehmend wichtiger, die neuen Möglichkeiten einer aktiven Integration der Kunden durch Social Media zu erkennen und diese aktiv in den Innovationsprozess des Unternehmens zu integrieren. Eine Gefahr dieses Strategieansatzes besteht allerdings darin, dass „frühe Folger" relativ schnell am Markt auftreten, da auch die Wettbewerber die latent vorhandenen Kundenwünsche analysieren und ihrerseits an der Entwicklung von Innovationen arbeiten.

Im Folgenden werden die Methoden und Instrumente der Kernphasen des Innovationsprozesses – die Generierung, Prüfung, Auswahl, Umsetzung und Anpassungen bei der Markteinführung – im Einzelnen dargestellt und thematisiert.

2.3 Phase der Ideengenerierung

Nachdem die Grundsatzentscheidung zur Innovationsstrategie getroffen ist, folgt jene Phase des Innovationsmanagements, in der konkrete Ideen gefunden und selektiert werden. Die Phase der **Ideengenerierung** enthält dabei zwei Aktivitätsbereiche – die Ideensuche und Ideenproduktion. Liegen keine konkreten Vorstellungen bzw. Hinweise von aktuellen Kunden über mögliche Innovationen vor, so werden bei der **Ideensuche** interne und externe Quellen auf mögliche Hinweise für Innovationen analysiert. Bei der Ideenproduktion stehen analytische Verfahren im Vordergrund, mit deren Hilfe Ideen zu generieren sind. **Schaubild 6–4** zeigt in einem Überblick, welche internen und externen Quellen im Rahmen der Ideensuche herangezogen werden können.

Bei der Heranziehung dieser Ideenquellen lassen sich erste Anregungen zur Ideensuche entnehmen. Für eine konsequente Kundenorientierung ist dabei von besonderer Bedeutung, die Mitarbeitenden mit direktem Kundenkontakt (z. B. Angestellter am Bankschalter, Verkäufer) für Fragen des Innovationsmanagements zu sensibilisieren. Dies gilt ebenso für Mitarbeitende mit indirektem Kundenkontakt (z. B. zentrale Beschwerdeabteilung, Verbraucherabteilung usw.), die die im Tagesgeschäft erhobenen Daten nach ideen-/innovationsrelevanten Informationen analysieren könnten.

Im Rahmen des Co-Creation-Ansatzes (*Prahalad/Ramaswamy* 2004) setzen erfolgreiche Unternehmen auf ausführliche Gespräche mit Kunden und binden diese direkt in die Neuprodukt- bzw. Leistungsentwicklung mit ein. Sie liefern wertvolle Informationen über Marktgegebenheiten, die bei der Produktdefinition hilfreich sind. Neben den Schlüsselkunden sind – bei Vorhaben mit hohem Innovationsgrad – Experten als Quellen neuer Informationen wichtig. Sie sind in dieser Situation prädestiniert, dem Unternehmen neue Wege zu erschließen.

Erfahrungsgemäß reichen die aufgezeigten Informationsquellen jedoch nicht aus, um echte kundenorientierte Innovationen zu finden. Aus diesem Grund werden vor allem kreativitätsfördernde Techniken, wie beispielsweise die Funktionsanalyse, morphologi-

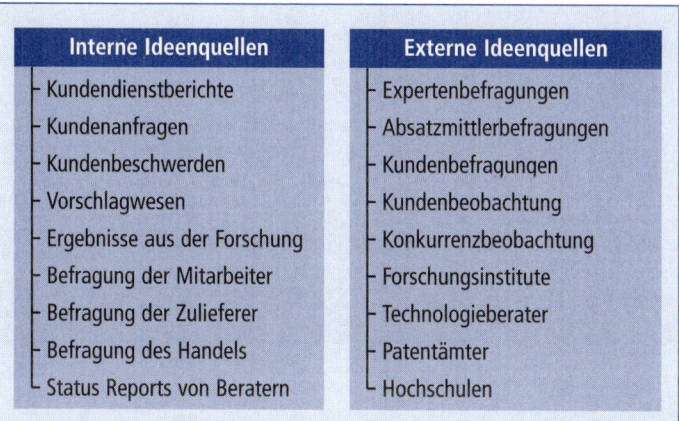

Interne Ideenquellen	Externe Ideenquellen
– Kundendienstberichte	– Expertenbefragungen
– Kundenanfragen	– Absatzmittlerbefragungen
– Kundenbeschwerden	– Kundenbefragungen
– Vorschlagwesen	– Kundenbeobachtung
– Ergebnisse aus der Forschung	– Konkurrenzbeobachtung
– Befragung der Mitarbeiter	– Forschungsinstitute
– Befragung der Zulieferer	– Technologieberater
– Befragung des Handels	– Patentämter
– Status Reports von Beratern	– Hochschulen

Schaubild 6–4: Interne und externe Ideenquellen im Rahmen der Ideensuche

sche Analyse, Brainstorming oder Synektik, zur **Ideenproduktion** herangezogen.

Funktionsanalyse: Im Rahmen der Funktionsanalyse werden zunächst jene Funktionen – in der Regel eines Produktes – beschrieben, die bereits erfüllt werden. Durch Kombination verschiedener Funktionen können neue Produktideen generiert werden.

> **BEISPIEL:** Ein Hersteller von Milcherzeugnissen stellt Milch, Butter und Joghurt mit Früchten her. Durch eine Kombination der Produktfunktionen – wie z. B. Gesund ernähren und Durstlöschen – entstehen neue Produktideen, wie z. B. die *Müllermilch* fitness Molke 0,1 % Fett.

Morphologische Analyse: Bei der morphologischen Analyse wird die Bedarfserfüllung von Produkten in zentrale Grunddimensionen zerlegt, um durch eine Kombination der Merkmalsausprägungen Hinweise auf neue Produkte zu erhalten. Jede technisch realisierbare Kombination von Merkmalsausprägungen stellt hierbei eine mögliche Handlungsalternative des Unternehmens dar. Mittels dieser Technik kann nichts grundlegend Neues gefunden werden, es können aber bekannte Teillösungen zu innovativen Gesamtlösungen kombiniert werden.

BEISPIEL: Ein Tierfutterhersteller kann sein Hundefutter nach vier Grunddimensionen mit folgenden Merkmalsausprägungen aufteilen: (1) Produktinhalt (Hühnerfleisch, Rindfleisch, Schweinefleisch, Lammfleisch, Putenfleisch), (2) Produktbeschaffenheit (Brocken, Flocken, roh, getrocknet, gekocht, flüssig), (3) Verpackung (Karton, Dose, Tube, Flasche, Tüte), (4) Gewicht (100 g bis 500 g). Durch systematisches Kombinieren sämtlicher Merkmalsausprägungen können Produktideen – z. B. gekochtes Lammfleisch in 300 g-Tüten – entwickelt werden (**Schaubild 6–5**).

Merkmal	Aktuelle Ausprägung	Andere mögliche Ausprägung				
Produktinhalt	Hühnerfleisch	Rindfleisch	Schweine-fleisch	Lamm-fleisch	Puten-fleisch	usw.
Produkt-beschaffenheit	Brocken	Flocken	roh	getrock-net	gekocht	usw.
Verpackung	Karton	Dose	Tube	Tüte	Flasche	usw.
Gewicht	500 g	100 g	200 g	300 g	400 g	usw.

Schaubild 6–5: Morphologischer Kasten für ein neues Hundefutter

Brainstorming/-writing: Drei bis acht Personen mit breitem Interessenfeld und verschiedenen Fachkenntnissen aus möglichst unterschiedlichen Abteilungen eines Unternehmens bilden eine Arbeitsgruppe, um Ideen zu einer vorgegebenen Problemstellung zu entwickeln. Bei einer Brainstormingsitzung, die maximal 60 Minuten dauert, ist es von zentraler Bedeutung, dass Vorschläge zwar ergänzt und mit anderen Ideen kombiniert werden, jedoch keine Bewertung oder Kritik an einzelnen Ideen erfolgt. Denn wird das Für und Wider der vorgebrachten Ideen nicht sofort diskutiert, steigt die „Ideenausbeute" entscheidend. Neben den Teilnehmern und einem Protokollanten, der die Beiträge notiert, ist ebenfalls ein Moderator erforderlich. Er präzisiert das Problem, regt passive Teilnehmer an und achtet darauf, dass auch außergewöhnliche Ideen formuliert werden. Die protokollierten Vorschläge werden später durch die entsprechenden Verantwortungsträger des Innovationsprozesses geprüft. In ähnlicher Weise verläuft das Brainwriting, bei dem Innovationsideen durch die Gruppenteilnehmer schriftlich festgehalten werden (*Staudter et al.* 2014, S. 248).

BEISPIEL: Das Brainstorming findet nicht zwingend im üblichen Rahmen des Unternehmens statt. Das *Impact Hub*, ein Co-Working Space und „Ideenentwicklungszentrum" in Zürich, stellt Unternehmen eine umfangreiche Hightech-Infrastruktur zur Ideengenerierung zur Verfügung. Der Innovationsgedanke wird dabei durch die Möglichkeit des Austausches mit Startups und kreativen Freelancern unterstützt.

Synektik: Hierbei handelt es sich um ein Gruppenverfahren, bei dem mehrere Mitarbeitende und externe Personen zusammenkommen, um Handlungsalternativen durch Analogiebildung zu suchen. Die Gruppenteilnehmer werden mit dem zu behandelnden Problem durch einen Experten vertraut gemacht. Im Anschluss verfremden sie das Ausgangsproblem gezielt, indem sie nach analogen Problemen in anderen Lebensbereichen suchen (z. B. Natur, Technik, Alltag). Durch das Verknüpfen der in den analogen Bereichen vorgefundenen Lösungen mit dem Ausgangsproblem können innovative Lösungsmöglichkeiten entdeckt werden.

BEISPIEL: Zu denken ist an den so genannten „Lotuseffekt". Die Blattoberfläche der Lotusblume weist eine Noppenstruktur auf und verhindert somit, dass Schmutz und Wasser an ihr haften bleiben. Die Entdeckung der Selbstreinigungskraft der Lotusblume führte dazu, dass in Forschungslabors versucht wurde, das Vorbild in der Natur nachzuahmen. Die ersten Produkte gibt es bereits zu kaufen. Hierzu zählen selbstreinigende Dachziegel und eine Fassadenfarbe mit „Lotuseffekt", die Häuser dauerhaft sauber hält (*Lotus-Effect* 2015).

Neben der Integration der Mitarbeitenden ist jedoch auch eine Integration der Kunden in den Prozess der Ideengenerierung von großer Bedeutung. Die stark anwachsende Zahl von Social Media-Plattformen bietet Unternehmen einen immer einfacheren Zugang zu Kundenideen. Diese Ideengenerierung auf Social Media-Plattformen wird häufig unter dem Begriff **„Crowdsourcing"**, zusammengesetzt aus „Outsourcing" und „Crowd", zusammengefasst. Crowdsourcing bezeichnet die Auslagerung einer Tätigkeit, die normalerweise unternehmensintern von Mitarbeitenden ausgeführt wird, an eine Gruppe von Menschen in Form einer offenen Ausschreibung (*Howe* 2008; *Leopold* 2015).

BEISPIEL: Im Blog des Schokoladenherstellers *Ritter Sport* können Nutzer über Produktneuheiten abstimmen sowie eigene kreative Schokoladensorten zur Abstimmung entwickeln. So wurde beispielsweise basierend auf der Crowdsourcing-Initiative die Sorte *Olympia* wieder in das Sortiment aufgenommen. Allzu „kreativen" Vorschlägen wie „Döner Kebab – mit ein bißchen scharf" entgegnet das Unternehmen offensiv mit humorvollen Kommentaren. Darüber hinaus hat sich *Ritter Sport* in den Teilnahmebedingungen gegenüber derartigen Kreationen abgesichert.

BEISPIEL: Das Unternehmen *Tchibo* bietet auf der Online-Plattform *www.tchibo-ideas.de* ihren Kunden die Möglichkeit, Probleme des Alltags als „Aufgaben" zu veröffentlichen. Die Mitglieder der Online-Community haben die Chance, Vorschläge für passende Produktlösungen zu machen. Monatlich wählen die Mitglieder die interessanteste Aufgabe und die drei besten Lösungen aus, die *Tchibo* mit Geldpreisen prämiert. Einmal pro Jahr wird auch der Gewinner des Wettbewerbs „Die Lösung des Jahres" von einer Jury gewählt. Darüber hinaus werden Produktideen, die für das Unternehmen interessant sind, gemeinsam mit dem Kunden umgesetzt.

2.1 Phase der Ideenprüfung und -auswahl

Kreative und analytische Verfahren der Ideensuche führen zu einer Vielzahl von Vorschlägen, die Hinweise auf die Realisierung von Innovationen geben. Diese werden einem weiteren Schritt einer Beurteilung, dem so genannten **Ideenscreening**, unterzogen. Ziel des Ideenscreening ist es, aus einem relativ großen Ideenpool diejenigen Innovationsideen auszuwählen, die die höchste Erfolgswahrscheinlichkeit aufweisen.

Zur Beurteilung der „Innovationsqualität" lassen sich unterschiedliche Methoden heranziehen, um jeweils spezifische erfolgsrelevante Kriterien einer Innovation zu prüfen. **Schaubild 6–6** zeigt eine entsprechende **Qualitätskriterien-Methoden-Matrix,** die die Eignung der zur Verfügung stehenden Methoden für diese Kriterien aufzeigt.

Methode	Qualitätskriterien					
	Kunden-attrak-tivität	Markt-attrak-tivität	Produkt-attrak-tivität	Mach-bar-keit	Unter-neh-mens-Fit	Wirtschaft-liche Attrak-tivität
KANO-Methode	X					
Conjoint-Analyse	X					
Quality-Function-Deployment	X					
Portfoliotechnik	X		X			
Szenariotechnik		X	X		X	X
Delphi-Methode		X	X			
Technologie-Roadmapping		X	X	X	X	
TRIZ (Theorie erfinderischen Problemlösens)		X	X	X		
Projektreview			X	X		X
Statische Investitionsrechenverfahren						X
Dynamische Investitionsrechenverfahren						X
Nutzwertanalyse	X	X	X		X	
Scoringmodell	X	X	X		X	X

Schaubild 6–6: Qualitätskriterien-Methoden-Matrix (Quelle: in Anlehnung an *Weckenmann/Brenner/Geiger* 2006, S. 80)

Eine Möglichkeit zur Integration der Bewertungskriterien ist das Punktbewertungsverfahren (auch Scoringmodell genannt), mit dessen Hilfe eine transparente Entscheidung unter Einbeziehung zahlreicher sowohl quantitativer als auch qualitativer Kriterien herbeigeführt werden kann. Das Grundmodell eines Punktbewertungsverfahrens basiert auf der Festlegung von relevanten Beurteilungskriterien für den Innovationserfolg, der Festlegung von

Gewichtungsfaktoren, die die Bedeutung des jeweiligen Kriteriums hervorheben, der Vergabe von Punktwerten sowie der Addition der gewichteten Punktwerte zu einem Endergebnis. In **Schaubild 6–7** ist ein vereinfachtes Scoringmodell (ohne Gewichtungsfaktoren) aus der Unternehmenspraxis dargestellt.

Die erreichte Punktzahl (Gesamtbewertung) ist Maßstab für eine Annahme oder Ablehnung der betreffenden Idee. Eine Idee mit einer sehr hohen Gesamtbewertung ist auf jeden Fall weiter zu verfolgen, da hier sowohl die Realisierbarkeit als auch die zukünftigen Chancen im Markt sehr positiv bewertet werden. Je geringer die erzielte Gesamtbewertung im Vergleich zur maximal zu erreichenden Punktzahl ausfällt, desto eher ist von der Weiterverfolgung dieser Idee abzuraten. Bei Innovationsideen, die zwar einen hohen Kundennutzen stiften, jedoch technisch durch das eigene Unternehmen nicht umgesetzt werden können, ist darüber hinaus eine externe Vermarktung der Idee denkbar.

Bewertungskriterien		Gewichtung (0 = keine Bedeutung; 1 = höchste Bedeutung)	Bewertung (0 = keine Eignung; 10 = ideale Eignung)	Punktwert (= Bewertung × Gewichtung)
Kundenbezogene Eignung	Anzahl Kunden			
	Zahlungsbereitschaft			
	Globalisierungspotenzial			
	Voraussichtliche Lebenszyklusdauer			
Summe Bereich				
Max. Bereichspunktzahl				
Wettbewerbsbezogene Eignung	Möglichkeit zur Erzielung eines strategischen Wettbewerbsvorteils			
	Imitierbarkeit der Idee			
Summe Bereich				
Max. Bereichspunktzahl				

Bewertungskriterien		Gewichtung (0 = keine Bedeutung; 1 = höchste Bedeutung)	Bewertung (0 = keine Eignung; 10 = ideale Eignung)	Punktwert (= Bewertung × Gewichtung)
Unternehmens-bezogene Eignung	Synergiepotenziale mit bestehendem Programm			
	Technische Kompetenzen vorhanden?			
	Kapitalbedarf			
Summe Bereich				
Max. Bereichs-punktzahl				
Technologische Eignung	Technische Umsetzbar-keit			
	Erwarteter Zeitbedarf			
Summe Bereich				
Max. Bereichs-punktzahl				
Rechtliche Eignung	Konflikte mit geltendem Recht			
	Patentierbarkeit			
Summe Bereich				
Max. Bereichs-punktzahl				
Gesellschaftsbe-zogene Eignung	Gesellschaftliches Kon-fliktpotenzial			
Summe Bereich				
Max. Bereichs-punktzahl				
Gesamtwert				

Schaubild 6–7: Scoringmodell zur Beurteilung von Innovationsideen (Quelle: in Anlehnung an *Bruhn/Hadwich* 2006, S. 227)

Die auf diese Weise gewonnenen Handlungsempfehlungen sind durch weitere Entscheidungstechniken, insbesondere Nutzwert- und Wahrscheinlichkeitsanalysen, Risiko-Nutzen-Kalküle oder Sensitivitätsanalysen, zu ergänzen und zu untermauern, damit die wirklich Erfolg versprechenden Innovationsideen umgesetzt werden können.

Nach der Grobauswahl der Ideen im Rahmen des Ideenscreening erfolgt eine weitere, zweite Auswahl. Hierbei sind detaillierte **Wirtschaftlichkeitsanalysen** für die verbleibenden Innovationsideen durchzuführen. Im Rahmen einer Wirtschaftlichkeitsanalyse werden die für die einzelnen Planungsperioden erwarteten Umsätze und Kosten genauer abgeschätzt. Methodisch werden hierzu Verfahren der Investitionsrechnung, wie z. B. die Kapitalwertmethode, Annuitätenmethode oder vollständige Finanzpläne, eingesetzt, die die Vorteilhaftigkeit der verschiedenen Innovationskonzepte zu bestimmen versuchen. Schließlich werden die berechneten Erfolgsdaten mit den angestrebten Unternehmens- und Marketingzielen in Beziehung gesetzt. Zu klären ist, ob die geplanten Umsatz-, Marktanteils- und Renditeziele durch die neuen Produkte und Dienstleistungen erreicht werden können und wie hoch das Investitionsrisiko einzuschätzen ist. Grundsätzlich werden nur ca. 10 Prozent der Innovationsideen überhaupt realisiert. Hiervon stellen ungefähr 5 Prozent der Innovationen tatsächlich neue Geschäfte dar, während die verbleibenden Innovationen eine Ausweitung bestehender Geschäfte oder aber Kosten-Leistungs-Optimierungen betreffen (*Lefenda/Pöchhacker-Tröscher* 2014).

2.5 Phase der Umsetzung von Innovationen

In den vorangegangenen Phasen wurden jene Innovationen identifiziert, die aus Unternehmenssicht gute Chancen für eine Markteinführung bieten. In der sich nun anschließenden Umsetzungsphase stehen je nach Entwicklungsstadium der Innovation verschiedene Aufgaben im Vordergrund.

Frühe Umsetzungsphase: In diesem Stadium werden meist Konzepttests durchgeführt. Hierbei wird die Produktidee erstmals den

Marktpartnern (Konsumenten und Handel) vorgestellt, um zu ermitteln, ob die Idee verständlich und glaubwürdig ist, welche Vor- und Nachteile mit ihr assoziiert werden und ob ein Produkt überhaupt als kaufwürdig erachtet wird (*Kuckertz* 2015, S. 42). Sind die Reaktionen überwiegend positiv, wird die Idee weiterverfolgt ("Go-Entscheidung"). Im Anschluss daran werden oftmals Prototypen (so genannte "Nullserien") entwickelt. Dabei wird das Produkt in kleinerer Stückzahl hergestellt, um es weiteren Prüfverfahren unterziehen zu können.

BEISPIEL: Ein Beispiel für ein Konzepttestverfahren ist der *GfK Concept Challenger*. Im Rahmen dieses Verfahrens wird das entwickelte Produktkonzept mit Konkurrenzangeboten verglichen sowie zukünftige Marktanteilsprognosen gegeben (*GfK* 2010).

Mittlere Umsetzungsphase: Falls das neue Produkt bzw. die Dienstleistung bereits relativ konkret ausgearbeitet worden ist, eine sofortige Markteinführung jedoch nicht angestrebt wird, ist über die Durchführung eines Produkt- oder sogar Markttests zu entscheiden. Ein **Produkttest** beinhaltet die Beurteilung des Neuprodukts oder einzelner Produkteigenschaften durch ausgewählte Testpersonen, um möglicherweise auftretende Qualitätsmängel frühzeitig zu erkennen und noch vor der Einführung der Innovation auf dem Gesamtmarkt beheben zu können.

BEISPIEL: Ein bekanntes Beispiel für einen Produkttest ist der *"Pepsi-Test"*. Hier forderte *Pepsi* die Konsumenten zu einem Vergleich von *Pepsi* und *Coca-Cola* auf. Das Ergebnis war, dass beim Blindtest *Pepsi* besser abschnitt als *Coca-Cola*. Bei Darbietung der Marke (offener Test) war es jedoch genau umgekehrt. Allgemein lässt sich in diesem Zusammenhang vermerken, dass Testobjekte, die im Blindtest gut und im offenen Test schlecht abschneiden, wie in diesem Fall *Pepsi*, Schwierigkeiten bei der Marktkommunikation und der Vermittlung ihres Markenimages aufweisen. Bei umgekehrter Konstellation, wie hier bei *Coca-Cola*, sind Modifikationen am Testobjekt zu erwägen (*De Chernatony/Malcolm/ Wallace* 2010).

Der **Markttest** geht noch einen Schritt weiter. Hier wird die Innovation in einem Testgebiet eingeführt, um den wirtschaftlichen Erfolg in einem realistischen Umfeld, in dem der Anbieter verschiedene Marketinginstrumente testen kann, abzuschätzen. Markttests sind bei unterschiedlichen Formen von Innovationen mit speziellem Fokus auf die Kundenintegration anwendbar.

Bei der Entwicklung von industriellen, aber zum Teil bereits individualisierten Leistungen, beispielsweise von Automobilen, beinhaltet der Markttest die Prüfung des Nachfragepotenzials für einzelne Leistungskomponenten sowie der Zahlungsbereitschaft der Kunden bei unterschiedlichen Leistungskonfigurationen. Anhand der Ergebnisse können zum einen die erforderlichen Kapazitäten geplant und zum anderen über Absatzprognosen ein Target Costing durchgeführt werden, d. h., es wird festgelegt, wie viel einzelne Prozesse und Komponenten der Leistungserstellung im Hinblick auf die Kundenbedürfnisse und die Zahlungsbereitschaft kosten dürfen.

BEISPIEL: Speziell hinsichtlich neuer Dienstleistungen im Internet kommt Markttests eine hohe Bedeutung zu. Die schnelle Verbreitung derartiger Services, wie z. B. von Internettelefonie (VoIP, z. B. über das Unternehmen *Skype*), virtuellen Marktplätze im B2B-Bereich oder Business Communities (z. B. *Xing*), bietet zwar die Möglichkeit eines schnellen Wachstums und einer schnellen Übernahme der Marktführerschaft, aber besonders für Pioniere gleichzeitig hohe Risiken eines Scheiterns, wenn Kundenbedürfnisse nicht exakt erfasst werden. Bei einem späteren Markteintritt besteht hingegen kaum eine Chance auf eine erfolgreiche Etablierung im Markt (z. B. Konkurrenten des virtuellen Auktionshauses *Ebay*). Markttests über die Marktgröße können hier einen zentralen Beitrag zum Erfolg einer Innovation leisten (zum Einsatz von Markttests bei verschiedenen Leistungsinnovationen vgl. *Woratschek/Roth/Pastowski* 2004).

BEISPIEL: Als Testmarkt werden häufig Städte oder Regionen ausgewählt, deren Bedingungen mit den zukünftigen Bedingungen auf dem Gesamtmarkt vergleichbar sind. Beispielsweise führte die Firma *Henkel* für die Einführung der *Persil Megaperls* in Deutschland einen Markttest in der deutschsprachigen Schweiz durch.

Späte Umsetzungsphase: Nachdem die Innovation in allen Detailfragen spezifiziert wurde, ist sicherzustellen, dass die angestrebten Innovationsvorteile möglichst umfassend ausgeschöpft werden können. Besondere Bedeutung nimmt hierbei die frühzeitige Sicherung von **Schutzrechten** ein. Unter der Internetadresse des *Deutschen Patent- und Markenamtes* (http://www.dpma.de) können umfangreiche Informationen, insbesondere zur konkreten Vorgehensweise bei der Anmeldung eines Patentes und zur Art der unterschiedlichen Schutzrechte, abgerufen werden.

2.6 Anpassungsbedarf bei der Einführung von Innovationen

Ist die Entscheidung zur Einführung einer Innovation getroffen, ist in einem letzten Schritt zu prüfen, welche Auswirkungen diese Entscheidung auf andere Unternehmensbereiche hat. Dabei können zahlreiche Bereiche, beispielsweise Produktion, Marketing oder auch der Vertrieb, betroffen sein. Zur Beurteilung des Anpassungsbedarfs sind daher unternehmensspezifische Checklisten zu erstellen, die der Komplexität des Innovationsprozesses gerecht werden.

Sind sämtliche Phasen des Innovationsmanagements durchlaufen und der Anpassungsbedarf im Unternehmen festgestellt, erfolgt die Vermarktung der Innovation. Hier stehen Fragen des Marketingmix und zur Bekanntmachung insbesondere die Kommunikationspolitik im Vordergrund (*Bruhn* 2015b). Bei der Markteinführung ist häufig ein typischer Verlauf, der so genannte **Adoptionsprozess,** bei der Annahme von Innovationen durch die Kunden zu beobachten. Zunächst nutzen nur einige wenige Meinungsbildner das neue Produkt bzw. die Dienstleistung. Fällt deren Beurteilung positiv aus, so nimmt die Zahl der Kunden durch positive Mund-zu-Mund-Kommunikation kontinuierlich zu, bis letztlich die Akzeptanz im Markt erreicht ist.

3. Erfolgsfaktoren für Innovationen in kundenorientierten Unternehmen

Die Ausführungen haben gezeigt, dass zur Steigerung der Kundenorientierung von Unternehmen auch die Verbesserung des Innovationsmanagements sinnvoll sein kann. Abschließend wird zusammengefasst, welche zentralen Erfolgsfaktoren besonders zu beachten sind (vgl. hierzu auch *Little* 1997, S. 12; *Stern/Jaberg* 2010; *Raabe* 2012):

- Planung im Rahmen eines Managementprozesses,
- Beachtung des Managements von Wissen,
- Anpassung der Strukturen und der Kultur,
- Fokussierung des Kundennutzens.

Erste Schlussfolgerung ist die Erkenntnis, dass Innovationen innerhalb eines **Managementprozesses** zu planen und zu realisieren sind, d. h., es ist ein Rahmenkonzept mit definierten Innovationszielen zu entwickeln, innerhalb dessen die Phasen des Innovationsprozesses ablaufen können. Auf der Basis eines strategischen Konzeptes ist es dann möglich, die Auswirkungen der Innovationsideen auf Faktoren wie Unternehmensstrukturen, Kosten und Kundennutzen zu bewerten.

Studie:

Laut einer Studie der *Wirtschaftsuniversität Wien* im Jahre 2015 erwirtschaften innovative Unternehmen 40,8 Prozent ihres Umsatzes mit Innovationen, die sie vor der Konkurrenz gelauncht haben. 89 Prozent geben zudem an, bei der Entwicklung neuer Produkte intensiv mit Kunden zusammenzuarbeiten. 69 Prozent arbeiten mit Lieferanten zusammen und 65 Prozent mit öffentlichen Institutionen wie Universitäten. Darüber hinaus spielen die Mitarbeitenden eine zentrale Rolle bei der Generierung neuer Ideen, so brachte im Schnitt jeder Mitarbeitende 5,5 Verbesserungsvorschläge ein (*Wirtschaftsuniversität Wien* 2015).

Eine weitere Folge für das Management von Innovationen liegt darin, dass die Realisierung von Innovationserfolgen ein systematisches **Management von Wissen** voraussetzt. Die Führungskräfte im

Unternehmen haben sicherzustellen, dass die latent vorhandenen Kundenbedürfnisse erfasst und verarbeitet werden. Besonders durch den Einsatz von Social Media-Plattformen können Bedürfnisse der Kunden durch eine direkte Interaktion zwischen Unternehmen und Kunden ermittelt werden. Unternehmen können mit einem geringen Aufwand eine große Anzahl interessierter Kunden in den Innovationsprozess integrieren und so gezielt die Kundenbedürfnisse ermitteln. Zudem stärkt eine solche Integration das Vertrauen der Kunden in das Unternehmen und führt zu einer stärker wahrgenommenen Kundenorientierung seitens des Kunden. Informationen bezüglich der Bedürfnisse und Wünsche der Kunden müssen demnach nicht nur in der Marketingabteilung, sondern auch innerhalb des Innovationsmanagements sinnvoll eingesetzt werden. Durch Anpassungen der Informationssysteme kann die permanente Wissensverarbeitung und somit ein kontinuierlicher Lernprozess im Unternehmen ermöglicht werden.

BEISPIEL: Die Kundenwerkstatt der *ERGO Versicherung* ist eine Online-Plattform mit dem Ziel, Kunden aktiv in den Innovationsprozess einzubinden. Auf dieser Plattform können Ideen zu neuen Leistungen, aber auch Verbesserungsvorschläge für bestehende Versicherungspakete geäußert werden. Als Anreiz können Kunden monatlich an Verlosungen teilnehmen und attraktive Preise gewinnen.

Eine dritte Konsequenz liegt darin, die notwendigen Anpassungen der **Organisationsstrukturen** und der **Unternehmenskultur** zur Verbesserung des Innovationsklimas vorzunehmen. Als zentrale Erfolgsvoraussetzungen zur Steigerung der Innovationsfähigkeit sind beispielsweise Faktoren wie Einfachheit der Organisationsform, Wertschätzung des einzelnen Mitarbeitenden, einfacher Informationsfluss, hohe Selbstverantwortung oder hohe Handlungsfreiheit der Mitarbeitenden zu nennen (*Meffert* 1995).

BEISPIEL: Bei zehn für ihre Innovationskultur mit Preisen ausgezeichneten Unternehmen verwenden die Mitarbeitenden der Marketingabteilung 62 Prozent ihrer Arbeitszeit auf die Entwicklung von Innovationen. Dies wird nach Aussage der für die Auszeichnung verantwortlichen Jury vor allem mit Hilfe einer kooperativen Unternehmenskultur, insbesondere der Zusammenarbeit von Entwicklung und Marketing, ermöglicht (*Späth* 2006).

Weiterhin bedarf eine zunehmende Integration der Kunden in den Innovationsprozess die **Ausrichtung der Organisationsstrukturen** auf einen Kundendialog. Zunächst erfordert dies ein gesteigertes Bewusstsein für die vorhandene Leistungsfähigkeit und -bereitschaft der Kunden. Dies ist eng verbunden mit einer Bereitschaft des Managements, etablierte Arbeitsprozesse zu überprüfen und neue Methoden einzuführen. Darüber hinaus ist ein entsprechendes Know-how besonders der internetbasierten Instrumente der Kundenintegration aufzubauen. Abschließend setzt eine Gewinnung interessierter Kunden für die Zusammenarbeit eine intensive Auseinandersetzung mit ihren Interessen und Bedürfnissen voraus. Die Gestaltung des Dialogs mit den Kunden ist auf ihre Ziele und Erwartungen hin abzustimmen. Hieraus lässt sich ableiten, dass als Voraussetzung einer erfolgreichen Kundenintegration eine gelebte und im Unternehmen verankerte Kundenorientierung zu sehen ist *(Füller/Mühlbacher/Bartl* 2004*)*. Eine Integration der Kunden in den Innovationsprozess übt eine positive Wirkung auf den Aufbau- und Ausbau der Kundenbeziehungen aus und trägt durch den aktiven Dialog von Kunde und Unternehmen zur Kundenbindung bei. Durch eine fortwährende Interaktion entsteht eine Beziehung zwischen Unternehmen und Kunden, die von gegenseitigem Vertrauen und Commitment geprägt ist *(Füller/ Jawecki/Bartl* 2009*)*. Aufgrund dieses großen Potenzials für Marketing und Entwicklung stellt die Kundenintegration durch Social Media-Instrumente für Unternehmen eine zentrale Innovationsquelle dar (*Hermetsberger* 2002; *Kozinets* 2002; *Prahalad/Ramaswamy* 2004; *Urban/Hauser* 2004; *Muniz/Schau* 2005; *Meffert/ Bruhn/Hadwich* 2015).

Schließlich sei darauf hingewiesen, dass erfolgreiche Innovationen notwendigerweise mit der **Schaffung eines Kundennutzens** zu verbinden sind. Dieser ist dauerhaft wahrzunehmen. Die Rolle des einzelnen Kunden als Ideenquelle für Innovationen ist in diesem Zusammenhang neu zu überdenken. Eine stärkere Kundenintegra tion in den Innovationsprozess schafft neue Impulse, die in der Lage sind, Veränderungsprozesse in Richtung Kundenorientierung auszulösen.

Zusammenfassung

Die folgenden zehn Merkpunkte können als Hilfestellung für die Umsetzung eines erfolgreichen Innovationsmanagements im eigenen Unternehmen dienen:

(1) **Innovationen am Kundennutzen ausrichten:** Machen Sie sich bewusst, dass neue Produkte und Dienstleistungen nur dann wirklich Erfolg versprechend sind, wenn sie aus Kundensicht einen echten Nutzen herbeiführen.

(2) **Innovationen strategisch planen:** Stellen Sie sicher, dass das Innovationsmanagement auf einem strategischen Rahmenkonzept basiert, in dem die Innovationsziele festzulegen und die strategischen Ansätze zur Erarbeitung von Innovationen zu konkretisieren sind.

(3) **Kunden als Ideenquelle nutzen:** Beziehen Sie Ihre Kunden bereits frühzeitig in den Innovationsprozess ein (Lead User) und versuchen Sie so die Schwächen ihrer Innovationsideen zu erkennen.

(4) **Innovationen als Wert der Unternehmenskultur verankern:** Ergreifen Sie Maßnahmen, wie beispielsweise die Integration des Innovationszieles im Unternehmensleitbild, um die Notwendigkeit zur Innovation auch im Wertesystem des Unternehmens zu verankern.

(5) **Unkonventionelle Ideen fördern:** Schaffen Sie beispielsweise durch die Einführung der 85/15-Regel ein Unternehmensumfeld, das die Entstehung außergewöhnlicher Innovationen fördert.

(6) **Entwicklungsmöglichkeiten für innovative Mitarbeitende schaffen:** Verhindern Sie durch gezielte Maßnahmen, dass innovative Mitarbeitende das Unternehmen verlassen, um eigene Pionierunternehmen zu gründen oder Ihr Innovationspotenzial der Konkurrenz zur Verfügung stellen.

(7) **Innovationspotenzial externer Partner nutzen:** Prüfen Sie, ob eine Zusammenarbeit mit externen Partnern möglich ist, ohne dass Sie die Weitergabe von sensiblen Informationen an Wettbewerber zu befürchten haben.

(8) **Finanzielle Ressourcen überdenken:** Überdenken Sie die Bedeutung des Innovationsmanagements zur Steigerung der Kundenorientierung und erarbeiten Sie auf dieser Basis ein Forschungs- und Entwicklungsbudget.

(9) **Markteintrittszeitpunkt sorgfältig planen:** Nicht nur die Entwicklung der Innovationen, sondern auch der „richtige" Zeitpunkt des Markteintrittes sind strategisch vorzubereiten. Analysieren Sie die Vor- und Nachteile der einzelnen Markteintrittsstrategien sorgfältig.

(10) **Innovationscontrolling erarbeiten:** Falls Sie im Rahmen Ihres eigenen Innovationsmanagements keine Verbesserungspotenziale mehr erkennen, ist in einem weiteren Schritt zu prüfen, ob die Realisierung eines Innovationscontrolling sinnvoll erscheint.

7. Kapitel

Kommunikationsmanagement

1. Grundlagen des Kommunikations- managements

Die Wettbewerbsbedingungen von Unternehmen gestalten sich zunehmend schwieriger und unterliegen einem permanenten Wandel. Durch ein stetig wachsendes Leistungsangebot, eine zunehmende Homogenisierung von Produkten bzw. austauschbarer Marken sowie hohe Sättigungsgrade auf Konsumentenseite wird der klassische Produkt- um einen Kommunikationswettbewerb ergänzt (*Bruhn* 2014a, S. 1). Die erfolgreiche Planung und die **Auswahl eines effizienten Kommunikationsmix** können durch eine verbesserte Orientierung an den Bedürfnissen der Kunden den Unternehmen einen Wettbewerbsvorteil verschaffen. Die Kommunikation wird somit zu einem strategischen Erfolgsfaktor für Unternehmen, indem sie durch eine verstärkte Kundenorientierung eine erfolgreiche Differenzierung vom Wettbewerb ermöglicht.

Die Kommunikationsbedingungen, unter denen diese Aufgabe zu erfüllen ist, haben sich jedoch zunehmend verschärft. Auf Seiten des Kommunikationsangebotes ist zunächst eine Verschiebung der Werbeinvestitionen von traditionellen Medien, wie Zeitungen und Radio, hin zu Investitionen in die Online-Werbung zu identifizieren. So lagen 2008 die Online-Werbeausgaben erstmals über denjenigen der Radiowerbung (*Worldsites Internet Marketing* 2009). Eng verbunden mit dieser Verschiebung der Kommunikationsbudgets ist die zunehmende Zersplitterung bzw. **Atomisierung der Medien,** die besonders durch neue Kommunikationsformen, wie die Social Media-Kommunikation, vorangetrieben wird. So kommt eine Studie von *Forbes Research* zu dem Ergebnis, dass die Investitionen der europäischen Unternehmen in Social Media-Kommunikation im Jahre 2017 die 3 Mrd. EUR Grenze überschreiten werden. Dies bedeutet einen Zuwachs von über 200 Prozent im Vergleich zu den Investitionstätigkeiten im Jahr 2012 (*Forbes* 2015). Das Motiv hierfür ist in dem immer stärkeren Bestreben der Unternehmen zu sehen, mit ihren Kunden, Partnern – aber auch ihren Mitarbeitenden in einen Dialog zu treten. Social Media-Kommunikation vereinfacht diesen Dialog und kann so einen positiven Einfluss auf die Kundenorientierung nehmen.

Auch auf Seiten der Kommunikationsnachfrager führt das steigende Kommunikationsangebot zu weitreichenden Veränderungen. Die Konfrontation mit einer zunehmenden Anzahl an Kommunikationsimpulsen führt zu einer Überlastung an Informationen. Überdies ist eine zunehmende **Veränderung des Mediennutzungsverhaltens** der Konsumenten zu betrachten. Es vollzieht sich eine immer stärkere Verschiebung von traditionellen Medien zu Online-Medien. Neue Kommunikationsformen, wie vor allem die Social Media-Kommunikation, hat die Interaktivität der Kommunikation in den 2010er Jahren wesentlich vorangetrieben. Viele Konsumenten verändern ihr Such-, Informations- und Entscheidungsverhalten aufgrund von persönlichen Empfehlungen im Internet. Zurzeit sind zahlreiche Erscheinungsformen zu beobachten, wie etwa Weblogs, Social Media-Plattformen wie *Facebook* oder *Xing*, Apps, Bookmarking-Dienste, Online-Foren, Wikis u. a. m. – und es ist zu erwarten, dass neue und innovative Formen in Zukunft dazukommen werden. Die Kommunikationspolitik von Unternehmen hat sich auf diese nutzergetriebenen Medien aktiv einzustellen, um somit den veränderten Bedürfnissen der Kunden Rechnung zu tragen (*Bruhn* 2015b, S. 27). Eng verbunden mit diesen Entwicklungen ist eine immer stärkere Forderung der Konsumenten nach einer zunehmend individualisierten und qualitativ hochwertigen Betreuung durch die Unternehmen. Sie wollen dabei autonom entscheiden, wann und wie sie mit dem Unternehmen in Interaktion treten. Dies wird vor allem durch die Nutzung hochflexibler interaktiver und mobiler Kommunikationstechnologien zunehmend einfacher.

Um diesen Entwicklungen zu begegnen, sind Unternehmen darauf angewiesen, neue Formen der Kommunikation zu suchen, die in der Lage sind, gezielt ihre Zielgruppen anzusprechen und sich somit stärker an den Kundenwünschen und -bedürfnissen zu orientieren. Um auf die Wünsche der Kunden zu reagieren, müssen Unternehmen zukünftig verstärkt in Maßnahmen der **Dialogkommunikation** (Verkaufsförderung und Direkt Marketing) sowie in Maßnahmen der Netzwerkkommunikation (Online-Marketing bzw. Social Media-Kommunikation) investieren. Daher wird sich der Trend zukünftig verstärkt weg von der anonymen Massenkommunikation hin zur **authentischen Kundenintegration** entwickeln *(Kirchgeorg/Springer* 2010; *Burmann et al.* 2012). Ein erfolgreiches Kommunikationsmanagement nimmt somit eine immer größere Bedeutung für die Beziehung zwischen Kunden und Unternehmen ein.

Durch die Fokussierung auf die Beziehungen zu den Kunden werden vor allem langfristige Kundenbeziehungen gefördert, da eine reine Akquisition neuer Kunden zunehmend schwieriger wird aufgrund der Sättigung vieler Märkte und der Verstärkung der Wettbewerbsintensität. Hierdurch werden der Aufbau und der Erhalt ökonomisch-attraktiver Kundenbeziehungen zu einem maßgeblichen Erfolgsfaktor in vielen Branchen. Im Rahmen der Beziehungsorientierung kommt der Kommunikation die Aufgabe zu, die **Anbieter-Kunde-Beziehung** in den verschiedenen Phasen der Beziehung zu beeinflussen (vgl. zu den verschiedenen Phasen einer Beziehung *Bruhn* 2016b, S. 59 ff.). So kann die Marketingkommunikation zunächst bei der Kundenakquisition, z. B. durch Maßnahmen des Persönlichen Verkaufs, wie Probierstände in Supermärkten, Preisausschreiben oder aber auch durch Vorher-Nachher-Vergleiche in der Werbung eingesetzt werden. Auch für die Bindung bestehender Kunden eignet sich eine Vielzahl von Kommunikationsmaßnahmen, wie z. B. Servicehotlines oder Social Media-Plattformen des Unternehmens, auf denen Kunden sich mit dem Unternehmen austauschen und Antworten auf Fragen erhalten. Abschließend bietet die Kommunikationspolitik im Rahmen der Kundenrückgewinnung z. B. durch explizite Entschuldigungen, Geschenke und individuelle Dialogkommunikation zur gemeinsamen Lösungssuche eine Vielzahl von Instrumenten an.

Der erfolgreiche **Einsatz der Kommunikation im Rahmen des Beziehungsmarketing** bzw. Relationship Marketing stellt einige Anforderungen an die Unternehmen. Grundsätzlich wird von ihnen gefordert, alle Kommunikationsmaßnahmen vor dem Hintergrund der Kundenorientierung zu prüfen, da sie die Grundlage für eine erfolgreiche Beziehung zwischen Unternehmen und Kunden darstellt. Hierbei ist eine Orientierung an den Kommunikationsbedürfnissen der Kunden von zentraler Bedeutung. Die Bereitstellung von Informationen hat über die richtigen Kanäle und zum richtigen Zeitpunkt zu erfolgen, um eine optimale Interaktion zwischen Kunde und Unternehmen zu ermöglichen. Darüber hinaus wird von den Unternehmen verlangt, auf die Veränderung des Mediennutzungsverhaltens der Konsumenten mit dem Angebot verschiedener Kommunikationskanäle zu reagieren. Den Kunden wird so die Freiheit gegeben, jenen Kommunikationskanal zu wählen, über den sie mit dem Unternehmen interagieren möchten. Sie können beispielsweise auf eine Response-Anzeige durch Einsendung eines virtuellen Coupons reagieren, indem sie den abgebildeten QR-Code einscannen, Service-Hotlines nutzen, eine Beschwerde per E-Mail senden oder auf einer Social Network-Seite des Unternehmens direkt mit den Mitarbeitenden in Kontakt treten (*Gerdes* 2010). Eine stärkere Ausrichtung der Kommunikationsinstrumente an den Ansprüchen der Kunden ermöglicht es, die Beziehung zu bestehenden Kunden zu verbessern bzw. zu intensivieren. Durch eine zunehmende Fokussierung der Kundenkommunikation auf den Dialog zwischen Kunden und Unternehmen lassen sich Verbesserungsmaßnahmen für die eigenen Produkte und Services frühzeitig identifizieren sowie kritische Signale und negative Stimmungen früher erkennen. Mögliche Lösungsansätze und Anpassungsmaßnahmen lassen sich so frühzeitig identifizieren (*Detecon* 2010; *Lee/Yang* 2015).

Unternehmen können eine Vielzahl interner und externer kommunikativer Aktivitäten ergreifen, um ihre Zielgruppen zu erreichen. Die Maßnahmen die Unternehmen hierfür zur Verfügung stehen, lassen sich in solche der marktgerichteten, **externen Kommunikation** (z. B. Anzeigenwerbung), der innerbetrieblichen, **internen Kommunikation** (z. B. Intranet, Mitarbeiterzeitschrift) und der **interaktiven Kommunikation** zwischen Mitarbeitenden und Kunden (z. B. Kundenberatungsgespräche bei Finanzdienstleistern) unterscheiden. Es ist zu beobachten, dass die interaktive Kommunikation insbesondere vor dem Hintergrund einer verstärkten Ausrichtung der Kommunikationsaktivität auf ein Beziehungsmarketing immer stärker an Bedeutung gewinnt. Eine Interaktion mit den Kunden stellt hierbei die Grundlage einer erfolgreichen Kundenorientierung des Unternehmens dar, die wiederum die Voraussetzung für eine langfristig erfolgreiche Beziehung zwischen Unternehmen und Kunden ist. **Schaubild 7–1** veranschaulicht die einzelnen Erscheinungsformen der Kommunikation von Unternehmen.

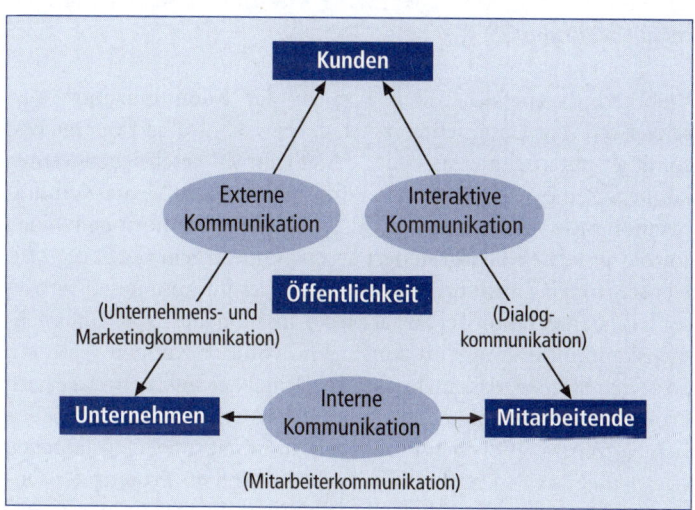

Schaubild 7–1: Erscheinungsformen der Kommunikation von Unternehmen (*Bruhn* 2015a; 2016a)

Neben den beschriebenen Erscheinungsformen der Kommunikation eines Unternehmens kann eine Unterscheidung zwischen Unternehmenskommunikation, Marketingkommunikation und Dialogkommunikation erfolgen. Zur **Unternehmenskommunikation** zählen beispielsweise das Corporate Advertising, das Corporate Sponsoring, die Corporate Public Relations usw., die für die so genannte Prägung des institutionellen Erscheinungsbildes des Unternehmens verantwortlich sind. Zur **Marketingkommunikation** gehören z. B. die Verkaufsförderung, das Sponsoring, das Direct Marketing usw.; Kommunikationsinstrumente also, die vornehmlich den Verkauf von Produkten und Dienstleistungen beleben. Im Rahmen der Kundenorientierung ist die dritte Form der Kommunikation, die so genannte **Dialogkommunikation**, von besonderer Bedeutung. Hierbei geht es in erster Linie um den Aufbau und die Intensivierung von Kundenkontakten und somit die kontinuierliche Verbesserung von Kundenbeziehungen. Dies wird durch den Einsatz einer Persönlichen Kommunikation, einer direkten Ansprache der Kunden über E-Mail, bei Events, Messen und Ausstellungen ermöglicht (*Bruhn* 2014b).

Während die beschriebenen Formen der Kommunikation ausschließlich vom Unternehmen gestaltet bzw. kontrolliert werden und somit als unternehmensgesteuerte Maßnahmen beschrieben werden können, ist diese Abgrenzung in Bezug auf die Social Media-Kommunikation nicht eindeutig möglich. Social Media-Plattformen können sowohl **unternehmensgesteuert** als auch **nutzergeneriert** ausgestaltet sein (für eine ausführliche Darstellung sei auf Abschnitt 3 verwiesen). Eine Integration der Social Media-Instrumente in die Unternehmenskommunikation wird zunehmend von den Kunden gefordert. So zeigen Studien, dass mehr als zwei Drittel der Internetnutzer nach Problemlösungen online auf Fremdplattformen suchen, auf denen sich Nutzer mit ähnlichen Problemen und Erfahrungen austauschen (*Gesenhues* 2013). Darüber hinaus geben rund 40 Prozent der Online-Shopper aktiv Feedback bezüglich der Qualität online-konsumierter Produkte und Leistungen auf Beurteilungsplattformen (*Bruhn & Partner* 2012; *Bitkom* 2015). Die wachsende Bedeutung der Social Media-Plattformen wird auch durch **Schaubild 7–2** deutlich.

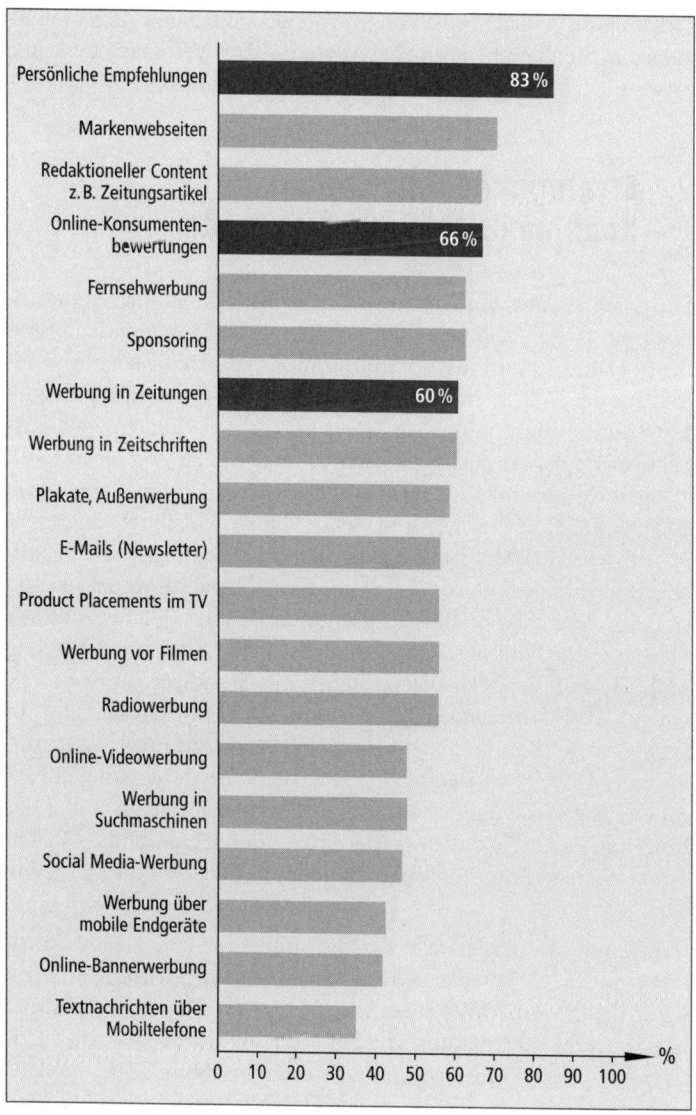

Schaubild 7–2: Vertrauen in unterschiedliche Werbeformen (Quelle: *Nielsen* 2015)

Hier zeigt sich, dass Empfehlungen von Bekannten und auch Online-Konsumentenbewertungen ein weitaus höheres Vertrauen aufweisen als die unternehmensgesteuerten werblichen Maßnahmen.

2. Strategische Ausrichtung der Kommunikation auf den Kunden

Die Qualität einer Beziehung wird wesentlich durch die Art der Interaktion zwischen einem Unternehmen und seinen Kunden beeinflusst. Daher kommt der Kommunikationspolitik eine wichtige Stellung bei der Ausgestaltung dieser Beziehung zu. Das zentrale Ziel der Kommunikationspolitik ist auf die Informations- und Interaktionsbedürfnisse der einzelnen Zielgruppen einzugehen und einen **zweiseitigen Kommunikationsprozess** zu initiieren *(Bruhn* 2000a, S. 14; 2008, S. 485 ff.). Dies gilt sowohl für die ausschließlich unternehmensgesteuerten Maßnahmen wie Direct Marketing oder Persönliche Kommunikation, als auch für Social Media-Kommunikation (z. B. in Micro-Blogs oder Communities). Ein weiteres zentrales Merkmal des Kommunikationsmodells im Relationship Marketing sind Rückkopplungskanäle. Sie stellen die Grundlage für den zweiseitigen Dialog dar, indem sie den Kunden ermöglichen, selbst als Sender von Kommunikationsbotschaften aufzutreten *(Duncan/ Moriarty* 1997, S. 4; *Grönroos* 2004, S. 105). Hierdurch können psychologische Wirkungsgrößen, wie die Kundenzufriedenheit und das Commitment der Kunden, gesteigert werden. **Schaubild 7–3** stellt das zweiseitige Kommunikationsmodell im Relationship Marketing dar.

Der Kunde ist mittlerweile für die Initiierung des Dialogs nicht mehr auf die Ansprache des Unternehmens angewiesen. Er kann selbst die ihn interessierenden Informationen abrufen sowie anderen Nutzern über Plattformen zur Verfügung stellen, z. B. durch nutzergenerierte Blogs. Kommunikation im Sinne der Kundenorientierung ist daher nicht mehr als Push-Kommunikation, sondern auch als Pull-Kommunikation auszurichten, da die Rezipienten aktiv am Kommunikationsprozess teilnehmen. Daher erscheint

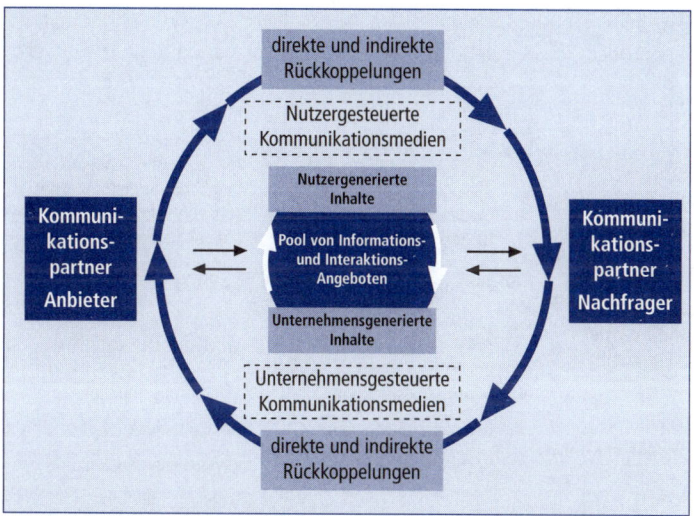

Schaubild 7–3: Kommunikationsmodell im Relationship Marketing

es sinnvoll, zwischen zwei Formen der Kommunikation zu unterscheiden, deren wesentliche Merkmale in **Abbildung 7–4** zusammenfassend dargestellt sind.

Push-Kommunikation: Hier handelt es sich um eine Kommunikationsform, die nach dem klassischen Kommunikationsmodell ausgerichtet ist (Sender-Medium-Empfänger). Es dominiert eine vom Anbieter initiierte einseitige Kommunikation, z. B. durch die Mediawerbung oder Pressearbeit. Die Funktionen der Kommunikation liegen primär in der Information und Beeinflussung der Konsumenten sowie der Bestätigung ihrer Verhaltensweisen (*Bruhn* 2015b, S. 33).

BEISPIEL: Das Unternehmen *Nivea* hat eine offizielle *Facebook*-Seite, auf der Nutzer Informationen über *Nivea* erhalten und bei verschiedenen Aktionen, wie der Kreation eines eigenen T-Shirts oder Gewinnspielen, mitmachen können. Im Vordergrund steht die Interaktion mit den Nutzern im Umfeld der Marke *Nivea*. Die *Facebook*-Seite der Marke *Nivea* ist der Push-Kommunikation zuzuordnen, da hierbei die Kommunikation von dem Anbieter *Nivea* selbst initiiert wird, indem Informationen oder Gewinnspiele für die Teilnehmer zur Verfügung gestellt werden.

Merkmale	Push-Kommunikation	Pull-Kommunikation
Kommunikations- modell	Klassisches Kommunikations- modell (Sender-Medium-Emp- fänger)	Modell des Angebotes eines Pools von Informations- und Kommunikationsangeboten
Richtung der Kommunikation	Einseitig	Zweiseitig
Initiator der Kommunikation	Anbieter	Anbieter oder Nachfrager
Primärfunktionen	Informationsfunktion	Aufforderungsfunktion
	Beeinflussungsfunktion	Interaktionsfunktion
	Bestätigungsfunktion	Individualisierungsfunktion
		Flexibilitätsfunktion
Typische Kommuni- kationsinstrumente und -mittel	Mediawerbung, Pressearbeit, Verkaufsförderung, Sport- sponsoring u. a. m.	Online-Kommunikation, Call Center, Beschwerden u. a. m.

Schaubild 7–4: Merkmale einer Push- versus Pull-Kommunikation

Pull-Kommunikation: Diese Form der Kommunikation geht primär vom Nachfrager aus und ist zweiseitig, z. B. bei der Online-Kommunikation, bei Call-Center-Anfragen oder Beschwerden. Der Anbieter schafft einen Pool von Informations- und Interaktionsangeboten, bei dem der Nachfrager entscheidet, ob und wie er sie in Anspruch nehmen möchte (Multi-Channel-Angebote). Dies bedeutet, dass Instrumente der Pull-Kommunikation die Zielgruppen direkt oder indirekt auffordern, mit dem Unternehmen in Kontakt zu treten. Die Zielgruppen haben diese Aufforderung zu akzeptieren und in einem nächsten Schritt umzusetzen. Da der Dialog mit den Zielgruppen im Mittelpunkt einer beziehungsorientierten Kommunikation steht, ist die Auswahl der Kommunikationsinstrumente nach dem Kriterium ihrer Interaktions- und Dialogeignung vorzunehmen. Darüber hinaus sind sie individuell auszurichten und zu flexibilisieren, um den Kommunikationsbedürfnissen unterschiedlicher Zielgruppen gerecht zu werden.

BEISPIEL: Auf der *Facebook*-Seite von *Nivea* können Nutzer durch Kommentare mit dem Unternehmen in Kontakt treten aber auch untereinander interagieren. Werden Fragen an das Unternehmen gestellt, erhalten die Nutzer eine umgehende Antwort eines Mitarbeitenden von *Nivea* Deutschland. Dieser Dialog, der zwischen dem Unternehmen und den Nutzern ermöglicht wird, ist ein eindeutiges Merkmal einer Pull-Kommunikation. Dieses Beispiel demonstriert die besondere Stellung von Social Media-Plattformen, die sowohl Elemente der Push- als auch der Pull-Kommunikation vereinen.

Weiterhin kann die Sender-Empfänger-Beziehung tiefergehend differenziert werden. So kann die Kommunikation unternehmensinitiiert an Kunden gerichtet („**Inside-Out**") bzw. an Mitarbeitende gerichtet („**Inside-In**") sein. Darüber hinaus ermöglicht Social Media nutzergenerierte Botschaften, die sowohl an Unternehmen („**Outside-In**") als auch an andere potenzielle bzw. bestehende Kunden („**Outside-Out**") gerichtet sein können. Somit agieren Unternehmen und/oder Konsumenten als Initiator des Dialogs. Nutzergenerierte Inhalte dienen für Konsumenten bei Konsumentscheidungen zunehmend als Informationssurrogat, dies konnte im Rahmen von zahlreichen Studien bestätigt werden (z. B. *Chevalier/Mayzlin* 2006; *Liu* 2006; *Dellarocas et al.* 2007; *Bruhn/Schoenmueller/Schäfer* 2012). Es unterstreicht die hohe Relevanz der Berücksichtigung der unterschiedlichen Erscheinungsformen der Social Media-Kommunikation. Die interaktive Vernetzung des Unternehmens mit den Konsumenten ist somit zentraler Gegenstand des Kommunikationsinstruments, wobei die Ziele des gegenseitigen Austausches von Wissen, Erfahrungen und Informationen im Vordergrund stehen.

Um den Erfolg der Kommunikationsaktivitäten zu gewährleisten, ist auch ein besonderer Fokus auf die **Qualität der Kommunikation** zu legen. Die Kommunikationsqualität beschreibt hierbei die Fähigkeit des Anbieters, die Kommunikation in Mitarbeiter-Kunden-Beziehungen gemäß den Kundenerwartungen auf einem bestimmten Anforderungsniveau zu erstellen. Grundsätzlich lässt sich die Kommunikationsqualität in die fachliche Kommunikationsqualität und die persönliche Kommunikationsqualität untergliedern. Die fachliche Kommunikationsqualität bezieht sich auf den Inhaltsaspekt der Kommunikationsqualität, d. h. die Qualität der Informationen oder des Informationsfluss, während die persönliche Kommunikationsqualität vielmehr den Beziehungsaspekt betrachtet. Somit scheint die persönliche Kommunikationsqualität von besonderer Bedeutung für die Kundenorientierung, da sich diese auf die Qualität der Beziehung zwischen den Kommunikationspartnern bezieht. Im Vergleich zu der fachlichen Kommunikation, die in der Regel nur verbal erfolgt, spielen bei der persönlichen Kommunikation sowohl verbale als auch non-verbale Kommunikation eine Rolle.

Neben der Sicherstellung einer hohen Qualität ist der Kommunikation eine systematische und professionelle **Planung** zugrundezulegen. Hierbei sind die Planungsaufgaben der Kommunikationspolitik auf zwei unterschiedlichen Unternehmensebenen zu vollziehen und erfordern daher auch unterschiedliche Planungsmaßnahmen. Zunächst bedarf es der Planung der Kommunikationsmaßnahmen auf Ebene des Gesamtunternehmens. Weiterhin sind auf der Ebene der einzelnen Kommunikationsinstrumenten bzw. Kommunikationsfachabteilungen Planungsschritte durchzuführen. Dies führt zu der Notwendigkeit, eine strategische Planung der Kommunikationspolitik auf zwei Ebenen gleichzeitig vorzunehmen:

- Strategische Planung der Gesamtkommunikation,
- Strategische Planung einzelner Kommunikationsinstrumente.

Neben der strategischen Planung besteht die Notwendigkeit einer taktischen Kommunikationsplanung, die auf Ebene der einzelnen Kommunikationsfachabteilungen durch eine konkrete Umsetzung der festgelegten Strategie der Kommunikationsaktivitäten erfolgt. Das Zusammenwirken der Planung auf den unterschiedlichen Ebenen verdeutlicht **Schaubild 7–5**.

Wie zuvor dargestellt, verfolgt die Kommunikationsplanung stets das Ziel, die vielfältigen Kommunikationsinstrumente und -mittel für unterschiedliche Kommunikationszielgruppen in alternativen Kommunikationssituationen über mehrere Hierarchieebenen eines Unternehmens in Einklang zu bringen. Diese Zielsetzung wird in

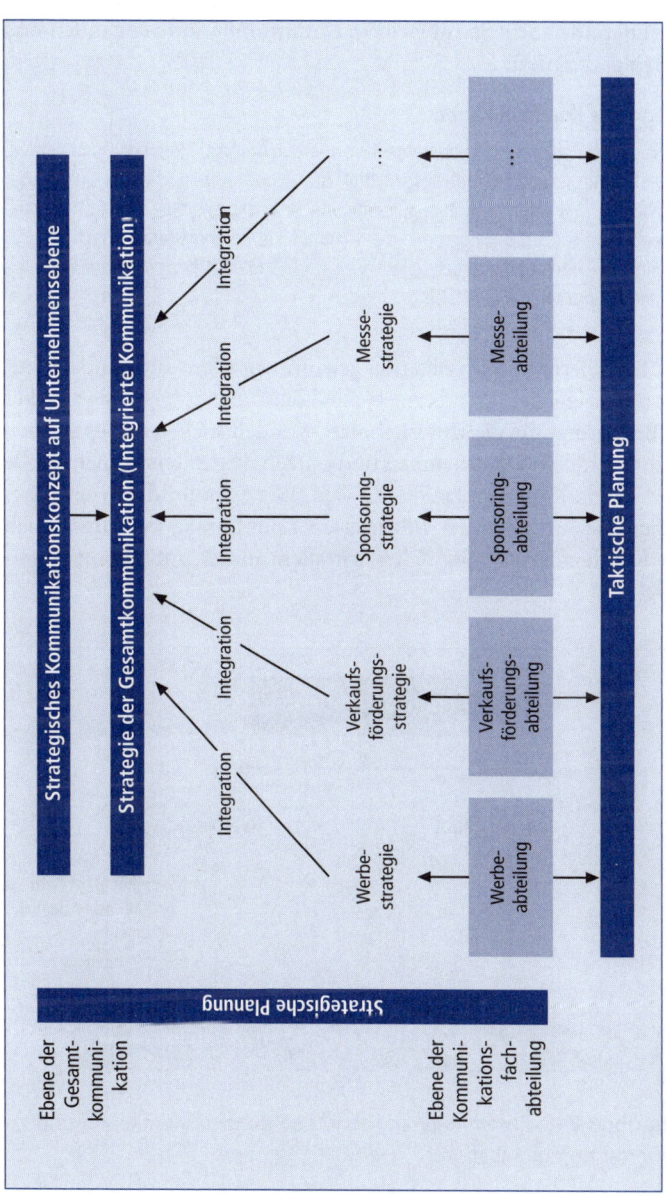

Schaubild 7–5: Kommunikationsstrategien auf unterschiedlichen Ebenen

der Literatur auch als **Integrierte Kommunikation** verstanden und wie folgt definiert:

Integrierte Kommunikation

ist ein strategischer und operativer Prozess der Analyse, Planung, Durchführung und Kontrolle, der darauf ausgerichtet ist, aus den differenzierten Quellen der internen und externen Kommunikation von Unternehmen eine Einheit herzustellen, um ein für die Zielgruppen der Kommunikation konsistentes Erscheinungsbild des Unternehmens bzw. eines Bezugsobjektes der Kommunikation zu vermitteln (*Bruhn* 2014a, S. 38).

Die Integrierte Kommunikation gewinnt vor allem aufgrund des zuvor beschriebenen Trends zur Dialogkommunikation immer stärker an Bedeutung für die Unternehmen. Kunden suchen intensiver den Dialog mit dem Unternehmen und nutzen hierfür eine zunehmende Anzahl von Kommunikationskanälen. Wie **Schaubild 7–6** zeigt, bestehen die Aufgaben der Integrierten Kommunikation hinsichtlich der Kundenorientierung daher vor allem in der Interaktionsgestaltung.

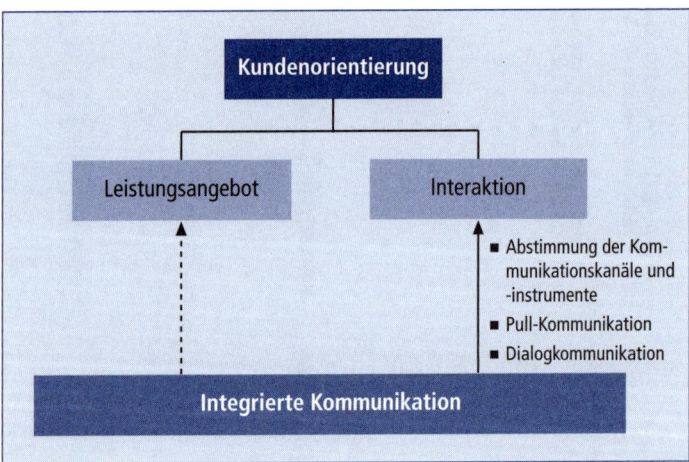

Schaubild 7–6: Zusammenhang zwischen Kundenorientierung und Integrierter Kommunikation

Es ist zwingend notwendig, mittels einer Integrierten Kommunikation die immer stärker wachsende Anzahl an Kommunikationsinstrumenten aufeinander abzustimmen, um für den Kunden ein einheitliches Erscheinungsbild des Unternehmens zu erzeugen. Zudem bietet eine zunehmende Integration der Kommunikation für Unternehmen die Chance, die Kommunikationsarbeit hinsichtlich der Kosten und auch des Nutzens, d. h. vor allem der kommunikativen Wirkung, effizienter zu gestalten. Es lassen sich somit zwei Ziele definieren, die durch einen integrierten Einsatz verschiedener Kommunikationsinstrumente angestrebt werden (vgl. **Schaubild 7–7**):

- Psychologische Zielsetzungen,

- Ökonomische Zielsetzungen.

Psychologische Zielsetzungen
■ Einheitliches Erscheinungsbild, um Irritationen zu vermeiden und die Glaubwürdigkeit sowie Akzeptanz zu steigern,
■ Reduktion der Informationsüberlastung der Kunden,
■ Erzielung von Lerneffekten durch wiederholte Nutzung konsistenter Aussagen und Bilder,
■ Kommunikative Differenzierung vom Wettbewerb fördern,
■ Höhere Identifikation der Mitarbeitenden mit dem Unternehmen durch eine Abstimmung aller internen und externen Maßnahmen.
Ökonomische Zielsetzungen
■ Realisierung von Synergieeffekten,
■ Ausnutzung von Kostensenkungspotenzialen, z. B. durch die Nutzung gleicher Designelemente im Zuge eines Corporate Designs.

Schaubild 7–7: Ziele der Integrierten Kommunikation

Aufgrund der Schwierigkeiten einer Erfolgskontrolle von Kommunikationsmaßnahmen im Allgemeinen (z. B. *Steffenhagen* 2000, S. 220 ff.; *Bruhn* 2015b) und der Integrierten Kommunikation im Besonderen (*Hermanns/Püttmann* 1993, S. 37; *Schultz/Kitchen* 2000, S. 19; *Kliatchko* 2001, S. 7; *Schultz* 2004, S. 6; *Swain* 2004, S. 47; *Esch* 2011, S. 347) ist der Nachweis eines Zusammenhangs zwischen monetären Größen und Kommunikationsaktivitäten problematisch. Insofern verwundert es nicht, dass bei einer Betrachtung der Zielsetzungen, die in der Praxis mit einer Integrierten Kommunikation verbunden werden, eindeutig die psychologischen Zielsetzungen im Vordergrund stehen (*Bruhn/Boenigk* 1999, S. 204; *Angerer/Essinger* 2001; *Hölscher Market Research Consultant* 2003; *Bruhn* 2014a). **Schaubild 7–8** gibt die Wichtigkeit einzelner Ziele aus Unternehmensperspektive wieder.

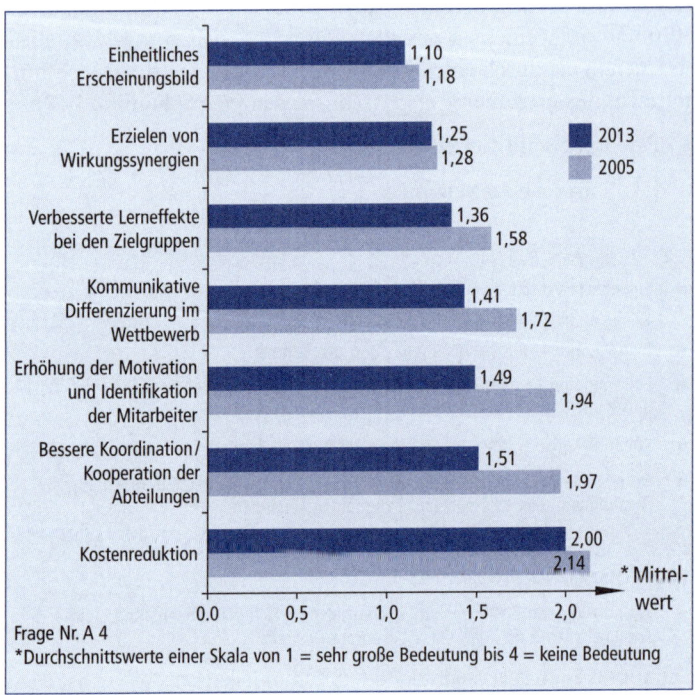

Schaubild 7–8: Ziele der Integrierten Kommunikation in deutschsprachigen Unternehmen (*Bruhn/Martin/Schnebelen* 2014, S. 22)

Die Abstimmung verschiedener Kommunikationsinstrumente bzw. -mittel nach bestimmten Kriterien im Rahmen der Integrierten Kommunikation dürfen sich nicht nur auf eine rein formale Abstimmung des Unternehmensauftritts beschränken. Vielmehr sind die einzelnen Kommunikationsinstrumente umfassend, d. h. sowohl bezüglich des formalen Auftritts, der Aussagenkompatibilität als auch hinsichtlich der Abfolge in ihrem Einsatz aufeinander abzustimmen. Im Folgenden wird daher zwischen einer inhaltlichen, formalen und zeitlichen Abstimmung von Kommunikationsaktivitäten unterschieden (*Bruhn* 2016a, S. 144). **Schaubild 7–9** zeigt die unterschiedlichen Formen der Integrierten Kommunikation im Überblick.

Integrationsformen		Gegenstand	Ziele	Hilfsmittel	Zeithorizont
Inhaltliche Integration	Richtungen der Integration	Thematische Abstimmung durch Verbindungslinien	▪ Konsistenz ▪ Eigenständigkeit ▪ Kongruenz	Einheitlichkeit: ▪ Botschaften ▪ Argumente ▪ Bilder	Langfristig
Formale Integration		Einhaltung formaler Gestaltungsprinzipien	▪ Präsenz ▪ Prägnanz ▪ Klarheit	Einheitlichkeit: ▪ Markennamen ▪ Schrifttyp ▪ Logo ▪ Slogan ▪ Typografie ▪ Layout ▪ Farben ▪ Bilder	Mittel- bis langfristig
Zeitliche Integration	Ebenen der Integration	Abstimmung innerhalb und zwischen Planungsperioden	▪ Konsistenz ▪ Kontinuität	Ereignisplanung („Timing")	Kurz- bis mittelfristig

Schaubild 7–9: Formen der Integrierten Kommunikation (Quelle: *Bruhn* 2014a, S. 144; 2016a, S. 243)

Ein zentraler Schwerpunkt der Integrierten Kommunikation liegt in dem Bemühen, eine **inhaltliche Integration** vorzunehmen, d. h. die Kommunikationsmaßnahmen thematisch miteinander zu verbinden und damit im Hinblick auf die zentralen Kommunikationsziele ein einheitliches Erscheinungsbild vermitteln. Als Verbindungslinien können bei der inhaltlichen Integration die Verwendung einheitlicher Slogans, Kernbotschaften, Kernargumente, Schlüsselbilder (zur Bildkommunikation vgl. *Kroeber-Riel* 1996; zur Verwendung von Verbindungslinien im Rahmen der Integrierten Kommunikation vgl. *Bruhn* 2014a), Verbindungen visueller Bilder mit akustischen Signalen u. a. genutzt werden.

POSITIV-BEISPIEL: Auf der *Facebook*-Seite von *Lexware* können Nutzer durch Kommentare auf der „Wall" mit dem Unternehmen in Kontakt treten, aber auch untereinander interagieren. Werden Fragen an das Unternehmen gestellt, erhalten die Nutzer eine umgehende Antwort eines Mitarbeitenden von *Lexware*. Dieser Dialog, der zwischen dem Unternehmen und den Nutzern ermöglicht wird, ist ein eindeutiges Merkmal einer Pull-Kommunikation. Dieses Beispiel demonstriert die besondere Stellung von Social Media-Plattformen, die sowohl Elemente der Push- als auch der Pull-Kommunikation vereinen.

NEGATIV-BEISPIEL: Eine mangelnde inhaltliche Integration lässt sich bei der Entwicklung des Slogans der *Deutschen Bank* feststellen. Seit 1994 hat die Bank zur Kommunikation unterschiedlicher Kampagnen (vor allem Produkt-, Image- und Corporate Kampagnen) acht verschiedene Slogans verwendet, während gleichzeitig die (einstige) *Deutsche Bank 24* und das Geschäftsfeld Private Banking zwischen drei bzw. vier Slogans wechselten. Mit dem Wechsel in den Slogans änderten sich regelmäßig auch das vermittelte Unternehmensimage und die angestrebte Positionierung der Bank. Seit dem Sommer 2010 wirbt die Bank mit dem Slogan *„Leistung aus Leidenschaft"*.

Ein zweiter Schwerpunkt der Integrierten Kommunikation liegt in dem Bestreben, für die unterschiedlichen Kommunikationsmittel formale Vereinheitlichungen vorzunehmen. Die **formale Integration** der Kommunikation umfasst sämtliche Aktivitäten, die die Kommunikationsinstrumente und -mittel durch Gestaltungsprinzipien miteinander verbinden und damit im Hinblick auf die zentralen Kommunikationsziele eine einheitliche Form des Erscheinungsbildes vermitteln. Als Gestaltungsprinzipien kommen beispielsweise die Verwendung einheitlicher Unternehmens- sowie Markenzeichen, Logos nach vorgegebenen formalen Richtlinien (insbesondere Schrifttyp, Größe, Farbe) oder Bilder in Frage. Es ist notwendig, dass diese Gestaltungsprinzipien grundsätzlich bei jeder Kommunikationsmaßnahme konsequent sowohl auf horizontaler als auch vertikaler Ebene eingehalten werden. Formale Vorgaben für die Integration von Kommunikationsmaßnahmen sind vielfach im Zusammenhang mit unternehmensindividuellen Corporate-Identity-Konzepten entwickelt worden und als Vorgaben eines „Corporate Design" schriftlich fixiert. **Schaubild 7–10** zeigt einen Auszug aus dem Corporate-Design-Handbuch des *iTunes Store* von *Apple*, das den Aufbau der Websiten spezifiziert.

Schaubild 7–10: Corporate-Design-Manual *iTunes Store* (Quelle: *Apple* 2015)

Schließlich sind die Kommunikationsmaßnahmen auch zeitlich aufeinander abzustimmen und kontinuierlich einzusetzen. Die **zeitliche Integration** umfasst sämtliche Aktivitäten, die den Einsatz der Kommunikationsinstrumente und -mittel innerhalb sowie zwischen verschiedenen Planungsperioden aufeinander abstimmen und damit im Hinblick auf die zentralen Kommunikationsziele die Wahrnehmung eines einheitlichen Erscheinungsbildes verstärken. Demnach beinhaltet die zeitliche Integration zwei verschiedene Teilaspekte:

- Zeitliche Abstimmung zwischen verschiedenen Kommunikationsinstrumenten: Hierbei wird ein Unternehmen durch integrative Maßnahmen versuchen sicherzustellen, dass sich die Kommunikationsinstrumente im zeitlichen Einsatz gegenseitig unterstützen.

- Zeitliche Kontinuität innerhalb eines Kommunikationsinstrumentes: Im Rahmen der zeitlichen Integration innerhalb eines Kommunikationsinstrumentes ist sicherzustellen, dass die Kommunikationsinstrumente eine zeitliche Kontinuität erfahren. Dies bedeutet im Einzelfall, dass Werbekonzepte mittel- bis langfristig (mindestens fünf bis zehn Jahre, im Einzelfall noch länger), Verkaufsförderungskonzepte mittelfristig (mindestens ein bis zwei Jahre), Sponsoringkonzepte ebenfalls mittelfristig (mindestens drei bis fünf Jahre) usw. ausgerichtet werden.

> **BEISPIEL:** Die *Sixt AG* zeichnet sich durch eine hohe zeitliche Kontinuität aus bezüglich des Kommunikationsauftritts. Neben der gleichbleibenden visuellen Darstellung (Auto zentral auf dem Plakat platziert) wird im Zeitablauf stets mit einem humorvollen Slogan auf dem Werbeplakat für die Autovermietung geworben. Je nach der Thematik unterscheiden sich die Headlines der Plakate, allerdings ist stets der witzige Werbestil vorhanden.

Integrationsdefizite treten immer dann auf, wenn ein zu häufiger Wechsel im Einsatz von Kommunikationsinstrumenten erfolgt. Als mögliche **Ursachen eines Integrationsdefizits** lassen sich folgende Beispiele anführen:

- Werbekampagnen werden von den Werbeagenturen sehr häufig gewechselt,

- Promotionmaßnahmen erhalten unterschiedliche Akzente bereits innerhalb eines Jahres,

- Sponsoringereignisse werden nur einmalig unterstützt,

- Aktionen der Public Relations werden vielfach nur sporadisch durchgeführt und (je nach Budget) für einige Zeit ausgesetzt.

Bei einer Gesamtbetrachtung der Integrationsformen lässt sich feststellen, dass die **inhaltliche Integration** in der Kommunikationspraxis am schwierigsten zu realisieren ist. Die Schwierigkeiten bei ihrer Umsetzung lassen sich darauf zurückführen, dass ihre Variablen je nach eingesetztem Kommunikationsinstrument (z. B. in der Persönlichen Kommunikation) nur wenig kontrollierbar sind und die Verantwortlichen sich zu wenig mit den Inhalten der mittel- bis langfristig angestrebten zentralen Ziele und Botschaften der gesamten Kommunikation beschäftigen. Gleichzeitig lässt sich durch eine inhaltliche Konsistenz allerdings langfristig die größte Wirkung erreichen, so dass Unternehmen gefordert sind, ihr eine besondere Aufmerksamkeit zukommen zu lassen. Die formale Integration ist indessen einfacher und schneller umzusetzen, kann aber auch keine so langfristige Wirkung wie die inhaltliche Integration entfalten. Auch die zeitliche Integration ist mit Schwierigkeiten verbunden, insbesondere wenn Diskontinuitäten bei verantwortlichen Mitarbeitenden und Kommunikationsagenturen entstehen. Negativwirkungen in Form von Defiziten bei Lern- und Gedächtnisleistungen können auch hier sehr hoch sein, so dass Unternehmen in jedem Fall auf eine zeitliche Kontinuität sowohl innerhalb eines Kommunikationsinstrumentes als auch auf eine Abstimmung zwischen mehreren Instrumenten Wert zu legen haben.

3. Instrumente der Kundenkommunikation

Wie zuvor dargestellt, bringt das Konzept des **Beziehungs-** bzw. **Relationship Marketing** Veränderungen für die Ausgestaltung der Kommunikation eines Unternehmens mit sich. Instrumente, die zur Bindung des Kunden führen, sind primär dialogorientiert, da sie dem Kunden die Möglichkeit bieten, aktiv einen Kommunikationsprozess zu initiieren und seine Bedürfnisse und Wünsche gegenüber dem Unternehmen zu signalisieren. Vorrangiges Ziel der Kommunikation ist es somit, Interaktionen mit dem Kunden zu ermöglichen und aufrechtzuerhalten, um den individuellen Kundenwünschen gerecht werden zu können (*Bruhn* 2015a). Besonders das starke Wachstum von Kommunikationsinstrumenten im Internet, wie z. B. Social Media-Plattformen oder mobiler Technologien, eröffnet den Unternehmen immer vielfältigere Möglichkeiten, den vom Kunden geforderten Dialog mit dem Unternehmen zu initiieren. Im Folgenden erfolgt eine Einordnung dieser Vielzahl an Kommunikationsinstrumenten, die den Unternehmen zur Verfügung stehen. Als Abgrenzungskriterien werden die Richtung und Art der Kommunikation herangezogen.

In Bezug auf die **Richtung der kommunikativen Aktivitäten** einer Unternehmung findet nicht nur eine Erfassung der kommunikativen Anstrengungen hinsichtlich einer **marktgerichteten externen Kommunikation** statt, sondern ebenfalls der Maßnahmen im Rahmen der **internen Kommunikation**. Folglich werden alle unternehmerischen Kommunikationsaktivitäten nach innen und nach außen berücksichtigt.

Im Hinblick auf die **Art der Kommunikation** lassen sich direkte und indirekte kommunikative Anstrengungen unterscheiden. **Direkte Kommunikation** hebt dabei auf den unmittelbaren Kontakt zwischen Sender und Empfänger ab. Es werden keine medialen Kommunikationsträger zwischengeschaltet. Direkte Kommunikation kann sowohl einseitiger als auch zweiseitiger Art sein. Die einseitige Kommunikation ist dadurch gekennzeichnet, dass nur ein Kommunikator existiert. Infolge dieser einseitigen Kommunikation hat der Empfänger der Botschaft keine Rückkoppelungsmöglichkeiten zum Sender. Im Gegensatz dazu stehen bei der zweiseitigen Kommunikation Kommunikator und Adressat in einer Interaktionsbeziehung (Dialog) zueinander und die Kommunikation erfolgt in einem zweiseitigen Informationsaustausch.

Unter **indirekter Kommunikation** sind alle diejenigen kommunikativen Aktivitäten der Unternehmung zu verstehen, die über Medien erfolgen. Dementsprechend kann auch von medialer Kommunikation gesprochen werden (*Hermanns/Püttmann* 1993, S. 33). Indirekte mediale Kommunikation ist zumeist einseitig und an ein disperses Publikum gerichtet. Jedoch wird insbesondere in Verbindung mit den „Neuen Medien", wie beispielsweise Internet oder Mobile Internet (z. B. über Smartphones, Tablets), Digitalfernsehen oder interaktives Fernsehen, von den kommunizierenden Unternehmen versucht, mit den Rezipienten in einen zweiseitigen Kontakt zu treten, um einen Dialog aufzubauen. Einen Überblick über die systematische Einordnung verschiedener kommunikationspolitischer Instrumente und Kommunikationsmittel anhand der diskutierten Kriterien veranschaulicht **Schaubild 7–11**.

In den weiteren Ausführungen werden die Maßnahmen bzw. Kommunikationsinstrumente, die besonders im Hinblick auf die Verbes-

Art		Richtung	
		Intern	Extern
Direkt (face to face)	Einseitig	■ Internes Berichts- und Informationswesen	■ Verbraucher-/Handels-bezogene Verkaufsförderung
		■ Mitarbeiterbezogene Verkaufsförderung	■ Werbebriefe
		■ Internes Beschwerde-management u. a. m.	■ Vorträge von Unternehmens-vertretern u. a. m.
	Zweiseitig	■ Mitarbeitergespräche	■ Persönlicher Verkauf
		■ Arbeitssitzungen	■ Event Marketing
		■ Trainings, Schulungen	■ Kundenclubs
		■ Mitarbeiterevents	■ Persönliche Kommunikation
		■ Betriebsversammlungen u. a. m.	■ Messen und Ausstellungen
			■ Mobile Marketing
			■ Customer Interaction Center u. a. m.
Indirekt (medial)	Einseitig	■ Firmenbroschüren	■ Werbebriefe ohne Antwort-coupons
		■ Firmenvideos	■ Kundenzeitschriften, z. B. mit Antwortcoupons
		■ Mitarbeiterzeitungen	■ Elektronische Newsletter
		■ Newsletter	■ Homepage im Internet mit Kontaktformular
		■ Mitarbeiterportale	■ POS-, POP-Werbung, z. B. mit Coupons u. a. m.
		■ Business-TV u. a. m.	
	Zweiseitig	■ Videokonferenzen	■ Social Media-Kommunika-tion
		■ Computer-Based-Training	■ Verkaufsförderung, z. B. Be-ratungsgespräch am POS
		■ Online-Foren	■ Direct Mailing u. a. m.
		■ Intranetchats	
		■ Direct Mailing u. a. m.	

Schaubild 7–11: Erscheinungsformen von kundenorientierten Kommunikationsformen

serung der Beziehung zum Kunden und somit der Kundenorientierung von Bedeutung sind, näher vorgestellt.

Verkaufsförderung: Verkaufsförderungsaktionen richten sich an Verbraucher, Händler oder Mitarbeitende. Dementsprechend ist im Rahmen der Marktkommunikation die verbraucherbezogene Verkaufsförderung am Point of Sale (POS) bzw. Point of Purchase (POP), beispielsweise Preisausschreiben oder Gewinnspiele, direkt an den Konsumenten gerichtet. Hier hat der Konsument in der Regel keine Rückkoppelungsmöglichkeiten. Aufgrund der Vielschichtigkeit des Verkaufsförderungsbegriffes sind jedoch auch zweiseitige Formen der Verkaufsförderung vorstellbar. Hierzu sind Fachveranstaltungen, Tage der offenen Tür, Betriebsbesichtigungen, Kongresse, Symposien, Festveranstaltungen u. a. m. zu zählen (*Bruhn* 2014b). Diese Maßnahmen werden auch der händlerbezogenen Verkaufsförderung zugerechnet. Weiterhin sind einseitige Aktivitäten, wie die Bereitstellung von Displaymaterial oder die Einräumung von Naturalrabatten, zu nennen.

BEISPIEL für eine einseitige Form der Verkaufsförderung: Mit einem monatlichen Gewinnspiel im *alverde Magazin* macht die Drogeriekette *dm* auf ihr Produktsortiment aufmerksam. Durch das Einsenden des beigelegten Gewinnspielformulars haben die Teilnehmer die Möglichkeit, verschiedene Produkte aus dem Sortiment zu gewinnen (*dm* 2015).

BEISPIEL für eine zweiseitige Form der Verkaufsförderung: Mit Hilfe eines mobilen Verkaufsstandes wurde das Produkt *Mildessa Sauerkraut* der *Hengstenberg GmbH & Co. KG* am Point of Sale präsentiert. Ziel dabei war es, die Kunden darauf aufmerksam zu machen, dass Sauerkraut sehr vielseitig einsetzbar ist und nicht immer nur mit traditionellen Gerichten in Verbindung gebracht werden muss. Dafür wurde das Sauerkraut zeitgemäß interpretiert und mit Gnocchi oder frisch zubereiteten Wraps angeboten. Ergänzt wurde diese Verkostung durch Gewinnspiel- und Zugabemechaniken. Mit dieser Aktion sollen neue Verwender begeistert und Potenziale erschlossen werden (*Bartenbach Marketing Services* 2012).

Persönliche Kommunikation, Event Marketing, Messen und Ausstellungen: Die Persönliche Kommunikation stellt die deutlichste Form der direkten, zweiseitigen Kommunikation dar. Die Kommunikationsteilnehmer stehen sich z. B. in einem Verkaufsgespräch, bei einem „Tag der offenen Tür" oder an Beschwerdestellen „von Angesicht zu Angesicht" gegenüber. Ebenso stehen im Rahmen des Event Marketing sowie bei Messen und Ausstellungen Sender und Empfänger persönlich in Kontakt. Beispielsweise wird hinsichtlich des Event Marketing bei Produkteinführungen in Form einer Großveranstaltung die neue Marke mit viel Aufwand „inszeniert", wobei der Konsument aktiv mit einbezogen wird. Messen und Ausstellungen dienen primär dazu, kommunikative Aufgaben zur Information und Motivation der Kunden sowie zum persönlichen Dialog mit den Kunden zu übernehmen (*Bruhn* 1999, S. 414 ff.).

BEISPIEL: Im Frühsommer 2015 tritt der *Airbnb* Doppeldecker für Weltentdecker an, die Online-Marke *Airbnb* real erlebbar zu machen mit dem Ziel, die Markenawareness bei Erlebnisreisenden sowie potenziellen Gastgebern in den mittelgroßen Städten Deutschlands zu erhöhen. Hierfür baute das Unternehmen einen 40 Jahre alten Bus um und brandete ihn. Das Interieur erwarb *Airbnb* weltweit auf Flohmärkten und Online-Plattformen. Zur Steigerung der Interaktion mit der Zielgruppe wurden kreative Workshops zu Themen wie Upcycling oder Aktivitäten wie ein Spaziergang mit Alpakas angeboten (*FAMAB* 2015).

BEISPIEL: Das Bundeskanzleramt, die Bundesministerien und das Bundespresseamt öffneten im August 2015 für zwei Tage ihre Türen. Ziel war es, den Besuchern einen Blick hinter die Kulissen der Bundesregierung werfen zu lassen. Hierzu wurde den Besuchern der Ablauf eines Staatsbesuchs erläutert und ein Rundgang durch das Kanzleramt mit der Bundeskanzlerin als Fremdenführerin inklusive Selfies angeboten. Neben der Bundeskanzlerin nahmen verschiedene Minister am Tag der offenen Tür teil (*Bundesregierung Deutschland* 2015).

Social Media-Kommunikation: Social Media-Kommunikation vollzieht sich auf online-basierten Plattformen (wie z. B. *Foursquare, Yelp, Vimeo*) und kennzeichnet sowohl die Kommunikation als auch die Zusammenarbeit zwischen Unternehmen und Social Media-

Nutzern sowie deren Vernetzung untereinander. Sie ist durch soziale Interaktionen geprägt, bei der die Grenze zwischen Sender und Empfänger unscharf wird und den Benutzer der Social Media von einem Informationskonsumenten zu einem -produzenten werden lässt.

Für den Kundenservice bedeutet diese zunehmende Vernetzung von Kunden und Unternehmen, dass Kunden in Zukunft nicht immer das Unternehmen direkt kontaktieren müssen, sondern durch die Interaktion mit anderen Kunden auf Social Media-Plattformen sich gegenseitig helfen können. Somit führt Social Media zu einer gesteigerten Autonomie des Kunden, da dieser mittels Social Media-Tools selbstständig nach Antworten auf Fragen suchen kann. Zudem ist es ihm möglich, anderen Kunden in Blogs und Social Networks weiterzuhelfen bzw. seine Meinung zum Unternehmen sowie den Produkten und Services abzugeben. Die Weiterentwicklung von Social Media kennzeichnet den Trend zur verstärkten Kollaboration von Unternehmen und Kunden sowie Kunden untereinander (*Detecon* 2010). Social Media-Kommunikation erweist sich somit als geeignet für eine verbesserte Kundenkommunikation und somit für eine stärkere Kundenorientierung. Im Folgenden wird eine Beschreibung der für die Kundenorientierung relevanten **Erscheinungsformen der Social Media-Kommunikation** hinsichtlich ihrer Bedeutung, Ausprägungen und Besonderheiten vorgenommen (*Tuten/Solomon* 2013):

(1) Social Communities,

(2) Social Commerce,

(3) Social Publishing sowie

(4) Social Entertainment.

Im Rahmen der Kategorie **Social Communities** liegt der Fokus der Social Media-Plattformen auf dem Eingehen und der Pflege von Beziehungen. Nutzer partizipieren in Social Communities-Plattformen, um ihre Bedürfnisse nach Zugehörigkeit und sozialer Interaktion zu befriedigen. So existieren Plattformen für Studenten (z. B. *StudiVZ*), Schüler (z. B. *Schueler.cc*), Arbeitnehmer (z. B. *Stayfriends*), Singles (z. B. *iLove*), Geschäftsleute (z. B. *LinkedIn*) und ohne spezifische Ansprache einer Zielgruppe (z. B. *Facebook*) oder ohne Registrierung (z. B. *Jodel*). Die genannten Social Communities stellen offen gehaltene Netzwerke dar, bei denen es jeder Person möglich ist, sich anzumelden. Demgegenüber existieren geschlossene Netzwerke (z. B. *asmallworld*), bei denen die interessierte Person eine Einladung eines bereits existierenden Nutzers benötigt, um der Community beitreten zu können. Social Communities wachsen schneller als jedes bisherige Kommunikationsmedium. Die Zeitspanne, um ein **Massenmedium** zu werden, nimmt exponentiell ab (*Wigdrorovits* 2010). So benötigte beispielsweise *Facebook* zwei Jahre, um nach seinem Start im Jahre 2004 eine Anzahl von 50 Mio. Nutzern für sich zu gewinnen. Ende 2015 nutzten die Plattform bereits 1,545 Milliarden Menschen weltweit (*Statista* 2015b).

BEISPIEL: Um den Bekanntheitsgrad des *BMW 1er* Modells zu erhöhen, startete das Unternehmen eine Kampagne in dem Social Network *Facebook*. Die Mitglieder konnten mit der *Facebook* Grafitti Applikation eigene farbige Versionen des *BMW 1er* kreieren, diese an Freunde senden und zum Mitmachen animieren. Die Kampagne zeichnete sich durch hohes Involvement aus: Innerhalb der ersten sieben Tage wurden 9.000 Bilder erstellt (*Heinrich* 2010).

BEISPIEL: Die *Fidor Bank AG* setzt im Kundenservice auf den sozialen Austausch der Kunden untereinander. Das Unternehmen bietet Kunden auf der Unternehmensseite die Möglichkeit, der so genannten „Community" beizutreten und so ein Mitglied des sozialen Netzwerks zu werden. Kunden können sich gegenseitig austauschen und auch die Produkte, Services und Berater bewerten. Außerdem versucht das Unternehmen, die Kunden in die Entwicklung neuer Produkte zu integrieren, indem es seine Kunden über ein Bonussystem mit bis zu 1.000 EUR für die erfolgreiche Entwicklung eines Produkts incentiviert.

Social Commerce-Plattformen dienen hingegen der Unterstützung der Konsumenten bei ihrer Kaufentscheidung bzw. den Verkäufern beim Absatz ihrer Produkte. Mittels der Möglichkeiten der Sozialen Medien soll während des Online-Kaufs die soziale Interaktion gesteigert werden, um das „reale" soziale Einkaufserlebnis bestmöglich virtuell abzubilden. Kanäle des Social Commerce sind Beurteilungsportale wie *epinions* oder *Tripadvisor*, Websites mit Rabattangeboten wie *Groupon* oder soziale Marktplätze wie *Dawanda* oder *Etsy.*

BEISPIEL: *Yelp* bietet mit der Option *Yelp Deals* Anbietern an, Nutzer direkt über *Yelp* mit attraktiven Rabatten oder Coupons zu werben. Im Gegenzug promoted *Yelp* die Seite des Anbieters. Eine Studie der *GfK* unterstreicht die Relevanz der Social Commerce-Plattform *Yelp*, so besuchen 93 Prozent der Nutzer die auf *Yelp* besuchte Lokalität (*GfK* 2014).

Der Fokus von **Social Publishing-Plattformen** liegt auf der Verbreitung von Inhalten. Beispiele sind der Einsatz von Weblogs oder Webforen, wie *Tumblr* oder *Technocrati*, zur Informationsverbreitung. Unter Weblogs werden Online-Publikationen subsumiert, die in regelmäßigen Abständen aktualisiert werden und personalisierte Inhalte des Autors enthalten (*Fleck et al.* 2008, S. 236). Die Eigenschaft, dass Weblogs neben Informationen auch Meinungen des Weblog-Autors und der Besucher des jeweiligen Weblogs beinhalten, unterscheiden sie von einer herkömmlichen Homepage oder Website (*Eck* 2007, S. 16). Die von Unternehmen gesteuerten und generierten Weblogs werden als **Corporate Blogs** bezeichnet (*Fleck et al.* 2008, S. 236). Aus Sicht des Unternehmens bieten Corporate Blogs die Möglichkeit des direkten und persönlichen Kontakts sowohl mit den Konsumenten als auch mit sämtlichen Stakeholdern. Durch den Blog erfahren die Stakeholder Neuigkeiten und Stellungnahmen aus dem Unternehmen, die die Stakeholder direkt kommentieren und über die sie sich mit anderen Stakeholdern austauschen können. Hierdurch hat das Unternehmen wiederum die Möglichkeit, sich unmittelbar über die Meinung der Stakeholder zu informieren und auf ihre Kommentare einzugehen (*Holland* 2009, S. 95).

Corporate Blogs scheinen in Bezug auf die Kundenorientierung eine große Bedeutung einzunehmen, da Unternehmen durch Corporate Blogs die Möglichkeit des direkten und persönlichen Kontakts mit den Kunden geboten wird. Zudem bieten Blogs eine neue effiziente Methode des Beschwerdemanagements. Unternehmen können zeitnah auf Kundenbeschwerden reagieren und sie so zeitnah beheben bzw. an die betreffenden Mitarbeitenden weiterleiten (vgl. Kapitel 5,

Beschwerdemanagement). Das Unternehmen bzw. die Mitarbeitenden erhalten die Möglichkeit, proaktiv auf Kunden zuzugehen, die sich z. B. in einem Blog kritisch über die Bedienung oder den Service eines Produktes äußern. Der erfolgreiche Einsatz von Blogs für den Kundenservice hängt vor allem von der proaktiven und zeitnahen Reaktion auf Kundennachrichten bzw. Kurzmitteilungen im Blog ab (*Detecon* 2010).

> **BEISPIEL:** Über die *Dell Community* erreicht man den *Dell*-Kundenblog *DIRECT2DELL*. Über eine „Schlagwortwolke", die sich auf der Website befindet, können Kunden direkt auf einzelne Themenfelder innerhalb des Blogs springen. Innerhalb des Blogs antworten Servicemitarbeiter auf Kundenanfragen und gehen proaktiv auf Produktdiskussionen und Serviceanfragen der Blogger ein.

Blogs sind nicht zwangsläufig von Unternehmen gesteuert, sondern werden auch von den Konsumenten bzw. Stakeholdern generiert. Dies ist bei so genannten **User Generated Blogs** der Fall, deren Kommunikation durch das Unternehmen im Vergleich zu den Corporate Weblogs schwieriger kontrollierbar ist (*Emrich* 2008, S. 177). Um ein gewisses Maß an Kontrolle über die so genannte „Blogosphäre" zu behalten, wird von Unternehmen das Blog-Monitoring eingesetzt. Hierdurch wird die Überwachung der Blogosphäre ermöglicht und Unternehmen können den kontinuierlichen Informationsstrom innerhalb der User Generated Blogs nutzen, um Produktfehler und -schwachstellen frühestmöglich zu identifizieren, zu beheben und somit die Kundenzufriedenheit zu steigern.

Ein **Webforum** ist ein Teil einer Website und setzt zumeist eine Registrierung voraus, um in das Forum Einblick zu bekommen. Die Mitglieder eines Webforums bilden eine so genannte **Social Publishing-Community.** Innerhalb eines Forums werden Gedanken, Erfahrungen und Meinungen sowohl ausgetauscht als auch archiviert. Die von den Nutzern verfassten Beiträge innerhalb eines Forums werden als „Postings" bezeichnet. Die Nutzer haben die Möglichkeit, zu bestimmten, im Forum diskutierten Themengebieten, einen so genannten „Topic", zu abonnieren. Hierdurch werden sie beispielsweise per News-Feed stets auf dem aktuellsten Stand gehalten, sobald zu dem für den Nutzer interessanten Themengebiet ein neuer Beitrag veröffentlicht wird. So wird den Kunden verstärkt das Gefühl vermittelt, dass auf ihre individuellen Bedürfnisse eingegangen und ihnen eine Plattform zur Diskussion ihrer Probleme gegeben wird.

> **BEISPIEL:** Die Firma *Lego* bietet für ihre weltweiten Fans ein Forum an, indem sich die Nutzer zu unterschiedlichen Lego-Themen austauschen und miteinander diskutieren. So existiert beispielsweise zu jeder *Lego*-Baureihe ein Topic, wie beispielsweise *Duplo*, und *Toy Story*, sowie Topics zur Homepage und zum *Lego*-Club. Die Topics werden sowohl von den *Lego*-Konsumenten als auch vom Unternehmen selbst generiert. Um die Inhalte des Forums zu lesen und selbst aktiv im Forum mitzuwirken, bedarf es einer Registrierung (*LEGO Group* 2015).

Social Entertainment-Plattformen (z. B. *Myspace* oder *Second Life*) verfolgen dagegen das primäre Ziel, den Nutzern Möglichkeiten zu bieten, mit anderen zu spielen und sich zu amüsieren. Unternehmen können dabei eigene Entertainmentmöglichkeiten entwickeln (branded entertainment) oder ihre Botschaft in bestehenden Social Entertainment-Plattformen bewerben. Ziel der Kommunikation über Social Entertainment-Plattformen ist es, zumeist die Marken- bzw. Unternehmensawareness sowie die emotionale Bindung zum Unternehmen zu steigern und letztendlich die Kunden stärker an das eigene Angebot zu binden.

> **BEISPIEL:** Der australische Verlag *Penguin Books Australia* entwickelte zu seinem 75-jährigen Unternehmensbestehen ein Social Game namens *Penguin Party*. Im Rahmen des Spiels wurden Teilnehmer bezüglich ihres Wissens über Pinguine befragt, erhielten Punkte, die sie über *Facebook* mit ihren Freunden teilen konnten. Darüber hinaus hatten sie die Möglichkeit, attraktive Preise zu gewinnen (*Tuten/Solomon* 2013, S. 153).

Abschließend ist darauf hinzuweisen, dass oftmals die einzelnen Erscheinungsformen der Social Media-Kommunikation nicht isoliert voneinander betrachtet werden können, sondern hybride Formen als Kommunikationskanal genutzt werden. Ein prominentes Beispiel ist hierfür *Facebook*, das alle vier Erscheinungsformen umfasst.

Mitarbeiterkommunikation: Unter Mitarbeiterkommunikation werden alle Maßnahmen des Managements gefasst, die der Kommunikation mit den Mitarbeitenden dienen. Diese Aktivitäten erfolgen zum einen in direkter Form, zum anderen ist es denkbar, dass sich das Management über Medien an seine Beschäftigten wendet. Eine gezielte Integration des Aspekts der Kundenorientierung in die Mitarbeiterkommunikation unterstützt die Schaffung eines verstärkten Bewusstseins für die Bedeutung einer Ausrichtung sämtlicher Tätigkeiten an den Bedürfnissen der Kunden. Hierbei besteht im Rahmen von Maßnahmen der Mitarbeiterkommunikation z. B. in Firmenbroschüren oder Firmenzeitungen die Möglichkeit, den starken Einfluss einer Orientierung an den Kundenbedürfnissen für eine erhöhte Kundenzufriedenheit besonders zu betonen und zu erläutern. Ebenso stellen Schulungen der Mitarbeitenden eine zusätzliche Maßnahme dar, um die Mitarbeitenden bei der Umsetzung der Kundenorientierung im täglichen Kundenkontakt zu unterstützen. Weiterhin wird durch den unternehmensinternen Einsatz von Social Media eine Plattform für die Mitarbeitenden geschaffen, auf der sie sich untereinander über die Erfahrungen im Kundenkontakt austauschen. In diesem Zusammenhang ermöglichen z. B. so genannte Wikis eine effizientere Informationsverbreitung unter den Mitarbeitenden. Wikis bezeichnen onlinebasierte Plattformen, auf denen alle Mitarbeitenden Informationen bereitstellen und Erfahrungen von anderen Mitarbeitenden nutzen können. Dies ermöglicht einen verbesserten Austausch des gesammelten Wissens und einen verbesserten Informationsaustausch, wodurch sich eine Verbesserung des Kundenservices erzielen lässt. Darüber hinaus nutzen Unternehmen zunehmend zum Austausch von Informationen eigene, interne Soziale Netzwerke. So ergab eine Studie der *Wiesbaden Business School*, dass rund 37 Prozent der befragten Unternehmen eine Eigenlösung als internes Soziales Netzwerk aktiv verwenden (*Petry* 2013).

Direct Marketing: Direct Marketing umfasst sämtliche Kommunikationsmaßnahmen, die darauf ausgerichtet sind, durch eine gezielte Einzelansprache einen direkten Kontakt zum Adressaten herzustellen und einen unmittelbaren Dialog zu initiieren. Beispiele für das Direct Marketing sind die Direktwerbung in Form von Werbebriefen, Prospekten, Katalogen oder Direct-Mailings. Eine gezielte Einzelansprache erzeugt in der Regel ein stärkeres Gefühl der Kundenorientierung im Vergleich zur unpersönlichen Massenkommunikation. Besonders durch die Personalisierung der Kommunikation erhalten die Kunden viel stärker das Gefühl, dass ein Unternehmen sich explizit um sie bemüht. Mittels Direct Marketing ist auch eine zweiseitige Kommunikation mit dem Kunden möglich, z. B. durch das Beilegen von Antwortcoupons bei Versendung auf dem Postweg. Dieser direkte Kontakt zum Kunden gibt Unternehmen die Möglichkeit, die Erwartungen der Kunden oder auch sich verändernde Bedürfnisse direkt von den Kunden zu erfahren.

> **BEISPIEL:** Mit der *Rossmann* „babywelt" nutzt das Unternehmen die adressierte Ansprache von potenziellen Kundinnen. Die Zielgruppe dieser Direct Marketing-Aktion sind Schwangere und junge Familien. Nutzer können sich entweder direkt in einer *Rossmann*-Filiale anmelden oder per Online-Anmeldeformular. Im Anschluss erhalten sie in ihrer *Rossmann*-Filiale ein Willkommenspaket sowie einen Coupon-Block. Darüber hinaus erhalten Teilnehmer ein Begrüßungsmailing, regelmäßig Magazine sowie ein Geburtstagsgeschenk für das Kind (*Rossmann* 2015).

Mobile Marketing: Unter Mobile Marketing werden sämtliche Kommunikationsmaßnahmen verstanden, die mittels mobiler Endgeräte durchgeführt werden. Hierdurch können den Kunden zu jeder Zeit und überall Zugriffe auf Websites und andere Informationsdienste angeboten werden (*Attwood/Duncan* 2000). So wird Kunden beispielsweise ermöglicht, Produktinformationen oder Informationen über Rabattaktionen zu erhalten, aber auch mittels des Mobiltelefons über Apps in Online-Shops einzukaufen. Mittlerweile können über 50 Prozent aller Nutzer mobiler Endgeräte so genannte „Mobile Services" verwenden und geben jährlich etwa durchschnittlich 68 US-Dollar für Datendienste aus. So rechnet der Marktanalyst *Statista* in seiner Studie damit, dass sich die Ausgaben für mobile Werbung von 42,35 Mrd. USD im Jahr 2014 auf 198,81 Milliarden USD im Jahr 2019 steigern werden (*Statista* 2015c). Die hohe Relevanz der Nutzung mobiler Devices und somit des Mobile Marketing zeigt sich auch in der Anspruchshaltung, die Kunden gegenüber Online-Diensten haben. So ergab eine Umfrage, dass 48 Prozent der Nutzer unzufrieden und sogar verärgert sind, wenn sie auf einen nicht mobil-freundlichen Online-Dienst treffen (*Bustos* 2014). Die Mobilkommunikation, die einen globalen Trend der heutigen Zeit darstellt, eröffnet neue Möglichkeiten, Kunden zu gewinnen, bestehende Kunden besser kennen zu lernen und die Kundenbeziehungen zu pflegen (*Silberer* 2004, S. 459 ff.).

Als Ziel des Mobile Marketing kann somit der Aufbau nachhaltiger Kundenbeziehung besonders durch die Möglichkeit der direkten Ansprache verstanden werden. Daher ist es von zentraler Bedeutung, die Möglichkeiten eines mobilen CRM zu erkennen und diese auszuprobieren (*Nicolai/Petersmann* 2001; *Van Ackeren* 2002; *Zeng/Yen/Huan* 2003; *Frohlick/Chen* 2004; *Nysveen/Pedersen/Thorbjörnsen* 2005; *Detecon* 2013). Das Smartphone, Tablets oder andere mobile Geräte sind aus dem Alltag der Menschen nicht mehr wegzudenken und daher bietet eine Ausweitung des CRM auf die Mobilkommunikation große Chancen für eine verbesserte Kundenorientierung und Schaffung langfristiger Kundenbeziehungen für Unternehmen.

BEISPIEL: Die App der *Sparkasse* ist ein Beispiel für den Einsatz mobiler Technologien zur Verbesserung des Kundenservice (vgl. **Schaubild 7–12**). Kunden können hiermit ihre Bankgeschäfte mit ihrem Mobiltelefon erledigen. So reagiert das Unternehmen auf die zunehmende Forderung der Kunden, dass Internetfunktionen an die mobilen Technologien angepasst werden.

Abschließend sind die dargestellten Kommunikationsinstrumente nicht nur isoliert zu betrachten und zu implementieren, sondern vielmehr im Rahmen einer **Integrierten Kommunikation** gemeinsam einzusetzen. Im Folgenden wird daher anhand einiger Beispiele eine Vernetzung der dargestellten Kommunikationsinstrumente mit dem Ziel einer Integrierten Kommunikation veranschaulicht. Das erste Beispiel zeigt die Vernetzung von Social Media-Kommunikation und Direct Marketing anhand einer Mailing-Aktionen, die einen Verweis auf Social Media-Plattformen enthält.

Schaubild 7–12: Mobiler Sparkassen-Finanzstatus (Quelle: *Sparkasse* 2015)

BEISPIEL: *World Disney World* in Florida startet regelmäßig direkte Mailingaktionen an Besucher der *World Disney World*-Themenparks. In den Mailings verweisen die Parkbetreiber speziell auf Social Media-Plattformen. Über diese Plattformen erhalten Nutzer die Möglichkeit, insbesondere Eltern mit ihren Kindern, sich mit Micky Maus und Minnie zu unterhalten, Fragen zu stellen und sich über Neuigkeiten auszutauschen. Auf den Plattformen erhält man zudem weiterführende Informationen zu neuen Attraktionen, Shows, Übernachtungsmöglichkeiten u. a. m. (*Walt Disney Internet Group* 2015).

Eine weitere Möglichkeit der Vernetzung ist die Kombination von Social Media-Kommunikation und Persönlicher Kommunikation. Folgendes Beispiel zeigt eine Social Media-Plattform, auf der die Mitarbeitenden unmittelbar zu den Fragen der Konsumenten Stellung nehmen. So wird der Kommunikationsprozess zwischen Mitarbeitenden und Konsumenten unterstützt.

BEISPIEL: Bei der *Deutschen Bank* existieren Social Media-Plattformen, auf denen die Mitarbeitenden zu Fragen der Konsumenten bezüglich unterschiedlicher Anlageformen, neuer Investitionsmöglichkeiten, neuen Produkten und generellen Fragen zur Kreditinanspruchnahme unmittelbar Stellung nehmen. Über die Plattform wird der Kommunikationsprozess zwischen Mitarbeitenden der *Deutschen Bank* und ihrer Konsumenten unterstützt (*Deutsche Bank* 2015).

4. Kommunikationscontrolling

Die Erfolgskontrolle in der Kommunikationspolitik ist darauf ausgerichtet, Auskunft darüber zu geben, ob die gesetzten Kommunikationsziele erreicht wurden, welche der kommunikativen Maßnahmen den größten Beitrag zur Zielerreichung geliefert haben und ob sich dementsprechend der finanzielle Aufwand „gelohnt" hat. Hieraus sind dann Handlungsempfehlungen für den zukünftigen Einsatz der Kommunikationsinstrumente abzuleiten.

Erst durch eine systematische Überprüfung der Ziele lassen sich Abweichungen zwischen Soll- und Ist-Zuständen erkennen und können korrigierende Maßnahmen ergriffen werden. Somit dient die Erfolgskontrolle auch der Aufdeckung von Mängeln einzelner Kommunikationsmaßnahmen (z. B. Defizite im Verstehen einer Kampagne) und zur Bewertung von Alternativstrategien (z. B. Nutzung unterschiedlicher Kommunikationsinstrumente, Alternativen in der Botschaftsgestaltung).

In der **aktuellen Erfolgsmessung** wird in der Regel lediglich eine isolierte Überprüfung einzelner kurzfristiger kommunikationsbezogener Erfolgs- bzw. Wirkungsgrößen vorgenommen, d. h. Output- und Outcome-Größen der Kommunikation stehen im Vordergrund der Erfolgskontrolle. Dabei werden vor allem die Budgetentscheidung und die Reichweitenplanung als Einflussgrößen, und einzelne, kurzfristig ausgerichtete Kennzahlen als Wirkungsgrößen, wie z. B. Kontakt oder Recall/Recognition, betrachtet. Die weiteren Wirkungszusammenhänge, die den eher langfristig ausgerichteten Wirkungskategorien angehören, werden häufig kaum analysiert. Kommunikation hat jedoch nicht nur zum Ziel, kurzfristige, sondern auch langfristige Erfolgspotenziale aufzubauen (z. B. Aufbau von Markenwerten, Bindung von profitablen Kunden), d. h., zur nachhaltigen Wertschöpfung beizutragen (*Zerfaß/Pfannenberger* 2005, S. 14 f.). Aufgrund verschärfter Wettbewerbsbedingungen sehen sich Kommunikationsverantwortliche inzwischen zunehmend mit der Forderung konfrontiert, den Beitrag der Kommunikation zur Wertschöpfung nachzuweisen.

Im Allgemeinen ist bei der **Erfolgskontrolle der Kommunikation** zwischen Prozess-, Effektivitäts- und Effizienzkontrollen zu unterscheiden:

- Prozesskontrollen beschäftigen sich mit der Kontrolle der Durchführung von Kommunikationsmaßnahmen.

- Effektivitätskontrollen überprüfen ausgewählte kommunikative Reaktionen der Zielgruppe auf die eingesetzten Kommunikationsmaßnahmen und die dadurch erreichten kommunikativen Ziele.

- Effizienzkontrollen beziehen sich auf die Beurteilung der integrierten kommunikativen Aktivitäten. Dabei werden Kosten-Nutzen-Vergleiche aufgestellt, d. h., eine Gegenüberstellung der aufgewendeten Kosten sämtlicher Kommunikationsaktivitäten und der erzielten Nutzen.

Die Erfolgskontrolle der Kommunikation ist in der Regel auf zwei Ebenen durchzuführen. Zum einen auf der Ebene der einzelnen Kommunikationsinstrumente und zum anderen auf der Ebene der Gesamtkommunikation.

Auf der **Ebene der Kommunikationsinstrumente** wird kontrolliert, ob diese im Hinblick auf die Prozess-, Effektivitäts- und Effizienzkontrollen die vorgegebenen Ziele erreicht haben. Zur Evaluierung der Effektivität und Effizienz einzelner Kommunikationsinstrumente existiert mittlerweile ein leistungsfähiges Instrumentarium. Je nach Kommunikationsinstrument kommen unterschiedliche Methoden und Instrumente zum Einsatz (für einen Überblick zu unterschiedlichen instrumentespezifischen Erfolgskontrollen vgl. *Bruhn* 2014b).

Auf **Ebene der Gesamtkommunikation** wird die Aggregation aller integriert eingesetzten Kommunikationsinstrumente gemessen,

d. h. es erfolgt ein Vergleich der Effektivität und Effizienz der eingesetzten Kommunikationsinstrumente sowie der Verbundwirkung
zwischen den Instrumenten. Relevante **Fragestellungen** im Rahmen
der Erfolgskontrolle auf Ebene des Gesamtunternehmens sind u. a.:

- Welcher Instrumente- bzw. Medienmix ist zur Erreichung spezi-
  fischer Marketing- und Unternehmensziele am effektivsten und
  effizientesten?

- Welche Kommunikationsinstrumente bzw. -maßnahmen sind
  zur Ansprache verschiedener Kundengruppen am besten geeignet?

- Welcher Kommunikationsmix ist zur Vermarktung verschiedener Produkte/Dienstleistungen zielführend?

- Welche Wirkungsverluste bzw. -synergien existieren zwischen
  den Kommunikationsinstrumenten aufgrund von positiven/ne-
  gativen Wechseleffekten?

- Ist die derzeitige Ausgestaltung des Kommunikationsmix bzw.
  Allokation der Budgets optimal bzw. wie lässt sich die Effektivität
  bzw. Effizienz des Kommunikationsmix steigern?

Bis heute gibt es keinen etablierten Ansatz zum Vergleich der Wirksamkeit und Wirtschaftlichkeit einzelner Kommunikationsinstrumente. Aufgrund der unterschiedlichen Einflussmöglichkeiten der
Unternehmen wird beispielsweise die Werbewirkung anders gemessen als die Wirkung von Sponsoring oder Social Media-Aktivitäten
(*Back/Gronau/Tochtermann* 2012). Zudem mangelt es häufig an
einem so genannten „Single-Source"-Marktforschungsansatz, bei
dem die Wirkung der Kommunikationsinstrumente im Verbund gemessen wird und damit gegeneinander abgewogen werden kann. Es
fehlt somit ein einheitlicher Bewertungsmaßstab bzw. eine gemeinsame „Währung" für alle Kommunikationsmaßnahmen. Dies hat
zur Folge, dass die Budgetallokation im Kommunikationsmix in der
Regel nicht auf Basis eines empirischen Wirkungsvergleichs, sondern häufig auf Basis heuristischer Ansätze (z. B. Ziel-Maßnahmen-
Methode) oder Erfahrungswerten aus der Vergangenheit (z. B. Fort-
schreiben von Kommunikationsbudgets) vorgenommen wird.

Zur Steigerung der Kommunikationswirkung der Gesamtkommunikation durch eine **integrierte Erfolgskontrolle** gibt es grundsätzlich drei verschiedene statistische Ansätze:

Experimente: Es lässt sich ein experimentelles Design entwerfen, das zwischen einer Experimentalgruppe und einer Kontrollgruppe unterscheidet. Die Experimentalgruppe wird mit einem veränderten Kommunikationsmix konfrontiert, während die Kontrollgruppe mit dem bestehenden Kommunikationsmix bearbeitet wird. Anschließend können Erinnerungswirkungen oder auch Imagemerkmale gemessen und zwischen den beiden Gruppen verglichen werden. Hierdurch lässt sich der Effekt einer veränderten Ausgestaltung des Kommunikationsmix isolieren. Ein solch experimentelles Design ist jedoch mit enormem Aufwand verbunden und die Generalisierung der Ergebnisse wird durch parallel stattfindende Marketingaktivitäten erschwert.

Ökonometrische Mediamix-Modelle: Ökonometrische Mediamix-Modelle werden von spezialisierten Dienstleistern individuell für Kunden entwickelt. Sie zielen darauf ab, den Einfluss von eingesetzten Kommunikationsmaßnahmen auf den Absatz oder die Markenbekanntheit auf Basis von Zeitreihenanalysen zu analysieren. Statistisch basiert das Modelling auf der Schätzung von Abhängigkeitsbeziehungen zwischen manifesten Variablen eines Erklärungsmodells auf Grundlage von empirisch gemessenen Varianzen über die Messzeitpunkte. Neben den Werbe- und Kommunikationsaktivitäten werden häufig weitere interne (beeinflussbare) und externe (nicht beeinflussbare) Faktoren im Modell berücksichtigt, wie etwa Preissenkungen, Rabatte, Aktivitäten der Wettbewerber, demografische Trends oder Wetter. Mit Hilfe dieser Modelle lassen sich Analysen und Simulationen beispielsweise zum optimalen Werbedruck oder zur effizientesten Form der Konsumentenansprache durchführen. Um zuverlässige Erkenntnisse ableiten zu können, ist jedoch eine große Menge an Datenpunkten nötig (die so genannte Big Data Analysis), über die häufig nur Großunternehmen, wie z. B. Konsumgüterhersteller oder Telekommunikationsanbieter, verfügen. Die Datenqualität ist entscheidend für die Zuverlässigkeit der Aussagen.

Strukturgleichungsmodelle: Strukturgleichungsmodelle gehören zur Gruppe der multivariaten Verfahren. Mit ihrer Hilfe lassen sich kausale Zusammenhänge zwischen mehreren abhängigen und mehreren unabhängigen Variablen auf Basis von Querschnittsanalysen erklären. Statistisch basieren Strukturmodelle auf der Schätzung von Abhängigkeitsbeziehungen zwischen latenten Variablen eines Erklärungsmodells auf Grundlage von empirisch gemessenen Varianzen zwischen den befragten Probanden. Wie ökonometrische Mediamix-Modelle werden Strukturgleichungsmodelle von spezialisierten Beratungsunternehmen klientenspezifisch entwickelt. **Schaubild 7–13** zeigt ein beispielhaftes Untersuchungsmodell für ein Dienstleistungsunternehmen.

Im Vergleich zu ökonometrischen Mediamix-Modellen hat der Einsatz von Strukturgleichungsmodellen eine Reihe von Vorteilen. Strukturmodelle erlauben, die Wirkung von verschiedenen Kommunikationsinstrumenten auf eine Vielzahl von kurz- und langfristigen Zielgrößen gleichzeitig zu untersuchen. So lässt sich beispielsweise die Wirkung von Kommunikationsaktivitäten auf Wahrnehmungsziele (z. B. Produktbekanntheit, Markenimage), Einstellungsziele (z. B. Zufriedenheit, Produktnutzen) als auch Verhaltensziele (z. B. Kauf, Weiterempfehlung) empirisch vergleichen. Durch die mehrdimensionale Messung der Kommunikationsinstrumente anhand verschiedener Merkmale (z. B. Werbequalität, Werbedruck) können zudem Aussagen über die Relevanz einzelner Ausgestaltungsparameter für den Kommunikationserfolg getroffen werden. Darüber hinaus lassen sich direkte Erfolgswirkungen (z. B. Wirkung von TV-Spots auf Produktbekanntheit) und indirekte Erfolgswirkungen (z. B. Wirkung von TV-Spots auf Kaufabsicht) analysieren. Damit lässt sich die Frage beantworten, über welchen Weg die Kommunikationsaktivitäten auf das Konsumentenverhalten einwirken. Da alle Daten für ein Strukturmodell mittels einer Kundenbefragung erhoben werden, sind im Vergleich zu ökonometrischen Mediamix-Modellen keinerlei Daten im Vorfeld der Untersuchung über einen längeren Zeitraum hinweg notwendig. Kritisch zu betrachten ist hingegen, dass die Analysen auf hypothetischen Zusammenhängen basieren, keine realen Phänomene widerspiegeln und daher Verzerrungen beispielsweise

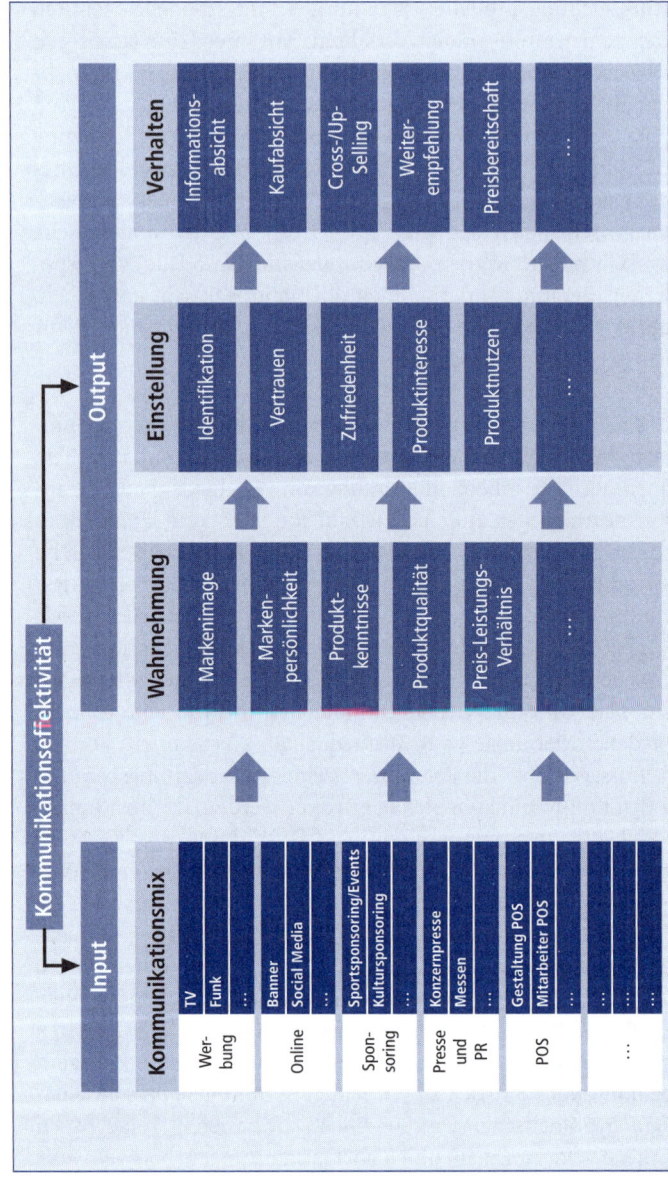

Schaubild 7–13: Beispielhaftes Strukturmodell zur Erfolgskontrolle der Gesamtkommunikation (Quelle: *Bruhn & Partner* 2012)

durch soziale Erwünschtheit entstehen können. Daher ist Unternehmen ein Mix aus ökonometrischen Modellen, zur Identifikation von Phänomenen, und experimentellen Studien bzw. Strukturgleichungsmodellen, zur Erklärungsfindung der identifizierten Zusammenhänge, anzuraten.

Zusammenfassung

Die folgenden zehn Merkpunkte können eine Hilfestellung für die erfolgreiche Integration der Kundenorientierung in das Kommunikationsmanagements geben:

(1) **Kundenorientierung als Ziel des Kommunikationsmanagements definieren:** Stellen Sie die Bedürfnisse der Kunden hinsichtlich der Kommunikation bei der Planung und Umsetzung der Kommunikationsmaßnahmen in den Vordergrund.

(2) **Stärkere Kundenorientierung durch zweiseitigen Kommunikationsprozess schaffen:** Schaffen Sie Möglichkeiten für einen Dialog mit ihren Kunden und gestalten Sie hierdurch individuellere und intimere Kundenbeziehungen.

(3) **Dialogmöglichkeiten über eine Vielzahl von Kommunikationskanälen anbieten:** Geben Sie den Kunden die Freiheit, ihren bevorzugten Kommunikationskanal zu wählen, über den sie mit dem Unternehmen interagieren möchten.

(4) **Stärkere Integration von Social Media sicherstellen:** Reagieren Sie auf die Verschiebung des Mediennutzungsverhaltens von Konsumenten in Richtung Online-Medien und fördern Sie die Kundeninteraktion über Social Media-Plattformen.

(5) **Möglichkeiten von Social Media zur Verbesserung der Kundenorientierung nutzen:** Setzen Sie Instrumente der Social Media-Kommunikation ein, um z. B. Kundenbeschwerden frühzeitig zu erkennen, direkte Hilfestellung durch Mitarbeitende zu geben und somit die Kundenorientierung zu verbessern.

(6) **Qualität der Kommunikation verbessern:** Überprüfen Sie die Qualität der Unternehmens- und Marketingkommunikation, da diese wichtige Auswirkungen auf kundenbezogene Erfolgsgrößen hat.

(7) **Strategische und taktische Ausrichtung der Kommunikationsplanung vornehmen:** Planen Sie die Kommunikationspolitik auf einer strategischen Ebene für die Gesamtheit der Kommunikation sowie für die einzelnen Instrumente und auf einer

taktischen Ebene, um die konkrete Umsetzung der Strategie in den einzelnen Fachabteilungen zu gewährleisten.

(8) **Kommunikationsinstrumente zur Verbesserung der Kundenorientierung einsetzen:** Bewerten Sie die einzelnen Kommunikationsinstrumente hinsichtlich ihres Beitrags zur Verbesserung der Kundenorientierung.

(9) **Inhaltliche, formale und zeitliche Abstimmung der Kommunikation sicherstellen:** Schaffen Sie kommunikative Synergiewirkungen durch eine Integrierte Kommunikation und erreichen Sie eine höhere Akzeptanz des kommunikativen Auftritts bei den Kunden.

(10) **Kontrolle des Kommunikationserfolgs sowohl auf Ebene einzelner Kommunikationsinstrumente als auch auf Ebene der Gesamtkommunikation:** Legen Sie Indikatoren fest, die den Erfolg der Kommunikation für ihr Unternehmen messbar machen und entwickeln Sie einen einheitlichen Bewertungsmaßstab zum Vergleich der Wirksamkeit und Wirtschaftlichkeit der eingesetzten Kommunikationsinstrumente auf Ebene der Gesamtkommunikation.

8. Kapitel

Kundenwertmanagement

1. Grundlagen des Kundenwerts

Der Wandel im Marketing vieler Unternehmen hin zu einer deutlicheren Gewichtung der Kundenorientierung ist vor allem auf die – wissenschaftlich und praktisch nachgewiesene – hohe **Bedeutung langfristiger Kundenbeziehungen** zurückzuführen (*Diller* 1995; *Bruhn/Hadwich/Georgi* 2013; *Homburg/Bruhn* 2013; *Bruhn* 2016b). Auslöser dieser Entwicklung war die Erkenntnis, dass durch eine systematische Pflege der Kundenbeziehungen der unternehmerische Erfolg – in Form von höheren Wiederkaufraten, Weiterempfehlungen, Cross-Selling oder einer geringeren Preissensibilität – gesteigert werden kann. Eine zunehmende Beziehungsdauer geht demzufolge mit einer höheren Profitabilität einher (*Reichheld/Sasser* 1991; *Gröppel-Klein/Königstorfer/Terlutter* 2013).

Die Hypothese über einen positiven **Zusammenhang zwischen Kundenbindung und Profitabilität** ist in der Literatur allerdings nicht unumstritten. So zeigen Studien, dass beispielsweise nicht nur langfristige Beziehungskunden, sondern auch Transaktionskunden profitabel sein können (*Krafft* 2007, S. 200 f.; *Villanueva/Yoo/Hanssens* 2008). Längerfristige Kundenbeziehungen werden vor allem dann angestrebt, wenn Transaktionen mit hohen spezifischen Investitionen verbunden sind und eine große Unsicherheit aufweisen. Für Transaktionen, bei denen vor allem der Preis und/oder die Verfügbarkeit zählen, sind langfristige Beziehungen vergleichsweise teuer und daher weniger erstrebenswert. Als Beispiele lassen sich Ausflugslokale oder Rohstoffmärkte anführen, bei denen der Kundennutzen pro Transaktion kaufentscheidend ist (*Tomczak/Reinecke/Reinecke* 2009, S. 110).

Aufbauend auf diesen Überlegungen wird postuliert, dass ein an ökonomischen Zielen ausgerichtetes **Kundenbindungsmanagement** eine monetäre Bewertung von Beziehungsinvestitionen des Anbieters voraussetzt. Das Ziel des Kundenbindungsmanagements ist eine differenzierte Steigerung der Kundenbindung, d. h., dass Beziehungen ausschließlich zu profitablen Kunden stabilisiert und ausgebaut werden (*Eggert* 2006, S. 45). Der Wert eines Kunden für den Anbieter stellt damit die zentrale Steuerungsgröße für das Kundenbindungsmanagement dar. Aus der Verbindung zur Kundenbeziehung wird deutlich, dass der **Begriff des Kundenwerts** möglichst über die gesamte Kundenlebensdauer betrachtet wird, d. h. als Differenz zwischen den zum Aufbau und zur Aufrechterhaltung einer Kundenbeziehung entstehenden Kosten und den Erlösen, die vom Kunden über die gesamte Dauer der Kundenbeziehung generiert werden. Kundenwertmanagement wird dementsprechend wie folgt definiert:

Kundenwertmanagement

ist die Ermittlung und Analyse kundenindividueller Kundenwerte sowie die Planung, Umsetzung und Kontrolle einer kundenwertbezogenen Steuerung von Kundenbeziehungen mit dem Ziel eines effizienteren Einsatzes von Marketinginstrumenten und einer optimalen Ausschöpfung von Kundenpotenzialen.

In der aktuellen Forschung wird der Kundenwert überwiegend analytisch, teilweise operativ behandelt. Schwerpunkt der Diskussion stellen vor allem zahlreiche unterschiedliche Modelle zur Bestimmung des (zukunftsorientierten) **Customer Lifetime Value** dar (vgl. für einen Überblick *Venkatesan/Kumar* 2004; *Econsultancy* 2014). Die Praktikabilität dieser Modelle bezüglich der Messbarkeit der Kundenwertelemente sowie die systematische Nutzung der Ergebnisse im Rahmen der Kundenorientierung werden jedoch nur in Ansätzen aufgezeigt. Vor diesem Hintergrund ist die Frage nach einem praktikablen Ansatz eines Kundenwertmanagements zu beantworten.

Bezüglich der Inhalte des Kundenwertes lassen sich zwei **Dimensionen des Kundenwerts** differenzieren (*Meyer/Dullinger* 1998, S. 772 f.; *Rouhi* 2012; *Bruhn/Hadwich/Georgi* 2013, S. 713):

(1) Monetäre Dimension,

(2) Zeitliche Dimension.

Während die monetäre Dimension die für den Anbieter nutzenstiftenden Beiträge der Kundenbeziehung widerspiegelt, wird mit der zeitlichen Dimension die Dauer der Kundenbeziehung berücksichtigt. Diese beiden Dimensionen lassen sich wiederum nach Vergangenheits- und Zukunftsorientierung unterscheiden, wie **Schaubild 8–1** aufzeigt.

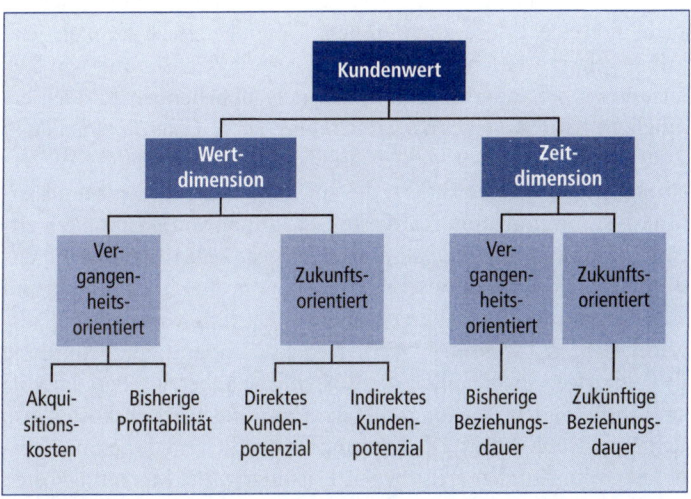

Schaubild 8–1: Dimensionen des Kundenwerts (Quelle: *Bruhn/Hadwich/Georgi* 2013, S. 713)

Als Elemente der monetären Dimension sind die Akquisitionskosten und die bisherige Profitabilität als vergangenheitsorientierte Komponenten und das Kundenpotenzial als zukunftsorientierte Komponente zu unterscheiden. Diesbezüglich werden bei den vergangenheitsorientierten Aspekten die Akquisitionskosten der bisherigen Profitabilität des Kunden gegenübergestellt. Die **Akquisitions-**

kosten stellen einmalige Kosten dar, die dem Anbieter zum Beziehungsbeginn entstehen, also z. B. Kosten für die Ansprache potenzieller Kunden über Postwurfsendungen, Gespräche mit Interessenten oder für Formalitäten eines Vertragsabschlusses.

> **BEISPIEL:** Der Automobilclub *ADAC* gibt an, dass durch E-Mail-Abwicklung die Akquisitionskosten für seine erweiterte Mitgliedschaft (z. B. mit Auslandsreiseschutz) von zehn auf fünf Euro gesenkt werden konnten (*Lammoth* 2004).

Die **bisherige Profitabilität** ergibt sich aus den vergangenen Erlösen und Kosten einer Kundenbeziehung. Den **Erlösen** sind sowohl direkte Erlöse aus dem Erwerb von Leistungen durch den Kunden als auch indirekte Erlöse zuzurechnen. Unter Letzteren können jene Erlöse gefasst werden, die dem Anbieter die Realisierung von Zusatzerlösen bei anderen potenziellen oder bestehenden Kunden ermöglicht hat (*Stahl/Matzler/Hinterhuber* 2006; *Laker/Pohl/Dahlhoff* 2009). In der Literatur werden diesbezüglich insbesondere Weiterempfehlungserlöse diskutiert, die auf die durch positive Mund-zu-Mund-Kommunikation realisierte Gewinnung von Neukunden zurückzuführen sind (*Villanueva/Yoo/Hanssens* 2008). Darüber hinaus werden auch Innovationserlöse erfasst, die durch eine aufgrund eines Kundenfeedbacks vorgenommene Leistungsverbesserung ausgelöst werden (*Schneider* 2008). Den Erlösen sind zur Ermittlung der bisherigen Profitabilität die **Kosten** gegenüberzustellen. Hierbei sind insbesondere Leistungs-, Marketing- und Vertriebskosten von Relevanz (*Droll* 2008). Die Leistungskosten betreffen die Stückkosten der vom Kunden erworbenen Leistungen. Die Marketingkosten ergeben sich aus den Marketingaktivitäten, wie z. B. Mailing, Kataloge oder Call-Center-Kontakte. Die Vertriebskosten sind abhängig von den für den Kauf der Leistung genutzten Vertriebskanälen (z. B. Filiale, Internet, Telefon).

Studie:

> Kundenindividuelle Kostenzurechnungen setzen eine Identifikation der einzelnen Kunden und ein One-to-One-Marketing voraus. Instrumente der Massenkommunikation können als Gemeinkosten nicht einzelnen Kunden zugeordnet werden.

Innerhalb einer empirischen Studie in der Elektroindustrie wurde festgestellt, dass 50 Prozent der befragten Unternehmen diesbezüglich nur eine Vollkostenrechnung durchführten. Lediglich 13 Prozent der Unternehmen waren in der Lage bzw. hatten entsprechende Analyseinstrumente eingeführt, um kundenindividuell Kosten zu erfassen (*Fischer/Schmöller* 2001, S. 19).

Bei einer zukunftsorientierten Betrachtung kann zwischen dem direkten und indirekten Kundenpotenzial unterschieden werden. Das Kundenpotenzial stellt die zukunftsorientierte Komponente der **Wertdimension** dar. Dieses umfasst das direkte und das indirekte Kundenpotenzial. Das **direkte Kundenpotenzial** resultiert zum einen aus der unveränderten Fortsetzung der Beziehung durch den Kunden (Wiederkaufpotenzial), d. h. aus einer gleichbleibenden Kauffrequenz, Leistungsnutzung und Preiserhöhungsakzeptanz. Zum anderen wird das direkte Kundenpotenzial durch mögliche Erlös- und Profitabilitätssteigerungen bestimmt (Beziehungsausbaupotenzial). Dieses wird durch eine Steigerung der Kauffrequenz (Up-Selling) und/oder durch den Verkauf zusätzlicher Leistungen (Cross-Selling) erreicht. Das **indirekte Kundenpotenzial** ergibt sich aus der Veränderung des Kaufverhaltens anderer Personen, die aus Aktivitäten des Kunden resultiert, für den das Kundenpotenzial ermittelt wird (Referenz- und Innovationspotenzial; *Mengen/Krings* 2012).

Neben der Wertdimension beinhaltet der Kundenwert eine **Zeitdimension**, die mit der Dauer der Kundenbeziehung in Zusammenhang steht. Dabei lassen sich drei Komponenten unterscheiden:

- Die bisherige Beziehungsdauer bezeichnet den Zeitraum zwischen Beziehungsbeginn und dem aktuellen Zeitpunkt.

- Die Restlebensdauer kennzeichnet die verbleibende Lebensdauer der Beziehung vom aktuellen Zeitpunkt bis zum Beziehungsende.

- Die Gesamtlebensdauer setzt sich aus der bisherigen Beziehungsdauer und der Restlebensdauer zusammen, umfasst also die Lebensdauer vom Beziehungsbeginn bis zum Beziehungsende.

Die Bestimmung der Dimensionen und Komponenten des Kundenwerts bildet den Ausgangspunkt für die Messung des Kundenwerts, die in den einzelnen Modellen in unterschiedlicher Weise berücksichtigt werden.

2. Ansatzpunkte der Kundenwertanalyse

Die zunehmende Bedeutung des Einsatzes von Kundenwertberechnungen im Unternehmen ist in der Praxis zwar erkannt, eine Umsetzung dieser Berechnungen ist jedoch noch nicht weit verbreitet. So bejaht die Mehrheit der in empirischen Untersuchungen befragten deutschen Unternehmen die Wichtigkeit der Berechnung eines Kundenwertes. Trotzdem finden sich kaum Berichte über den praktischen Einsatz von Kundenwertberechnungen, insbesondere der anspruchsvollen zukunftsorientierten Ansätze (*Krafft/Rutsatz* 2006, S. 298). Dies ist umso erstaunlicher, da Unternehmen zahlreiche Verfahren zur Verfügung stehen, um den Wert eines Kunden quantitativ oder qualitativ zu ermitteln.

Die in der Literatur zur **Messung des Kundenwerts** bzw. der Kundenwertdimensionen diskutierten Kundenwertansätze sind vielfältig *Cornelsen* 2000; *Günter/Helm* 2006; *Holzhauser* 2016). Eine Differenzierung der Ansätze lässt sich anhand von drei Dimensionen vornehmen, die gemeinsam mit den jeweiligen Verfahren in **Schaubild 8–2** dargestellt sind (*Bruhn* 2016b, S. 250) Zusätzlich zur Wert- und Zeitkomponente wird dabei noch die **Berechnungsweise** herangezogen, so dass sich folgende Dimensionen ergeben:

- Art des Lösungsalgorithmus (heuristisch, quasi-analytisch),
- Art der Kundenwertkomponenten (monetär, nicht-monetär),
- Art des betrachteten Zeithorizonts (einperiodisch, mehrperiodisch).

Hinsichtlich des Lösungsalgorithmus können heuristische und quasi-analytische Verfahren differenziert werden. **Heuristische Verfahren** geben Hinweise auf „richtige" Lösungswege und ein Erfolg versprechendes Suchverhalten. Sie liefern keine quantitativen Resultate und ermöglichen keine Ableitung optimaler Entscheidungen. Wesentlicher Vorteil dieser Verfahren ist, dass sie unter Verwendung relativ kleiner Datenbanken durchführbar und daher mit geringen

Kosten verbunden sind. Deshalb werden die heuristischen Verfahren in der Praxis – trotz der eingeschränkten Aussagekraft – immer noch sehr häufig eingesetzt. Die **quasi-analytischen Verfahren** basieren auf mathematischen Berechnungen, die einen quantitativen Vergleich von Kunden auf der Grundlage numerischer Werte oder Punktwerte ermöglichen. Aufgrund der exakten Werte werden zumindest theoretisch optimale Entscheidungen realisierbar. Darüber hinaus erzielen diese Verfahren in der Regel vollständigere und besser anwendbare Resultate. Die aufwändige Datenbeschaffung und -verarbeitung sowie die Komplexität der Problemerfassung gehören zu den wesentlichen Nachteilen dieser Verfahren.

Kundenbewertungsverfahren			
Ein-periodisch	Heuristisch	Nicht-monetär	■ Demografische und ökonomische Segmentierung ■ Klassifikationsschlüssel ■ Positiv Cluster ■ Kundenportfolio
		Monetär	■ ABC-Analyse
	Quasi-analytisch	Nicht-monetär	■ Scoring-Tabelle ■ Scoring-Tabelle mit mikrogeografischen Daten
		Monetär	■ Kundendeckungsbeitragsrechnung ■ Kundenbezogene Rentabilitätsrechnung (ROI) ■ Customer Costing
Mehr-periodisch	Heuristisch	Nicht-monetär	■ Loyalitätsleiter
		Monetär	■ ABC-Analyse mit dynamischen Werten ■ Kundendeckungsbeitragspotenzial
	Quasi-analytisch	Nicht-monetär	■ Scoring-Tabelle mit Potenzialwerten (RFMR-Tabelle)
		Monetär	■ Kundenbeziehungslebenszyklusanalyse ■ Customer Equity Test ■ Customer Lifetime Value

Schaubild 8–2: Ansätze zur Kundenwertermittlung (Quelle: in Anlehnung an *Bruhn/Hadwich/Georgi* 2013, S. 715)

In Bezug auf die Art der **Kundenwertkomponenten** lassen sich monetäre und nicht-monetäre Verfahren unterscheiden. Wenn im Unternehmen die benötigten Umsatz- und Kostenzahlen direkt aus dem Rechnungswesen gewonnen werden können und jegliche Budgetüberlegungen monetär kalkuliert werden, bieten sich monetäre Verfahren an. Diese lassen durch ihre Eindeutigkeit direkte Kundenvergleiche zu und haben den Vorteil, dass sie in Kalkulationen und Budgetberechnungen mit einbezogen werden können. Der Nachteil der meisten monetären Verfahren ist ihre auf den Zusatzumsatz beschränkte Wertauffassung, die aufgrund der Vernachlässigung weiterer relevanter – auf die Kundenbindung oder Kommunikation des Kunden zurückführbare – Wertkomponenten unvollständig ist. Nicht-monetäre Verfahren beschränken sich auf eine primär qualitative Bewertung der Kunden und verzichten absichtlich auf den Versuch, jegliche Beziehung monetär zu bewerten.

In Abhängigkeit vom **betrachteten Zeithorizont** lassen sich einperiodische (Zeitpunktbetrachtung) und mehrperiodische Verfahren (Zeitraumbetrachtung) abgrenzen. Einperiodische Verfahren sind für eine kurzfristige Bestandsaufnahme durchaus sinnvoll, zur langfristigen Bewertung von Kunden jedoch nicht einsetzbar, da sie zukünftige Entwicklungen – anders als die mehrperiodischen Verfahren – nicht mit einbeziehen. Einperiodische Verfahren sind den mehrperiodischen durch ihre Unvollständigkeit der Kundenbetrachtung unterlegen. Kunden, die zum Zeitpunkt der Ermittlung unrentabel sind, können nur durch die Betrachtung ihres zukünftigen Volumens bewertet werden. Der Nachteil mehrperiodischer Verfahren liegt in der Komplexität der Verfahren, die primär durch die zu erstellenden Prognosen und das zu berücksichtigende Risiko bedingt ist. Im Folgenden werden heuristische und quasi-analytische Verfahren im Detail erläutert.

Heuristische Verfahren: Die einfachste Methode einer Kundenbewertung stellt die Kundensegmentierung mittels **demografischer** und (statischer) **ökonomischer Kriterien** dar, bei der die Kunden eines Unternehmens anhand dieser Kriterien analysiert und gruppiert werden. Diese Daten können – ergänzt um weitere kundenspezifische Informationen – in einem Klassifikationsschlüssel als Zahlencode (z. B. 93–5–10–11) strukturiert dargestellt werden. Besteht eine qualitativ hochwertige Datenbank, die demografische, geografische, psychografische oder kaufverhaltensbezogene Merkmale ökonomisch attraktiver Kunden erfasst, kann zusätzlich das Verfahren des **Positiv Cluster** genutzt werden. Bei dieser Methode werden die Ausprägungen merkmalsgleicher oder -ähnlicher Kunden zur Bewertung der Investitionswürdigkeit von potenziellen Kunden sowie Neukunden verwendet (*Wirtz/Göttgens* 2004).

Das weit verbreitete **Kundenportfolio** stellt eine Erweiterung der Kundensegmentierung dar. Mittels einer Portfoliomatrix werden zwei Faktoren – meist die Kundenattraktivität als unternehmensexterne Größe und die Wettbewerbsposition als unternehmensspezifische Größe – dargestellt. Aus der Positionierung der Kunden in dieser Matrix lässt sich deren Investitionswürdigkeit in Form einer Typologisierung einordnen, die eine Erarbeitung segmentspezifischer Strategien ermöglicht (vgl. Kapitel 4, Kundenbindungsmanagement).

Eine Möglichkeit zur Dynamisierung heuristischer, nicht-monetärer Verfahren zeigt das Verfahren der **Loyalitätsleiter** auf, bei dem Kunden in Abhängigkeit ihrer Bindung zum Unternehmen in Loyalitätsstufen kategorisiert werden. Im Loyalitätsleiter-Konzept wird davon ausgegangen, dass die höchste Stufe der Kundenbindung erreicht ist, wenn ein Kunde von den Anbieterleistungen affektiv und kognitiv so überzeugt wird, dass er versucht, andere „zu bekehren" (*Helm* 2013).

Als monetäres heuristisches Verfahren stellt die **Kundenumsatzanalyse** bzw. **ABC-Analyse** ein weit verbreitetes Instrument zur Bewertung von (Stamm-)Kunden dar. Grundlage ist die Analyse der in einer Periode getätigten Umsätze, indem alle Kunden nach der Höhe der Umsätze bzw. der Umsatzerwartungen in eine Rangreihe gebracht werden. Aufgrund dieser Rangreihe lassen sich drei Kundengruppen bilden, indem die Kunden mit dem höchsten Umsatzanteil als A-Kunden, die restlichen Kunden als B- bzw. C-Kunden bezeichnet werden (*Schawel/Billing* 2014). Oft wird hier die erwähnte Pareto-Regel bestätigt, nach der 20 Prozent der Kunden 80 Prozent der Umsätze generieren. Durch die Erweiterung der ABC-Analyse um dynamische Werte, z. B. Umsatz- oder Deckungsbeitragspotenziale, kann die Qualität des Verfahrens – insbesondere für die exakte Analyse von potenziellen Kunden und Neukunden – wesentlich verbessert werden. Der Kundenlebenszyklus zeigt den Verlauf der Umsatz- und Kosten- bzw. der Deckungsbeitragsentwicklung eines Kunden im Zeitablauf auf (*Köhler* 2005, S. 352). Abhängig von der Zyklusphase, in der sich der Kunde befindet, wird dieser unterschiedlich bewertet und angesprochen.

Quasi-analytische Verfahren: Der Grundgedanke des quasi-analytischen, aber nicht-monetären **Scoring-Verfahrens** ist die Bewertung der Kunden anhand mehrerer Merkmale, bei denen verschiedene qualitative Kriterien im Vordergrund stehen. Durch die Identifizierung und Gewichtung relevanter Kriterien werden Kunden durch die Vergabe von Punkten beurteilt und somit direkt vergleichbar gemacht (*Homburg/Schnurr* 1998, S. 179; *Fader/Hardie/Lee* 2005, S. 416; *Köhler* 2005 S. 342 f.; *Neu/Günter* 2015, S. 42 f.). Es ist möglich, Gewinne und Kosten der Kundenbeziehung auch als Bewertungskriterien mit einzubeziehen; diese werden aber, wie die anderen Kriterien, mit Punkten bewertet und fließen nicht direkt als monetäre Größen in die Berechnung mit ein. Erweitern lässt sich die Scoringtabelle um **mikrogeografische Daten**, indem die Kunden in direkte Beziehung zu ihrem Wohnumfeld gesetzt werden (*Wirtz/Göttgens* 2004, S. 33). Zur Realisierung einer dynamischen Kundenbetrachtung kann die Scoringtabelle mit **Potenzialwerten** herangezogen werden. Das wohl bekannteste Verfahren dieser Art ist die vor allem im Versandhandel eingesetzte **RFMR-Methode** (**R**ecency, **F**requency, **M**onetary **R**atio), die als grundlegende Kriterien das letzte Kaufdatum, die Häufigkeit der Käufe, den durchschnittlichen Umsatz, die Anzahl der Retouren und die Zahl der Werbesendungen als Bewertungsgrundlage verwendet. Durch die Punktbewertung der Kriterien entsteht aufgrund der Potenzialorientierung bei der Punktvergabe ein dynamisches Käuferprofil (*Link/Hildebrand* 1997, S. 166 f.; *Miglautsch* 2000; *Shi/Liu* 2005, S. 170; *Wirtz* 2005, S. 233; *Neu/Günter* 2015, S. 42).

Wesentlich verbreiteter als die nicht-monetären Ansätze sind die monetären, quasi-analytischen Verfahren. Die **Kundendeckungs-**

beitragsrechnung ermöglicht die Berechnung des Beitrages jedes Kunden zum Periodengewinn, indem durch eine stufenweise und verursachungsgerechte Zuordnung von Erlösen und Kosten ein monetärer Kundenwert berechnet wird (*Wirtz/Göttgens* 2004, S. 33; *Fuchs* 2010, S. 100). Dadurch lassen sich Aussagen über die Kundenprofitabilität treffen, die zur Selektion investitionswürdiger Kunden führt, die den höchsten Ziel-Deckungsgrad aufweisen.

Ähnlich ist das **Customer Costing** aufgebaut, bei dem die Steuerung und die hierarchische Zurechnung der kundenbezogenen Kosten und Erträge zu den Bezugsebenen Marketing, Vertrieb und Logistik in Form einer Kundenergebnisrechnung umgesetzt wird (*Mowen/ Hansen/Heitgen* 2014). Die Zuordnung der produkt- und kundenspezifischen Gemeinkosten erfolgt auf unterschiedlichen Deckungsbeitragsstufen in einer auf der Prozesskostenrechnung basierenden Erfolgsrechnung. Daraus ist ersichtlich, dass ein Prozesskostensystem für diese Kalkulation unablässig ist.

Durch das Konzept des **„Return on Investment"** (**ROI**) lässt sich der erwirtschaftete Deckungsbeitrag in Relation zum (in eine Kundenbeziehung eingesetzten) Kapital bringen. Je höher die individuelle Rendite ausfällt, desto attraktiver wird die Kundenbeziehung für ein Unternehmen.

Die Ermittlung des **Kundendeckungsbeitragspotenzials** kann als konsequente Erweiterung der Kundendeckungsbeitragsrechnung angesehen werden, indem die kurzfristige statische Sichtweise durch eine dynamische Betrachtung von Entwicklungspotenzialen ersetzt wird. Da insbesondere potenzielle Kunden oder Neukunden erst im Laufe der Kundenbeziehung profitabel werden, steht die zukünftige Deckungsbeitragsentwicklung im Vordergrund (*Wirtz* 2005, S. 232 f.; *Link/Münster/Gary* 2011, S. 171).

Im **Customer Equity Test** setzt sich der Kundenwert aus dem Akquisitions-, Wiederkaufs- (Wiederkaufswahrscheinlichkeit, Kaufvolumen, Add-on Selling), und Kommunikationsverhalten des Kunden zusammen. Die Berechnung des Kundenwertes basiert auf den Wahrscheinlichkeiten dafür, dass ein Kunde akquiriert bzw. zurückgewonnen werden kann. Je ausgeprägter diese Faktoren in Verbindung mit den ökonomischen und vorökonomischen Faktoren sind, desto wertvoller wird ein Kunde bewertet (*Blattberg/Deighton* 1996, S. 136 ff.; 1997, S. 24 ff.).

Aus der Investitionsrechnung lässt sich der **Customer Lifetime Value (CLV)** ableiten, indem die dem Kunden direkt zurechenbaren Ein- und Auszahlungsströme während der gesamten Lebensdauer der Investition (Beziehungsdauer) prognostiziert und auf den Gegenwartswert diskontiert werden (*Bechwathi/Eshgi* 2005, S. 93; *Bruhn* 2016b). Insbesondere die Berücksichtigung einer Retention Rate (Wiederkaufwahrscheinlichkeit) und die Erweiterung des monetären Wertes durch nicht-monetäre Wertkomponenten erhöhen die Aussagekraft des CLV.

Der Customer-Lifetime-Value-Ansatz im allgemeinen Sinne ist ein Berechnungsverfahren, das Prinzipien der dynamischen Investitionsrechnung auf Kundenbeziehungen überträgt. Dabei wird die Kundenbeziehung als eine Investition betrachtet, und die Qualität dieser Investition mittels der dynamischen Investitionsrechnung bewertet (*Krafft* 2007). Der CLV wird zumeist als **Present CLV** definiert, d.h. durch die Abzinsung und Aufsummierung der Zahlungsströme (Differenz aus Einnahmen und Ausgaben) auf den aktuellen Zeitpunkt ermittelt. Diese Vorgehensweise beruht auf dem Sachverhalt, dass zukünftige Finzahlungen weniger wert sind als gegenwärtige (*Homburg/Daum* 1997). Der Customer Value entspricht somit dem Kapitalwert der Geschäftsbeziehung mit einem Kunden. Der Gegenwartswert eines Kunden ist insofern von Interesse, als die gesamten strategischen Entscheidungen nur auf Grundlage des aktuellen (prognostizierten) Wertes getroffen werden können.

Der CLV-Ansatz weist insbesondere durch die Möglichkeit der Offenlegung langfristiger Kundenpotenziale und einer dynamischen Betrachtung der Kundenbeziehung Vorteile gegenüber anderen Verfahren zur Ermittlung des Kundenwertes auf. Zudem ermöglicht der CLV-Ansatz eine vorausschauende Betrachtung der Kunden-Cashflows und trägt zu einem besseren Einsatz von Marketingmaßnahmen durch eine Zuordnung der Kunden zur entsprechenden Phase des Kundenlebenszyklus bei (*Breitschuh* 2001, S. 68; *Reinecke/Keller* 2006, S. 272 f.). Jedoch bleibt bei der Anwendung des CLV-

Ansatzes zu beachten, dass die Art und Höhe zukünftiger Ein- und Auszahlungen in der Regel erheblichen Schätzungenauigkeiten unterliegen und als deutliche Schwäche des Ansatzes zu sehen sind. Offensichtlich ist dies auch der Grund, weshalb sich der CLV-Ansatz selbst in Sektoren mit relativ langfristigen Geschäftsbeziehungen, wie z. B. im Business-to-Business-Bereich, bislang nicht allzu fest etabliert hat (*Krafft* 2007, S. 77). So zeigt eine aktuelle Studie der Marketingberatung *Econsultancy* (2014), dass lediglich 11 Prozent der einbezogenen Unternehmen sich befähigt fühlen, den CLV valide zu erheben. Nach einer Umfrage der *Fachhochschule Koblenz* nutzen lediglich 4 Prozent der einbezogenen Unternehmen den CLV zur Kundenwertermittlung (*Mengen* 2012).

Die Ergebnisse der Kundenwertanalysen dienen als Grundlage einer **kundenwertbasierten Kundensegmentierung**. Dabei werden – im Unterschied zur klassischen Marktsegmentierung – Daten eingesetzt, die direkt bei den aktuellen Kunden erhoben werden (z. B. über Transaktionsdatenbanken oder Kundenbefragungen). Ansätze zur kundenwertbasierten Segmentierung können nach zwei Dimensionen unterschieden werden. Zum einen nach dem Differenzierungsgrad der Segmentierung, d. h., ob eine einzelkundenorientierte Segmentierung („Segment of One") oder eine kundengruppenorientierte Segmentierung (klassische Segmentierung) vorgenommen wird. Zum anderen lassen sich nach der Dimensionalität ein- und mehrdimensionale Segmentierungen unterscheiden. Die eindimensionalen Modelle stellen partialanalytische Ansätze dar, die zur Ermittlung des Kundenwerts eine als besonders wichtig erachtete Größe (z. B. Umsatz) verwenden. Mehrdimensionale Verfahren differenzieren dagegen verschiedene Wertbeiträge des Kunden und berücksichtigen in entsprechender Weise mehrere Größen, die geeignet sind, diese Wertbeiträge abzubilden (*Eggert* 2006, S. 45; *Belohuby* 2014, S. 66). Jedoch ist darauf hinzuweisen, dass vor allem im Endkonsumentenbereich oftmals keine Differenzierung von Angeboten in Abhängigkeit des ermittelten Kundenwertes vorgenommen wird. So demonstriert eine Umfrage mit deutschen Unternehmen, dass lediglich 19 Prozent eine differenzierte Kundenansprache vornehmen (*Mengen* 2012).

BEISPIEL: Eine Segmentierung nach dem Umsatz findet bei vielen Fluggesellschaften und deren Kooperationspartnern statt. So kann jeder Kunde bei dem Bonusprogramm *AAdvantage* der *American Airlines* Meilen „erwerben", indem er über Flugbuchungen oder Käufe bei kooperierenden Unternehmen entsprechende Umsätze tätigt. Diese Meilen kann er gegen Produkte, Freiflüge oder andere Services eintauschen. Mit dem Status Platinum, den er ab 50.000 innerhalb eines Jahres erworbenen Meilen erhält, hat er Anspruch auf weitere Value Added Services wie z. B. späten Check-In, eine größere Gepäckmenge oder Zugang zu Flughafen-Lounges. Für ein weiteres Segment, das ebenfalls nach der Anzahl der gesammelten Meilen abgestuft ist, kommen weitere exklusive Services hinzu.

BEISPIEL: Der Mobilfunkanbieter *E-Plus* steuert seine Bemühungen im Rahmen der Kundenakquisition (Vertragsabschluss) in Abhängigkeit des jeweiligen Kundenwertbeitrages. Hierzu werden Servicemitarbeitenden aufbereitete Kundendaten über ein CRM-System zur Verfügung gestellt, so dass diese den Kunden das optimal angepasste Angebot unterbreiten können. Darüber hinaus werden, basierend auf dem ermittelten Kundenwertbeitrag, dem Mitarbeitenden Möglichkeiten der Incentivierung zur Verfügung gestellt, um den Verhandlungserfolg zu erhöhen, wobei der Kundenwertbeitrag aus dem bisherigen Telefonieverhalten sowie dem angebotenen Tarif ermittelt wird (*Mengen* 2012).

In der wissenschaftlichen Literatur werden überwiegend mehrdimensionale Segmentierungsansätze diskutiert. Dabei finden unterschiedliche **Kombinationen psychologischer, verhaltensbezogener und ökonomischer Kundenwertkomponenten** statt. Es existieren rein ökonomisch orientierte Ansätze, dessen Segmente durch die Variation der Umsatz- und Kostenkomponente des Kundenwertes entstehen (*Ness et al.* 2001). Dadurch resultieren „Champions" (hoher Umsatz, geringe Kosten), „Demanders" (hoher Umsatz, hohe Kosten), „Acquaintances" (geringer Umsatz, geringe Kosten) und „Losers" (geringer Umsatz, hohe Kosten). Zusätzlich kann diese Segmentierung um die zukunftsorientierte Komponente der Kundenbindungswahrscheinlichkeit erweitert werden. In ähnlicher Weise werden Kundensegmente auf Basis der Reagibilität von

Kunden hinsichtlich von Marketingaktivitäten des Anbieters (verhaltensbezogenes Kriterium) sowie der Kundenprofitabilität (ökonomisches Kriterium) gebildet (*Krafft* 2007). Eine verwandte Möglichkeit besteht in der Kombination von finanziellen und verhaltensbezogenen Kennzahlen durch die Anwendung der Dimensionen „Recency", „Frequency" und „Monetary" (*Krafft/Albers* 2000). Schließlich ist es denkbar, verhaltensbezogene (Kundenbindung) und psychologische Segmentierungskriterien (Kundenzufriedenheit) zu kombinieren (*Brusco/Cradit/Tashian* 2003). **Schaubild 8–3** stellt eine Segmentierung der Kunden am Beispiel des *Hilton* Bonus-Programms dar.

	Anteil der Gäste (%)	Anteil der Erlöse (%)	Anteil am Ergebnis (%)	Verhältnis von Ergebnisanteil zu Gästeanteil
Diamond HHonors Status	1	6	28	28,00
Gold Hilton HHonors Status	2	5	18	9,00
Silver Hilton HHonors Status	6	7	10	1,67
Geschäftsreisende ohne Mitgliedschaft im Hilton Bindungsprogramm	25	21	– 6	– 0,24
Tagungs- und Urlaubsreisende ohne Mitgliedschaft im Hilton Bindungsprogramm	66	61	49	0,74

Schaubild 8–3: Differenzierung des Kundenwerts nach Status im *Hilton* Bonus-Programm

3. Planung des Kundenwertmanagements

Der Erfolg der Kundenorientierung des Unternehmens kann nicht mehr an den generellen Marketingzielen Gewinn, Umsatz oder Marktanteil gemessen werden, sondern es sind **kundenbezogene Erfolgsgrößen**, wie der Customer Lifetime Value, heranzuziehen. Darüber hinaus ist es sinnvoll, diese in Form des Kundenlebenszyklus in die drei Phasen der Kundenbeziehung zu unterteilen: die Akquisitions-, Bindungs- und Rückgewinnungsphase.

In der **Akquisitionsphase** werden durch Maßnahmen der Beziehungsvorbereitung und -anbahnung Grundlagen für eine erfolgreiche Ansprache von potenziell profitablen Kunden durchgeführt. Kann ein potenzieller Kunde von den Leistungen eines Unternehmens überzeugt werden, wird dieser durch erste (Test-)Käufe zum Neukunden. Eine für den Kunden zumindest zufriedenstellende Zusammenarbeit stellt die Basis für eine Intensivierung der Beziehung dar.

Der Kunde empfindet Loyalität zum Unternehmen und wird dadurch in die **Bindungsphase** eintreten. Die primären Aufgaben des Unternehmens bestehen im Beziehungsaufbau sowie in der Beziehungspflege und -stabilisierung. Neben einer technisch/funktionalen, vertraglichen und ökonomischen Bindung ist dies vor allem durch eine emotionale Bindung möglich (*Malär et al.* 2011; *Homburg/Bruhn* 2013).

In einer Kundenbeziehung besteht jedoch auch die Gefahr, dass ein Kunde aus bestimmten Gründen (z. B. wiederholte Transaktionsfehler, attraktives Konkurrenzangebot) die Beziehung zum Unternehmen reduziert oder abbricht. Ziel eines Unternehmens ist es, Kunden, die sich in der **Rückgewinnungsphase** befinden, mit spezifischen Marketingmaßnahmen wieder an ihr altes Bindungsniveau heranzuführen.

Im Folgenden wird analog der strategischen Ausrichtung eines Kundenwertmanagements eine Einteilung der kundenwertbezogenen Maßnahmen nach den drei **Kundenbeziehungsphasen** vorgenommen, d. h. Einsatz des Kundenwerts in der:

- Kundenakquisitionsphase,
- Kundenbindungsphase,
- Kundenrückgewinnungsphase.

Einsatz des Kundenwerts in der Kundenakquisitionsphase: Im Rahmen des Relationship Marketing wird – im Unterschied zum traditionellen Marketing – angestrebt, jeden potenziellen Kunden gemäß seines zukünftigen Potenzials anzusprechen (*Wang/Splegel* 1994, S. 74 f.; *Köhler* 2005, S. 335; *Bruhn* 2016b). Zur Überprüfung dieser Potenziale bedarf es erster Akquisitionsegmentierungen, die

Anhaltspunkte dafür liefern, ob der potenzielle Kunde zur Zielgruppe des Unternehmens gehört. Zu diesem Zweck lassen sich beispielsweise Kriterien heranziehen, anhand derer sich im Rahmen der Erstellung von Kundenportfolios die Dimension der „Kundenattraktivität" beurteilen lässt (vgl. Kapitel 4, Kundenbindungsmanagement). Insbesondere mittels heuristischer Verfahren, beispielsweise des Positiv-Cluster-Verfahrens oder des Lebenszyklus bestehender Kunden, kann auf Basis demografischer und ökonomischer Daten eine Bewertung potenzieller Kunden vollzogen werden (*Wirtz/Göttgens* 2004).

Neben der Abschätzung des Kundenpotenzials ergibt sich ein weiterer Informationsbedarf, der sich auf die Prognose der Akquisitionswahrscheinlichkeit eines Kunden bezieht. Diese Notwendigkeit ergibt sich aus der Tatsache, dass bereits fest an einen Anbieter gebundene Kunden nur durch einen zum Teil hohen und kostspieligen Einsatz an Kundenakquisitionsmaßnahmen zu einem Anbieterwechsel bewegen lassen. Die Anforderung an das Controlling besteht folglich nicht nur in der Abschätzung des Kundenpotenzials möglicher Neukunden, sondern auch in der kostenseitigen Analyse und Beurteilung der Kundenakquisitionsmaßnahmen.

Zur Beurteilung der Wirtschaftlichkeit der Kundenbeziehung in der Kundenakquisitionsphase bedarf es neben der Kostenbetrachtung auch der Abschätzung des (monetären) Nutzens des zukünftigen Anbieter-Nachfrager-Verhältnisses. Mangels Erfahrungsdaten gilt es, hierbei auf Basis des ermittelten Bedarfsvolumens Rückschlüsse auf den zukünftigen Kundenbedarf zu ziehen. Dabei gilt folglich auch, Erwartungsgrößen für die zukünftige Preisentwicklung bei der Gegenüberstellung der prognostizierten Erlöse und Kosten der Beziehung mit einem Neukunden mit einzubeziehen.

Einsatz des Kundenwerts in der Kundenbindungsphase: Mit zunehmender Aktivität der Kundenbeziehung steigt die Informations- und Datenbasis im Hinblick auf das Controlling von Kundenbeziehungen. Folglich lässt sich der bisherige und zukünftige Erfolg einer Kundenbeziehung besser beurteilen (*Köhler* 2007). Der ermittelte Wert zeigt, wie viel jeder einzelne Kunde zum Erfolg des Unternehmens während seiner gesamten prognostizierten Bindungszeit beisteuert. Kunden, die einen negativen Kundenwert aufweisen, werden als Kostenverursacher erkannt und nicht mehr gefördert, so dass eine Optimierung der Marketingaktivitäten auf die profitablen Kunden bzw. eine Kosteneinsparung bei unprofitablen Kunden vollzogen werden kann. Ist der Wert jedes einzelnen Kunden bekannt, lassen sich Beziehungssegmentierungen vornehmen. Neben der differenzierten Betreuung einzelner Kunden lassen sich Kundengruppen bilden, die in Abhängigkeit der Höhe ihres Kundenwerts unterschiedlich intensiv bearbeitet werden. Dies führt zu einem differenzierten Bindungsmanagement, das neben kundenspezifischen Kommunikationsmaßnahmen maßgeschneiderte Leistungsangebote (Produkt- und Sortimentspolitik) sowie deren Preisgestaltung und die Vertriebspolitik beinhaltet (*Link/Hildebrand* 1997, S. 165).

BEISPIEL: Telekommunikationsanbieter nutzen die Segmentierung nach Kundenwerten zur bevorzugten Behandlung profitabler Kunden. Ein kundenwertbezogenes Call-Center-Routing weist bei erkannter und zugeordneter Nummer diesen schneller einen Kundenbetreuer zu als weniger profitablen Kunden.

BEISPIEL: Ein kundenwertorientierter Einsatz von Ressourcen lässt sich insbesondere bei Direct Marketing-Maßnahmen realisieren. Um den Marketingerfolg diesbezüglich zu maximieren, werden individuelle Angebote lediglich an Kunden gerichtet, die aufgrund einer hohen Kauffrequenz, einer in der Vergangenheit hohen Responserate oder eines generell hohen Kundenwertes als Erfolg versprechend angesehen werden. Ebenso ist es zweckmäßig, besonders wertvollen Kunden, denen exklusiv Angebote (z. B. günstige Produktbündel, Extraservices, Sonderpreise) unterbreitet werden, die Exklusivität dieser Leistungen auch zu kommunizieren und die Kundenbindung durch solch explizite Sonderbehandlungen zu erhöhen (z. B. Chauffeurservice zum Flughafen bzw. Reiseziel als exklusive Leistung für Inhaber der *Guest Platinum Card* von *Etihad*).

Der Kundenwert wird zur Planung, Steuerung und Erfolgskontrolle sämtlicher Marketingmaßnahmen eingesetzt, um den richtigen Kunden zum richtigen Zeitpunkt mit den richtigen Argumenten ein auf sie zugeschnittenes Angebot zu machen. Im Idealfall ist der Erfolg der Marketingaktivitäten in der – im Zeitablauf geringer werdenden – Erhöhung der Kundenbindung und des Kundenwerts ersichtlich.

Ferner lässt sich der Kundenwert zur Bindungsbudgetierung der gesamten kundenspezifischen Marketingaktivitäten nutzen. Die Kosten dürfen auch bei der Gestaltung von Marketingmaßnahmen nicht den Kundenwert übersteigen – grundsätzlich ist jedoch die Höhe des Kundenwerts ausschlaggebend für die Höhe des eingesetzten Budgets.

Die regelmäßige Berechnung eines Kundenwerts lässt zudem eine genaue Analyse der Entwicklung einer Kundenbeziehung nach Profitabilitätsaspekten zu. Mittels eines Kundenlebenszyklus – basierend auf der Entwicklung des Kundenwerts – lassen sich Tendenzen aufzeigen, die Hinweise auf die zeitliche Entwicklung einer Beziehung geben.

Einsatz des Kundenwerts in der Kundenrückgewinnungsphase: Beendet ein Kunde seine Beziehung zum Unternehmen oder hat er diesbezügliche Absichten, so hat das Unternehmen mit geeigneten Mitteln auf diese Gefahr zu reagieren. Der Verlust eines profitablen Kunden bringt große monetäre Einbußen. Diese setzen sich aus den verlorenen Erträgen, den noch nicht amortisierten Akquisitionskosten sowie aus Imageschäden durch (negative) Mund-zu-Mund-Kommunikation gegenüber bestehenden und potenziellen Kunden zusammen. Da die Rückgewinnung von bestehenden Kunden kostengünstiger ist als die Neukundenakquisition, besteht aus Profitabilitätsgründen ein Ziel in der Verhinderung der Abwanderung gebundener Kunden (*Sauerbrey/Henning* 2000; *Detecon* 2009; *Neu/Günter* 2015).

Ziel eines Unternehmens ist es, diese gefährdeten Beziehungen durch die **Rückgewinnungssegmentierung mittels des Kundenwerts** (*Stauss* 1999, S. 7 ff.; *Neu/Günter* 2015, S. 39 ff.) aufzuspüren. Im Vordergrund steht eine allgemeine Rückgewinnungsüberprüfung aufgrund der Kundenwerte der letzten Jahre. Spezifisch bei Radikal- oder Kurzschlussabwanderungen ist erkennbar, dass der Kundenwert bei Nicht-Eintritt des zur Abwanderung führenden

271

Vorfalls weiterhin positiv wäre. Je höher die Kundenwerte der letzten Jahre waren, desto intensiver hat sich das Unternehmen um die Rückgewinnung des Kunden durch Maßnahmen des Rückgewinnungsmanagements zu bemühen. Eine wesentliche Rolle spielt hierbei das Beschwerdemanagement, das durch geeignete Maßnahmen die Unzufriedenheit eines Kunden verringern oder gar aufheben kann. Entsprechend des Vorgehens bei der Neukundenakquisition ist darauf zu achten, dass bei der Rückgewinnungsbudgetierung die maximalen kundenspezifischen Kosten nicht den Kundenwert übersteigen. Auch in der Rückgewinnungsphase wird wiederum der vergangene Kundenwert primär die Höhe des Rückgewinnungsbudgets bestimmen.

Zur Vermeidung von Plan- und Zweifelabwanderungen, die sich über mehrere Perioden hinziehen können, lässt sich der Kundenwert in Form des Kundenlebenszyklus als Kontrollinstrument einsetzen. Ist mittels der **Abwanderungswahrscheinlichkeitsanalyse** eine negative Tendenz feststellbar, können geeignete Rückgewinnungsmaßnahmen die mögliche Abwanderung verhindern. Zudem lässt die Analyse der Kundenwertentwicklung eine **Abwanderungsevaluation** zu. Diese ermöglicht eine Bestimmung des Zeitpunktes, zu dem der negative Trend des Kundenwerts erstmalig aufgetreten ist, um die Gründe für den Abbau der Beziehung durch den Kunden zu ermitteln.

4. Einsatz eines Kundenwertcontrolling

Im Rahmen des Kundenwertcontrolling werden sowohl das Kundenportfolio selbst als auch die Strategien und Maßnahmen dahingehend kontrolliert, ob die gesetzten Ziele erreicht wurden (**Ergebniskontrolle**). Darüber hinaus gilt es zu überprüfen, inwieweit die praktisch umgesetzten Prozesse den geplanten Abläufen entsprechen (**Verfahrenskontrolle**). Gegenstand dieser Kontrolle kann darüber hinaus auch die Überprüfung der Akzeptanz und des Verhaltens von Mitarbeitenden sein, die am Kundenbindungsmanagement beteiligt sind (*Wirtz/Schilke* 2010, S. 519; *Neu/Günter* 2015). Letztlich ist in Folge der Unsicherheit von Prognosen, die z. B. im Rahmen der Kundenwertanalyse zur Ermittlung von Kundenpotenzialen durchgeführt wurden, eine Kontrolle der Prämissen notwendig, d. h., dass bestimmte Annahmen, wie z. B. die Kauffrequenz, kontinuierlich zu überprüfen sind.

Die Kontrolle des kundenwertorientierten Kundenbindungsmanagements ist in vielen Unternehmen schwach ausgeprägt. Dies betrifft insbesondere die strategische Kontrolle, bei der z. B. Kundenwertsegmente regelmäßig kontrolliert werden. In operativer Hinsicht werden einzelne Kundenbindungsmaßnahmen teilweise nach Kundenwertkalkülen beurteilt sowie Maßnahmen bewusst zur Generierung von Informationen über einen Kunden eingesetzt und kontrolliert.

BEISPIEL: Die *PostFinance* in der Schweiz hat durch den Aufbau einer Data Warehouse- und einer Data Mining-Abteilung die Grundlage für die Generierung detaillierter Kundeninformationen gelegt. Auf Basis der gewonnenen Daten hat das Unternehmen die Berechnung des CLV ihrer Kunden etabliert – mit dem Ziel, neben den vergangenheitsorientierten Kennzahlen auch zukunftsgerichtete Kennzahlen für eine verbesserte Entscheidungsgrundlage zu generieren. Durch den CLV unterstützt *PostFinance* vor allem Entscheidungen zu strategischen Kooperationen, strategischen und operativen Marketing- und Verkaufsentscheidungen sowie strategischen und operativen Entscheidungen bei der Erbringung der Serviceleistung.

In die Berechnung des CLV fließen zahlreiche Informationen aus dem Data Mining ein. Diese umfassen Basisfaktoren (z. B. Rentabilität) sowie Entwicklungsfaktoren (z. B. Loyalität). Anschließend werden diese ermittelten Basisfaktoren mit den Entwicklungsfaktoren gewichtet. **Schaubild 8–4** gibt einen Überblick über die Berechnung des CLV der *Post Finance* (*Sieber & Partners* 2007).

BEISPIEL: Eine kundenwertspezifische Segmentierung nimmt die *Lufthansa* vor. Auf Basis des bisherigen sowie zukünftig prognostizierten Flugverhaltens sowie dem Profil des Kunden wird der CLV ermittelt. Das zukünftige Flugverhalten wird dabei aus dem bisherigen Verhalten abgeleitet und um ein Cross-/Up-Selling Potenzial erweitert, das der Kunde voraussichtlich mit anderen Airlines zu realisieren beabsichtigt. Der kundenindividuelle CLV dient dann als Maßstab zur gezielten Absatzincenti-

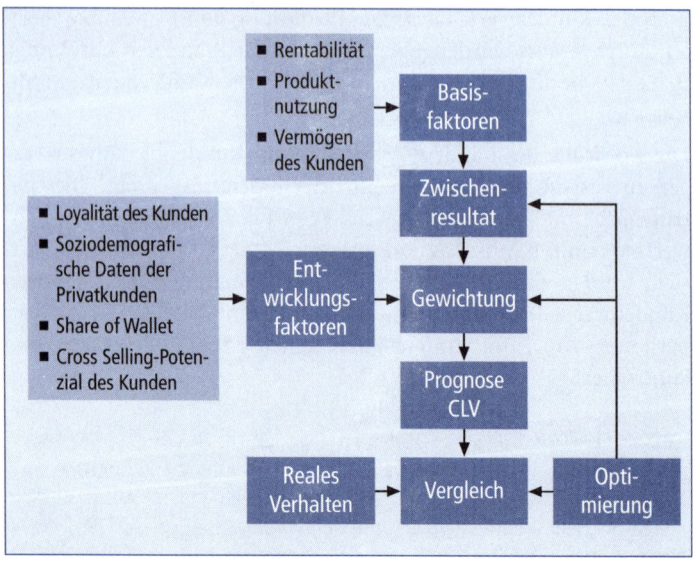

Schaubild 8–4: Ablauf der CLV-Berechnung der *PostFinance* (Quelle: *Sieber & Partners* 2007, S. 8)

vierung. Durch die konsequente Ermittlung und Nutzung des CLV konnte die *Lufthansa* Einsparungen in strategischen und operativen vertriebspolitischen Maßnahmen sowie zusätzliche Absatzpotenziale erzielen (*Mengen* 2012).

Zusammenfassung

Die folgenden zehn Merkpunkte können eine Hilfestellung für die Erarbeitung der verschiedenen Bausteine eines Kundenwertmanagements geben:

(1) **Kundenwert als Erfolgsfaktor im Unternehmen verankern:** Nehmen Sie Kennzahlen des Kundenwerts in die finanziellen Erfolgsgrößen Ihres Unternehmens auf.

(2) **Aktuellen Kundenwert messen:** Messen Sie individuelle Kundenwerte ihrer Kunden. Verwenden Sie dabei nach Möglichkeit nicht nur einperiodische, sondern auch mehrperiodische

Verfahren wie die Methode des Customer Lifetime Value, um aussagekräftigere Werte zu erhalten.

(3) **Kundenpotenziale abschätzen:** Entwickeln Sie eine Datenbank mit Kundenhistorien, aus denen Sie über das Zukunftspotenzial anderer Kunden mit ähnlichem Kaufverhalten und/oder ähnlichen demografischen Daten Prognosen abgeben können.

(4) **Relevante Messgrößen in die Kundendatenbank aufnehmen:** Kümmern Sie sich intensiv um die kontinuierliche Erfassung der umsatz- und renditebezogenen Kundendaten und verknüpfen Sie diese Daten mit nicht-monetären Daten aus Kundengesprächen, Beschwerden usw.

(5) **Ziele für das Kundenwertmanagement formulieren:** Setzen Sie Ziele für die Entwicklung und das Ausschöpfen von Kundenwerten. Verwenden Sie dabei als Zielgrößen eher Rendite- als Umsatzkennzahlen.

(6) **Segmentierung nach Kundenwert vornehmen:** Leiten Sie aus den individuellen Kundenwerten in Verbindung mit dem Kaufverhalten Segmente ab, um Ihre Kunden nach ihren Bedürfnissen und ihrer Profitabilität behandeln zu können.

(7) **Kundenwertsstrategie erarbeiten:** Erarbeiten Sie eine Strategie, in der die Stoßrichtungen für unterschiedliche Segmente entsprechend ihrem Kundenwert festgelegt werden. Richten Sie den Ressourceneinsatz ebenfalls an der Profitabilität einzelner Kunden und Kundengruppen aus.

(8) **Instrumente zur Ausschöpfung einsetzen:** Setzen Sie Instrumente der Mediawerbung, Verkaufsförderung und des Direct Marketing im Hinblick auf ihre Wirkung bei den unterschiedlich profitablen Kundengruppen ein.

(9) **Nicht-monetäre Kennzahlen einbeziehen:** Berücksichtigen Sie bei der segmentspezifischen Marktbearbeitung Faktoren, die sich indirekt auf den Kundenwert auswirken können, insbesondere positive und negative Munde-zu-Mund-Kommunikation und Informationspotenziale von Kunden.

(10) **Kundenwertziele kontrollieren:** Vergleichen Sie regelmäßig aktuelle Kundenwerte mit Ihren Vorgaben und passen Sie bei Veränderungen die Segmentierung kontinuierlich an.

9. Kapitel

Umsetzung der Kundenorientierung

1. Grundlage der Umsetzung von Strategien

Obgleich die konsequente Ausrichtung aller Unternehmensaktivitäten am Kundennutzen heute unbestritten als wesentlicher Erfolgsgarant für die Konkurrenzfähigkeit und den langfristigen Erfolg von Unternehmen gilt, führen entsprechende Maßnahmen in Unternehmen oftmals nicht zum gewünschten Ergebnis. So lag im Jahr 2014 der Anteil gescheiterter CRM-Projekte bei über 50 Prozent (*Noack* 2014). Dies kann in Anbetracht der Komplexität der notwendigen Veränderungsprozesse, die mit der Einführung von Kundenorientierungsprogrammen verbunden sind, zahlreiche Ursachen haben. Als zentrales Praxisproblem hat sich das Fehlen einer geschlossenen Strategie zur Realisierung der Kundenorientierung erwiesen. Diese so genannte **Implementierungslücke** (*Meffert/Bruhn/Hadwich* 2015, S. 445) konkretisiert sich in mehreren Ausprägungsformen:

- Technologische Umsetzung,
- Unternehmensinterne Kundenorientierung,
- Integration der Kundenbedürfnisse.

Eine mangelhafte Umsetzung der kundenorientierten Unternehmensstrategie ist in der **technologischen Umsetzung** festzustellen. So hat sich die häufig in der Unternehmenspraxis vertretene Annahme, Kundenorientierung sei vor allem durch den Einsatz moderner CRM-Technologien umzusetzen und damit primär ein **reines IT-**

Projekt, als Irrtum herausgestellt (*Hippner* 2005; *Brechtenbreiter* 2015, S. 537). Eine Reduktion auf das zugrundeliegende CRM-System wird den Anforderungen an eine kundenorientierte Unternehmensausrichtung nicht gerecht (*Homburg/Sieben* 2005). Dennoch spielen Informationstechnologien durchaus eine wichtige Rolle. Für deren sinnvollen bzw. effizienten Einsatz sind jedoch zunächst entsprechende **technologische Voraussetzungen** zu schaffen. Aufgrund der zunehmenden Digitalisierung des Alltages stehen Unternehmen exponentiell steigende Volumina an Kundendaten zur Verfügung. Es gilt, organisatorische, technische sowie rechtliche Hürden im Datenhandling zu überwinden, so dass diese sinnvoll verknüpft und zu Analysezwecken genutzt werden können. **Big Data** erfordert daher eine intensive Auseinandersetzung mit dem Management der Daten, da rund 85 Prozent der generierten Daten unstrukturiert sind (*Bitkom* 2012). So gab in einer weltweiten Umfrage jedes zweite Unternehmen an, mit der Datenflut überfordert zu sein, 39 Prozent der deutschen Unternehmen haben bereits fehlerhafte Entscheidungen getroffen auf Basis unzureichend aufbereiteter Daten (*Avanade* 2010).

Des Weiteren ist eine unzureichende **unternehmensinterne Kundenorientierung** auszumachen. Hierzu zählt zum einen ein mangelndes **Commitment des Managements** in der kundenorientierten Ausrichtung. In einer Umfrage von *Bitkom* (2012) werden die mangelnde Investitionsbereitschaft sowie das Commitment des Managements als zentrale Herausforderungen von Big Data Projekten genannt. *Bohling et al.* (2006) demonstrieren, dass die Unterstützung des Topmanagements einen entscheidenden Erfolgsfaktor darstellt. Außerdem betonen die Autoren, dass CRM-Systeme nicht nur an den Kundenbedürfnissen, sondern auch an denen der Mitarbeitenden ausgerichtet sein sollen. Die Bedeutung der Mitarbeitenden wird vor allem durch die Ergebnisse einer qualitativen Studie von *Shum/Bove/Seigyoung* (2008) bestätigt, in der das **Commitment der Mitarbeitenden** als zentraler Erfolgsfaktor für eine erfolgreiche CRM-Umsetzung identifiziert wird. Somit gilt es, **interne Umsetzungsbarrieren**, wie z. B. Widerstände und Unsicherheiten bei den Mitarbeitenden oder unflexible Organisations- und Kommunikationsstrukturen, die nur schrittweise abgebaut werden können, zu überwinden (*Teles* 2014). *Greve* (2006) konnte in diesem Zusammenhang nachweisen, dass eine organisatorische Anpassung an die Erfordernisse des CRM positiv auf den Erfolg des CRM wirkt. Zu den internen Hindernissen der Umsetzung zählen im weiteren Sinne auch Barrieren, die aufgrund mehrstufiger Märkte (z. B. zwischen Hersteller und Händler) auftreten (*Kolks* 1990; *Hilker* 1993; *Droege&Comp.* 2000; *Meffert/Burmann/Kirchgeorg* 2015).

Ebenso ist eine mangelnde **Integration der Kundenbedürfnisse** in die Prozesse der Kundenorientierung zu nennen (*Neumann* 2014). So stellt ein detailliertes **Kundenwissen** die zentrale Voraussetzung kundenorientierter Maßnahmen dar. Die tatsächlichen Kundenbedürfnisse sind daher bei der Gestaltung der Systeme nicht zu vernachlässigen. Oftmals werden Kundenerwartungen angenommen, die nicht der Realität entsprechen und so falsche Schwerpunkte bei der vermeintlichen Umsetzung der Kundenorientierung in Unternehmenssysteme gesetzt. Ein Beispiel ist die zunehmende Mobilität, die in Kundenerwartungen „anything, anytime, anywhere" resultiert (*Detecon* 2013). Darüber hinaus spielen durch Cloud-basierte Lösungen und der Tendenz des gläsernen Kunden Kundenängste bezüglich Datensicherung und **Datenschutz** eine zunehmend zentrale Rolle im Rahmen von CRM-Systemen (*Detecon* 2013). Für Unternehmen gilt folglich, diese ernst zu nehmen und im Aufbau der Systeme sowie der Kommunikation zu berücksichtigen. Zudem ist ein verändertes Kundenbewusstsein als Resultat der digitalen Transformation als Herausforderung der Implementierung der kundenorientierten Unternehmensausrichtung zu nennen. Durch das so genannte Social-CRM werden Kunden neben Konsumenten zum **Co-Produzenten** und fordern diese Rolle auch aktiv ein (*Hauck* 2013).

BEISPIEL: Bei einer Studie des Unternehmens *Concertare* wurden mehr als 1.100 Autohäuser hinsichtlich verschiedener Kriterien der Kundenorientierung im Rahmen eines standardisierten Vorgehens von Testkäufern untersucht. Dabei wurde festgestellt, dass ein erheblicher Teil des Potenzials, sowohl im Hinblick auf Kundenbedürfnisse als auch bezüglich des Verkaufspotenzials, nicht ausgeschöpft wurden. Bei einer Umsetzung der von den Herstellern vorgegebenen Richtlinien könnte dieses Potenzial deutlich besser realisiert werden (*Concertare* 2006).

BEISPIEL: In einer Studie der Unternehmensberatung *MBtech* wurde die deutsche Luxusbranche in Hinblick auf ihre CRM-Aktivitäten untersucht. Die Ergebnisse zeigen, dass die Unternehmen sowohl kundenbezogene, wie auch unternehmensbezogene Ziele im gleichen Ausmaß verfolgen. Jedoch werden Ziele wie Neukundengewinnungs-, Kundenabwanderungs- und Kundenrückgewinnungsmanagement als weniger relevant erachtet. Zudem werden die Möglichkeiten von Kundenbindungsinstrumenten, wie z. B. Kundenclubs oder personalisierten Websites, noch nicht vollständig ausgeschöpft. Ebenso herrscht ein deutliches Verbesserungspotenzial in der Unterstützung von Marketing, Service und Vertrieb mittels CRM-Aktivitäten. Zwar werden Kommunikationsinstrumente wie beispielsweise Loyalitätsveranstaltungen und Produktkataloge bei knapp 95 Prozent der Luxus-Unternehmen eingesetzt, allerdings werden hingegen Kampagnen-, Lead- oder funktionierende Beschwerdemanagementsysteme bisweilen noch kaum implementiert (*MBtech* 2010). Zusammenfassend gilt demnach auch in der Luxusbranche noch ein erheblicher Bedarf in der adäquaten Umsetzung von Kundenorientierungsstrategien.

Mit dem **Begriff der Umsetzung bzw. Implementierung** verbindet sich ein Prozess, „... durch den Marketingpläne in aktionsfähige Aufgaben umgewandelt werden und durch den sichergestellt wird, dass diese Aufgaben so durchgeführt werden, dass sie die Ziele des Planes erfüllen" (*Kotler/Keller/Bliemel* 2007). Je nach Prozessphase sind dabei unterschiedliche Ziele relevant, die wiederum durch ein breites Spektrum an Umsetzungsmaßnahmen gestützt werden.

Für eine erfolgreiche Realisierung kundenorientierter Konzepte sind zunächst die **Ziele der Strategieumsetzung** festzulegen. Da es sich bei der Steigerung der Kundenorientierung um einen mehrstufigen Prozess handelt, verändern sich die Ziele in den einzelnen Prozessphasen (vgl. **Schaubild 9–1**). Während in einer ersten Phase die Akzeptanzschaffung für die Notwendigkeit zur Steigerung der Kundenorientierung sowie die Vermittlung von Informationen an die

Mitarbeitenden im Vordergrund steht, wechselt die Zielsetzung in der zweiten Phase von der Initiierung zur Durchsetzung der Kundenorientierung. Ziel ist die Erarbeitung von Maßnahmen zur Verbesserung der Kundenorientierung des Unternehmens und eine Festlegung konkreter Verantwortlichkeiten. In der dritten Phase wird das Ziel verfolgt, die festgelegten Maßnahmen auf Abteilungs- oder Projektebene umzusetzen, Anpassungen vorzunehmen und den Fortschrittserfolg zu kontrollieren.

Der Aufbau von **Akzeptanz und Wissen** bei den betroffenen Mitarbeitenden ist eine der problematischsten Aufgaben im gesamten Prozess. *Alt/Puschmann* (2004) konnten in einer Studie mit 55 Unternehmen die Bedeutung der Einstellung der Mitarbeitenden für den Erfolg des Kundenbeziehungsmanagements belegen. *Payne/Frow* (2010) sowie *Neumann* (2014) bestätigen diese Ergebnisse. Gerade bei einer von oben „verordneten" oder durch eine interne Abteilung erarbeiteten Neuausrichtung stößt die Umsetzung der Kundenorientierung bei Mitarbeitenden aber oftmals auf das „Not-invented-here"-Syndrom, d. h., die Mitarbeitenden lehnen im Hinblick auf ihre eigene Erfahrung und die dadurch empfundene Expertenrolle von außen kommende Veränderungen ab. Hiermit verbunden sind daher folgende Subziele:

(1) Vermittlung von Kenntnissen über das Thema Kundenorientierung und den damit verbundenen Maßnahmen,

(2) Gewährleistung, dass das Konzept von sämtlichen Personen verstanden und gemeinsam erarbeitet wird,

(3) Erzielung einer hohen Einsatzbereitschaft auf sämtlichen Hierarchieebenen.

Hingegen bezieht sich die **Durchsetzungsphase** auf die Spezifizierung der bislang noch relativ global formulierten Konzeptbausteine und legt konkrete Schwerpunkte zur Verbesserung der Kundenorientierung fest. Dies erfordert auch eine intensive Auseinandersetzung der Führungskräfte mit den Möglichkeiten zur Verbesserung der Kundenorientierung im Unternehmen und der Relevanz der Maßnahmen aus Kundensicht.

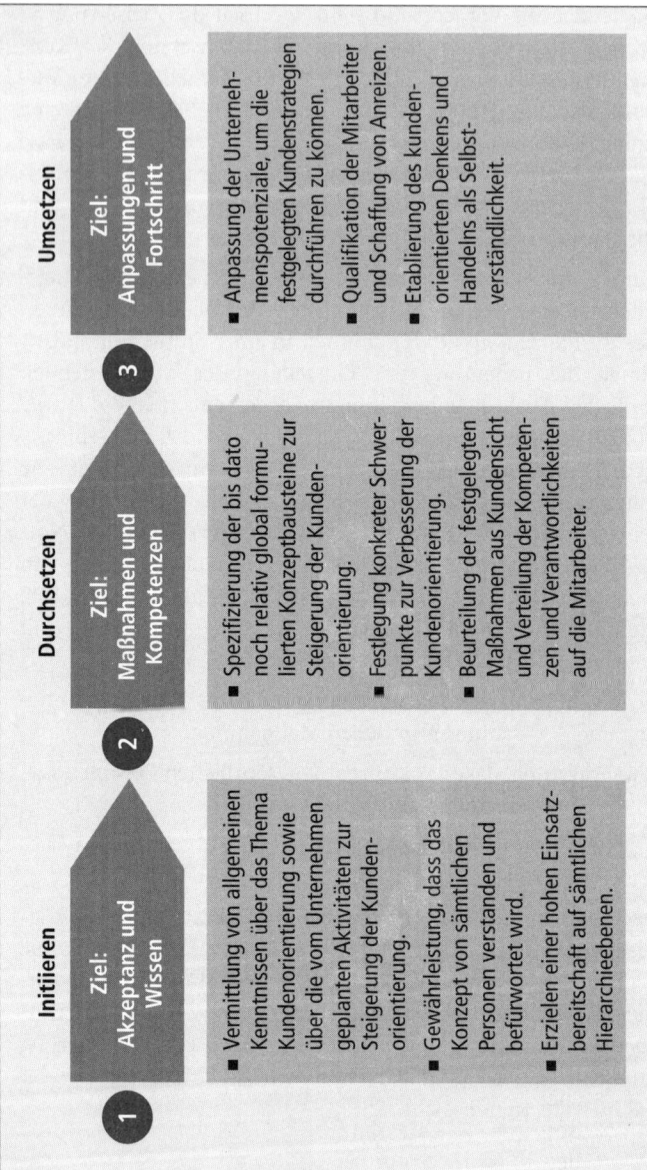

Initiieren

Ziel: Akzeptanz und Wissen

■ Vermittlung von allgemeinen Kenntnissen über das Thema Kundenorientierung sowie über die vom Unternehmen geplanten Aktivitäten zur Steigerung der Kundenorientierung.

■ Gewährleistung, dass das Konzept von sämtlichen Personen verstanden und befürwortet wird.

■ Erzielen einer hohen Einsatzbereitschaft auf sämtlichen Hierarchieebenen.

Durchsetzen

Ziel: Maßnahmen und Kompetenzen

■ Spezifizierung der bis dato noch relativ global formulierten Konzeptbausteine zur Steigerung der Kundenorientierung.

■ Festlegung konkreter Schwerpunkte zur Verbesserung der Kundenorientierung.

■ Beurteilung der festgelegten Maßnahmen aus Kundensicht und Verteilung der Kompetenzen und Verantwortlichkeiten auf die Mitarbeiter.

Umsetzen

Ziel: Anpassungen und Fortschritt

■ Anpassung der Unternehmenspotenziale, um die festgelegten Kundenstrategien durchführen zu können.

■ Qualifikation der Mitarbeiter und Schaffung von Anreizen.

■ Etablierung des kundenorientierten Denkens und Handelns als Selbstverständlichkeit.

Schaubild 9–1: Phasen und Ziele des Durchsetzungs- und Umsetzungsprozesses der Kundenorientierung

An der **Umsetzung** der nun vorliegenden maßgeschneiderten Kundenorientierungsprogramme in der dritten Phase arbeiten in der Regel zahlreiche Mitarbeitende des Unternehmens. In dieser Phase sind häufig Anpassungen der Unternehmenssysteme und -strukturen erforderlich, z. B. in Form der Einführung neuer Datenbanksysteme, einer Abteilung Beschwerdemanagement usw. Um die Entscheidung zur Kundenorientierung zu untermauern, ist eine kundengerichtete Unternehmensvision zu formulieren, die die dauerhafte Zufriedenheit der Kunden als Maßstab für die Bewertung der Unternehmenspolitik hat. Weiterhin ist es sinnvoll, Anreizsysteme zu schaffen, die die Mitarbeitenden zu kundenorientiertem Verhalten motivieren. Dies kann z. B. in Form von Auszeichnungen, Bekanntmachungen in internen Medien, dem Einräumen größerer Verantwortung bzw. Entscheidungsfreiheit oder auch materiellen Anreizen wie z. B. Statussymbolen, Incentive-Reisen oder variablen Lohnanteilen, in Abhängigkeit von der Kundenzufriedenheit, realisiert werden. In diesem Zusammenhang konnten *Roh/Ahn/Han* (2005) in einer Studie von 234 Mitarbeitenden koreanischer Versicherungsunternehmen die hohe Bedeutung von internen Strukturen und Prozessen für eine erfolgreiche Umsetzung des Kundenbeziehungsmanagements nachweisen. Die Autoren identifizieren eine hohe Integration der Vertriebskanäle, eine adäquate Ausgestaltung der Personalisierungs- und Kundeninteraktionsprozesse sowie eine klare Definition der After-Sales-Prozesse als zentrale Erfolgsfaktoren von Beziehungen zwischen Unternehmen und Kunden.

2. Kundenorientierte Gestaltung der Unternehmenspotenziale

Mittlerweile ist unumstritten, dass nur ein ausgewogenes Zusammenspiel der Strategie zur Steigerung der Kundenorientierung mit den dazu passenden Strukturen, Systemen und der Kultur langfristig Erfolg versprechend ist. Allerdings stoßen diese Veränderungen nicht immer auf allgemeines Verständnis bei den beteiligten Personen. Zahlreiche interne Barrieren bestehen beispielsweise in Machtverlust oder sonstigen Negativfolgen. Diese gilt es zu erkennen und im Rahmen des Umsetzungsprozesses zu beseitigen.

2.1 Umsetzungsbarrieren der Kundenorientierung

Obwohl sich zahlreiche Bücher, Beiträge sowie Seminare mit der Kundenorientierung beschäftigen, existieren nur sehr wenige theoretische und empirische Studien, die sich explizit mit den **Barrieren bei der Implementierung der Kundenorientierung** auseinandersetzen. Eine empirische Untersuchung von *Plinke* (1996) liefert zu Fragen bezüglich der Arten von Umsetzungsbarrieren hilfreiche Erkenntnisse. Aus der branchenübergreifenden Befragung von 340 Führungskräften der deutschen Industrie wird deutlich, dass es sich primär um Fragen der Struktur, Systeme, Kultur sowie der internen Zusammenarbeit handelt, die die Umsetzung der Kundenorientierung behindern oder zumindest verlangsamen. Die Bedeutung dieser vier Faktoren wird durch zahlreiche Erfahrungsberichte aus der Praxis bestätigt (*Reinecke/Sipötz/Wiemann* 1998, S. 278 f.; *Witte* 2000; *Wagener* 2010; *Neumann* 2014; *Ambit AG* 2015). Die Herausforderung besteht nun darin, die mit diesen Hauptbarrieren verbundenen Einzelaspekte zu steuern und zu kontrollieren.

Organisatorisch-strukturelle Barrieren beziehen sich auf die mangelhafte Anpassung der bestehenden Strukturen und Systeme an die Anforderungen der neuen kundenorientierten Strategie. Notwendige Anpassungen sind beispielsweise hinsichtlich der Informationssysteme erforderlich. Im Rahmen der Umsetzung ist dafür zu sorgen, dass z. B. zusätzliche kunden- und mitarbeiterbezogene Daten verarbeitet und aufbereitet werden können. Weiterhin ist z. B. eine kommunikationsfördernde Organisation anzustreben, indem Defizite in der horizontalen und vertikalen Kommunikation abgebaut werden, so dass sämtliche Mitarbeitende über alle notwendigen Informationen verfügen können.

BEISPIEL: Ein immer beliebtes Instrument, um das gewonnene Wissen in Unternehmen zu teilen, sind Softwaresysteme zur informationstechnischen Unterstützung des betrieblichen Wissensmanagements. Diese sind onlinebasierte Plattformen, die Informationen nach Themen gegliedert zur Verfügung stellen, internes Wissen speichern und mit externem Wissen verknüpfen. In den Systemen werden z. B. Servicedokumente zum Download angeboten, die mit aktuellen Gesetzestexten verknüpft sind oder aber Fragen bzw. Lösungen für Kundenprobleme sammeln. Hierdurch wird eine Wissensbasis generiert und Erfahrungen werden weitergegeben. Dies ermöglicht eine Verbesserung des Kundenservices. Auch über Blogs, die in das System integriert werden, haben Mitarbeitende die Möglichkeit, sich virtuell und vor allem zeitunabhängig über Kundenanfragen auszutauschen. Die *Volkswagen Retail GmbH* nutzt ein derartiges System bereits seit mehreren Jahren (*Haufe* 2015).

Weitere Barrieren in der bestehenden Aufbau- oder Ablauforganisation betreffen z. B. eine fehlende Prozessorganisation, eine nicht gepflegte Kundendatenbank oder unzureichende kundenbezogene Controllingsysteme zur Messung der Kundenorientierung. Damit einher gehen häufig auch Probleme der monetären Bewertung von Kundenprozessen.

BEISPIEL: Das Unternehmen *ABB* hatte bereits intensiv in die Verbesserung der Kundenorientierung, z. B. durch den Aufbau eines Total Quality Managements, investiert, konnte diese kundenbezogenen Prozesse jedoch innerhalb des Rechnungswesens nicht bewerten. Es fehlte an einer Prozesskostenrechnung, die eine ursachengerechte Verrechnung der Kosten ermöglicht (*Zoller* 1998, S. 26 ff.).

Die Probleme im **kulturellen Bereich** liegen z. B. in der Gleichgültigkeit und Unsensibilität der Mitarbeitenden im Kundenkontakt oder in der Wahrnehmung der Mitarbeitenden, dass Kundenorientierung kein durch das Topmanagement getragener Wert des Unternehmens ist. Kulturelle Barrieren bilden somit zum einen die mangelnde Akzeptanz bei den Mitarbeitenden, zum anderen aber auch die fehlende Überzeugungsarbeit durch Führungskräfte. Weiterhin tragen unklare Kompetenzzuordnungen, Ressort- und Bereichsegoismen, das Streben nach schnellen Lösungen sowie eine mangelnde Kontinuität (z. B. aufgrund hoher Fluktuationen) zu Umsetzungsproblemen bei. Diesbezüglich ist ein **internes Marketing** erforderlich, das bei den Mitarbeitenden und Führungskräften von Unternehmen ansetzt, um langfristig eine service- und kundenorientierte Denkhaltung zu verankern. Diese spielt in zweifacher

Hinsicht bei der Umsetzung der Kundenorientierung eine Rolle. Zum einen ist ein kundenorientiertes Verhalten der Mitarbeitenden für die Kundenzufriedenheit entscheidend. Zum anderen besteht ein empirisch nachgewiesener Zusammenhang zwischen Mitarbeiter- und Kundenzufriedenheit (*Stock-Homburg* 2012). Folglich ist nicht nur ein kundenorientiertes Verhalten der Mitarbeitenden in der Unternehmenskultur, sondern gleichzeitig auch eine Mitarbeiterorientierung zu etablieren, deren Ziel es ist, die Mitarbeitenden intrinsisch und extrinsisch zu kundenorientiertem Verhalten zu motivieren. Darüber hinaus bestätigen *Hoffmann/Götz* (2007) in einer Studie mit 205 Unternehmen aus verschiedenen Branchen, dass eine Adhocracy-Unternehmenskultur die Erfolgswahrscheinlichkeit von CRM-Initiativen steigert. *Reiny/Buttle* (2014) bestätigen diese Ergebnisse empirisch. Unter einer Adhocracy-Unternehmenskultur wird eine Unternehmenskultur verstanden, die vor allem das Hervorbringen von Neuem fördert (*Stern/Jaberg* 2010). Zudem konnte ein positiver Einfluss einer starken Ausrichtung der Informationsprozesse auf den Kunden sowie kundenorientiertes Verhalten des Führungspersonals auf den Erfolg von CRM-Projekten aufgezeigt werden.

Ferner werden Umsetzungsprobleme in Bezug auf die Zusammenarbeit der einzelnen Partner in der Wertschöpfungskette oder auch innerhalb des Unternehmens gesehen. Abstimmungsprobleme, Angst vor Machtverlusten, subjektive Vorbehalte u. a. m. können hier die Umsetzung der Kundenorientierung behindern

BEISPIEL: In einem erfolgreichen deutschen Konzern berichtete ein Mitarbeitender über – meist leicht behebbare – Missstände in der Produktion, auf die er seit geraumer Zeit aufmerksam machte. Da er keine Reaktionen auf sein Engagement wahrnahm, verringerte sich zunehmend sein Interesse, sich für das Unternehmen einzusetzen. Kostensenkungsaktionen sind kurzfristig ausgelegt und widersprechen sich teilweise. Da das Unternehmen am Markt erfolgreich ist, kommen Zweifel an der Effizienz der Prozesse nicht auf, wenngleich diese zum Teil eher auf günstige Rahmenbedingungen als auf bestmögliches Management zurückzuführen sind (*Braun* 2008, S. 57 f.).

Neben den kulturellen und organisatorisch-strukturellen Barrieren kann die **inhaltlich-konzeptionelle Ausgestaltung** zu Problemen bei der Umsetzung der Kundenorientierung führen. Falsche Einschätzung der Umsetzungsdauer, mangelhaftes Verständnis der Inhalte, Zufriedenheit mit bereits umgesetzten Teilkonzepten oder Schwierigkeiten der Erfolgskontrolle sind in diesem Zusammenhang die am häufigsten auftretenden Umsetzungsbarrieren. Angesichts der zahlreichen Probleme einer erfolgreichen Integration der Kundenorientierung hat die Unternehmensführung die Aufgabe zu übernehmen, die notwendigen Voraussetzungen im Unternehmen zu schaffen, damit die bestehenden Barrieren abgebaut und Maßnahmen der Kundenorientierung ihre volle Wirkung entfalten können.

2.2 Kundenorientierte Organisationsstrukturen

Es lassen sich vier Entwicklungstendenzen in Bezug auf die **Gestaltung kundenorientierter Organisationsstrukturen** erkennen:

- Bildung dezentraler Einheiten,
- Verstärkte Prozessorientierung,
- Förderung der funktionsübergreifenden Zusammenarbeit,
- Erweiterung der Entscheidungskompetenzen.

Eine **Bildung dezentraler Einheiten** basiert auf der Überlegung, dass komplexe Organisationen durch den Aufbau von „Kleinheit" besser zu steuern sind (*Schumacher* 1977). Hiermit verbunden ist ein Abbau der Hierarchiestufen, um einen besseren Informationsfluss und somit eine höhere Flexibilität zur Lösung der Kundenprobleme sicherzustellen. Beispielhaft lässt sich dies anhand des Beschwerdemanagements verdeutlichen: Studien haben ergeben, dass die Bearbeitungszeit einer Beschwerde einen starken Einfluss auf die Beschwerdezufriedenheit hat (z. B. *Gelbrich/Roschk* 2011; *Cambra-Fierro/Melero/Sese* 2015). Ein langer Dienstweg in Verbindung mit einem komplexen Regelwerk mit genau definierten Verhaltensanweisungen für den Beschwerdefall verringert in der Regel die Bearbeitungsgeschwindigkeit und erhöht den organisatorischen Aufwand bei der Bearbeitung der Beschwerde. Für den Kunden bedeutet dies zusätzliche Wartezeiten und damit einen erneuten Anlass für Unzufriedenheit. Mit der Dezentralisierung verbunden ist ein Abbau der Hierarchiestufen, um einen besseren Informationsfluss und somit eine höhere Flexibilität zur Lösung der Kundenprobleme sicherzustellen. Der angesprochene Hierarchieabbau ist jedoch nicht gleichzusetzen mit einer vollständigen Auflösung der bisherigen Unternehmensstruktur. Vielmehr bilden sich **hybride Organisationsformen**, die – je nach Bedarf – unterschiedlich ausgerichtete organisatorische Lösungen beanspruchen.

> **BEISPIEL:** Im ersten Quartal 2015 verkündete der Schweizer Telekommunikationsanbieter *Sunrise*, im Rahmen seiner Initiative zur Vereinfachung und Straffung von Produkten und Prozesse, seine Organisationstrukturen anzupassen, um den Kundenbedürfnissen nach Effizienz, Qualität und Einfachheit zu entsprechen. Ziel sei es dabei, sich mehr auf die Kunden zu fokussieren und die Kostenstrukturen zu optimieren. Um dies zu erreichen, erfolgt eine Zusammenlegung der Organisationeinheiten Privat- und Geschäftskunden. Dabei werden in Zukunft alle Kundengruppen von einer gemeinsamen Führungseinheit betreut. Zudem wird der Bereich Operations, der bislang für Privat- und Geschäftskunden zuständig war, zu einer einzigen Kundenservice-Einheit fusioniert. Dadurch sollen Leistungen kontinuierlich verbessert und Synergien zwischen Produkten und Prozessen effektiver genutzt werden (*Sunrise* 2015).

Eine Steigerung der Kundenorientierung kann ferner durch eine verstärkte **Prozessorientierung** gewährleistet werden. Hierbei werden die organisatorischen Abläufe unter dem Aspekt der Wertschöpfungskette betrachtet, in der vom Zulieferer über die verschiedenen Stufen innerhalb des Unternehmens hinweg bis zum Abnehmer sämtliche kundenbezogenen Prozesse definiert und optimiert werden. Somit wird der Kunde zum Impulsgeber der Prozesse. Zielsetzung ist eine bestmögliche unternehmensinterne und unternehmensübergreifende Zusammenarbeit der einzelnen Teilnehmer der Wertschöpfungskette (z. B. Zulieferer, Mitarbeitende, Führungskräfte, Logistikdienstleister, Handel), um eine schnelle und flexible Reaktion auf Kundenwünsche zu gewährleisten. Zur Erreichung der Beziehungsorientierung ist entsprechend eine Optimierung aller direkt oder indirekt kundenbezogenen Geschäftsprozesse obligatorisch, unterstützt durch die entsprechenden informationstechnologischen Hilfsmittel (*Bruhn* 2002b).

Aufgrund der Tatsache, dass in jedem Unternehmen mehr oder weniger stark ausgeprägte Subkulturen existieren, ist eine **Förderung der funktionsübergreifenden Zusammenarbeit** mit dem Ziel anzustreben, vorhandene Bereichsegoismen und Schnittstellenkonflikte bei der Befriedigung des Kundenwunsches aufzulösen (*Diller/ Ivens* 2006). Zur Lösung dieser Aufgaben müssen in einem ersten Schritt die zentralen Problemfelder (i. d. R. Kommunikationsdefizite) identifiziert und anschließend geeignete Maßnahmen zur Problemlösung ergriffen werden, z. B. eine empfängergerechte Kommunikation, informelle Kommunikation, zeitweiser Austausch von Mitarbeitenden der konfliktären Abteilungen, räumliche Zusammenlegung usw.

BEISPIEL: Die Liechtensteiner *Hilti AG* setzt im Rahmen der Kundenorientierung auf einen kooperativen CRM-Ansatz. Das Ziel der unternehmensübergreifenden Abstimmung der Kanäle sowie der Abstimmung zwischen den einzelnen Organisationseinheiten (kooperatives CRM) ist es, eine einheitliche Kundenerfahrung zu generieren – auch über verschiedene Vertriebs- und Kommunikationskanäle hinweg. So verfügt *Hilti* über ein aktuell gepflegtes CRM-System, auf das sämtliche Organisationseinheiten Zugriff haben und das entsprechend dem Kundenprofil den optimalen Vertriebskanal vorschlägt. Hierdurch können die einzelnen Kanäle entsprechend ihrer Stärken eingesetzt werden. Ferner unterstützt das Unternehmen einen regelmäßigen Erfahrungsaustausch der Mitarbeitenden gezielt auch über die Grenzen der einzelnen Organisationseinheiten hinweg. Jährliche Kundenzufriedenheitsanalysen bestätigen dabei den Erfolg des kooperativen CRM-Ansatzes bei *Hilti* (*ZAHW* 2011).

Die Anpassung der Unternehmensstrukturen geht relativ häufig mit einer Veränderung der Führungsstrukturen einher. Dies äußert sich in einer **Erweiterung der Entscheidungskompetenzen** auf den unteren Hierarchiestufen des Unternehmens im Sinne des „Empowerments" von Mitarbeitenden (*Stewart* 1997; *Blanchard/Carlos/Randolph* 2009; *Meffert/Burmann/Kirchgeorg* 2015). Unter dem Begriff

Empowerment sind dabei sämtliche Maßnahmen zu verstehen, die dem Mitarbeitenden erlauben, in der entsprechenden Kundenkontaktsituation eigene Entscheidungen zu treffen. Durch die Erweiterung der Entscheidungskompetenzen wird eine effektive Koordination der Aufgaben realisiert, durch die ein hoher Grad an Kundenorientierung ermöglicht wird. Das Empowerment führt zur Motivation der Mitarbeitenden, so dass sie die betrachtete Kundenbeziehung nicht nur als die Beziehung des Unternehmens, sondern auch als ihre eigene Beziehung ansehen (*Ashforth/Tomiuk* 2000; *Seibert/Wang/Courtright* 2011).

> **BEISPIEL:** Ein klassisches Beispiel für erfolgreiches Empowerment ist die Hotelkette *Ritz-Carlton*. Jeder Mitarbeitende des Hotels ist bei einer Beschwerdeführung befugt, über einen Betrag von bis zu 2.000 USD frei zu verfügen, um den Kunden wieder zufriedenzustellen.

2.3 Kundenorientierte Managementsysteme

Neben der Anpassung von Strukturen ist zur erfolgreichen Umsetzung der Kundenorientierung gleichzeitig eine Anpassung der Managementsysteme erforderlich. Unter dem **Begriff Managementsystem** können sämtliche auf Dauer angelegten (teil)standardisierten Verfahren bezeichnet werden, die zum Ziel haben, eine kontinuierliche Bewältigung von Aufgaben im Unternehmen zu erleichtern.

Für die Durchsetzung der Kundenorientierung nehmen folgende **Systeme** eine Schlüsselfunktion ein (*Bruhn* 2016b):

- Informationssystem,
- Kommunikationssystem,
- Personalmanagement- und Vergütungssystem,
- Kontrollsystem.

Informationssystem: Innerhalb des Informationssystems ist eine Anpassung in der Form erforderlich, dass das Unternehmen ein System realisiert, das sämtliche relevanten Daten über die aktuellen Kunden erheben und verarbeiten kann. Ein kundenorientiertes Informationssystem berücksichtigt beispielsweise die Ableitung von

Kundenstrukturanalysen, kundenbezogenen Rentabilitätsrechnungen oder Kundenportfolios, um so ein strategisches Konzept für die Bearbeitung der verschiedenen Kundenbeziehungen erarbeiten zu können (*Rust/Lemon/Zeithaml* 2000; *Helm/Günter* 2006). Ferner hat das Informationssystem den Informationsaustausch mit vor- und nachgelagerten Partnern – beispielsweise über *Electronic Data Interchange (EDI)* – sicherzustellen. Es ist folglich ein System aufzubauen, das die internen und externen kundenbezogenen Informationsanforderungen erfüllen kann, um auf einer fundierten Informationsbasis die abnehmergerichteten Strategien planen und realisieren zu können. **Schaubild 9–2** stellt Inhalte eines solchen CRM-Systems dar.

Marketing	Vertrieb	Analyse / Sales Intelligence	Service	Sonstiges
■ Kampagnen-management ■ Marketing-enzyklopädie ■ Marketing-planung ■ Lead Management ■ Kundenseg-mentierung ■ Kunden-befragungen ■ Telemarketing	■ Account Management ■ Chancen-verfolgung ■ Aktivitäten-steuerung ■ Verwaltung von Kunden-kontakten ■ Produktkonfi-gurator ■ Mobile Sales ■ E-Shop Anbindung	■ Call Center Management ■ Problemlösu-ngsmanage-ment ■ Management von Service-verträgen ■ Internet Self Service ■ Außendienst-service ■ Beschwerde-management ■ Serviceauto-matisierung	■ Marketing-analysen ■ Wettbewer-beranalyse ■ Vertriebs-analyse ■ Forecasting ■ Produkt-analysen ■ Lost Order Analyse ■ Service-analysen ■ Frühwarn-funktionen	■ Gruppen-kalender ■ E-Mail ■ Workflow-management ■ Dokumenten-management ■ Suchmaschi-nen ■ Wissens-management ■ Reporting/Berichtswesen ■ Datensynchro-nisation

Schaubild 9–2: Komponenten und Funktionen eines CRM-Systems (Quelle: *Kruse 2005, S. 96*)

BEISPIEL: Ein effizientes Informationssystem stellt die Kundendatenbank des *Dorint* Hotels in Halle an der Saale in Deutschland dar. In einer speziellen Datenbank werden sämtliche Informationen über einen Gast hinterlegt, so dass die Häufigkeit der Übernachtungen, die Dauer der Besuche sowie der generierte Umsatz ersichtlich sind. Darüber hinaus werden besondere Vorlieben zum Frühstück, Allergien oder auch eine spezielle Wahl der Kopfkissen notiert. Um eine kontinuierlich hohe Qualität des Informationssystems zu garantieren, werden in jedem Morgenmeeting die Check-In's der neuen Gäste innerhalb des Teams besprochen und die Mitarbeitenden mit den jeweiligen Informationen ausgestattet. Dadurch verdeutlicht das Unternehmen sein Interesse an den Gästen und versucht, eine stabile Kundenbeziehung aufzubauen (*DTV Service GmbH* 2012).

Kommunikationssystem: Das Kommunikationssystem, bestehend aus den Kommunikationspartnern, den Kommunikationsstrukturen und -beziehungen (*Bruhn* 2002b), ist für die Umsetzung der Kundenorientierung darauf auszurichten, dass neben der Bekanntmachung und Darstellung des Unternehmens und seiner Leistungen insbesondere der Dialog und die Interaktion mit dem Kunden ermöglicht wird. Ein kundenorientiertes Kommunikationssystem hat zum Ziel, eine Nähe zwischen Unternehmen und Kunden herzustellen. Es beinhaltet insbesondere einen zweiseitigen Kommunikationsprozess, in dem der Dialog sowohl proaktiv von Seiten des Unternehmens als auch von Seiten der Kunden initiiert werden kann (*Lischka* 2000). Das Unternehmen richtet nicht nur seine Kommunikationsinhalte, sondern auch -kanäle auf die Bedürfnisse der Kunden aus. Sinnvoll sind dabei meist mehrere unterschiedliche Anspracheoptionen wie z. B. Weblogs auf Unternehmensseiten, Social Media-Plattformen, Hotlines, E-Mail, Eingabemasken im Internet, ebenso jedoch auch klassische Antwortcoupons. Hierzu hat das Kommunikationssystem dem Kunden verschiedene Aufforderungs- und Interaktionskomponenten zu bieten (z. B. Response-Elemente, Diskussionsplattformen). Darüber hinaus sind die Individualisierbarkeit und die Flexibilität des Systems sicherzustellen, um auf Kundenanforderungen reagieren zu können. Die Gewährleistung der Effizienz und Effektivität der Kommunikation erfordert zudem die Konsistenz und Kontinuität des Kommunikationssystems (*Bruhn* 2014a).

BEISPIEL: Der Corporate Weblog der Firma *Frosta* ist ein „Werbetagebuch" von *Frosta*-Mitarbeitenden. Die *Frosta*-„Blogger" stammen aus verschiedenen Abteilungen. So sind Mitarbeitende aus der Forschung und Entwicklung, Produktion, Marketing und der obersten Firmenleitung im Blog aktiv. Ziel des Weblogs ist es, den Konsumenten offen und ehrlich sowie aus erster Hand über das Unternehmen und dessen Produkte zu berichten und mit den Interessierten zu Themen aus dem Bereich Ernährung zu diskutieren. Des Weiteren versichern die Weblogger, dass sämtliche Informationen unzensiert und nicht von Agenturen vorformuliert sind (*Frosta AG* 2015).

BEISPIEL: Der Kundenblog des deutschen Energiedienstleisters *EnBW Energie Baden-Württemberg AG* bildet eine Schnittstelle zwischen Mitarbeitenden und Kunden. Auf ihm bloggen Mitarbeitende des Unternehmens zu Neuigkeiten, Sonderaktionen, (Freizeit-)Tipps und Informationen über das Thema Energie. Ziel ist es dabei, eine Verbindung zwischen Unternehmen und Kunde herzustellen und einen Kundendialog aufzubauen, der über die eigentliche Kernleistung des Unternehmens hinausgeht (*EnBW Energie Baden-Württemberg AG* 2015).

Personalmanagementsystem und Vergütungssystem: Dieses beschreibt die Gesamtheit der auf das Personal gerichteten Maßnahmen, Regelungen und Bedingungen, die zum Ziel haben, eine leistungsfördernde Arbeitsumgebung zu schaffen und ein kundenorientiertes Mitarbeiterverhalten zu fördern (*Bruhn* 2002b, S. 204). Um die Kundenorientierung der Mitarbeitenden zu erreichen, bieten sich mit der Gestaltung der Personalstruktur – Personalbedarf, -einstellungen sowie -freisetzungen – und mit der Gestaltung der Belohnungssysteme, deren Inhalt die Schaffung von Leistungsanreizen ist, zwei Gegenstandsbereiche (*Hamel* 2006; *Stock-Homburg* 2013). Neben dem kundenorientierten Personalmanagement ist ferner auch ein **personalorientiertes Marketingmanagement** erforderlich. Diesem werden sämtliche Marketinginstrumente zugeordnet, durch deren unternehmensinternen Einsatz eine hohe Mitarbeiterzufriedenheit bzw. -motivation und dadurch ein kundenorientiertes Interaktionsverhalten gewährleistet werden kann. Insbesondere haben die erwähnten Studien über Zusammenhänge zwischen Mitarbeiter- und Kundenzufriedenheit dazu beigetragen, dass dem personalorientierten Marketingmanagement ein höherer Stellenwert eingeräumt wird (*Stock-Homburg* 2013). Ziel des Personalmanagements ist es daher, nach Möglichkeit Instrumente einzusetzen, mit denen gleichzeitig eine hohe Mitarbeiterorientierung (z. B. durch mehr Entscheidungsfreiräume, „Management by Objectives") und eine höhere Kundenorientierung realisierbar ist. **Schaubild 9–3** gibt einen Überblick zu den wichtigsten Entscheidungsfeldern des kundenorientierten Personalmanagements.

Kundenorientiertes Personalmanagement beginnt bei der **Personal-auswahl** sowie bei den Instrumenten der Personalansprache und -akquisition (*Stock-Homburg* 2013, S. 494 ff.). Unternehmen, die Wettbewerbsvorteile durch Kundenorientierung erreichen möchten, wählen ihre potenziellen Mitarbeitenden nicht allein nach fachlichen Kriterien aus, sondern berücksichtigen auch Kriterien der sozialen Kompetenz und andere weiche Faktoren (Soft Skills) des Bewerbers (*Moores* 1991, S. 446; *Stock-Homburg* 2013, S. 498). Aktuelle Studien belegen beispielsweise die zentrale Rolle der Authentizität eines Mitarbeiters als Dienstleister für die kundenorientierte Wahrnehmung des Unternehmens (*Nguyen et al.* 2014; *Paul/Hennig-Thurau/Groth* 2015).

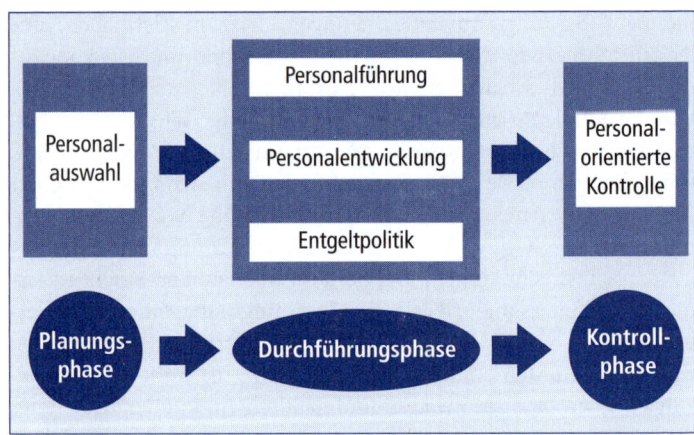

Schaubild 9–3: Entscheidungsfelder des kundenorientierten Personalmanagements

Vor der eigentlichen Personalauswahl ist zunächst ein **Anforderungsprofil** in Bezug auf die zu besetzende Stelle zu entwerfen, das sich in einer Stellenbeschreibung konkretisiert. Dieses Anforderungsprofil stellt einerseits ein Kommunikationsmittel dar, das den aktuellen und potenziellen Mitarbeitenden jene Merkmale und Fähigkeiten aufzeigt, die für die Stelle gesucht werden. Zum anderen hilft es Unternehmen, eine zuverlässigere Personalauswahl zu treffen, da durch das Anforderungsprofil die gewünschten fachlichen und persönlichen Anforderungen systematisch abgeleitet und dokumentiert werden.

> **BEISPIEL:** Die deutsche Fluggesellschaft *Lufthansa* führt seine ersten Schritte der Personalauswahl online aus und setzt einen so genannten Quality Selection Prozess ein. Der exemplarische Bewerbungsablauf für einen Job im Kundenservice bildet sich wie folgt (*Lufthansa* 2015b):
> (1) Registrierung: Interessiert sich der Bewerber für eine Stellenanzeige, so registriert er sich im Anschluss auf einer Online-Plattform. Er erstellt dort ein Profil und kann beispielweise auf diese Weise mehrere Bewerbungen auf einmal verwalten.
> (2) Bewerbung anlegen: In diesem Schritt füllt der Bewerber ein Bewerbungsformular aus und lädt alle erforderlichen Unterlagen auf der Plattform hoch.
> (3) Online-Tests: Erfüllt der Bewerber die erforderlichen Kriterien, so wird er zu einem Online-Test eingeladen, den er innerhalb von zehn Tagen zu absolvieren hat.
> (4) Auswahltag: Hat der Bewerber die Online-Tests erfolgreich bestanden, wird er im darauffolgenden Schritt zu einem persönlichen Bewerbungsgespräch eingeladen.
> (5) Vertragsangebot: Sobald sich der Bewerber in allen Schritten als positiv für das Unternehmen erwiesen hat, wird ihm gegebenenfalls ein Vertragsangebot unterbreitet.

Gegenstand der **Personalentwicklung** ist das Management von Entwicklungsmaßnahmen für Mitarbeitende (*Mentzel* 2012). Dies umfasst alle bildungsbezogenen (Ausbildung, Weiterbildung, Umschulung) und stellenbezogenen (Verwendungsplanung und -steuerung, Aufstiegsplanung und -steuerung, Laufbahnplanung, Stellvertretungsregelungen) Maßnahmen, die zur weiteren Qualifizierung der Mitarbeitenden dienen. Personalentwicklung wird immer dann erforderlich, wenn Diskrepanzen zwischen den Mitarbeiterfähigkeiten und den Anforderungen nicht über die Personalgewinnung ausgeglichen werden können (*Scholz* 2014).

BEISPIEL: Der deutsche Automobilhersteller *Porsche* bietet seit einigen Jahren ein duales Studium an. Abiturienten haben hierbei die Chance, im Wechsel zwischen Theoriephasen an einer Dualen Hochschule und Praxiseinsätzen im Konzern selbst eine Berufsausbildung in Kombination mit einem Bachelorabschluss zu absolvieren. Die Studierenden beziehen dabei bereits während der Studienzeit ein festes Einkommen. Sie durchlaufen in dieser Zeit mehrere Abteilungen und können nach Abschluss des Studiums eine Wunschabteilung benennen, in der sie in Zukunft gerne arbeiten möchten. Auf diese Weise gelingt es *Porsche*, seine Nachwuchskräfte schon früh zu rekrutieren und optimal für das Unternehmen und seinen Anforderungen auszubilden (*Dr. Ing. h. c. F. Porsche AG* 2015).

BEISPIEL: Die *Henkel AG & Co. KGaA* bietet im Bereich Controlling ein weites Spektrum an Weiterbildungsmöglichkeiten an, die individuell auf die Ausbildung und spezifischen Anforderungen des einzelnen Mitarbeitenden angepasst werden. In der Seminarreihe „Finance World of Henkel" erhalten beispielsweise die Teilnehmer einen Überblick über sämtliche Finanzprozesse des Unternehmens. Des Weiteren findet jährlich ein Back-to-School Seminar statt, um fachliche und theoretische Themen zu vertiefen sowie aktuelle Entwicklungen im Konzern wissenschaftlich hinterfragen zu können. Als generelles Weiterbildungsprogramm im Bereich General Management hat sich im Konzern die „Henkel Global Academy" etabliert. Im Rahmen dieser Veranstaltung werden verschiedene Seminare angeboten und die Entwicklung von Führungskräften mit Hilfe von Executive Programs an renommierten Business Schools gefördert (*Hebeler/Ortelbach* 2013).

Verschiedene Instrumente der **Personalentwicklung** können zur Schaffung eines kundenorientierten Bewusstseins auf Seiten der Mitarbeitenden beitragen (vgl. *Bruhn* 2002b). **Seminare** richten sich an Mitarbeitende sämtlicher Unternehmensbereiche und dienen beispielsweise als Diskussionsforum für unterschiedliche Themen, wie z. B. der Optimierung interner Prozesse oder der Kundenberatungsqualität. Sie bieten sich zur Generierung eines Bewusstseins für Kunden- bzw. Serviceorientierung an. Das **Servicetraining** richtet sich insbesondere an sämtliche Mitarbeitende im Kundenkontakt (z. B. Empfangspersonal, Telefonisten, Kundenbetreuer, Key Account Manager u. a.). Das Training kann der Weiterentwicklung der persönlichen Leistungskompetenzen durch die Erweiterung des Verhaltensrepertoires dienen, indem Gesprächs- und Fragetechniken sowie verkaufspsychologische Kenntnisse vermittelt werden. Mitarbeitende im Kundenkontakt sind vor allem dahingehend zu schulen, stärker auf die Wünsche und Bedürfnisse der Kunden einzugehen. **Coaching** richtet sich an Führungskräfte servicenaher Bereiche in Geschäftsstellen und -zentralen. Es ermöglicht Mitarbeitenden in Führungspositionen, ihre kommunikativen Fähigkeiten weiterzuentwickeln und die Führungsqualitäten auszubauen. Führungskräfte sind z. B. hinsichtlich der Gestaltung von Mitarbeitergesprächen und der Führung von Personal auszubilden, um die interne Kundenorientierung zielgerichtet umsetzen zu können. Selbstverständlich ist es für Mitarbeitende in Führungspositionen unabdingbar, das Ziel der Kundenorientierung zu verinnerlichen, um es vorleben zu können.

BEISPIEL: Der Ingolstädter Automobilhersteller *Audi* hat im Jahr 2014 seine Personalentwicklung im Bereich Service um ein weiteres institutionelles „Audi Service Training Center" in der Nähe von Leipzig erweitert. Auf knapp 2.000 Quadratmeter werden in speziellen Trainingsräumen die technische Weiterbildung sowie die Beratungsqualifikationen für Servicemitarbeitende vermittelt. Zudem wird ein breites Schulungsangebot zu neuen *Audi*-Modellen angeboten. Das Unternehmen möchte auf diese Weise seine Mitarbeitende im Handel optimal auf den Kundenkontakt vorbereiten und so eine hohe Servicequalität gewährleisten (*Audi* 2014)

Auch die **Entgeltpolitik** wird zur Umsetzung der Kundenorientierung eingesetzt. Hierbei stehen monetäre Anreize in Form von variablen Lohnbestandteilen im Vordergrund. Denkbar ist z. B. der Einsatz eines **kundenorientierten Vergütungssystems**, bei dem ein bestimmter variabler Gehaltsanteil durch das individuelle Serviceverhalten des Mitarbeitenden bestimmt wird (*Tuzovic* 2004; *Meffert/*

Bruhn/Hadwich 2015, S. 416 f.). Dem Vergütungssystem kommt in diesem Zusammenhang die zentrale Rolle als langfristiges Führungsinstrument zu, um die Zufriedenheit der Kunden zu steigern (*Jensen* 2008). Falls ein Unternehmen monetäre Anreize setzen möchte, um das Verhalten der Mitarbeitenden zu beeinflussen, ist ein Ausschüttungssystem einzurichten. Dabei werden sowohl die Bemessungsgrundlage als auch die Auszahlungssumme festgelegt. In der Unternehmenspraxis dienen häufig Finanzkennzahlen, wie z. B. Umsatz, Gewinn oder die Zahl neu akquirierter Kunden, als Bemessungsgrundlage. Um das Verhalten in Richtung stärkerer Kundenorientierung zu steuern, bietet es sich an, die variable Vergütung nicht nur an ökonomischen Kriterien, sondern auch an einer vorökonomischen Bemessungsgrundlage, wie z. B. Kundenzufriedenheit oder Kundenbindungsraten, festzumachen. Allerdings birgt die monetäre Vergütung aufgrund von subjektiven Kundenurteilen Probleme. Die Einführung eines solchen Vergütungssystems wird Widerstände bei den Mitarbeitenden hervorrufen, wenn es nicht gerecht gestaltet wird. Um diese Probleme zu vermeiden, sind folgende Fragen zu beantworten (*Bruhn* 2002b):

(1) Wie wird die Bemessungsgrundlage definiert?

(2) Welche vorökonomischen Kennzahlen sind zu berücksichtigen?

(3) Wie werden diese Kriterien gemessen?

(4) Welche funktionale Beziehung besteht zwischen der Bemessungsgrundlage und den Anreizen?

(5) Wer ist Bezugsobjekt (ein Individuum oder eine Gruppe)?

Schaubild 9–4 stellt eine Übersicht ausgewählter Unternehmen mit kundenorientierten Vergütungskomponenten dar.

Unternehmen	Quelle	Kernaussagen
Commerzbank AG	Commerzbank 2015	Der Faktor „Kundenzufriedenheit" spielt bei der Vergütung von Mitarbeitenden eine erhebliche Rolle. Mit Hilfe des Net Promoter Score (NPS) wird zunächst die Kundenzufriedenheit ermittelt und anschließend in der variablen Vergütung berücksichtigt.
Hypo Vereinsbank	Kühner 2013	Das Unternehmen misst die Zufriedenheit ihrer Kunden ebenfalls mit Hilfe des NPS. Er hat ein erhebliches Gewicht in der Balanced Score Card und fließt zu 20 Prozent in die variable Vergütungskomponente eines Servicemitarbeitenden ein.
Hamburger Sparkasse	Kühner 2013	Die *Haspa* basiert ihr Qualitätsmanagement bereits seit mehreren Jahren auf Kundenbindung und -zufriedenheit. Jeder Mitarbeitende hat folglich ein bestimmtes Maß an Qualitätszielen zu erreichen, die zu 50 Prozent in die variable Vergütung eingehen.
E.ON SE	E.ON SE 2015	Der Energiedienstleister verwendet zur Messung der Kundenloyalität den „Bottum-Up NPS" in Folge von Vertragsabschlüssen, persönlichen Gesprächen usw. und misst die Kundenzufriedenheit im Vergleich zur Konkurrenz mit dem „Top-Down NPS". In Folge dessen hängt die variable Vergütung von Führungskräften teilweise vom NPS-Wert des zuständigen Landes ab.
Deutsche Telekom AG	Handelsblatt 2007	Der Telekommunikationsdienstleister lässt die Zufriedenheit aller Nutzer als Komponente in die variable Vergütung des Managements einfließen. Zuvor wurde die Zufriedenheit der Kunden für jede einzelne Sparte getrennt betrachtet. Um die Kundenzufriedenheit zu ermitteln, werden Telefonbefragungen hinsichtlich Erreichbarkeit des Konzerns, Termintreue und allgemeine Zufriedenheit durchgeführt.
Audi AG	Audi 2013	Bei *Audi* besteht die variable Vergütung teilweise aus der Komponente „Long Term Incentive" (LTI). Diese setzt sich aus dem Kundenzufriedenheitsindex und dem Mitarbeiterindex zusammen. Den Kundenzufriedenheitsindex berechnet das Unternehmen anhand der Gesamtzufriedenheit der Kunden mit dem jeweiligen Händler, dem Neuwagen und den Serviceleistungen der Werkstatt. Dieser Wert wird dann mit dem Mitarbeiterindex und dem Absatz addiert und anschließend mit dem Renditeindex multipliziert. Auf diese Weise wird gewährleistet, dass ein LTI nur dann ausgezahlt wird, wenn der gesamte *Volkswagen Konzern* ein erfolgreiches Geschäftsjahr absolviert hat.

Schaubild 9–4: Beispiele für Unternehmen mit kundenorientierten Vergütungskomponenten

Diese Beispiele können nicht darüber hinwegtäuschen, dass in der Unternehmenspraxis auch in diesem Bereich **Umsetzungsdefizite** bestehen (*Droege&Comp* 2000). Die Gründe hierfür liegen unter Umständen darin, dass monetäre Anreize die Motivation des Mitarbeitenden zur Verhaltensänderung oft lediglich kurzfristig erhöhen, langfristig jedoch die Gefahr besteht, dass es zu einem „Erstarren" der Servicekultur kommt, falls diese Anreize nicht mehr geleistet werden. Intrinsische Motivationsmaßnahmen (z. B. Lob, Anerkennung, Erweiterung des Handlungsspielraums) stehen daher im Mittelpunkt weiterführender Maßnahmen (*Reisach* 1994, S. 116). Bei der Einführung eines kundenorientierten Vergütungssystems ist somit in erster Linie die gerechte Allokation von Incentives und erfolgsabhängigen Boni zu beachten (*Barber/Simmering* 2002; *Stock-Homburg* 2013, S. 504). Hierzu ist eine Einbindung aller Mitarbeitenden in das System notwendig. Durch eine solche Belohnung von auf interne und externe Kunden bezogenen Ergebnissen wird auch ein Perspektivenwechsel der Mitarbeitenden im Back Office, d. h. ohne Kundenkontakt, von einer „Inside-out"- hin zu einer „Outside-in"-Betrachtung gefördert (*Tuzovic* 2004).

Die Problematik einer umfassenden Einführung eines solchen Systems liegt insbesondere in der Bewertung interner Prozesse nach einer vergleichbaren Maßgabe wie derjenigen für externe Kundenprozesse. Interne Leistungen an Mitarbeitende werden oft kritischer beurteilt, als externe Leistungen durch die Kunden. Es ist jedoch entscheidend, dass das Vergütungssystem transparent gestaltet wird, da nur dann die Unterstützung des Systems durch die Mitarbeitenden gewährleistet werden kann (*Heneman* 2002). Folglich ist dafür Sorge zu tragen, dass die Soll-Vorgaben zur Festlegung des variablen Vergütungsanteils für jedes Aufgabengebiet realistisch gestaltet werden, um tatsächlich als Motivation im Hinblick auf kundenorientiertes Verhalten zu dienen (*Tuzovic* 2004; *Stock-Homburg* 2013, S. 506).

Kontrollsystem: Hinsichtlich des Kontrollaspektes lassen sich zwei Anforderungen unterscheiden. Zur Steigerung der Kundenorientierung ist zum einen die Etablierung innengerichteter Kontrollsysteme, wie z. B. Systeme zur Messung der Kunden- und Mitarbeiterzufriedenheit, vermehrt notwendig, die auch in die bereits bestehenden Controllingkonzeptionen zu integrieren sind. Zum anderen ist die Anpassung des traditionellen Kostenrechnungssystems um kundenbezogene Erfolgsgrößen als zentrale Anforderung zur Realisierung der Kundenorientierung hervorzuheben. Die Möglichkeit zur individuellen Zurechnung von Kosten und Nutzen einzelner Kunden ist zwingend notwendig, um den Lebenszeitwert des Kunden (Customer Lifetime Value) ermitteln zu können (*Bruhn* 1998; *Rust/Lemon/Zeithaml* 2000; *Günter/Helm* 2006; *Bruhn/Hadwich/Georgi* 2013).

BEISPIEL: Das Unternehmen *TNT Express* setzt ein umfangreiches Maßnahmenprogramm zur Überprüfung der Kundenorientierung ein. Hierzu gehört zum einen das eigens für das Unternehmen entwickelte CLM-Programm (Customer Loyalty Measurement). Dieses Programm umfasst zweimal jährlich durchgeführte Kundenbefragungen mit ungefähr 16.000 Kunden, um die Repräsentativität zu gewährleisten. Kunden werden dabei zu ihrer Loyalität, der Zufriedenheit mit den Produkten und Services, aber auch gegenüber den Mitarbeitenden und Fahrern befragt. Weiterhin wird ein Benchmark mit den Hauptmitbewerbern durchgeführt. Darüber hinaus setzt das Unternehmen Mystery Shopper-Programme ein und zieht Ergebnisse von externen, unabhängigen Marktuntersuchungen zur Bewertung der Kundenorientierung heran (*Roller* 2008).

In diesem Zusammenhang ist zukünftig auch eine stärkere Abstimmung zwischen Struktur- und Systemanpassungen notwendig. Dies zeigt sich beispielsweise deutlich im Bereich der Prozessorientierung, die gleichzeitig Veränderungen in den Organisationsstrukturen (Geschäftsprozesse) und Anpassungen der Kostenrechnung (Prozesskostenrechnung) erforderlich macht.

2.4 Kundenorientierte Unternehmenskultur

Neben der optimalen Gestaltung von Strukturen und Systemen ist schließlich die Unternehmenskultur ausschlaggebend für die Realisierung der Kundenorientierung. Dies gilt insbesondere im Dienstleistungsbereich, der durch intensiven Kundenkontakt gekennzeichnet ist, aber auch in klassischen Konsumgütermärkten ist die Unternehmenskultur ein wesentlicher Erfolgsfaktor. Unter dem **Begriff Unternehmenskultur** wird die Grundgesamtheit gemeinsamer Werte- und Normvorstellungen sowie Denk- und Verhaltensmuster verstanden, die die Entscheidungen, Handlungen und Aktivitäten der Mitarbeitenden eines Unternehmens prägen (*Heinen/Dill* 1990; *Meffert/Bruhn/Hadwich* 2015). Ein Anpassungsbedarf der Unternehmenskultur besteht folglich immer dann, wenn die (gelebten) Werte und Normen des Unternehmens sich als konträr zu den Anforderungen in Bezug auf die Kundenorientierung herausstellen.

Wenn Unternehmen Defizite bei der Unternehmenskultur erkennen, so sind Anstrengungen zu unternehmen, um diese positiv zu verändern. Über die Frage, ob dies möglich ist, wurde in der Vergangenheit intensiv und auch kontrovers unter dem Schlagwort „Change Management" diskutiert. Mittlerweile hat sich jedoch die Erkenntnis durchgesetzt, dass ein **Kulturveränderungsprozess** möglich und mit Einschränkungen auch steuerbar ist (*Sackmann/Bissels/Bissels* 2002; *Bruhn* 2013b, S. 371 ff.). Es gilt jedoch zu bedenken, dass eine Anpassung der Unternehmenskultur nur sehr langsam voranschreitet und auch zahlreiche interne Barrieren zu überwinden sind.

Klammert man die Grenzen der Veränderung von Unternehmenskulturen aus, so kann die Vorgehensweise zur **Anpassung der Unternehmenskultur** vereinfachend in drei **Schritten** beschrieben werden:

- Erkennen der aktuellen Unternehmenskultur,

- Kulturveränderungsprozess,

- Kontrolle der Kulturveränderung.

Erkennen der aktuellen Unternehmenskultur: In einem ersten Schritt wird die Analyse der Ist-Unternehmenskultur vorgenommen, die die vorhandene Kultur in Bezug auf das Kriterium Kundenorientierung beurteilt. Methodisch existieren hierzu unterschiedliche Ansätze; z. B. kann eine schriftliche Befragung bei sämtlichen Mitarbeitenden des Unternehmens durchgeführt werden, in der verschiedene Kulturdimensionen abgefragt werden (*Deshpandé/Farley/Webster* 1993; *Schein* 2009). Das Ergebnis der Situationsanalyse ist die Ableitung von charakteristischen Merkmalen der vorhandenen Unternehmenskultur, z. B. Zusammengehörigkeitsgefühl, Loyalität, Leistungsorientierung, Formalisierung – die Hinweise auf das (Nicht-) Vorhandensein einer kundenorientierten Unternehmenskultur geben.

Kulturveränderungsprozess: Zur Initiierung eines Kulturveränderungsprozesses kann der Einbezug zweier Personengruppen sinnvoll sein (*Bruhn* 2013b, S. 372). Zum einen können einzelne Personen (z. B. Führungspersönlichkeiten mit starker Vorbildfunktion), die eindeutige Zielvorstellungen in Bezug auf die anzustrebende Unternehmenskultur haben und diese auch entsprechend vorleben, den gewünschten Wandel der Unternehmenskultur einleiten. Zum anderen kann der Veränderungsprozess auch partizipativ von sämtlichen Mitarbeitenden des Unternehmens vorangetrieben werden. Letzteres geht häufig einher mit der Erarbeitung eines neuen Unternehmensleitbildes und der Umsetzung von Corporate-Identity-Konzepten. In Zusammenhang mit möglichen Maßnahmen, die den Kulturwandel unterstützen können, sind Ansatzpunkte zur Veränderungen der Werte, Normen und Denkhaltungen zu suchen. **Schaubild 9–5** gibt exemplarisch mögliche Instrumente zur Beeinflussung der Unternehmenskultur wieder.

Selbstverständnis	Kommunikation/ Motivation	Schulungen/ Aktive Mitarbeit
■ Leitsätze ■ Visionen ■ Verhaltensregeln ■ Bewusste Gestaltung von Artefakten (Erzählungen, Rituale, Sprache, Architektur) ■ u. a. m.	■ Plakate ■ Broschüren ■ Hauszeitschriften ■ Führungsstile ■ Führungsinstrumente ■ Veranstaltungen ■ u. a. m.	■ Seminare ■ Workshops ■ Einzelgespräche ■ u. a. m.

Schaubild 9–5: Ziele und Instrumente zur Gestaltung der Unternehmenskultur (Quelle: *Bruhn* 2002b, S. 237)

BEISPIEL: Beim Schweizer Handelsunternehmen *Otto's AG* kann die Unternehmenskultur trotz einer Positionierung als Discountanbieter als sehr kundenorientiert bezeichnet werden. Erreicht wurde dies zum einen durch die klare Vorgabe von Werten durch den Gründer des Unternehmens und zum anderen durch die Unternehmenskultur, die durch die Mitarbeitenden permanent weitergetragen wird. Bei einer Analyse der Unternehmenskultur wurden u. a. folgende Merkmale als besonders bedeutsam herausgestellt (*Bruhn* 2013b):

(1) Leistungsverpflichtung: Die Zielrichtung der Kundenorientierung wird vom Chef vorgegeben, von den Führungskräften weitergetragen und von sämtlichen Mitarbeitenden im Unternehmen gelebt.

(2) Schlanke Organisation: Einfache Abläufe und minimale Administration werden angestrebt.

(3) Klare Zielvereinbarungen: Zwischen den Managern und Mitarbeitenden einer Abteilung existieren klare Zielvereinbarungen.

(4) Flexibilität: Jeder kann seine Arbeitspausen zu individuellen Zeiten einlegen.

(5) Loyalität: Die Mitarbeitenden bekunden gegenüber dem Unternehmen eine besonders hohe Identifikation.

Kontrolle der Kulturveränderung: In einem letzten Schritt ist zu prüfen, ob die angestrebte Soll-Unternehmenskultur annäherungsweise erreicht werden konnte. Allerdings ist der Begriff Kontrolle mehr als Prozesskontrolle zu verstehen, d. h. als eine Art von permanenter Prüfung, ob die Kulturveränderung tatsächlich greift oder stagniert. Dies wird umso bedeutsamer, je dynamischer das Wettbewerbsumfeld und die allgemeine Unternehmenssituation ist. Werden Abweichungen von der angestrebten Unternehmenskultur festgestellt, schließt sich die Überlegung an, welche Maßnahmen zur Korrektur ergriffen werden können. Dies erfolgt stets in dem Bewusstsein, dass natürliche Grenzen des Kulturveränderungsprozesses gegeben sind.

Zusammenfassend kann festgehalten werden, dass die Unternehmenskultur ein zentraler Ansatzpunkt zur Ausgestaltung und Verbesserung der Kundenorientierung darstellt, die Grenzen der Kulturveränderung jedoch in das Kalkül einzubeziehen sind.

3. Umsetzungsprozess der Kundenorientierung

Das Problem einer unzureichenden Kundenorientierung ist bei den meisten Unternehmen, die einen Prozess des Umdenkens hin zu mehr Kundenorientierung initiieren, kein neuartiges Projekt. Häufig wird nach einer gewissen Zeit der Bewusstseinsbildung darüber diskutiert, ob es nun eine radikale **Restrukturierung des Unternehmen** erfordert, bei der der Veränderungsprozess Top down durch das Management geplant und sukzessive eingeführt wird, oder ob alternativ ein Weg der **permanenten Verbesserungen** in kleinen Schritten vorzuziehen ist, bei dem die Mitarbeitenden partizipativ in den Umsetzungsprozess der Kundenorientierung einbezogen werden.

Vor diesem Hintergrund kann als vereinfachende Schrittabfolge zur Umsetzung der Kundenorientierung folgendes **Phasenkonzept** zugrunde gelegt werden:

(1) Verpflichtung des Managements,

(2) Kommunikation mit den Mitarbeitenden,

(3) Bildung eines Projektteams zur Durchführung von Aktionsprogrammen,

(4) Vermittlung des erforderlichen Know-hows,

(5) Verpflichtung der Mitarbeitenden und Übergang zur „lernenden Organisation".

Verpflichtung des Managements: Um das Oberziel – die erfolgreiche Um- und Durchsetzung eines Konzeptes zur Steigerung der Kundenorientierung – erreichen zu können, ist die Selbstverpflichtung des Managements grundlegende Erfolgsvoraussetzung (*Krafft et al.* 2002). Sämtliche Bausteine der Kundenorientierung, angefangen vom Innovations- bis hin zum Kundenwertmanagement, werden nur begrenzten Erfolg aufweisen können, wenn das Denken und Handeln der Führungskräfte den postulierten Grundsätzen der Kundenorientierung widerspricht. Dabei ist die Orientierung an den Bedürfnissen des Kunden täglich unter Beweis zu stellen. Wird in der Initiierungsphase des Umsetzungsprozesses das Unterstützungspotenzial des Managements nicht deutlich, dann ist bereits in dieser Prozessphase ein Mindererfolg vorprogrammiert.

> **BEISPIEL:** Ein Schritt in diese Richtung ist die Verpflichtung des Managements, sich wieder in direkten Kundenkontakten zu begeben und die Probleme bei der Umsetzung der Kundenorientierung selbst zu erleben. Bei der *Henkel KGaA*, Düsseldorf, haben die Geschäftsführungsmitglieder für einige Zeit Beratungsgespräche und Produktpräsentationen in Supermärkten übernommen. Auch bei der *Deutschen Telekom* empfahl der Vorstandsvorsitzende seinen Managern, selbst Zeit in einer Filiale des Unternehmens zu verbringen, um den Kontakt zu den Kunden und deren Bedürfnissen nicht zu verlieren (*Brauck* 2003).

Kommunikation mit den Mitarbeitenden: Ausgehend von so genannten „Kick-off"-Veranstaltungen, in denen die Notwendigkeit zur stärkeren Ausrichtung auf den Kunden verdeutlicht wird, kann die Motivation der Mitarbeitenden zur Umsetzung der Kundenorientierung durch Maßnahmen der Kommunikation gesteigert werden. Denkbar sind beispielsweise Workshops und Seminare, in denen die Ziele, Inhalte und der Umfang des Veränderungsprozesses zur Diskussion stehen. Um in dieser ersten Phase Irritationen zu vermeiden ist es erforderlich, direkt und offen anzusprechen, welche Erwartungen die Unternehmensführung mit dem Umsetzungsprozess verbindet. Nur wenn ein offener Dialog möglich ist, können personelle Barrieren vermieden werden, die die Einführung neuer Konzepte häufig erschweren.

> **BEISPIEL:** Um den Außendienstmitarbeitern ein neues Medikament vorzustellen, inszenierte die *Grünenthal GmbH* eine viertägige Schulung als Kick-off-Veranstaltung unter dem Motto „A Kind of Magic". In Analogie zur Geschichte von Harry Potter wurden die Teilnehmer nach Ankunft am Tagungsort, dem historischen Hauptgebäudes der Universität Hamburg, in Klassen eingeteilt, um die Eigenschaften des Medikamentes zu „studieren". Unterrichtet wurden sie von Zauberern, einem Dumbledore-Darsteller, magischen Animationen, Taschenspielern und Dozenten des Scharlatan-Theaters.

Bildung eines Projektteams zur Durchführung von Aktionsprogrammen: Die Etablierung eines Projektteams, bestehend aus einer kleinen Gruppe von Mitarbeitenden unterschiedlicher Hierarchieebenen, kann wesentlich dazu beitragen, die Ziele der Kundenorientierung zu erreichen und vor allem die Barrieren frühzeitig zu erkennen (*Reiß* 1995, S. 280). Hier geht es über die Sicherung der Akzeptanz und Wissensvermittlung hinaus um die Realisierung konkreter Aktionsprogramme, die in Bezug auf die Steigerung der Kundenorientierung hilfreich sein können. Gegenstand der Maßnahmen ist beispielsweise die Darstellung neuer Führungsmethoden, die Schulung in Qualitätstechniken oder auch die Vermittlung von Fähigkeiten zur adäquaten Reaktion im Kundenkontakt. Die Erfolgswirksamkeit der Aktivitäten wird dabei umso größer sein, je mehr Mitarbeitende aktiv an dem Veränderungsprozess beteiligt werden können. Somit bleibt die Umsetzung im Zeitablauf nicht auf die Projektgruppe beschränkt, sondern wird sukzessive bereichsübergreifend auf das gesamte Unternehmen ausgedehnt.

BEISPIEL: Zur Entwicklung von geeigneten Führungskräften, die Veränderungsprozesse leiten und initiieren können, wurde bei *Volkswagen* bereits 1995 eine eigene Coaching-Gesellschaft gegründet, die im Jahr 2013 in die *Volkswagen AG* unter der *Volkswagen Group Academy* eingegliedert wurde. Diese übernimmt Aufgaben der Qualifizierung von Mitarbeitenden auf einer sehr individuellen Basis. Die Form der Betreuung dient dazu, Einzelkämpfertum zu vermeiden und hilft somit, die Mitarbeitenden für die zukünftigen Teamaufgaben vorzubereiten (*Volkswagen* 2012).

Vermittlung des erforderlichen Know-hows: Über die Vermittlung der notwendigen Hintergründe und die Sicherung der Akzeptanz hinaus sind die Mitarbeitenden mit den Techniken, Methoden und Instrumenten eines kundenorientierten Konzeptes vertraut zu machen. Dies ist insbesondere von Relevanz, da empirische Erhebungen nachweisen konnten, dass ein Optimum an Kundenorientierung in Bezug auf die Mitarbeiterperformance existiert. So zeigen *Homburg/Müller/Klarmann* (2011a) in ihrer Studie, dass kundenorientiertes Mitarbeiterverhalten zwar linear positiv auf die Kundenzufriedenheit und die Einstellung der Kunden gegenüber den

Leistungen wirkt, der Zusammenhang zwischen Kundenorientierung und Verkaufsperformance jedoch durch ein umgekehrtes U beschrieben werden kann – der Kunde somit nicht immer König sein sollte. Die Vermittlung des erforderlichen Know-hows kann sich beispielsweise auf folgende Themengebiete beziehen:

- Führungsmethoden (z. B. Mitarbeitergespräche),

- Qualitätstechniken (z. B. Moderation von Qualitätskreisen),

- Techniken zur Bewältigung des internen und externen Kundenkontaktes (z. B. Umgang mit Beschwerden),

- Durchführung von internen und externen Zufriedenheitsanalysen,

- Durchführung von Kosten-Nutzen-Analysen zur Identifikation des optimalen Levels an Kundenorientierung.

Verpflichtung der Mitarbeitenden und Übergang zur „lernenden Organisation": Die letzte Phase des Umsetzungsprozesses ist auf die Internalisierung der Philosophie der Kundenorientierung bei sämtlichen Mitarbeitenden – d. h. auch den Mitarbeitenden ohne direkten Kundenkontakt – des Unternehmens und somit auf einen kontinuierlichen Veränderungsprozess gerichtet. Hieraus kann gefolgert werden, dass der Umsetzungsprozess nicht zu einem bestimmten Zeitpunkt abgeschlossen ist. Mit Blick auf die Dynamik im Unternehmensumfeld, den Eintritt neuer Mitarbeitender in ein Unternehmen und die Notwendigkeit des Lernens wird die Umsetzung als kontinuierlicher und evolutionärer Prozess verstanden (*Hilker* 2001). Dieser Entwicklungsprozess ist ferner durch entsprechende Managementsysteme zu initiieren und fortlaufend zu unterstützen. Unter einer „lernenden Organisation" wird somit die Fähigkeit eines Unternehmens verstanden, das vorhandene Wissen über die Anforderungen der Kunden zu bündeln und in einen permanenten Lernprozess einfließen zu lassen (*Cahill* 1995, S. 46; *Möller/Drexler* 2011). Wird dieser Prozess insgesamt durchlaufen und weiterverfolgt, kann die Kundenorientierung des Unternehmens wahrnehmbar gesteigert werden.

BEISPIEL: Die Hotelkette *Ritz-Carlton* orientiert sich langfristig an drei Qualitätszielen, die mittels eines für das Unternehmen entwickelten Kundenzufriedenheitssystems erreicht werden sollen. Die Qualitätsziele umfassen (*Beckett* 2008):

(1) Ziel 1: 100 Prozent Kundenbindung: Ziel ist eine uneingeschränkte Weiterempfehlung der Gäste und eine hohe Wiederbesuchsabsicht.

(2) Ziel 2: 50 Prozent Senkung der Durchlaufzeiten: Optimierung aller Prozesse mit Blick auf die Kundenorientierung sowie Zeit- und Kostenersparnis.

(3) Ziel 3: Fehlerfreiheit: Das Unternehmen setzt sich zum Ziel auf 1 Mio. Transaktionen nur 3,4 Fehler zu tolerieren. Hierbei orientieren sie sich am Six Sigma-Konzept.

Das hierfür entwickelte Kundenzufriedenheitssystem umfasst folgende Punkte:

(1) Ermitteln der Kundenbedürfnisse: Durch Befragungen und Analysen der Hotelgäste sollen ihre Wünsche und Erwartungen bestimmt werden.

(2) Vermeiden von Fehlern: Das Unternehmen hat sich als Ziel eine völlige Fehlerfreiheit aller Prozesse gesetzt.

(3) Senken der Durchlaufzeiten: Ziel ist es eine qualitativ hochwertige Leistung in kürzester Zeit zur Verfügung zu stellen.

(4) Empowern der Mitarbeitenden: Die Mitarbeitenden sind mit weitreichende Kompetenzen ausgestattet. Dies dient der Förderung eigenverantwortlichen Handelns.

(5) Einbinden der Mitarbeitenden: Sämtliche Mitarbeitenden müssen über wichtige Entscheidungen informiert sein und ihre Erfahrungen gegenseitig teilen.

(6) Messinstrumente und Messverfahren: Das Unternehmen setzt verschiedene Instrumente wie z. B. eine so genannte Fehlerkostenanalyse ein, um eine Überstellung von Kosten und Nutzen zu erreichen. Ziel ist die Motivation der Mitarbeitenden, Fehler zu vermeiden, indem ihnen verdeutlicht wird, was ein unzufriedener Kunde für Kosten verursachen kann.

BEISPIEL: Die Qualitätsvision von *Siemens* lautet: „*Siemens* steht für Weltklasse-Qualität". Um dieses Vorhaben in der Praxis umzusetzen, hat das Unternehmen ein globales Qualitätsmanagementsystem für seine Mitarbeitende entworfen. Es lässt sich in vier „verbindliche Elemente" unterteilen:

(1) Exzellente Prozesse für Qualität
   a) Kundenintegration
   b) Qualitätsstandards in Prozessen und Projekten
   c) Konsequentes Lieferantenmanagement
(2) Qualitätscontrolling
   a) Geschäftsgetriebene Qualitätsplanung
   b) Fokussiertes Qualitätsreporting
(3) Qualitätsbewusstsein und herausragende Fähigkeiten
   a) Breite Qualifizierung für Qualitätsthemen
   b) Kontinuierliche Verbesserung
(4) Führungsaufgabe Qualität
   a) Qualitätskultur durch Managementeinfluss
   b) Kontroll- und Unterstützungsrolle der Qualitätsmanager

Unter „Kundenintegration" versteht das Unternehmen den Einsatz von Analyseinstrumenten von Kundenanforderungen und Marktforschung, die professionelle Kommunikation mit den Kunden, die Messung der Kundenzufriedenheit und das Beschwerdemanagement (*Siemens* 2010).

Es kann festgehalten werden, dass in Wissenschaft und Praxis noch zahlreiche offene Problemfelder existieren, die zur Überwindung der bestehenden Implementierungslücke zu beseitigen sind. Im Vordergrund werden dabei Veränderungsprozesse stehen, die individuelle, gruppenbezogene und organisationale Anpassungen bewirken. Nur wenn die Strukturen, Systeme und Kultur adäquat verändert werden, sind die Voraussetzungen zur Umsetzung der Kundenorientierung gegeben.

Zusammenfassung

Die folgenden zehn **Merkpunkte** bieten eine Hilfestellung zur erfolgreichen Umsetzung von Programmen und Projekten zur Verbesserung der Kundenorientierung:

(1) **Implementierungslücke akzeptieren:** Überdenken Sie kritisch, ob der zentrale Grund für den bisherigen Mindererfolg der Kundenorientierung darauf basiert, dass kein geschlossenes Konzept zur Umsetzung vorhanden ist.

(2) **Veränderungen ernsthaft wollen:** Ohne ein Engagement der Führungskräfte ist eine erfolgreiche Umsetzung der Kundenorientierung nicht möglich. Nehmen Sie sich daher selbst in die Pflicht, Veränderungen in Richtung Kundenorientierung konsequent umzusetzen.

(3) **Akzeptanz für Veränderungen schaffen:** Nutzen Sie sämtliche Kommunikationswege und -mittel, um auf einer breiten Basis Akzeptanz und Verständnis für Veränderungen im Unternehmen zu schaffen.

(4) **Umsetzungsteams bilden:** Sorgen Sie für die Etablierung eines Projektteams, das in einer Anfangsphase die Verantwortung für die Umsetzung der Kundenorientierung übernimmt. Benennen Sie hierbei diejenigen Mitarbeitenden für das Team, von denen ein besonders hoher Motivationsbeitrag zur Veränderung ausgeht.

(5) **Strategievorhaben spezifizieren:** Analog der Planung von kundenorientierten Konzepten ist auch eine systematische Vorbereitung der Umsetzung erforderlich. Leiten Sie daher Implementierungsziele, -phasen und dazugehörige Zeitetappen ab und kontrollieren Sie deren Erfüllung regelmäßig.

(6) **Wissen in Können transformieren:** Versetzen Sie Ihre Mitarbeitenden in die Lage, Kundenorientierung aktiv zu betreiben. Dies beinhaltet einerseits die Verlagerung von Entscheidungskompetenzen auf die unteren Hierarchieebenen und andererseits die Vermittlung des erforderlichen Know hows.

(7) **Strukturen anpassen:** Überprüfen Sie die Notwendigkeit, Organisationsstrukturen z. B. durch eine Dezentralisierung oder die Förderung funktionsübergreifender Teams anzupassen, um eine Verbesserung der Kundenorientierung zu erreichen.

(8) **Systeme aufbauen:** Prüfen sie den Anpassungsbedarf in Bezug auf mitarbeiter- und kundenbezogene Informations- und Kon-

trollsysteme. Fördern Sie zunächst den Aufbau einer umfassenden Kundendatenbank, um daran anknüpfend weitere Systeme, wie Beschwerde- oder Controllingsysteme, einzuführen.

(9) **Kultur verändern:** Bei der Gestaltung der Kundenorientierung ist die Verankerung einer entsprechenden Unternehmenskultur von ausschlaggebender Bedeutung. Fördern Sie die Merkmale Kreativität, Innovationsfähigkeit, Veränderungsbereitschaft und Eigenverantwortung, um langfristig einen Kulturtyp zu erreichen, bei dem Kundenorientierung selbstverständlich ist.

(10) **Revolutionäres und evolutionäres Vorgehen verbinden:** Die Implementierung der Kundenorientierung ist kein einmaliger, in relativ großen Abständen stattfindender Vorgang, sondern fließt kontinuierlich in das Tagesgeschäft der Mitarbeitenden ein. Erarbeiten Sie ein individuelles Phasenkonzept, das den Veränderungsprozess revolutionär einleitet, um darauf aufbauend den Übergang zur „lernenden Organisation" schrittweise zu vollziehen.

10. Kapitel

Kontrolle der Kundenorientierung

1. Notwendigkeit zur Kontrolle der Kundenorientierung

Die konsequente Überprüfung aller mit der kundenorientierten Unternehmensführung verbundenen Aktivitäten ist Aufgabe der **Kontrollphase**. Der Unternehmenserfolg hängt in entscheidendem Maße von einer kontinuierlichen Überwachung der kundenorientierten Aktivitäten sowie insbesondere deren Wirkungen ab. Die Kontrollergebnisse fließen direkt in die Planung zukünftiger Aktivitäten ein. Können die mit der Kundenorientierung angestrebten Wirkungen nicht erzielt werden, ist es notwendig die Ziele zu überdenken und ggf. neu zu definieren. Es lassen sich zwei **Perspektiven der Kontrolle** unterscheiden (vgl. **Schaubild 10–1):**

- Marktbezogene Ansatzpunkte zur Kontrolle der Kundenorientierung,

- Unternehmensbezogene Ansatzpunkte zur Kontrolle der Kundenorientierung.

Der zentrale Unterschied zwischen den beiden Erscheinungsformen liegt in den unterschiedlichen **Erfolgsgrößen,** die Gegenstand der jeweiligen Kontrollaktivitäten sind. Die Erfolgsgrößen der **marktbezogenen Kontrolle** sind die von den externen Kunden wahrgenommene Kundenorientierung sowie die Auswirkungen dieser Kundenorientierung, d. h. die Kundenzufriedenheit, die Kundenbindung und der Kundenwert. Die Erfolgsgrößen der **unternehmensbezogenen Kontrolle** sind in der internen Kundenorientierung und der intern wahrgenommenen externen Kundenorientierung zu sehen. Die interne Kundenorientierung zeigt an, inwiefern bei den internen Unternehmensprozessen das Prinzip der Kundenorientierung erfüllt wird. Die intern wahrgenommene externe Kundenorientierung beschreibt den Grad der Kundenorientierung, die aus Sicht der Unternehmensmitglieder gegenüber den externen Kunden des Unternehmens gelebt wird.

Erscheinungsform	Marktbezogene Kontrolle der Kundenorientierung	Unternehmensbezogene Kontrolle der Kundenorientierung
Erfolgsgrößen	Wahrgenommene Kundenorientierung	Intern wahrgenommene externe Kundenorientierung
	Auswirkungen der Kundenorientierung	Interne Kundenorientierung
Methoden zur Kontrolle	Messung der wahrgenommenen Kundenorientierung	Interne Messung der externen Kundenorientierung
	Messung der Auswirkungen der Kundenorientierung	Messung der internen Kundenorientierung
Methoden zur Steuerung	Kundenbezogene Indexsysteme	Interne Servicebarometer
	Kundenbarometer	Qualitätsmanagementsysteme

Schaubild 10–1: Ansatzpunkte zur Kontrolle der Kundenorientierung (Quelle: *Bruhn* 2009, S. 58)

Diese Erfolgsgrößen gilt es, mit Hilfe geeigneter **Methoden** (vgl. **Schaubild 10–1**) zu kontrollieren und entsprechende Steuerungsmaßnahmen abzuleiten. Eine Kontrolle der externen Kundenorientierung und der Auswirkungen der Kundenorientierung erfolgt durch die Messung der durch den Kunden wahrgenommenen Kundenorientierung sowie der Auswirkungen der Kundenorientierung. Die Kontrollergebnisse finden ihren Einsatz beispielsweise im Rahmen kundenbezogener Indexsysteme oder Kundenbarometer zur Steuerung der externen Kundenorientierung. Zur Kontrolle der internen Erfolgsgrößen dienen eine Messung der internen Kundenorientierung sowie eine interne Messung der externen Kundenorientierung. Die Kontrollergebnisse werden im Rahmen von Qualitätsmanagementsystemen und internen Servicebarometern zur Steuerung genutzt.

Zur Messung der internen sowie externen Kundenorientierung liegen verschiedene Ansätze vor, die isoliert bzw. integriert Anwendung finden können. Isolierte Messansätze fokussieren sich dabei auf einen bestimmten Schwerpunkt der kundenorientierten Unternehmensführung, wohingegen integrierte Messansätze der Kundenorientierung eine umfassende Definition unterstellen, die sowohl Informations-, Kultur- und Personalaspekte berücksichtigen.

2. Isolierte interne Messansätze der Kundenorientierung

Isolierte interne Messungen der Kundenorientierung fokussieren sich auf einen Aspekt der kundenorientierten Unternehmensausrichtung und legen somit einen unterschiedlichen Schwerpunkt bezüglich der Umsetzung und des Erfolges der Kundenorientierung. Die Messung erfolgt innerbetrieblich bei bzw. von Mitarbeitenden. Drei **Ansätze** haben sich dabei etabliert, die im Folgenden näher erläutert werden:

(1) Informationsorientierter Ansatz (MARKOR-Skala),

(2) Kulturorientierter Ansatz (MKTOR-Skala, Kundenorientierung in Abhängigkeit des Kulturtyps),

(3) Personalorientierter Ansatz (SOKO-Skala, Kundenorientierung im Rahmen von Vertriebsinteraktionen, Value-Based Selling).

2.1 Kundenorientierung als Grad der Informationsgewinnung

Kundenorientierung kann als Grad der Gewinnung und Verbreitung von kundenbezogenen Informationen aufgefasst werden. Zur Operationalisierung des informationsorientierten Ansatzes kann die **MARKOR-Skala** herangezogen werden (*Kohli/Jaworski/Kumar* 1993). Durch die Abfrage von 32 Einzelindikatoren in den Bereichen Informationserhebung (Intelligence Generation), Informationsverbreitung (Intelligence Dissemination) und Reaktion auf die Informationsanalyse (Responsiveness) beabsichtigt die MARKOR-Skala, den Grad der Markt- bzw. Kundenorientierung aus Unternehmenssicht zu erfassen. Hierzu werden die Mitarbeitenden des jeweiligen Unternehmens gebeten, auf einer 5er-Skala (mit 5 = „trifft voll zu" bis 1= „trifft nicht zu") eine Beurteilung der vorgegebenen Items vorzunehmen. **Schaubild 10–2** stellt die MARKOR-Skala im Überblick dar.

Diese umfangreiche Skala wurde zu einem späteren Zeitpunkt durch die Autoren vereinfacht. Die aktuelle MARKOR-Skala basiert auf 20 Indikatoren, wobei sechs Indikatoren dem Bereich Informationserhebung, fünf Indikatoren dem Bereich Informationsverbreitung sowie neun Indikatoren dem Bereich Informationsreaktion zugeordnet werden können. Die Reliabilität und Validität der Skala konnte zudem in verschiedenen Folgestudien bestätigt werden (z. B. *Varela/ del Río* 2003; *Kara/Spillan/DeShields* 2005; *Schlosser/McNaughton* 2009).

Informationserhebung
1. In diesem Geschäftsbereich treffen wir uns mit unseren Kunden mindestens einmal jährlich, um herauszufinden, welche Produkte oder Dienstleistungen in der Zukunft benötigt werden.
2. Mitarbeitende unserer Produktionsabteilung interagieren direkt mit den Kunden, um Kundenwünsche besser erfüllen zu können.
3. In diesem Geschäftsbereich wird bei uns verstärkt eigene Marktforschung betrieben.
4. Wir erkennen manchmal nur langsam Änderungen in den Produktpräferenzen unserer Kunden.
5. Wir befragen unsere Endkunden mindestens einmal jährlich über die wahrgenommene Qualität unserer Produkte und Dienstleistungen.
6. Wir haben regelmäßigen Kontakt mit Personen oder Organisationen, die starken Einfluss auf die Meinungsbildung unserer Kunden haben (z. B. Einzelhändler, Zwischenhändler usw.).
7. Wir sammeln Brancheninformationen bei informellen Treffen (z. B. Geschäftsessen mit Handelspartnern).
8. In unserem Geschäftsbereich werden Informationen über unsere Wettbewerber unabhängig durch mehrere Fachabteilungen erhoben.

Informationserhebung	
9.	Wir erkennen manchmal nur langsam grundlegende Veränderungen innerhalb unserer Branche (z. B. bzgl. Wettbewerb, Technologie).
10.	Wir überprüfen regelmäßig die voraussichtlichen Auswirkungen von Veränderungen unserer Unternehmensumwelt auf Kunden.

Informationsverbreitung	
1.	Ein großer Anteil der informellen „Flurgespräche" dreht sich in dieser Geschäftseinheit um die Strategien und Taktiken unserer Wettbewerber.
2.	Wir haben mindestens vierteljährlich abteilungsübergreifende Treffen, in denen die Trends und Entwicklungen des Marktes besprochen werden.
3.	Das Marketingpersonal unserer Geschäftseinheit nimmt sich Zeit, über zukünftige Kundenwünsche mit anderen Fachabteilungen zu diskutieren.
4.	Innerhalb unserer Geschäftseinheit werden regelmäßig Dokumente in Umlauf gegeben, die Informationen über unsere Kunden liefern (z. B. in Form von Newslettern).
5.	Wenn bei einem wichtigen Kunden irgendetwas Außergewöhnliches passiert, weiß die gesamte Geschäftseinheit darüber innerhalb kürzester Zeit Bescheid.
6.	Daten über Kundenzufriedenheit werden auf allen Ebenen innerhalb dieser Geschäftseinheit in regelmäßigen Abständen verbreitet.
7.	Die Kommunikation zwischen der Marketing- und Produktionsabteilung bezüglich zu erwartender Marktentwicklungen ist auf ein Mindestmaß beschränkt.
8.	Wenn eine Abteilung etwas Wichtiges über Wettbewerber in Erfahrung bringt, dauert es lange, bis dies an andere Abteilungen gelangt.

Informationsreaktion	
1.	Es dauert sehr lange, bis wir uns entscheiden, wie wir auf Preisänderungen unserer Wettbewerber reagieren sollen.
2.	Die Grundsätze der Marktsegmentierung lenken die Neuproduktentwicklung in dieser Geschäftseinheit.
3.	Aus irgendeinem Grund tendieren wir dazu, Veränderungen der Kundenbedürfnisse in Bezug auf unsere Produkte oder Dienstleistungen zu ignorieren.
4.	Wir überprüfen regelmäßig unsere Leistungen in der Produktentwicklung, um sicherzustellen, dass diese in Einklang mit den Kundenwünschen stehen.
5.	Unsere Geschäftspläne werden mehr durch technologische Fortschritte als durch Marktforschung bestimmt.
6.	Mehrere Abteilungen treffen sich regelmäßig, um Strategien auf Änderungen in unserer Unternehmensumwelt zu planen.

Informationsreaktion
7.	Welche Produktlinien wir verkaufen, ist mehr eine Frage der internen Politik als eine Antwort auf die Kundenbedürfnisse.
8.	Wenn ein Hauptkonkurrent eine gezielte Marketingkampagne zur Gewinnung unserer Kunden starten würde, so könnten wir darauf sofort reagieren.
9.	Die Aktivitäten der verschiedenen Fachabteilungen innerhalb unserer Geschäftseinheit sind gut koordiniert.
10.	Kundenbeschwerden stoßen in unserer Geschäftseinheit auf taube Ohren.
11.	Selbst wenn wir einen großartigen Marketingplan erstellen, würden wir wahrscheinlich nicht in der Lage sein, ihn in einer zeitgemäßen Art und Weise umzusetzen.
12.	Wir können schnell auf Änderungen in der Preisstruktur unserer Wettbewerber reagieren.
13.	Wenn wir feststellen, dass Kunden unzufrieden mit der Qualität unserer Leistungen sind, reagieren wir sofort darauf.
14.	Wenn wir feststellen, dass wir aus Sicht unserer Kunden ein Produkt oder eine Dienstleistung modifizieren sollten, unternehmen die entsprechenden Fachabteilungen gemeinsam Anstrengungen, um die Kundenwünsche zu erfüllen.

Schaubild 10–2: Messung der Kundenorientierung durch die MARKOR-Skala (Quelle: Übersetzung aus *Kohli/Jaworski/Kumar* 1993, S. 476)

Problematisch erscheint bei diesem Messansatz insbesondere die einseitige Berücksichtigung des Informationsaspektes sowie die ausschließliche Beurteilung und Kontrolle der Kundenorientierung durch Mitarbeitende. Ferner ist unumstritten, dass nicht die Erhebung und Verbreitung von Informationen, sondern die Veränderung der Verhaltensweisen der Mitarbeitenden auf Basis dieser Informationen die zentrale Barriere bei der Umsetzung von Kundenorientierung bildet.

2.2 Kundenorientierung als Ausprägung der Unternehmenskultur

Kundenorientierung als Werthaltung eines Unternehmens bildet den zweiten Ansatzpunkt zur Kontrolle der Kundenorientierung. Eine Operationalisierung und Messung dieser Dimensionen der Kundenorientierung wird durch die MKTOR-Skala (*Narver/Slater*

1990) sowie den „Kulturtypen-Ansatz" möglich (*Deshpandé/Farley/ Webster* 1993).

Innerhalb der MKTOR-Skala wird Kundenorientierung als eine Verhaltenskomponente des umfassenden Konstrukts Marktorientierung beschrieben. Die Marktorientierung wird ferner als eine Art der Unternehmenskultur interpretiert, durch die Verhaltensweisen generiert werden, die den Kundennutzen und letztlich den Erfolg des Unternehmens steigern (*Narver/Slater* 1990, S. 21; *Dawes* 1999; *Gauzente* 1999; *Düerkop* 2015). Vier Dimensionen der Marktorientierung werden im Rahmen der **MKTOR-Skala** unterschieden (*Narver/Slater* 1990; *Deng/Dart* 1994):

(1) Kundenorientierung (Customer Orientation),

(2) Wettbewerbsorientierung (Competitor Orientation),

(3) Interfunktionale Koordination (Interfunctional Coordination).

(4) Erfolgsorientierung (Profit Orientation).

Diese vier Dimensionen werden durch die Abfrage der in **Schaubild 10–3** wiedergegebenen 19 Items gemessen (*Narver/Slater* 1990, S. 24; *Deng/Dart* 1994).

Market Orientation Scale (MKTOR-Skala)		Dimension/Fokus
1.	Unsere Unternehmensziele werden durch die Kundenzufriedenheit beeinflusst.	Kundenorientierung
2.	Wir überwachen unser Commitment und unsere Ausrichtung, den Kundenwünschen zu entsprechen.	Kundenorientierung
3.	Unsere Wettbewerbsvorteilsstrategie basiert auf dem Verstehen der Kundenwünsche.	Kundenorientierung
4.	Die Ausrichtung unserer Geschäftsstrategien wird durch die Überzeugung beeinflusst, wie wir glauben, den Kundennutzen steigern zu können.	Kundenorientierung
5.	Die Messung der Kundenzufriedenheit wird bei uns regelmäßig und systematisch durchgeführt.	Kundenorientierung
6.	Wir achten stark auf guten Kundenservice.	Kundenorientierung
7.	Unser Verkaufspersonal gibt innerhalb des Unternehmens Informationen in Bezug auf die Strategien unserer Wettbewerber weiter.	Wettbewerbsorientierung
8.	Wir reagieren auf bedrohende Maßnahmen der Wettbewerber.	Wettbewerbsorientierung

Market Orientation Scale (MKTOR-Skala)		Dimension/Fokus
9.	Wir sprechen Kunden oder Kundengruppen in dem Bereich an, in dem wir einen Wettbewerbsvorteil haben oder erreichen können.	Wettbewerbs-orientierung
10.	Die Strategien und Stärken der relevanten Wettbewerber werden regelmäßig von unserem Management analysiert.	Wettbewerbs-orientierung
11.	Die Führungskräfte aus sämtlichen Geschäftseinheiten besuchen unsere aktuellen und potenziellen Kunden.	Interfunktionale Koordination
12.	Wir informieren sämtliche Geschäftsbereiche über positive und negative Erfahrungen unserer Kunden.	Interfunktionale Koordination
13.	Sämtliche Geschäftsprozesse sind integrativ darauf ausgerichtet, den Bedürfnissen unserer Zielmärkte gerecht zu werden.	Interfunktionale Koordination
14.	Bei uns wissen sämtliche Manager, wie jeder einzelne Mitarbeitende zur Erhöhung des Kundenwertes beitragen kann.	Interfunktionale Koordination
15.	Unsere internen Systeme können befriedigend schnell die Profitabilität unserer einzelnen Produktlinien bestimmen.	Erfolgsorientierung
16.	Unsere internen Systeme können befriedigend schnell die Profitabilität unserer einzelnen Verkaufsgebiete bestimmen.	Erfolgsorientierung
17.	Unsere internen Systeme können befriedigend schnell die Profitabilität auf Kundenebene bestimmen.	Erfolgsorientierung
18.	Unsere internen Systeme können befriedigend schnell die Profitabilität unserer Vertriebswege bestimmen.	Erfolgsorientierung
19.	Wir haben eine gute und genaue Vorstellung des Umsatz-potenzials der einzelnen Märkte, auf denen wir agieren.	Erfolgsorientierung

Schaubild 10–3: Messung der Kundenorientierung durch die MKTOR-Skala (Quelle: Übersetzung aus *Narver/Slater* 1990, S. 34; *Deng/Dart* 1994)

Dabei wird das Konstrukt Kundenorientierung durch sechs Fragen operationalisiert. Das **Ausmaß der Kundenorientierung** wird ermittelt, indem Unternehmensvertreter die vorgegebenen Items anhand einer 7er-Skala beurteilen (mit 1 = „trifft überhaupt nicht zu" bis 7 = „trifft voll zu"). Der maximale Punktwert der Kundenorientierung eines Unternehmens ist auf der MKTOR-Skala folglich bei 42 Punkten erreicht. Der maximale Punktwert der Marktorientierung beträgt 98 Punkte.

Bei der MKTOR-Skala ist ebenfalls die Gefahr der Fehleinschätzung durch die Unternehmensvertreter gegeben. Zudem erscheint der Umfang des Erhebungsdesigns vergleichsweise reduziert. Positiv ist die Verknüpfung mit dem Wettbewerbs- und Koordinationsaspekt, wobei eine Erhebung sämtlicher Indikatoren auch aus der Kundenperspektive erforderlich wäre. Die Analyse der Kundenorientierung in Zusammenhang mit der jeweiligen Unternehmenskultur erscheint sinnvoll, jedoch steht dem auch ein erheblicher Informationsbedarf im Vorfeld der Messung gegenüber.

In ähnlicher Form erfolgt die **Operationalisierung der Unternehmenskultur und Kundenorientierung** bei *Deshpandé/Farley/Webster* (1993), wobei jedoch zu berücksichtigen ist, dass die Autoren durch ihre Forschungen primär den Zusammenhang zwischen Kundenorientierung und Unternehmenskultur analysieren wollten. Die Messung wird in **zwei Schritten** vorgenommen.

In einem ersten Schritt ist bei einer **Messung der Unternehmenskultur** zu entscheiden, welchem Kulturtyp das jeweilige Unternehmen zuzuordnen ist. Zur Ermittlung des Kulturtyps wird eine Skala zugrundegelegt, die vier Themenkomplexe der Unternehmenskultur unterscheidet und innerhalb dieser Themen den entsprechenden Kulturtyp identifiziert. Die **Kulturtypen** werden wie folgt unterschieden: A = Clan-Kultur, B = Adhocracy-Kultur, C = Hierarchy-Kultur und D = Market-Kultur (*Deshpandé/Farley/Webster* 1993, S. 34).

In jedem der vier Fragenkomplexe werden 100 Punkte vergeben. Je höher die Punkteanzahl für einen bestimmten Kulturtyp ist, desto eindeutiger ist eine Zuordnung möglich. Die Skala unterstellt, dass in einem Unternehmen grundsätzlich nicht nur eine Kultur, sondern verschiedene Kulturtypen nebeneinander existieren. **Schaubild 10–4** zeigt die Skala zur Analyse der Unternehmenskultur im Überblick.

Art der Organisation (Verteilen Sie bitte 100 Punkte)	A	Mein Unternehmen ist ein sehr persönlicher Ort. Es ist wie eine große Familie. Die Leute geben eine Menge von sich selbst.
	B	Mein Unternehmen ist ein sehr dynamischer Ort. Die Mitarbeiter sind bereit anzupacken und Risiken einzugehen.
	C	Mein Unternehmen ist ein sehr formalisierter Ort. Bewährte Vorgehensweisen bestimmen das Handeln der Mitarbeiter.
	D	Mein Unternehmen ist sehr produktionsorientiert. Die Arbeit kann ohne großen emotionalen Einsatz erledigt werden.
Führungsstil (Verteilen Sie bitte 100 Punkte)	A	Der Leiter meines Unternehmens wird im Allgemeinen als Mentor oder als Vater- bzw. Mutterfigur wahrgenommen.
	B	Der Leiter meines Unternehmens wird im Allgemeinen als Unternehmer oder Pionier wahrgenommen.
	C	Der Leiter meines Unternehmens wird im Allgemeinen als Koordinator oder Organisator wahrgenommen.
	D	Der Leiter meines Unternehmens wird im Allgemeinen als produkt- oder technikorientiert wahrgenommen.
Was hält die Organisation zusammen? (Verteilen Sie bitte 100 Punkte)	A	Der Zusammenhalt des Unternehmens basiert auf Loyalität und Tradition. Das Commitment gegenüber dem Unternehmen ist hoch.
	B	Der Zusammenhalt des Unternehmens basiert auf gemeinsamer Verpflichtung zur Forschung und Entwicklung. Der Erste zu sein, bestimmt unsere Denkweise.
	C	Der Zusammenhalt des Unternehmens basiert auf formalen Richtlinien. Eine funktionierende Organisation ist erfolgsentscheidend.
	D	Der Zusammenhalt des Unternehmens basiert auf der gemeinsamen Verfolgung unserer Aufgaben und Ziele. Ein produktorientiertes Denken wird von den meisten Mitarbeitern geteilt.

Was besonders wichtig ist (Verteilen Sie bitte 100 Punkte)	A	In unserem Unternehmen wird besonderer Wert auf Personal gelegt. Starker Zusammenhalt und moralische Werte sind besonders wichtig.
	B	In unserem Unternehmen wird besonderer Wert auf Wachstum und Fortschritt gesetzt. Die Fähigkeit, neuen Herausforderungen gewachsen zu sein, ist besonders wichtig.
	C	In unserem Unternehmen wird besonderer Wert auf Beständigkeit und Stabilität gelegt. Effizientes Handeln steht im Vordergrund.
	D	In unserem Unternehmen wird besonderer Wert auf konkurrenzfähiges Handeln und Zielerreichung gelegt. Messbare Ziele stehen im Vordergrund.

Schaubild 10–4: Messung der Unternehmenskultur (Quelle: Übersetzung aus *Deshpandé/Farley/Webster* 1993, S. 34)

Ist der Kulturtyp ermittelt, erfolgt in einem zweiten Schritt die **Messung der Kundenorientierung**. Hierzu werden Mitarbeitende und Kunden gebeten, die folgenden neun Indikatoren anhand einer 5er-Skala einzuschätzen (*Deshpandé/Farley/Webster* 1993, S. 33 f.):

(1) Bei uns gibt es regelmäßige Kundenzufriedenheitsmessungen.

(2) Unsere Produkt- und Dienstleistungsentwicklung basiert auf ausgeprägten Markt- und Kundeninformationen.

(3) Wir kennen unsere Kunden gut.

(4) Wir können gut einschätzen, wie unsere Kunden die Leistungen und Produkte unseres Unternehmens bewerten.

(5) Wir sind stärker kundenorientiert als unsere Wettbewerber.

(6) Unser Wettbewerbsvorteil basiert vor allem auf Produkt- bzw. Dienstleistungsdifferenzierung.

(7) Die Interessen des Kunden stehen vor den Interessen der Unternehmenseigner.

(8) Unsere Produkte/Dienstleistungen sind im Vergleich zur Konkurrenz überlegen.

(9) Ich bin davon überzeugt, dass unser Unternehmen hauptsächlich am Markt bestehen kann, weil wir dem Kunden dienen.

Anschließend wird der Zusammenhang zwischen dem ermittelten Kulturtyp und dem Ausmaß der Kundenorientierung durch Korrelationsanalysen empirisch untersucht. Sie orientieren sich am Markt und am Kunden und betonen Flexibilität im Handeln. Die strategische Ausrichtung bezieht sich auf Innovation und Wachstum.

2.3 Kundenorientierung als personelles Phänomen

Ein personeller Ansatz, der den direkten Kundenkontakt zwischen Mitarbeitenden und Kunden in den Vordergrund stellt, besteht in der Messung nach der **SOCO-Skala** , die seit ihrer Entwicklung im Jahr 1982 durch *Saxe* und *Weitz* mehrfach modifiziert wurde (*Michaels/Day* 1985; *Tadepalli* 1995; *Goff et al.* 1997; *Daniel/Darby* 1997; *Perriat/LeMay/Chakrabarty* 2004; *Huang* 2015). Mit dem ursprünglich 24 Items umfassenden Fragebogen werden zum einen die Kundenorientierung und zum anderen die Verkaufsorientierung als Handlungsprinzipien der Mitarbeitenden gemessen (**Schaubild 10–5**). Bei einem primär verkaufsorientierten Verhalten steht als Maxime die (kurzfristige) Erhöhung des Umsatzes im Vordergrund, während für einen Mitarbeitenden mit einem primär kundenorientierten Verhalten die bestmögliche Erfüllung der Kundenwünsche an erster Stelle steht.

Kundenorientierung (SOCO-Skala)
1.	Ich versuche, den Kunden eine korrekte Erwartung zu vermitteln, was unser Produkt für sie leisten kann.
2.	Ich versuche, die Kunden dazu zu bringen, mir ihre Bedürfnisse zu vermitteln.
3.	Ich versuche, einen Kunden eher durch Informationen zu überzeugen als durch die Ausübung von Druck.
4.	Ich versuche, den Kunden bei der Erreichung ihrer Ziele zu helfen.
5.	Ich antworte auf Kundenfragen zu Produkten so korrekt wie möglich.
6.	Ich versuche herauszufinden, welche Bedürfnisse der Kunde hat.
7.	Ein guter Angestellter muss das Interesse des Kunden im Auge haben.
8.	Ich versuche, das Kundenproblem und eine mögliche Produktlösung zusammenzubringen.
9.	Ich bin bereit, einem Kunden zu widersprechen, um ihm zu einer besseren Entscheidung zu verhelfen.

Kundenorientierung (SOCO-Skala)	
10.	Ich biete das Produkt an, das am besten zum Problem des Kunden passt.
11.	Ich versuche, meine Ziele durch das Zufriedenstellen der Kunden zu erreichen.
12.	Ich versuche herauszufinden, welche Produkte am hilfreichsten für den Kunden sind. Unsere Unternehmensziele werden durch die Kundenzufriedenheit beeinflusst.
Verkaufsorientierung (SOCO-Skala)	
13.	Wenn ich nicht sicher bin, welches Produkt das richtige für den Kunden ist, übe ich Druck auf ihn aus, um ihn zum Kauf zu bewegen.
14.	Ich sage dem Kunden, dass etwas nicht in meiner Macht steht, auch wenn es möglich ist.
15.	Ich versuche eher, so viel wie möglich zu verkaufen, als den Kunden zufriedenzustellen.
16.	Ich verbringe mehr Zeit damit, den Kunden zum Kauf zu überreden als damit, seine Bedürfnisse herauszufinden.
17.	Ich gebe vor, dem Kunden zuzustimmen, um ihn zufriedenzustellen.
18.	Ich betrachte den Kunden als einen Gegner.
19.	Es ist notwendig, die Wahrheit zu „dehnen", wenn man einem Kunden ein Produkt beschreibt.
20.	Ich rede über das Produkt, bevor ich anfange, die Kundenbedürfnisse herauszufinden.
21.	Ich versuche, einem Kunden so viel wie möglich zu verkaufen, auch wenn ich glaube, dass ein verständiger Kunde weniger kaufen würde.
22.	Ich male dem Kunden ein Bild des Produkts aus, um es ihm so schmackhaft wie möglich zu machen.
23.	Bezüglich Angebote für den Kunden entscheide ich eher auf der Basis dessen, womit ich ihn zu einem Kauf überzeugen kann, als auf dem, was ihn langfristig zufriedenstellen wird.
24.	Ich achte auf Schwächen in der Persönlichkeit des Kunden, um Druck auf ihn auszuüben, damit er sich überzeugen lässt.

Schaubild 10–5: SOCO-Skala zur Messung der Kunden- und Verkaufsorientierung (Quelle: Übersetzung aus *Periiat/LeMay/Chakrabarty* 2004, S. 52)

Basierend auf der verfügbaren Literatur entwickeln *Homburg/Müller/Klarmann* (2011a) eine Skala zur Messung der **Kundenorientierung im Rahmen von Vertriebsinteraktionen**. Im Gegensatz zum Konzeptualisierungsansatz von *Saxe/Weitz* (1982) berücksichtigen sie das kundenorientierte Verhalten der Mitarbeitenden im gesamthaften Prozess der Vertriebsinteraktion und definieren Kundenorientierung als das Ausmaß, zu dem ein Vertriebsmitarbeitender sich über die gesamten Phasen der Kundeninteraktion mit den Kundenbedürfnissen identifiziert und diese befriedigt (*Homburg/Klarmann/Müller* 2011a, S. 56). Das Konstrukt umfasst insgesamt fünf Dimensionen:

(1) Bedürfnisidentifikation,

(2) Kommunikation der Problemlösung,

(3) Kooperative Behandlung von Einwänden,

(4) Berücksichtigung der Kundeninteressen im Rahmen der Verhandlung,

(5) Nutzung informativer und aussagekräftiger Abschlusstechniken.

Das Ausmaß der Kundenorientierung wird anhand einer 7er-Skala ermittelt, die die Vertriebsmitarbeitenden beurteilen. Insgesamt werden hierzu 19 Items verwendet (**Schaubild 10–6).**

Market Orientation Scale (MKTOR-Skala)	Dimension/Fokus
1.	Ich frage meine Kunden nach ihren spezifischen Leistungsanforderungen.	Bedürfnisidentifikation
2.	Ich stelle spezifische Fragen, um die Bedürfnisse meiner Kunden bestimmen zu können.	Bedürfnisidentifikation
3.	Ich beziehe meine Kunden in Meetings aktiv mit ein, um ihre Bedürfnisse zu identifizieren.	Bedürfnisidentifikation
4.	Ich höre meinen Kunden aufmerksam zu, um ein angemessenes Verständnis von ihren Bedürfnissen zu erhalten.	Bedürfnisidentifikation
5.	Ich fasse die Aussagen meiner Kunden zusammen, um ein gutes Verständnis ihrer Bedürfnisse zu erhalten.	Bedürfnisidentifikation
6.	Ich fokussiere mich auf funktionelle Informationen, die vor allem für meine Kunden relevant sind.	Kommunikation der Problemlösung
7.	Ich fokussiere mich auf die Vorteile unserer Produkte und Dienstleistungen, die von besonderer Relevanz für meine Kunden sind.	Kommunikation der Problemlösung

Market Orientation Scale (MKTOR-Skala)	Dimension/Fokus
8. Ich adaptiere meine Verkaufsargumente entsprechend der Kundeninteressen.	Kommunikation der Problemlösung
9. Im Rahmen meiner Produkt- und Leistungspräsentation argumentiere ich basierend auf den individuellen Anforderungen meiner Kunden	Kommunikation der Problemlösung
10. Ich bin Einwänden meiner Kunden gegenüber sehr aufmerksam.	Kooperative Behandlung von Einwänden
11. Routinemäßig frage ich nach den Hintergründen aufkommender Kundeneinwände.	Kooperative Behandlung von Einwänden
12. Es ist mir sehr wichtig, Uneinigkeiten zwischen meinen Kunden und mir zu beseitigen.	Kooperative Behandlung von Einwänden
13. Ich arbeite aktiv auf Win-win-Situationen hin, um Uneinigkeiten zu beseitigen.	Kooperative Behandlung von Einwänden
14. Ich spreche alle Differenzen zwischen meinen Kunden und mir offen an, um Uneinigkeiten zu beseitigen.	Kooperative Behandlung von Einwänden
15. Im Rahmen der Verkaufsverhandlungen berücksichtige ich explizit die Interessen meiner Kunden.	Berücksichtigung der Kundeninteressen im Rahmen der Verhandlung
16. Ich versuche, meine Interessen und die meiner Kunden in Einklang zu bringen, um eine Einigung in Verkaufsverhandlungen herbeizuführen.	Berücksichtigung der Kundeninteressen im Rahmen der Verhandlung
17. Ich gehe Kompromisse ein, um eine Einigung zu erreichen.	Berücksichtigung der Kundeninteressen im Rahmen der Verhandlung
18. Ich empfehle meinen Kunden Produkte und Dienstleistungen in einer unverbindlichen Art und Weise, die meiner Meinung nach geeignet sind, ihre Kaufentscheidung zu vereinfachen.	Nutzung informativer und aussagekräftiger Abschlusstechniken
19. Ich fasse für meine Kunden die Hauptvorteile unserer Angebote auf eine unverbindliche Art und Weise zusammen, um ihre Kaufentscheidung zu erleichtern.	Nutzung informativer und aussagekräftiger Abschlusstechniken

Schaubild 10–6: Skala zur Messung der Kundenorientierung im Rahmen von Vertriebsinteraktionen (Quelle: Übersetzung aus *Homburg/Müller/Klarmann* 2011a, S. 69 ff.)

Neben der Adaption des Verhaltens an den Kundenbedürfnissen wird in der Business-to-Business Literatur der Ansatz des wertbasierten Verkaufens (**Value-Based Selling**) als zentrale Erfolgsgröße diskutiert (*Terho et al.* 2012). Da im Industriegüterbereich Kaufentscheidungen zunehmend auf dem „konkreten ökonomischen Wert" (*Haas et al.* 2013) basieren, stellt der Messansatz den finanziellen Vorteil für den Kunden in den Vordergrund. *Terho et al.* (2012) konzeptualisieren den Messansatz als dreidimensionales Konstrukt mit den Dimensionen Verstehen des Geschäftsmodells des Kunden (z. B. Ziele, Bedürfnisse, Werttreiber), Identifikation des Wertbeitrages der Leistung (z. B. Quantifizierung des Wertes der Leistung für den Kunden) sowie Kommunikation des Wertes (z. B. glaubwürdige Demonstration des Wertbeitrages für den Kunden). Beispielhafte Items zur Erhebung des Konstrukts sind: „Ich arbeite darauf hin, den Gewinn meiner Kunden zu erhöhen." oder „Mein Fokus liegt darauf, kundenseitige Möglichkeiten zur Gewinnsteigerung zu identifizieren." (*Haas et al.* 2013).

Ähnlich wie bei den weiteren internen Messansätzen ist bei der SOCO-Skala, der Skala zur Messung der Kundenorientierung im Rahmen der Vertriebsinteraktion sowie dem Value-Based Selling zu kritisieren, dass die Erhebung aus Sicht der Mitarbeitenden durchgeführt wird und nicht aus Sicht des Kunden. Zudem werden lediglich Kundenkontaktmitarbeitende befragt. Es erscheint sinnvoll, zur umfassenderen Messung zusätzlich zum einen Interne Servicebarometer (*Bruhn* 2004) und zum anderen externe (kundenbezogene) Messverfahren für die Kontrolle der Umsetzung der Kundenorientierung anzuwenden.

3. Isolierte externe Messansätze der Kundenorientierung

Externe Messansätze der Kundenorientierung beziehen sich auf die Perzeption der Kunden und können über direkte **Kundenbefragungen** erhoben werden. Zahlreiche Studien haben Konstrukte zur Messung der wahrgenommenen Kundenorientierung aus Kundensicht entwickelt, wobei der Fokus der Arbeiten zumeist nicht auf der Skalenentwicklung liegt, sondern auf den Wirkungszusammenhängen zwischen der Kundenorientierung, ihren Determinanten und Konsequenzen (vgl. für eine Übersicht *Haas* 2008). Darüber hinaus findet das Konzept der Kundenorientierung Berücksichtigung im Rahmen weiterer Marketingkonzepte, wie dem Ansatz zur Messung der Servicequalität SERVQUAL oder der Analyse der wahrgenommenen Authentizität von Mitarbeitenden.

Im Folgenden konzentrieren sich die Ausführungen auf die Konzeptualisierung der Kundenorientierung von Servicemitarbeitenden nach *Hennig-Thurau* (2004). Der Autor fokussiert sich im Rahmen der Skalenentwicklung auf die inhaltlichen Dimensionen des Konstrukts und identifiziert technisches Wissen, soziale Kompetenz,

Market Orientation Scale (MKTOR-Skala)		Dimension/Fokus
1.	Die Mitarbeitenden von XY verfügen über ein großes Fachwissen.	Technisches Wissen
2.	Die Mitarbeitenden von XY sind Experten in ihrem Job.	Technisches Wissen
3.	Die Mitarbeitenden von XY sind fachlich extrem kompetent.	Technisches Wissen
4.	Die Mitarbeitenden von XY verfügen über eine hohe Sozialkompetenz.	Soziale Kompetenz
5.	Die Mitarbeitenden von XY können sich gut in die Lage des Kunden hineinversetzen.	Soziale Kompetenz
6.	Die Mitarbeitenden von XY wissen, wie man Kunden gut behandelt.	Soziale Kompetenz
7.	Die Mitarbeitenden von XY zeigen ein hohes Engagement.	Motivation
8.	Die Mitarbeitenden von XY setzen sich für die Belange des Kunden ein.	Motivation
9.	Die Mitarbeitenden von XY sind stets hochmotiviert.	Motivation
10.	Mitarbeitende von XY dürfen bei Kundenangelegenheiten selbständig Entscheidungen treffen.	Entscheidungsbefugnis
11.	Die Mitarbeitenden von XY haben einen angemessen großen Handlungsspielraum bei der Lösung von Kundenproblemen.	Entscheidungsbefugnis
12.	Bei Kundennachfragen müssen sich die Mitarbeitenden von XY nicht bei ihrem Chef die Erlaubnis einholen.	Entscheidungsbefugnis

Schaubild 10–7: Skala zur Messung der Kundenorientierung aus Kundensicht (Quelle: *Hennig-Thurau* 2004, S. 477)

Motivation sowie Entscheidungsbefugnis als Dimensionen, in denen sich kundenorientiertes Verhalten manifestiert. Das Ausmaß der Kundenorientierung wird anhand einer 7er-Skala ermittelt, die die Kunden beurteilen. Insgesamt werden hierzu 12 Items verwendet (**Schaubild 10–7**).

Kritisch anzumerken ist jedoch, dass sich die entwickelte Skala nicht auf einen Mitarbeitenden sowie eine Interaktion bezieht, sondern ein Gesamturteil der Mitarbeitenden eines Unternehmens über einen längeren Zeitraum hinweg erhoben wird. Verhaltensweisen können jedoch im Zeitverlauf variieren (*Haas* 2008), wodurch ein Fokus der Befragung auf spezifische Interaktionen anzuraten ist. Ferner bergen Kundenbefragungen stets die Gefahr der Datenverzerrung, aufgrund möglicher Einflüsse sozialer Erwünschtheit oder potenziell drohender negativer Konsequenzen für Mitarbeitende aufgrund schlechter Beurteilungen, für die Kunden nicht die Verantwortung tragen möchten.

Zusammenfassend lässt sich festhalten, dass, je nach Interpretation des Begriffes Kundenorientierung, bereits isolierte interne sowie externe Ansätze zur Messung und somit zur Kontrolle der Kundenorientierung vorhanden sind. Unterstellt man jedoch eine weite, umfassende Definition der Kundenorientierung, die den Informations-, Kultur-, Leistungs- sowie Interaktionsaspekt aus Unternehmens- bzw. Mitarbeitenden- sowie Kundensicht vereint, so ist es anzustreben, ein integriertes Messkonzept einzusetzen.

4. Integrierte Messung der Kundenorientierung

Es wurde deutlich, dass die vorgestellten Messansätze unterschiedliche Schwerpunkte legen und eine umfassende Lösung zur Messung der Kundenorientierung noch nicht gefunden ist. Im Folgenden wird daher das Vorgehen für einen **integrierten Ansatz zur Messung der Kundenorientierung** vorgestellt, der sowohl den Informations- und Kultur- als auch den Leistungs- und Interaktionsaspekt berücksichtigt. Zur Analyse des **Status Quo der Kunden-**

orientierung eines Unternehmens sind die folgenden vier **Dimensionen** einer Kontrolle zu unterziehen:

(1) Kundenorientierte Strukturen,

(2) Kundenorientierte Systeme,

(3) Kundenorientierte Kultur,

(4) Kundenorientierte Leistungen und Interaktionen.

In einem ersten Schritt gilt es, diese Dimensionen zu operationalisieren, d. h., geeignete **Indikatoren** festzulegen, die die jeweilige Dimension bestmöglich beschreiben. Da es sich um unternehmensindividuelle Messungen handelt, sind die Indikatoren individuell auszuwählen und auf die jeweilige Unternehmenssituation anzupassen. Als Orientierungsrahmen können die in **Schaubild 10–8** dargestellten Indikatoren dienen.

Kundenorientierte Strukturen: Die erste Dimension beinhaltet sämtliche Indikatoren, die in der Lage sind, die bestehende Aufbau- und Ablauforganisation hinsichtlich des Zieles Kundenorientierung zu bewerten. Zum Beispiel ist zu analysieren, welche Strukturen die Kontaktaufnahme bei einem Kundenproblem erleichtern oder wie der grundsätzliche Hierarchieaufbau des Unternehmens gestaltet ist. Dabei gilt in der Regel der Grundsatz: Je flacher die Hierarchie, desto schneller sind die Kommunikationsprozesse und desto leichter ist die Umsetzung der Kundenorientierung. Ferner kann die Kompetenzverteilung der Mitarbeitenden Hinweise auf Stärken oder Schwächen der Kundenorientierung geben. So kann ein Mitarbeitender mit einem großen eigenen Handlungsspielraum – z. B. in Bezug auf Kulanzregelungen bei Kundenbeschwerden – flexibler auf die Wünsche der Kunden reagieren. Des Weiteren ist zu überprüfen, ob eine abteilungs- oder spartenübergreifende Zusammenarbeit zur Umsetzung der Kundenorientierung stattfindet. Ein isoliertes Denken in Produktlinien oder Markenetats führt nicht selten dazu, dass auch die generelle Grundhaltung der Mitarbeitenden extrem produktorientiert ist. In jedem Fall ist unternehmensindividuell festzulegen, welche Indikatoren zur Bewertung der Unternehmensstrukturen herangezogen werden.

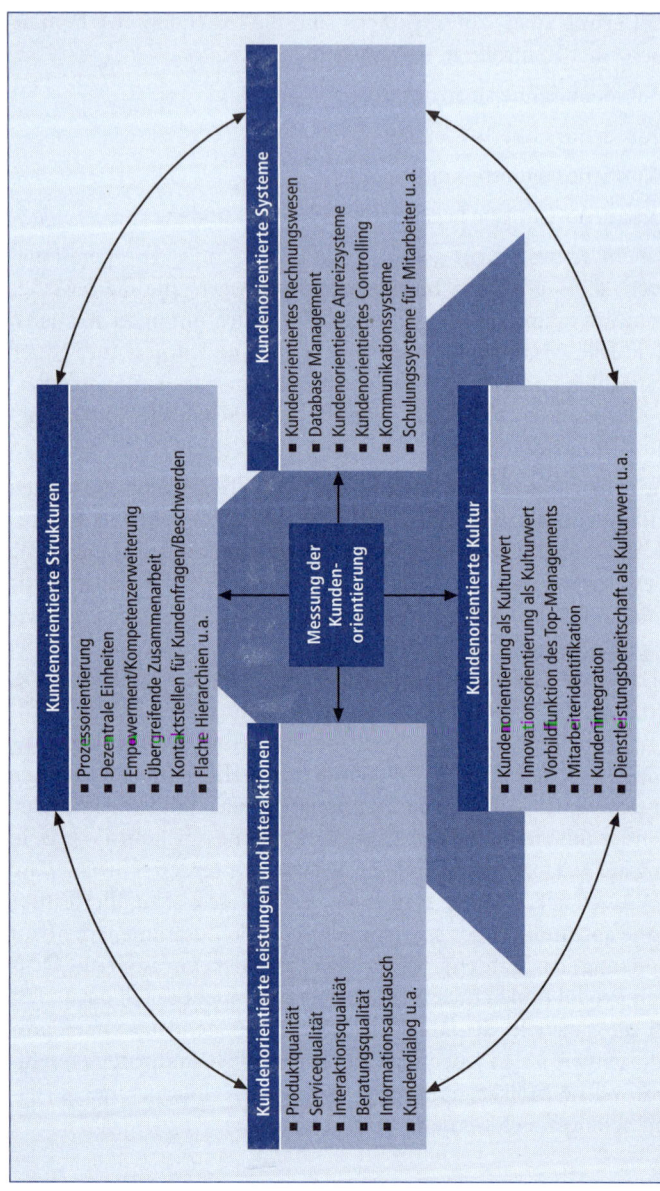

Kundenorientierte Strukturen

- Prozessorientierung
- Dezentrale Einheiten
- Empowerment/Kompetenzerweiterung
- Übergreifende Zusammenarbeit
- Kontaktstellen für Kundenfragen/Beschwerden
- Flache Hierarchien u.a.

Kundenorientierte Systeme

- Kundenorientiertes Rechnungswesen
- Database Management
- Kundenorientierte Anreizsysteme
- Kundenorientiertes Controlling
- Kommunikationssysteme
- Schulungssysteme für Mitarbeiter u.a.

Messung der Kunden-orientierung

Kundenorientierte Kultur

- Kundenorientierung als Kulturwert
- Innovationsorientierung als Kulturwert
- Vorbildfunktion des Top-Managements
- Mitarbeiteridentifikation
- Kundenintegration
- Dienstleistungsbereitschaft als Kulturwert u.a.

Kundenorientierte Leistungen und Interaktionen

- Produktqualität
- Servicequalität
- Interaktionsqualität
- Beratungsqualität
- Informationsaustausch
- Kundendialog u.a.

Schaubild 10–6: Integriertes System mit ausgewählten Indikatoren zur Messung der Kundenorientierung

Kundenorientierte Systeme: Ferner besteht eine Aufgabe der Verantwortlichen im Unternehmen darin, zu analysieren, ob geeignete Systeme vorhanden sind, um das Ziel Kundenorientierung auch tatsächlich umsetzen zu können. Besonders hervorzuheben ist in diesem Zusammenhang eine umfassende Kundendatenbank (Database Management). Auch die Möglichkeit, individuelle Kundenwertberechnungen durchzuführen oder kundenbezogene Informationen (automatisch) an Mitarbeitende anderer Abteilungen weiterzuleiten, fließt nach Möglichkeit als Indikator in die Bewertung ein. Unter dem Schlagwort „CRM-Software" sind in der letzten Zeit eine Vielzahl von Produkten auf den Markt gekommen, die zum Ziel haben, zur kundenorientierten Automatisierung der Marketingaktivitäten beizutragen. Das Ziel von CRM-Software ist es, sämtliche relevanten Informationen über potenzielle und aktuelle Kunden zu sammeln und auszuwerten, um kundenorientierte Geschäftsprozesse effizienter zu gestalten und dadurch rentable Kunden langfristig zu binden. Inwieweit die verschiedenen CRM-Lösungen allerdings einen Beitrag zur Verbesserung der Kundenorientierung leisten, ist von jedem Unternehmen kritisch zu überprüfen.

Kundenorientierte Kultur: Bei dieser Dimension gilt es Indikatoren aufzustellen, die die Art der bestehenden Unternehmenskultur beschreiben und eine Bewertung hinsichtlich der Kundenorientierung erlauben. Als Indikator könnte beispielsweise herangezogen werden, ob die Mitarbeitenden Kundenorientierung als wichtig oder unwichtig betrachten, oder wie intensiv an der Befriedigung noch bestehender Kundenwünsche im Rahmen des Innovationsmanagements gearbeitet wird. Besonders deutlich wird die Kultur eines Unternehmens durch das Verhalten der Führungskräfte und die Verbundenheit der Mitarbeitenden zum eigenen Unternehmen. Gleichsam gilt es, die von den Mitarbeitenden wahrgenommenen oder unbewusst geteilten unternehmensspezifischen Werte, Normen und Artefakte zu erheben und – falls diese nicht im Einklang mit dem Ziel der Kundenorientierung stehen – zu verändern (Change Management).

Kundenorientierte Leistungen und Interaktionen: Schließlich sind auch Leistungs- sowie Interaktionsfaktoren zu ermitteln, die in der Lage sind, die Kundenorientierung für die jeweilige Branche zu beschreiben. Dies kann beispielsweise der Grad der Übereinstimmung der Kundenerwartungen mit den Produkten und Serviceleistungen des Unternehmens sein. Zudem dokumentiert sich die Kundenorientierung in der Informations- und Kommunikationspolitik eines Unternehmens. Um den unterschiedlichen Bedürfnissen und Ansprüchen der Kunden gerecht zu werden, ist die Interaktion möglichst individuell zu gestalten. Dies gilt nicht nur in Hinsicht auf die Wahl des Kommunikationskanals (z. B. Telefon, Internet), sondern auch in Bezug auf den Inhalt der Interaktion. Anstatt einen anonymen Markt mit identischen Leistungen und einheitlicher Kommunikation anzusprechen, kann der Anbieter aufgrund unterschiedlicher Segmentierungskriterien (z. B. Alter, Einkommen) individuelle Botschaften an die verschiedenen Zielgruppen senden.

Nach Festlegung der unternehmensindividuellen Kriterien der vier Dimensionen kann die eigentliche Messung der Kundenorientierung erfolgen. Die **Vorgehensweise** läuft grundsätzlich nach den folgenden vier **Phasen** ab:

(1) Erarbeitung des Erhebungsdesigns,

(2) Pretest,

(3) Datenerhebung,

(4) Datenanalyse.

Bei der **Erarbeitung des Erhebungsdesigns** ist beispielsweise zu klären, wie die Informationen zu den festgelegten Kriterien der vier Dimensionen bestmöglich erhoben werden können; z. B. durch Kunden- und Mitarbeiterbefragungen. Außerdem ist zu klären, welche Informationen bereits vorliegen und verarbeitet werden können. Im Detail stellt sich weiterhin die Frage nach der Skalierung, beispielsweise einer 7er-Skala mit anschließender Transformation auf einen Indexwert (mit 100 = höchste Kundenorientierung und 0 = keine Kundenorientierung) (*Homburg/Werner* 1998). Die Indexbildung ist insofern sinnvoll, da zahlreiche Unternehmen bei ihren Zufriedenheitsmessungen bereits Indexwerte verwenden und somit ein einheitlicher Sprachgebrauch sichergestellt wird. Aber auch andere Skalen (z. B. 5er-, 10er-Skalen) sind durchaus denkbar und können für die Messung der Kundenorientierung herangezogen werden.

Die Erhebungskonzeption durchläuft idealtypisch zunächst einen **Pretest**. Hierbei wird der erarbeitete Fragebogen einer kleineren Gruppe von Mitarbeitenden und Kunden mit dem Ziel vorgelegt, Redundanzen oder Verbesserungsmöglichkeiten zu identifizieren. Im Anschluss daran erfolgt die **Datenerhebung** bzw. **Informationsaufbereitung**. In der sich anschließenden **Analysephase** wird die Kundenorientierung differenziert nach den vier Dimensionen des integrierten Messmodells erhoben und anschließend auf einen Gesamtindexwert der Kundenorientierung verdichtet.

Schaubild 10–9 zeigt beispielhaft für die Dimension „kundenorientierte Strukturen", wie die Berechnung des **Kundenorientierungsindex** erfolgen könnte.

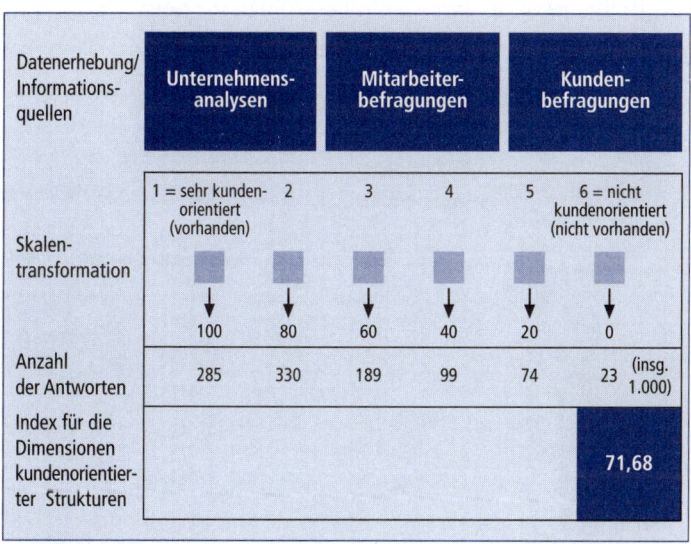

Schaubild 10–9: Beispiel für die Berechnung eines Kundenorientierungsindex (Quelle: in Anlehnung an *Homburg/Werner* 1998, S. 82)

> **BEISPIEL:** In diesem fiktiven Beispiel wird davon ausgegangen, dass die vier Dimensionen der Abbildung 10–9 durch geeignete Indikatoren operationalisiert wurden. Greift man die bereits aggregierten Antworten für die Dimension „kundenorientierte Strukturen" heraus, so lautet das Ergebnis, dass von 1.000 Befragten 285 die Strukturen als sehr kundenorientiert, 330 als kundenorientiert, 189 als durchschnittlich kundenorientiert usw. beurteilen. Es errechnet sich ein Kundenorientierungsindex für diese Dimension von 71,68.

Es handelt sich um eine sehr einfache, praxisorientierte Berechnung, die für jede der vier Dimensionen durchzuführen ist. Durch Addition der vier Dimensionen kann letztlich der Gesamtindexwert der Kundenorientierung für das jeweilige Unternehmen ermittelt werden (vgl. zu einer ähnlichen Vorgehensweise *Homburg/Werner* 1998, S. 166 ff.). Wie in **Schaubild 10–10** dargestellt, errechnet sich bei diesem Beispiel ein Gesamtindexwert der Kundenorientierung von 62 Punkten.

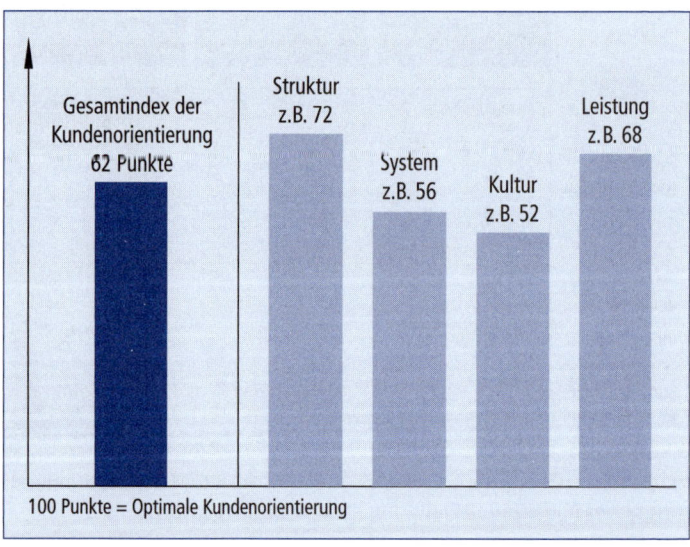

Schaubild 10–10: Beispiel für die Berechnung eines Gesamtindex der Kundenorientierung

Die dargestellte, vereinfachte Messung der Kundenorientierung kann durch die Anwendung von **Kausalmodellen** bzw. multivariaten Analyseverfahren verbessert werden, die es ermöglichen, konkrete Zusammenhänge zwischen Konstrukten, wie z. B. den Zusammenhang von Kundenorientierung und Kundenzufriedenheit, genauer zu analysieren.

Als Fazit erscheint es für Unternehmen sinnvoll, nicht nur die Kundenzufriedenheit und -bindung, sondern auch die Kundenorientierung regelmäßig zu messen, um aus dieser umfassenden Sicht heraus strategische Maßnahmen einleiten zu können. Die Messung der Kundenorientierung kann dazu dienen, Schwachpunkte bei den unternehmensindividuellen Rahmenbedingungen aufzuzeigen. Neue kundenorientierte Aktivitäten können somit besser priorisiert und Handlungsalternativen zur Verbesserung der Kundenorientierung bewertet werden.

Zusammenfassung

Die folgenden zehn Merkpunkte bieten eine Hilfestellung, die ersten Schritte zur Erarbeitung eines integrierten Messkonzeptes zur Kontrolle der Kundenorientierung einzuleiten:

(1) **Kundenorientierung regelmäßig messen:** Sorgen Sie dafür, dass die Kundenorientierung des Unternehmens regelmäßig gemessen wird.

(2) **Unternehmensbezogene und marktbezogene Kontrollen durchführen:** Messen Sie die Kundenorientierung sowohl aus Sicht der Kunden als auch aus Sicht des Unternehmens bzw. der Mitarbeitenden.

(3) **Geeigneten Messansatz festlegen:** Stellen Sie sicher, dass der für das Unternehmen beste Messansatz verwendet wird. Hierzu ist es erforderlich, die mit der Messung verbundenen Ziele zu fixieren und aus dem Set der möglichen Ansätze den für das Unternehmen besten auszuwählen.

(4) **Kundenorientierung in das bestehende Messinstrumentarium integrieren:** Die Messung der Kundenorientierung wird nicht isoliert vorgenommen. Nutzen Sie die Erfahrungen aus bereits bestehenden Studien, um ein integriertes Messmodell der Kundenorientierung bereitzustellen.

(5) **Dimension „kundenorientierte Strukturen" operationalisieren:** Analysieren Sie, welche Strukturen für die Umsetzung der Kundenorientierung besonders relevant sind oder wären, und legen Sie diese als Indikatoren zur Messung der Strukturen fest.

(6) **Dimension „kundenorientierte Systeme" operationalisieren:** Überlegen Sie ferner, welche Systeme zur Umsetzung der Kundenorientierung vorhanden bzw. erforderlich sind. Legen Sie diese als Indikatoren zur Messung der kundenorientierten Systeme fest.

(7) **Dimension „kundenorientierte Kultur" operationalisieren:** Die Unternehmenskultur ist eine zentrale Determinante zur Verbesserung der Kundenorientierung. Setzen Sie sich auf Basis vorhandener Skalen intensiv damit auseinander, durch welche Indikatoren die Unternehmenskultur des eigenen Unternehmens gemessen werden kann.

(8) **Dimension „kundenorientierte Leistungen" operationalisieren:** Versuchen Sie, eine Aussage über die aus Kundensicht wesentlichen Leistungen bzw. Interaktionen des Unternehmens zur Generierung von Kundenorientierung zu erhalten. Diese können als Indikatoren zur Messung der kundenorientierten Leistungen herangezogen werden.

(9) **Messung der Kundenorientierung in ein Gesamtsystem integrieren:** Versuchen Sie, sämtliche Aktivitäten zur Verbesserung und Messung der Leistungsfähigkeit in einem Gesamtsystem zu vernetzen.

(10) **Mit dem Rechnungswesen zusammenarbeiten:** Streben Sie eine Zusammenarbeit mit Spezialisten aus Controlling oder Rechnungswesen an, um eine möglichst problemlose Umsetzung der Messproblematik sicherzustellen.

Anhang

1. Literaturverzeichnis

1&1 (2015): 1&1 Blog, http://blog.1und1.de/ (Zugriff am 23.9.2015).

Ackerschott, H. (2001): Strategische Vertriebssteuerung. Instrumente zur Absatzförderung und Kundenbindung, 3. Aufl., Wiesbaden.

Alpina (2010): BMW Alpina B7 – Presse und Händler Launch in Kalifornien, http://www.alpina-automobiles.com/ww/alpina-company/news/news-gallery/b7-launch-in-california.html (Zugriff am 8.7.2013).

Alt, R./Puschmann, T. (2004): Successful Practices in Customer Relationship Management, in: Proceedings of the 37th Hawaii International Conference on System Sciences.

Ambit AG (2015): Unternehmenskultur entscheidet über CRM-Erfolg, http://www.crm-finder.ch/news/bisherige-monatsgaeste/single/ article/unternehmenskultur-entscheidet-ueber-crm-erfolg.html (Zugriff am 18.11.2015).

Angerer, T./Essinger, G. (2001): Integrierte Kommunikation in österreichischen Unternehmen. Empirische Untersuchung über den Entwicklungsstand Integrierter Kommunikation in österreichischen Unternehmen, Graz.

Apple (2015): iTunes Store Marketing Guidelines, https://www.apple.com/itunes/marketing-on-itunes/identity-guidelines.html#itunes-badge (Zugriff am 17.11.2015).

Arpagaus, C./Bartels, H. A. (2013): Kundenbindung im Detailhandel. Das Beispiel Migros Schweiz, in: Bruhn, M./Homburg, C. (Hrsg.): Handbuch Kundenbindungsmanagement, 8. Aufl., Wiesbaden, S. 801–821.

Asdecker, B. H. (2014): Retourenmanagement im Versandhandel. Theoretische und empirisch fundierte Gestaltungsalternativen für das Management von Retouren, Bamberg.

Ashforth, B. E./Tomiuk, M. A. (2000): Emotional Labor and Authenticity. Views from Service Agents, in: Emotions in Organizations, Vol. 2, London, S. 184–202.

Atkinson, J. H./Hamburg, J./Ittner, C. (1994): Linking quality to profits. Quality-based cost management, Milwaukee.

Attwood, R./Duncan, S. (2000): Mobile Commerce: Strategies for New Business Paradigm, London.

Audi AG (2013): Vergütungsbericht, http://www.audi.com/content/dam/com/DE/investor-relations/corporate-governance/audi_grundzuege_verguetungssystem_2013_de.pdf (Zugriff am 23.11.2015).

Audi AG (2014): Top-Servicequalität. Audi eröffnet neues Service Training Center, https://www.audi-mediacenter.com/de/fotos/detail/top-servicequalitaet-audi-eroeffnet-neues-service-training-center-323 (Zugriff am 23.11.2015).

Avanade (2010): Fehlentscheidungen aufgrund mangelnder Datenqualität, http://www.avanade.com/de-de/press-releases/globale-avanade-studie-jedes-dritte-deutsche-unternehmen-von-datenfluss-%C3%BCberfordert-page (Zugriff am 18.11.2015).

Back, A./Gronau, N./Tochtermann, K. (2012): Web 2.0 und Social Media in der Unternehmenspraxis, 3. Aufl., München.

Backhaus, K./Voeth, M. (2014): Industriegütermarketing, 10. Aufl., München.

Bamford, D./Xystouri, T. (2005): A Case Study of Service Failure and Recovery within an International Airline, in: Managing Service Quality, Vol. 15, No. 3, S. 306–322.

Barber, A. E./Simmering, M. J. (2002): Understanding Pay Plan Acceptance: The Role of Distributive Justice Theory, in: Human Resource Management Review, Vol. 12, No. 1, S. 25–42.

Baron, S./Harris, K./Hilton, T. (2008): Services Marketing. Text and Cases, 3. Aufl., Houndsmill.

Bartenbach Marketing Services (2012): Leckere Verkostung für Hengstenberg – die Mission geht weiter, http://www.service-bartenbach.de/bartenbach/news/pressemeldung-2012–22/ (Zugriff am 27.11.2015).

Bayraktar, E./Tatoglu, E./Zaim, S. (2013): Measuring the relative efficiency of quality management practices in Turkish public and private universities, in: Journal of the Operational Research Society, Vol. 64, No. 12, S. 1810–1830.

BBDO (2009): Marketing in der Krise, www.batten-company.com/uploads/media/Insights_11.pdf (Zugriff 1. 6. 2011).

Bechwathi, N. N./Eshgi, A. (2005): Customer Lifetime Value Analysis: Challenges and Words of Caution, in: Marketing Management Journal, Vol. 15, No. 2, S. 87–97.

Becker, J. (2013): Marketing-Konzeption: Grundlagen des ziel-strategischen und operativen Marketing-Managements, 10. Aufl., München.

Beckett, N. P. (2008): Qualitätsbewusstsein und Kundenorientierung der Mitarbeiter als Schlüssel zum Erfolg: Qualitätsmanagement bei der Ritz-Carlton Hotel Company, in: Töpfer, A. (Hrsg.): Handbuch Kundenmanagement – Anforderungen, Prozesse, Zufriedenheit, Bindung und Wert von Kunden, 3. Aufl., Berlin, S. 949–964.

Belohuby, R. (2014): Kundenwertcontrolling und IFRS Rechnungslegung. Harmonisierungspotenziale der internen und externen Rechnungslegung von Banken, Wiesbaden.

Bender, S. (2005): Beschwerdemanagement. Beschwerden richtig nutzen, in: Sales Business, Nr. 5, S. 24–27.

Benkenstein, M. (1993): Dienstleistungsqualität. Ansätze zur Messung und Implikationen für die Steuerung, in: Zeitschrift für Betriebswirtschaft, 63. Jg., Nr. 11, S. 1095–1116.

Benkenstein, M. (2001): Besonderheiten des Innovationsmanagements in Dienstleistungsunternehmen, in: Bruhn, M./Meffert, H. (Hrsg.): Handbuch Dienstleistungsmanagement. Von der strategischen Konzeption zur praktischen Umsetzung, 2. Aufl., Wiesbaden, S. 689–702.

Benning-Rohnke, E./Greif, S. (2010): Kundenorientierung – Warum sie oft scheitert und wie sie besser machbar ist, in: Greve, G./Benning-Rohnke, E. (Hrsg.): Kundenorientierte Unternehmensführung Konzept und Anwendung des Net Promoter® Score in der Praxis, Wiesbaden, S. 117–155.

Best of Corporate Publishing Award (2015): Best of Corporate Publishing, http://www.bcp-award.com/images/presse/150424_BCP15_ Shortlist_komplett_GOLD.pdf (Zugriff am 11.11.2015).

Beutin, N./Klenk, P. (2005): Potenzialen auf der Spur, in: Die Bank, Nr. 5, S. 50–54.

Bitkom (2012): Big Data im Praxiseinsatz – Szenarien, Beispiele, Effekte, https://www.bitkom.org/Publikationen/2012/Leitfaden/Leitfaden-Big-Data-

im-Praxiseinsatz-Szenarien-Beispiele-Effekte/BITKOM_LF_big_data_2012_
online1.pdf (Zugriff am 18.11.2015).

Bitkom (2015): Dreiviertel der Online-Shopper lesen Produktbewertungen, https://www.bitkom.org/Presse/Presseinformation/Drei-Viertel-der-Online-Shopper-lesen-Produktbewertungen.html (Zugriff am 14.12.2015).

Blanchard, K./Carlos, J. P./Randolph, A. (2009): Management durch Empowerment. Das neue Führungskonzept. Mitarbeiter bringen mehr wenn sie mehr dürfen, 3. Aufl., Berlin.

Blattberg, R./Deighton, J. (1996): Manage Marketing by the Customer Equity Test, in: Harvard Business Review, Vol. 74, No. 4, S. 136–144.

Blattberg, R./Deighton, J. (1997): Aus rentablen Kunden vollen Nutzen ziehen, in: Harvard Business Manager, 19. Jg., Nr. 1, S. 24–32.

Boenigk, S. (2011): Kündigungspräventionsmanagement, in: Hippner, H./Hubrich, B./Wilde, K. D. (Hrsg.): Grundlagen des CRM. Strategie, Geschäftsprozesse und IT-Unterstützung, 3. Aufl., Wiesbaden, S. 475–497.

Bohling, T./Bowman, D./LaValle, S./Mittal, V./Narayandas, D./Ramani, G./Varadajaran, R. (2006): CRM Implementation. Effectiveness Issues and Insights, in: Journal of Service Research, Vol. 9, No. 2, S. 184–194.

Booz Allen Hamilton (2006): China und Indien schließen bei Forschung und Entwicklung rasant zu Westeuropa und den USA auf. Pressemitteilung vom 21.6.2006, http://www.boozallen.de/presse/pressemitteilungen/pressemitteilung-detail/6664938 (Zugriff am 16.8. 2006).

Borg, I. (2003): Führungsinstrument Mitarbeiterbefragung. Theorien, Tools und Praxiserfahrungen, 3. Aufl., Göttingen.

Boss, J. (2011): Innovationserfolg im Dienstleistungssektor. Eine empirische Analyse unter Berücksichtigung des Dienstleistungsgrads, Wiesbaden.

Brauck, M. (2003): Mythos Deutsche Telekom, in: Brand Eins, Nr. 10, S. 22–31.

Braun, J. (2008): Grundlagen der Organisationsgestaltung, in: Bullinger, H. J./Warnecke, H. J./Westkämper, E. (Hrsg.): Neue Organisationsformen im Unternehmen. Ein Handbuch für das moderne Management, 2. Aufl., Berlin, S. 1–67.

Brechtenbreiter, R. (2015): IT-gestütztes Beziehungsmanagement, in: Schulz, A./Weithöner, U./Egger, R./Goecke, R. (Hrsg.): eTourismus. Prozesse und Systeme, Berlin, S. 536–562.

Breitschuh, J. (2001): Versandhandelsmarketing: Aspekte erfolgreicher Neukundengewinnung, München.

Brockhoff, K. (2007): Produktinnovation, in: Albers, S./Herrmann, A. (Hrsg.): Handbuch Produktmanagement. Strategieentwicklung – Produktplanung – Organisation – Kontrolle, 3. Aufl., Wiesbaden, S. 21–47.

Brüggemann, H. (2012): Qualitätsmanagementsysteme, in: Brüggemann, H./Bremer, P. (Hrsg.): Grundlagen Qualitätsmanagement. Von den Werkzeugen über Methoden zum IQM, Wiesbaden, S. 178–200.

Brüggemann, H./Bremer, P. (2012): Total Quality Management (TQM), in: Brüggemann, H./Bremer, P. (Hrsg.): Grundlagen Qualitätsmanagement. Von den Werkzeugen über Methoden zum TQM, Wiesbaden, S. 178–200.

Bruhn & Partner (2012): Social Media Studie 2012, http://www.link.ch/wp-content/uploads/2014/12/social_media_studie_key_findings.pdf (Zugriff am 15.12.2015).

Bruhn, M. (1986): Beschwerdemanagement, in: Harvard Manager, 8. Jg., Nr. 3, S. 104–108.

Bruhn, M. (1995): Internes Marketing als Baustein der Kundenorientierung, in: Die Unternehmung, 49. Jg., Nr. 6, S. 381–402.

Bruhn, M. (1998a): Schweizer Kundenbarometer 1998. Ergebnisse einer Pilotuntersuchung bei über 7.400 Kundinnen und Kunden in 20 Branchen, Basel.

Bruhn, M. (1998b): Wirtschaftlichkeit des Qualitätsmanagements, Berlin.

Bruhn, M. (1999): Verfahren zur Messung der Qualität interner Dienstleistungen. Ansätze für einen Methodentransfer aus dem (externen) Dienstleistungsmarketing, in: Bruhn, M. (Hrsg.): Internes Marketing. Integration der Kunden- und Mitarbeiterorientierung. Grundlagen, Implementierung, Praxisbeispiele, Wiesbaden, S. 537–575.

Bruhn, M. (2000a): Integrierte Kommunikation und Relationship Marketing, in: Bruhn, M./Schmidt, S./Tropp, J. (Hrsg.): Integrierte Kommunikation in Theorie und Praxis. Betriebswirtschaftliche und kommunikationswissenschaftliche Perspektiven – Mit Meinungen und Beispielen aus der Praxis, Wiesbaden, S. 3–20.

Bruhn, M. (2000b): Sicherstellung der Dienstleistungsqualität durch integrierte Kommunikation, in: Bruhn, M./Stauss, B. (Hrsg.): Dienstleistungsqualität. Konzepte – Methoden – Erfahrungen, 3. Aufl., Wiesbaden, S. 405–431.

Bruhn, M. (2002a): E-Services – eine Einführung in die theoretischen und praktischen Probleme, in: Bruhn, M./Stauss, B. (Hrsg.): E-Services. Dienstleistungsmanagement. Jahrbuch 2002, Wiesbaden, S. 3–49.

Bruhn, M. (2002b): Integrierte Kundenorientierung. Implementierung der kundenorientierten Unternehmensführung, Wiesbaden.

Bruhn, M. (2003): Messung der Anforderungen an die Dienstleistungsqualität, in: Hansen, W./Kamiske, G.-F. (Hrsg.): Qualitätsmanagement im Dienstleistungsbereich. Assessment – Sicherung – Entwicklung, 2. Aufl., Wiesbaden, S. 7–44.

Bruhn, M. (2004): Interne Servicebarometer als Instrument interner Kundenorientierung – Messung und Steuerung der Qualität und Zufriedenheit interner Dienstleistungen, in: Marketing ZFP, 26. Jg., Nr. 4, S. 282–294.

Bruhn, M. (2009): Das Konzept der kundenorientierten Unternehmensführung, in: Hinterhuber, H. H./Matzler, K. (Hrsg.): Kundenorientierte Unternehmensführung. Kundenorientierung – Kundenzufriedenheit – Kundenbindung, Wiesbaden, S. 33–68.

Bruhn, M. (2010): Das Konzept des Internen Servicebarometers – Bestandsaufnahme, Methodik und empirische Befunde, in: Bruhn, M./Stauss, B. (Hrsg.): Serviceorientierung im Unternehmen, Berlin, S. 297–324.

Bruhn, M. (2013a): Servicequalität. Konzepte und Instrumente für eine perfekte Dienstleistung, München.

Bruhn, M. (2013b): Qualitätsmanagement für Dienstleistungen: Grundlagen – Konzepte – Methoden, 9. Aufl., Berlin.

Bruhn, M. (2013c): Qualitätsmanagement für Nonprofit-Organisationen. Grundlagen – Planung – Umsetzung – Kontrolle, Wiesbaden.

Bruhn, M. (2014a): Integrierte Unternehmens- und Markenkommunikation. Strategische Planung und operative Umsetzung, 6. Aufl., Stuttgart.

Bruhn, M. (2014b): Unternehmens- und Marketingkommunikation. Handbuch für ein integriertes Kommunikationsmanagement, 3. Aufl., München.

Bruhn, M. (2015a): Instrumente der Dialogkommunikation. Ein Überblick, in: Bruhn, M./Esch, F. R./Langner, T. (Hrsg.): Handbuch Instrumente der Kommunikation, http://link.springer.com/referenceworkentry/10.1007/978–3-658–05261–4_18–1# (Zugriff am 17.11. 2015).

Bruhn, M. (2015b): Kommunikationspolitik. Systematischer Einsatz der Kommunikation für Unternehmen, 8. Aufl., München.

Bruhn, M. (2016a): Marketing. Grundlagen für Studium und Praxis, 13. Aufl., Wiesbaden.

Bruhn, M. (2016b): Relationship Marketing. Das Management von Kundenbeziehungen, 5. Aufl., München.

Bruhn, M./Ahlert, M. (2002): Innovatives Qualitätsmanagement bei OBI Bau- und Heimwerkermärkte GmbH & Co. Franchise Center KG, in: Bruhn,

M./Meffert, H. (Hrsg.): Exzellenz im Dienstleistungsmarketing, Wiesbaden, S. 231–278.

Bruhn, M./Boenigk, M. (1999): Integrierte Kommunikation. Entwicklungsstand in Unternehmen, Wiesbaden.

Bruhn, M./Georgi, D. (1999): Kosten und Nutzen des Qualitätsmanagements. Grundlagen, Methoden, Fallbeispiele, München.

Bruhn, M./Georgi, D. (2013): Wirtschaftlichkeit des Kundenbindungsmanagements, in: Bruhn, M./Homburg, C. (Hrsg.): Handbuch Kundenbindungsmanagement, 8. Aufl., Wiesbaden, S. 677–708.

Bruhn, M./Hadwich, K. (2006): Produkt- und Servicemanagement, München.

Bruhn, M./Hadwich, K./Georgi, D. (2013): Kundenwert als Steuerungsgröße des Kundenbindungsmanagements, in: Bruhn, M./Homburg, C. (Hrsg.): Handbuch Kundenbindungsmanagement, 8. Aufl., Wiesbaden, S. 709–730.

Bruhn, M./Martin, S./Schnebelen, S. (2014): Integrierte Kommunikation in der Praxis Entwicklungsstand in deutschsprachigen Unternehmen, Wiesbaden.

Bruhn, M./Meffert, H. (2012): Handbuch Dienstleistungsmarketing. Planung – Umsetzung – Kontrolle, Wiesbaden.

Bruhn, M./Schoenmueller, V./Schäfer, D. B. (2012): Are Social Media Replacing Traditional Media in Terms of Brand Equity Creation? in: Management Research Review, Vol. 35, No. 9, S. 770–779.

Bruhn, M./Stauss, B. (Hrsg.) (2004): Dienstleistungsinnovationen. Forum Dienstleistungsmanagement, Wiesbaden.

Brusa, G. (1995): Markenbindung. Analyse, in: Index-Fachmagazin-Betriebswirtschaft, Nr. 4, S. 20–23.

Brusco, M. J./Cradit, J. D./Tashian, A. (2003): Multicriterion Clusterwise Regression for Joint Segmentation Settings. An Application to Customer Value, in: Journal of Marketing Research, Vol. 40, No. 2, S. 225–234.

BSG (2013): Mehr Kreativität in Unternehmen dank U-Boot-Projekten, file:///Z:/Downloads/1370938029_l2_u-boot-projekte%20(1).pdf (Zugriff am 16.11.2015).

Bühner, R. (1993): Der Mitarbeiter im Total-Quality-Management, Stuttgart.

Bundesregierung Deutschland (2015): Tag der offenen Tür, http://www.bundesregierung.de/Webs/Breg/DE/Themen/Tag_der_offenen_Tuer/_node.html (Zugriff am 17.11.2015).

Burgelman, R. A./Christensen, R. M./Wheelwright, S. C. (2008): Strategic Management of Technology and Innovation, 5. Aufl., New York.

Burkhart, T./Müller-Kirschbaum, T./Wuhrmann, J. C. (2011): Beziehungsmanagement bei Henkel. Einblick in die Umsetzung der Open-Innovation-Strategie bei einem Konsumgüterhersteller, in: Howaldt, R./Kopp, J. (Hrsg.): Innovationsmanagement 2.0, Wiesbaden, S. 229–238.

Burmann, C./Hemmann, F./Eilers, D./Kleine-Kalmer, B. (2012): Authentizität in der Interaktion als zentraler Erfolgsfaktor der Markenführung in Social Media, in: Schulten, M./Mertens, A./Horx, A. (Hrsg.): Social Branding, Wiesbaden, S. 129–145.

Busch, R./Dögl, R./Unger, F. (2008): Integriertes Marketing: Strategie, Organisation, Instrumente, 3. Aufl., Wiesbaden.

Bustos, L. (2014): 5 Mistakes Brands Make Selling Direct-to-Consumer, http://www.getelastic.com/5-mistakes-brands-make-selling-direct-to-consumer/ (Zugriff am 17.11.2015).

Cahill, D. J. (1995): The Managerial Implications of the Learning Organization: A New Tool for Internal Marketing, in: Journal of Services Marketing, Vol. 9, No. 4, S. 43–51.

Cambra-Fierro, J./Melero, I./Sese, F. J. (2015): Managing Complaints to Improve Customer Profitability, in: Journal of Retailing, Vol. 91, No. 1, S. 109–124.

Campanella, J. (1999): Principles of Quality Costs. Principles, Implementation and Use, 3. Aufl., Milwaukee.

Carter, C./Williams, B. (1957): Industry and Technical Progress, Oxford.

CERTQUA (2012): Wie Sie Ihr Qualitätsmanagementhandbuch richtig aufbauen, http://www.certqua.de/qm-blog/wie-sie-ihr-qualitaetsmanagementhandbuch-richtig-aufbauen/ (Zugriff am 9.12. 2015).

Chevalier, J. A./Mayzlin, D. (2006): The Effect of Word of Mouth on Sales. Online Book Reviews, in: Journal of Marketing Research, Vol. 43, No. 3, S. 345–54.

Chiadamrong, N. (2003): The Development of an Economic Quality Cost Model, in: Total Quality Management & Business Excellence, Vol. 14, No. 9, S. 999–1014.

Chinho, L./C., S. (2006): Exploring TQM's Impact on the Causal Linkage between Manufacturing Objective and Organizational Performance, in: Total Quality Management & Business Excellence, Vol. 17, No. 4, S. 465–484.

Commerzbank AG (2015): Kundenzufriedenheit nachhaltig steigern, https://www.commerzbank.com/de/nachhaltigkeit/markt___kunden /privatkunden_1/kundenzufriedenheit____befragungen/kundenzufriedenheit___kundenbefragungen_.html (Zugriff am 23.11.2015).

Concertare (2006): Der deutsche Autmobilhandel verschenkt viele Chancen im Verkauf, Pressemitteilung vom 21.6.2005, http://www.concertare.de (Zugriff am 10.5.2006).

Coop (2015): Online-Bestellung, http://www.coopathome.ch// (Zugriff am 6.10.2015).

Cornelsen, J. (2000): Kundenwertanalysen im Beziehungsmarketing, Nürnberg.

Credit Suisse (1998): Innovationsplatz Schweiz. Viele Ideen, wenig Mut, in: Bulletin, Nr. 2, Zürich.

Cronin, J. J./Brady, M. K./Hult, G. T. M. (2000): Assessing the Effects of Quality, Value, and Customer Satisfaction on Consumer Behavioral Intentions in Service Environments, in: Journal of Retailing, Vol. 76, No. 2, S. 193–218.

Dale, B. G./Plunkett, J. J. (1999): Quality Costing, 3. Aufl., London.

Daniel, K./Darby, D. N. (1997): A Dual Perspective of Customer Orientation: A Modification, in: International Journal of Service Industry Management, Vol. 8, No. 2, S. 131–147.

Dawes, J. (1999): The Relationship between Subjective and Objective Company Performance Measures in Market Orientation Research: Further Empirical Evidence, in: Marketing Bulletin, Vol. 10, No. 1, S. 65–75.

De Chernatony, L./Malcolm, H. B./Wallace, E. (2010): Creating Powerful Brands, 4. Aufl., Oxford.

Debruyne, M. (2014): Customer Innovation: Customer-Centric Strategy for Enduring Growth, London.

Dellarocas, C./Zhang, X./Awas, N. (2007): Exploring the Value of Online Product Reviews in Forecasting Sales. The Case of Motion Pictures, in: Journal of Interactive Marketing, Vol. 21, No. 4, S. 23–45.

Deng, S./Dart, J. (1994): Measuring market orientation: a multi-factor, multi-item approach, in: Journal of Marketing Management, Vol. 10, No. 8, S. 725–742.

Deshpandé, R./Farley, J. U./Webster, F. E. (1993): Corporate Culture, in: Journal of Marketing, Vol. 57, No. 1, S. 23–27.

Detecon (2009): Kundenrückgewinnungsmanagement – Status Quo in der Schweizer Unternehmenspraxis, Studie Detecon Consulting, Zürich.

Detecon (2010): Kundenservice der Zukunft. Mit Social Media und Self Services zur neuen Autonomie des Kunden, Studie Detecon Consulting, Zürich.

Detecon (2013): CRM Trends 2015, http://www.detecon.com/de/Publikationen/crm-trends-2015 (Zugriff am 17.11.2015).

Deutsche Bahn (2015): Hier arbeiten DB und Startups Hand in Hand, http://www.deutschebahn.com/de/konzern/im_blickpunkt/10037092/20150908_jannowitzbruecke.html (Zugriff am 17.11. 2015).

Deutsche Bank (2015): Privatkunden, http://www.deutsche-bank.de/index.htm (Zugriff am 6.10.2015).

Deutsche Gesellschaft für Qualität e. V. (1995): Begriffe zum Qualitätsmanagement, DGQ-Schrift, Nr. 11–04, 6. Aufl., Frankfurt am Main.

Diller, H. (1995): Kundenbindung als Zielvorgabe im Beziehungs-Marketing, Arbeitspapier des Lehrstuhls für Marketing an der Universität Erlangen-Nürnberg, Nr. 40, Universität Erlangen-Nürnberg.

Diller, H. (1996): Kundenbindung als Marketingziel, in: Marketing ZFP, 18. Jg., Nr. 2, S. 81–94.

Diller, H./Frank, F. (1996): Ziele und Zielerreichung von Kundenclubs, Arbeitspapier des Lehrstuhls für Marketing an der Universität Erlangen-Nürnberg, Nr. 45, Universität Erlangen-Nürnberg.

Diller, H./Ivens, B. S. (2006): Process Oriented Marketing, in: Marketing – Journal for Research and Management, Vol. 28, No. 1, S. 14–29.

Diller, H./Saatkamp, J. (2002). Schwachstellen in Marketingprozessen im Spiegel von Reengineering-Projekten, Nürnberg.

DIN EN ISO 9000:2005 (2005): Qualitätsmanagementsysteme – Grundlagen und Begriffe, Berlin.

dm (2015): alverde Gewinnspiele im November, https://www.dm.de/alverde-magazin/gewinnspiele/ (Zugriff am 17.11.2015).

Domsch, M. (1991): Mitarbeiterbefragungen. Ein Instrument zeitgemäßer Personalführung, in: io-Management Zeitschrift, 60. Jg., Nr. 5, S. 56–58.

Dowling, G. R./Uncles, M. (1997): Do Customer Loyalty Programs Really Work?, in: Sloan Management Review, Vol. 38, No. 4, S. 71–82.

Dr. Ing. h. c. F. Porsche AG (2015): Duales Studium, http://www.porsche.com/germany/aboutporsche/jobs/pupils/study/ (Zugriff am 23.11.2015).

Dreher, S./Stock-Homburg, R./Zacharias, N. (2011): Dienstleistungsinnovationen – Bedeutung, Herausforderungen und Perspektiven, in: Bruhn, M./Hadwich, K. (Hrsg.): Dienstleistungsproduktivität, Wiesbaden, S. 36–57.

Droege & Comp. (2000): Triebfeder Kunde IV. Eine Zeitverlaufsstudie zur Kundenorientierung deutscher und internationaler Unternehmen, Düsseldorf.

Droll, M. (2008): Kundenpriorisierung in der Marktbearbeitung. Gestaltung, Erfolgsauswirkungen und Implementierung, in: Bauer, H. H./Homburg, C./Kuester, S. (Hrsg.): Schriftenreihe des Instituts für Marktorientierte Unternehmensführung, Universität Mannheim, Wiesbaden.

DTV Service GmbH (2012): Service News, http://www.q-deutschland.de/fileadmin/user_upload/05_Aktuelles/2012–2.pdf (Zugriff am 23.11.2015).

Dubacher, J. (2005): Als verschworenes Team ganz an die Spitze, in: Cash vom 27.1.2005, S. 1–3.

Düerkop, H. (2015): Market Driven und Market Driving aus Mitarbeiter- und Konsumentensicht, Wiesbaden.

Duncan, T./Moriarty, S. (1997): Driving Brand Value. Using Integrated Marketing to Manage Profitable Stakeholder Relationships, New York.

E.ON SE (2015): Der Kunde zuerst, http://www.eon.com/de/nachhaltigkeit/governance-und-integritaet/kundenorientierung/kundenzufriedenheit.html (Zugriff am 23.11.2015).

Eck, K. (2007): Corporate Blogs. Unternehmen im Online-Dialog zum Kunden, Zürich.

ecommerce (2015): Studie: E-Commerce-Markt in Deutschland, http://www.e-commerce-magazin.de/studie-e-commerce-markt-deutschland (Zugriff am 9.11.2015).

Econsultancy (2014): Customer Lifetime Value. Building Loyalty and Driving Revenue in the Digital Age, https://econsultancy.com/reports/customer-lifetime-value/ (Zugriff am 23.11.2015).

Eggert, A. (2002): Der Einfluss elektronischer Medien auf Geschäftsbeziehungen. Eine empirische Studie am Beispiel des Electronic Banking, in: Marketing ZFP, 24. Jg., Nr. 3, S. 195–205.

Eggert, A. (2006): Die zwei Perspektiven des Kundenwerts: Darstellung und Versuch einer Integration, in: Günter, B./Helm, S. (Hrsg.): Kundenwert. Grundlagen – Innovative Konzepte – Praktische Umsetzungen, 3. Aufl., Wiesbaden, S. 41–59.

Emnid (2014): Bonusprogramme in Deutschland, https://www.tns-emnid.com/presse/pdf/presseinformationen/tns_emnid_studie_bonusprogramme.pdf (Zugriff am 11.11.2015).

Emrich, C. (2008): Multi-Channel-Communications- und Marketing-Management, Wiesbaden.

EnBW Energie Baden-Württemberg AG (2015): Kundenblog, https://www.enbw.com/blog/kunden/ (Zugriff am 23.11.2015).

Esch, F. R. (2011): Wirkungen integrierter Kommunikation. Ein verhaltenswissenschaftlicher Ansatz für die Werbung, 5. Aufl., Wiesbaden.

Estelami, H. (2000): Competitive and Procedural Determinants of Delight and Disappointment in Consumer Complaint Outcomes, in: Journal of Service Research, Vol. 2, No. 3, S. 285–300.

Euro (2011): Erfolgsfaktor Beschwerdemanagement, http://www.swi-finance.de (Zugriff am 17.2.2011).

Evans, J. R./Lindsay, W. M. (2011): The Management and Control of Quality, Mason.

Fader, P. S./Hardie, B. G. S./Lee, K. L. (2005): RFM and CLV: Using Iso-Value Curves for Customer Base Analysis, in: Journal of Marketing Research, Vol. 42, No. 3, S. 415–430.

FAMAB (2015): Der Airbnb Doppeldecker für #Weltentdecker, http://famab.de/awards/award/gewinner-2015?tx_famabawards_pre sentation[project]=1359&tx_famabawards_presentation[action]=project&tx_famabawards_presentation[controller]=Presentation&cHash=32a02816badf328aa9c 71f48d6700e96 (Zugriff am 17.11. 2015).

Fanfocus Deutschland (2015): Studie: Kunden mit emotionaler Bindung kaufen mehr, http://www.der-lokalanzeiger.de/index.php/articles/3665/studie-kunden-mit-emotionaler-b (Zugriff am 24.11. 2015).

Fehrle, M./Philipp, M. P./Fleßa, S. (2013): Kosten senken, Forschungsqualität steigern, in: Wissenschaftsmanagement, Ausgabe 6.

Fischer, T. M./Schmöller, P. (2001): Kunden-Controlling – Management Summary einer empirischen Untersuchung in der Elektroindustrie, Working Paper HHL, Nr. 47, Leipzig.

Fleck, M./Kirchoff, L./Meckel, M./Stanoesvska-Slabeva, K. (2008): Einsatzmöglichkeiten von Blogs in der Unternehmenskommunikation, in: Bauer, H. H./Grosse-Leege, D./Rösger, J. (Hrsg.): Interactive Marketing im Web 2.0, 2. Aufl., München, S. 236–251.

Floh, A. (2002): Measuring the Psychological Determinants of Customer Retention on the WWW, in: Proceedings of the British Academy of Management (BAM), London.

Forbes (2015): Investitionen in Social Media-Marketing in Europa im Jahr 2012 und Prognose für 2017 (in Milliarden Euro), http://de.statista.com/ statistik/daten/studie/260131/umfrage/prognose-zu-den-werbeausgaben-in-social-media-in-europa/ (Zugriff am 17.11.2015).

Franken, R./Franken, S. (2011): Integriertes Wissens-und Innovationsmanagement. Mit Fallstudien und Beispielen aus der Unternehmenspraxis, Wiesbaden.

Freiling, J./Busse, D./Estevao, M.-J. (2004): Black Box Engineering – Ein strategischer Koordinationsansatz zur Entwicklung neuer Dienstleistungen? in: Bruhn, M./Stauss, B. (Hrsg.): Dienstleistungsinnovationen – Forum Dienstleistungsmanagement, Wiesbaden, S. 151–172.

Friedrich, D. (2005): IT spielt wichtige Rolle beim Beschwerde-Management, http://www.cio.de/strategien/methoden/814806/index.html (Zugriff am 2.3. 2011).

Frodl, A. (2011): Organisation im Gesundheitsbetrieb. Betriebswirtschaft für das Gesundheitswesen, Berlin.

Frohlick, M. N./Chen, L. D. (2004): Assessing M-Commerce opportunities, in: Information Systems Management, Vol. 21, No. 2, S. 53–61.

Frosta AG (2015): Frosta Blog, http://www.frostablog.de (Zugriff am 06.10.2015).

Fuchs, A. (2010): Kundenbindungsmanagement im Einzelhandel. Eine kausalanalytische Untersuchung am Beispiel des Textilfacheinzelhandels, Wiesbaden.

Füller, J./Jawecki, G./Bartl, M. (2009): Produkt- und Serviceentwicklung in Kooperation mit Online Communities, in: Hinterhuber, H. H./Matzler, K. (Hrsg.): Kundenorientierte Unternehmensführung, 6. Aufl., Wiesbaden, S. 449–468.

Füller, J./Mühlbacher, H./Bartl, M. (2004): Beziehungsmanagement durch virtuelle Kundeneinbindung in den Innovationsprozess, in: Hinterhuber, H. H./Matzler, K. (Hrsg.): Kundenorientierte Unternehmensführung, 4. Aufl., Wiesbaden, S. 215–242.

Gauzente, C. (1999): Comparing Market Orientation Scales: A Content Analysis, in: Marketing Bulletin, Vol. 10, No. 1, S. 76–82.

Gelbrich, K. (2009): Blueprinting, Sequentielle Ereignismethode und Critical Incident Technique, in: Buber, R./Holzmüller, H. H. (Hrsg.): Qualitative Marktforschung. Konzepte – Methoden – Analysen, 2. Aufl., Wiesbaden, S. 617–633.

Gelbrich, K./Roschk, H. (2011): A Meta-Analysis of Organizational Complaint Handling and Customer Responses, in: Journal of Service Research, Vol. 14, No. 1, S. 24–43.

Gerdes, J. (2010): Kundenbindung durch Dialogmarketing, in: Bruhn, M./ Homburg, C. (Hrsg.): Handbuch Kundenbindungsmanagement, 7. Aufl., Wiesbaden.

Gershoff, A. D. (2004): You Done Me Wrong (And That Ain't Right): The Role of Betrayal in Consumer Behavior, in: Advances in Consumer Research, Vol. 29, No. 3, S. 339–342.

Gesenhues, A. (2013): Survey. 90% Of Customers Say Buying Decisions Are Influenced By Online Reviews, http://marketingland.com/survey-customers-more-frustrated-by-how-long-it-takes-to-resolve-a-customer-service-issue-than-the-resolution-38756 (Zugriff am 17.11.2015).

GfK (2010): GfK. Growth from Knowledge, http://www.vienna-economic-forum.com/images/photos/events/2010/24.06/presentations/KRASNY.pdf (Zugriff am 9.12.2015).

GfK (2014): Yelp fördert den lokalen Umsatz in Deutschland, https://biz.yelp.com/blog/yelp-fordert-den-lokalen-umsatz-in-deutschland (Zugriff am 17.11.2015).

Gierl, H. (1995): Marketing, Stuttgart.

Glusac, N./Hinterhuber, H. H. (2005): Wie Miles & More und Payback wirken, in: Harvard Business Manager, 26. Jg., Nr. 1, S. 8–10.

Goff, B. S./Boles, J. G./Bellenger, D. N./Stojack, C. (1997): The Influence of Salesperson Selling Behaviors on Customer Satisfaction with Products, in: Journal of Retailing, Vol. 73, No. 2, S. 171–183.

Gothentreuhand GmbH (2015): Gothentreuhand GmbH optimiert Beratungsqualität mit dem Kanzlei-Portal Haufe Suite, http://suite.haufe.de/fileadmin/user_upload/Suite-Casestudies/Haufe_Suite_Gothentreuhand_CS.pdf (Zugriff am 2.11.2015).

Graßmann, B. (2013): Kundenbindungsmanagement durch branchenübergreifende Bonusprogramme – das Beispiel Payback, in: Bruhn, M./Homburg, C. (Hrsg.): Handbuch Kundenbindungsmanagement. Strategien und Instrumente für ein erfolgreiches CRM, 8. Aufl., S. 823–843.

Greve, G. (2006): Erfolgsfaktoren von Customer-Relationship – Management – Implementierungen, Wiesbaden.

Greve, G. (2010): Kundenorientierte Unternehmensführung als Managementherausforderung, in: Goetz, G./Benning-Rohnke, E. (Hrsg.): Kundenorientierte Unternehmensführung. Konzept und Anwendung des Net Promoter® Score in der Praxis, Wiesbaden, S. 3–32.

Grissemann, U. S./Stokburger-Sauer, N. E. (2012): Customer co-creation of travel services: The role of company support and customer satisfaction with the co-creation performance, in: Tourism Management, Vol. 33, No. 6, S. 1483–1492.

Grönroos, C. (2004): The relationship marketing process: communication, in: Journal of Business and Industrial Marketing, Vol. 1, No. 1, S. 99–113.

Gröppel-Klein, A./Königstorfer, J./Terlutter, R. (2013): Verhaltenswissenschaftliche Aspekte der Kundenbindung, in: Bruhn, M./Homburg, C. (Hrsg.): Handbuch Kundenbindungsmanagement, 8. Aufl., Wiesbaden, S. 43–79.

Gruber, T. (2006): Wie gelingt effektives Beschwerdemanagement? in: Planung & Analyse, 33. Jg., Nr. 3, S. 56–58.

Grunwald, B. (1999): Ziel: 100 % Kundenzufriedenheit – Wie Beschwerdemanagement konstruktiv genutzt wird, in: Töpfer, A. (Hrsg.): Kundenzufriedenheit messen und steigern, 2. Aufl., Neuwied, S. 143–163.

Günter, B. (1996): „Werter Kunde – beraten Sie uns doch öfter!", in: Absatzwirtschaft, 39. Jg., Nr. 6, S. 96–102.

Günter, B./Helm, S. (Hrsg.) (2006): Kundenwert. Grundlagen – Innovative Konzepte – Praktische Umsetzungen, 3. Aufl., Wiesbaden.

Gustafsson, A./Kristensson, P./Witell, L. (2012): Customer co-creation in service innovation: a matter of communication?, in: Journal of Service Management, Vol. 23, No. 3, S. 311–327.

Haas, A. (2008): Kundenorientierung von Mitarbeitern. Forschungsstand und -perspektiven, in: Zeitschrift für Betriebswirtschaft, 78. Jg., Nr. 10, S. 1061–1100.

Haas, A./Eggert, A./Terho, H./Ulaga, W. (2013): Erfolgsfaktor Value-Based Selling – Verkaufen, wenn Kundenorientierung nicht zum Erfolg führt, in: Marketing Review St. Gallen, 30. Jg., Nr. 4, S. 64–73.

Haedrich, G./Tomczak, T. (1996): Produktpolitik, Stuttgart.

Haist, F./Fromm, H. (1991): Qualität im Unternehmen. Prinzipien, Methoden, Techniken, 2. Aufl., München.

Haller, S. (2012): Dienstleistungsmanagement. Grundlagen – Konzepte – Instrumente, 5. Aufl., Wiesbaden.

Hamel, W. (2006): Kundenwertorientierte Anreizsysteme, in: Günter, B./ Helm, S. (Hrsg.): Kundenwert. Grundlagen – Innovative Konzepte – Praktische Umsetzung, 3. Aufl., Wiesbaden, S. 461–482.

Handelsblatt (2007): Neuer Leistungsanreiz für Manager. Telekom zahlt Boni für guten Kunden-Service, http://www.handelsblatt.com/unternehmen/ it-medien/neuer-leistungsanreiz-fuer-manager-telekom-zahlt-boni-fuer-gu-ten-kunden-service/2755140.html (Zugriff am 23.11.2015).

Hansen, R. (2006): „Human Resources"-Marken – Optimale Personalarbeit, in: Personalpraxis, Nr. 1, S. 32–35.

Hansen, U./Jeschke, K./Schöber, P. (1995): Beschwerdemanagement – Die Karriere einer kundenorientierten Unternehmensstrategie im Konsumgütersektor, in: Marketing ZFP, 17. Jg., Nr. 2, S. 77–88.

Hansen, W./Kamiske, G. F. (2002): Qualität und Wirtschaftlichkeit. QM-Controlling: Grundlagen und Methoden, 2. Aufl., Stuttgart.

Hart, C./Heskett, J./Sasser, W. (1991): Wie Sie aus Pannen Profit ziehen, in: Harvard Manager, 13. Jg., Nr. 1, S. 128–136.

Hauck, J. (2013): Von der digitalen Kommunikation zu Social Customer Excellence, http://www.detecon.com/sites/default/files/DMR_blue_Leading_ 2013_Social_CRM_D.pdf (Zugriff am 18.11. 2015).

Haufe (2015): Case Study VW Retail, http://suite.haufe.de/referenzen/case-studies/ (Zugriff am 25.11.2015).

Hebeler, C./Ortelbach, B. (2013): Personalentwicklung und Qualifizierung der Controller bei Henkel, in: Controlling & Management Review, Vol. 57, No. 7, S 82–88.

Heesen, M. (2009): Innovationsportfoliomanagement. Bewertung von Innovationsprojekten in kleinen und mittelgroßen Unternehmen der Automobilzulieferindustrie, Wiesbaden.

Heinen, E./Dill, P. (1990): Unternehmenskultur aus betriebswirtschaftlicher Sicht, in: Simon, H. (Hrsg.): Herausforderung Unternehmenskultur, Stuttgart, S. 12–24.

Heinrich, W. (2010): www.medienkompakt.de (Zugriff am 10.3. 2010).

Hellmich, C. (2010): Qualitätsmanagement und Zertifizierung im Rettungsdienst. Grundlagen – Techniken – Modelle – Umsetzung, Berlin.

Helm, S. (2013): Kundenbindung und Kundenempfehlung, in: Bruhn, M./ Homburg, C. (Hrsg.): Handbuch Kundenbindungsmanagement: Strategien und Instrumente für ein erfolgreiches CRM, 8. Aufl., Wiesbaden, S. 135–154.

Helm, S./Günter, B. (2006): Kundenwert – eine Einführung in die theoretischen und praktischen Herausforderungen der Bewertung von Kundenbeziehungen, in: Günter, B./Helm, S. (Hrsg.): Kundenwert. Grundlagen – Innovative Konzepte – Praktische Umsetzungen, 3. Aufl., Wiesbaden, S. 3–39.

Hemetsberger, A. (2002): Understanding consumers collective action on the Internet. A definition and discussion of relevant concepts for research, in: Advances in Consumer Research, Vol. 30, S. 1–26.

Heneman III, H. G. (2002): Compensation Research Directions and Suggestions for the New Millenium, in: Human Ressource Management Review, Vol. 12, No. 1, S. 75–80.

Hennig-Thurau, T. (2004): Customer orientation of service employees. Its impact on customer satisfaction, commitment, and retention, in: International Journal of Service Industry Management, Vol. 15, No. 5, S. 460–478.

Hennig-Thurau, T./Gwinner, K. P./Gremmler, D. D. (2000): Why Customers Build Relationships with Companies – and Why not, in: Hennig-Thurau, T./ Hansen, U. (Hrsg.): Relationship Marketing: Gaining Competitive Advantage Through Customer Satisfaction and Customer Retention, Berlin, S. 369–391.

Hentschel, B. (1992): Dienstleistungsqualität aus Kundensicht. Vom merkmals- zum ereignisorientierten Ansatz, Wiesbaden.

Hentschel, B. (2000): Multiattributive Messung von Dienstleistungsqualität, in: Bruhn, M./Stauss, B. (Hrsg.): Dienstleistungsqualität. Konzepte – Methoden – Erfahrungen, 3. Aufl., Wiesbaden, S. 389–320.

Hermanns, A./Püttmann, M. (1993): Integrierte Marketing-Kommunikation, in: Berndt, R./Hermanns, A. (Hrsg.): Handbuch Marketing-Kommunikation, Wiesbaden, S. 19–42.

Herrmann, A. (2003): Relevanz des Preismanagements für den Unternehmenserfolg, in: Diller, H./Herrmann, A. (Hrsg.): Handbuch Preispolitik. Strategien – Planung – Organisation – Umsetzung, 2. Aufl., Wiesbaden, S. 33–48.

Herrmann, A./Huber, F. (2013): Produktmanagement. Grundlagen – Methoden – Beispiele, 3. Aufl., Wiesbaden.

Herrmann, A./Johnson, M. D. (1999): Die Kundenzufriedenheit als Bestimmungsfaktor der Kundenbindung, in: Zeitschrift für betriebswirtschaftliche Forschung, 51. Jg., Nr. 6, S. 579–599.

Herrmann, J. (2014): Audit, in: Pfeifer, T./Schmitt, R. (Hrsg.): Masing Handbuch Qualitätsmanagement, 6. Aufl., München, S. 337–347.

Herstatt, C. (2009): Virtuelle Kundeneinbindung in den frühen Innovationsphasen, in: Hinterhuber, H. H./Matzler, K. (Hrsg.): Kundenorientierte Unternehmensführung. Kundenorientierung – Kundenzufriedenheit – Kundenbindung, 6. Aufl., Wiesbaden, S. 223–246.

Heskett, J. L. (1986): Managing in the Service Economy, Boston.

Heskett, J. L. (1988): Management von Dienstleistungsunternehmen. Erfolgreiche Strategien in einem Wachstumsmarkt, Wiesbaden.

Heskett, J. L./Sasser, W. E./Schlesinger, L. A. (1997): The Service Profit Chain, New York.

Heskett, J. L./Schlesinger, L. A. (1994): Putting the Service-Profit Chain to Work, in: Harvard Business Review, Vol. 72, No. 2, S. 164–174.

Hilker, J. (1993): Marketingimplementierung, Wiesbaden.

Hilker, J. (2001): Marketingimplementierung – Grundlagen und Umsetzung für das Dienstleistungsmanagement, in: Bruhn, M./Meffert, H. (Hrsg.): Handbuch Dienstleistungsmanagement. Von der strategischen Konzeption zur praktischen Umsetzung, 2. Aufl., Wiesbaden, S. 827–849.

Hill, N. (2006): Handbook of Customer Satisfaction and Loyalty Measurement, 3. Aufl., Hampshire.

Hippner, H. (2005): Die (R)Evolution des Customer Relationship Management, in: Marketing ZFP, 27. Jg., Nr. 2, S. 115–134.

Hirschmann, A.O. (1970): Exit, Voice, and Logalty, Boston.

Hoeck, M. (2007): Analyse der Konformitätskosten – dargestellt am Beispiel des Kundenservice eines Versandhandelsunternehmens, in: Zeitschrift für Planung & Unternehmenssteuerung, 18. Jg., Nr. 1, S. 61–82.

Hofbauer, G. (2012): Customer Integration. Prinzipien der Kundenintegration zur Entwicklung neuer Produkte, Working Paper Nr. 26, Universität Ingolstadt.

Hofbauer, G./Hellwig, C. (2015): Professionelles Vertriebsmanagement. Der prozessorientierte Ansatz aus Anbieter- und Beschaffersicht, 4. Aufl., Erlangen.

Hoffmann, A. (1991): Die Erfolgskontrolle von Beschwerdemanagement-Systemen. Theoretische und empirische Erkenntnisse zum unternehmerischen Nutzen von Beschwerdeabteilungen, Frankfurt am Main.

Hoffmann, A./Götz, O. (2007): The Impact of Organizational Culture CRM Performance, Arbeitspapier, TNS Infratest Center for Customer Management, Westfälische Wilhelms-Universität Münster.

Holland, H. (2009): Direktmarketing, 3. Aufl., München.

Hölscher Market Research Consultant (2003): Integrierte Kommunikation. Hemmnisse und Potenziale, Werne.

Holzhauser, H. L. (2016): Strategische Kundenanalyse in mittelgroßen Familienunternehmen, Wiesbaden.

Homburg, C. (2000): Kundennähe von Industriegüterunternehmen. Konzeption – Erfolgswirkungen – Determinanten, 3. Aufl., Wiesbaden.

Homburg, C. (Hrsg.) (2016): Kundenzufriedenheit. Konzepte – Methoden – Erfahrungen, 9. Aufl., Wiesbaden.

Homburg, C./Bruhn, M. (2013): Kundenbindungsmanagement. Eine Einführung in die theoretischen und praktischen Problemstellungen, in: Bruhn, M./Homburg, C. (Hrsg.): Handbuch Kundenbindungsmanagement. Strategien und Instrumente für ein erfolgreiches CRM, 8. Aufl., Wiesbaden, S. 3–39.

Homburg, C./Daum, D. (1997): Marktorientiertes Kostenmanagement. Kosteneffizienz und Kundennähe verbinden, Frankfurt am Main.

Homburg, C./Faßnacht, M./Werner, H. (2000): Operationalisierung von Kundenzufriedenheit und Kundenbindung, in: Bruhn, M./Homburg, C. (Hrsg.): Handbuch Kundenbindungsmanagement. Grundlagen – Konzepte – Erfahrungen, 3. Aufl., Wiesbaden, S. 505–527.

Homburg, C./Fürst, A. (2010): Überblick über die Messung von Kundenzufriedenheit und Kundenbindung, in: Bruhn, M./Homburg, C. (Hrsg.): Handbuch Kundenbindungsmanagement. Strategien und Instrumente für ein erfolgreiches CRM, 7. Aufl., Wiesbaden, S. 599–634.

Homburg, C./Hippen, F./Beutin, N. (1998): Kundenbindung durch Zusatzservice, in: Bankmagazin, 5. Jg., Nr. 5, S. 70–71.

Homburg, C./Koschate, N./Hoyer, W. D. (2005): Do satisfied customers really pay more? A study of the relationship between customer satisfaction and willingness to pay, in: Journal of Marketing, Vol. 69, No. 2, S. 84–96.

Homburg, C./Schnurr, P. (1998): Kundenwert als Instrument der Wertorientierten Unternehmensführung, in: Bruhn, M./Lusti, M./Müller, W./Schierenbeck, H./Studer, T. (Hrsg.): Wertorientierte Unternehmensführung, Wiesbaden, S. 169–189.

Homburg, C./Stock, R. (2006): Theoretische Perspektiven zur Kundenzufriedenheit, in: Homburg, C. (Hrsg.): Kundenzufriedenheit. Konzepte – Methoden – Erfahrungen, 6. Aufl., Wiesbaden, S. 17–50.

Homburg, C./Werner, H. (1998): Kundenorientierung mit System. Mit Customer Orientation Management zu profitablem Wachstum, Frankfurt am Main.

Homburg, C./Müller, M./Klarmann, M. (2011a): When should the customer really be king? On the optimum level of salesperson customer orientation in sales encounters, in: Journal of Marketing, Vol. 75, No. 2, S. 55–74.

Homburg, C./Müller, M./Klarmann, M. (2011b): When does salespeople's customer orientation lead to customer loyalty? The differential effects of relational and functional customer orientation, in: Journal of the Academy of Marketing Science, Vol. 39, No. 6, S. 795–812.

Homburg, C./Sieben, F. (2005): Customer Relationship Management (CRM) – Strategische Ausrichtung statt IT-getriebenem Aktivismus, in: Bruhn, M./ Homburg, C. (Hrsg.): Handbuch Kundenbindungsmanagement, Wiesbaden, S. 435–462.

Homburg, C./Wieseke, J./Hoyer, W. D. (2009): Social Identity and the Service-Profit Chain, in: Journal of Marketing, Vol. 73, No. 2, S. 38–54.

Hörner, T. (2006): Marketing im Internet. Konzepte zur erfolgreichen Online-Präsenz, München.

Horváth, P./Urban, G. (1990): Qualitätscontrolling, Stuttgart.

Howe, J. (2008): Crowdsourcing. Why the Power of the Crowd is Driving the Future of Business, New York.

Huang, M. H. (2015): The Impact of Employee SOCO Approach on Customer Relationships in Financial Services, in: Proceedings of the 2007 Academy of Marketing Science (AMS) Annual Conference, Coral Gables, S. 247–251.

Huber, F./Lehmann, A./Braunstein, C. (2009): Der Zusammenhang zwischen Produktqualität, Kundenzufriedenheit und Unternehmenserfolg, in: Hinterhuber, H. H./Matzler, K. (Hrsg.): Kundenorientierte Unternehmensführung, 6. Aufl., Wiesbaden, S. 67–84.

Huber, J./Wisskirchen, C. (2005): Wichtig ist wenig, in: Die Bank, 44. Jg., Nr. 7, S. 57–59.

Hünerberg, R./Mann, A. (2004): Dialogkommunikation als Instrument des Innovationsmanagements, in: Bruhn, M./Stauss, B. (Hrsg.): Dienstleistungsinnovationen. Forum Dienstleistungsmanagement, Wiesbaden, S. 251–279.

IBM (2014): Analytics: The Speed Advantage, https://www-01.ibm.com/ marketing/iwm/iwm/web/signup.do?source=swg-BA_WebOrganic&S_PKG =ov28176&dynform=11341 (Zugriff am 27.10.2015).

IDC (2006): IDC Global Survey: Strategic IT Solutions Gathering Momentum. Security is still the Number One Tech Driver, www.idc.com (Zugriff am 7. 5. 2006).

Ishikawa, K. (1985): What is Quality Control? The Japanese Way, New York.

Janiesch, Ch./Ruggaber, R./Sure, Y. (2008): Eine Infrastruktur für das Internet der Dienste, in: HMD Praxis der Wirtschaftsinformatik, Vol. 45, No. 3, S. 71–79.

Jenson, O. (2008): Kundenorientierte Vergütungssysteme als Schlüssel zur Kundenzufriedenheit, in: Homburg, C. (Hrsg.): Kundenzufriedenheit. Konzepte – Methoden – Erfahrungen, 7. Aufl., Wiesbaden, S. 357–374.

Jeschke, K. (1997): Aktives Beschwerdemanagement, in: Planung und Analyse, 24. Jg., Nr. 4, S. 66–69.

Kamiske, G. F./Brauer, J.-P. (2011): Qualitätsmanagement von A bis Z. Wichtige Begriffe des Qualitätsmanagements und ihre Bedeutung, 7. Aufl., München.

Kamiske, G. F. (2015): Handbuch QM-Methoden: Die richtige Methode auswählen und erfolgreich umsetzen, 3. Aufl., München.

Kara, A./Spillan, J. E./DeShields, O. W. (2005): The effect of a market orientation on business performance: a study of small-sized service retailers using MARKOR scale, in: Journal of Small Business Management, Vol. 43, No. 2, S. 105–118.

Katz, R. (2003): The Human Side of Managing Technological Innovation. A Collection of Readings, 2. Aufl., New York.

Kaufmanns, R. (2014): eCRM–Kundenbindung im Internet durch den Einsatz von Empfehlungssystemen. Analyse der kundenseitigen Wirkungen von Personalisierungsmethoden anhand des von Amazon eingesetzten Empfehlungssystems, Hamburg.

Keiningham, T. L./Cooil, B./Aksoy, L./Andreassen, T. W./Weiner, J. (2007a): The value of different customer satisfaction and loyalty metrics in predicting customer retention, recommendation, and share-of-wallet, in: Managing Service Quality, Vol. 17, No. 4, S. 361–384.

Keiningham, T. L./Cooil, B./Andreassen, T. W./Aksoy, L. (2007b): A Longitudinal Examination of Net Promoter and Firm Revenue Growth, in: Journal of Marketing, Vol. 71, No. 3, S. 39–51.

Keller, B./Krause, J./Siek, M. (2002): Kundenbindung als Instrument des Marketing-Controlling?, in: Die Bank, 41. Jg., Nr. 8, S. 549–553.

Kirchgeorg, M./Springer, C. (2010): Einsatz und Wirkungen von Instrumenten der Live Communication im Kundenbeziehungszyklus, in: Georgi, D./Hadwich, K. (Hrsg.): Management von Kundenbeziehungen, Wiesbaden, S. 325–344.

Kleinaltenkamp, M. (1996): Customer Integration – Kundenintegration als Leitbild für das Business-to-Business-Marketing, in: Kleinaltenkamp, M./ Fließ, S./Jacob, F. (Hrsg.): Customer Integration. Von der Kundenorientierung zur Kundenintegration, Wiesbaden, S. 13–37.

Kliatchko, J. (2001): IMC and the Future of Marketing, in: European Association of Communications Agencies (Hrsg.): ComCom special thematic report, Brüssel, S. 1–10.

Köhler, R. (2005): Kundenorientiertes Rechnungswesen als Voraussetzung des Kundenbindungsmanagements, in: Bruhn, M./Homburg, C. (Hrsg.): Handbuch Kundenbindungsmanagement. Strategien und Instrumente für ein erfolgreiches CRM, 5. Aufl., Wiesbaden, S. 401–434.

Köhler, R. (2007): Kundenbeziehungen als Gegenstand des Controlling, in: Gouthier, M./Coenen, C./Schulze, H./Wegmann, C. (Hrsg.): Service Excellence als Impulsgeber. Strategien – Management – Innovationen – Branchen, Wiesbaden, S. 504–525.

Kohli, A. K./Jaworski, B. J./Kumar, A. (1993): MARKOR. A Measure of Market Orientation, in: Journal of Marketing, Vol. 30, No. 11, S. 467–477.

Kolks, U. (1990): Strategieimplementierung. Ein anwendungsorientiertes Konzept, Wiesbaden.

Kollmann, T. (2011): E-Entrepreneurship: Grundlagen der Unternehmensgründung in der Net Economy, Wiesbaden.

Konica Minolta (2015): Unternehmen, http://www.konicaminolta.de/de/business-solutions/unternehmen/partner-programm.html (Zugriff am 8.10. 2015).

Kotler, P./Keller, K. L./Bliemel, F. (2007): Marketing-Management. Strategien für wertschaffendes Handeln, 12. Aufl., München.

Kozinets, R. (2002): The Field Behind the Screen. Using Netnographic for Marketing Research in Online Communications, in: Journal of Marketing Research, Vol. 39, No. 1, S. 61–72.

Krafft, M. (2007): Kundenbindung und Kundenwert, 2. Aufl., Heidelberg.

Krafft, M./Albers, S. (2000): Ansätze zur Segmentierung von Kunden. Wie geeignet sind herkömmliche Konzepte? in: Zeitschrift für betriebswirtschaftliche Forschung, 52. Jg., Nr. 1, S. 515–526.

Krafft, M./Hoyer, W. D./Reinartz, W. J./Müller, H. D. (2002): Einsatz von Customer Relationship Management (CRM)-Systemen. Eine internationale Studie, Arbeitsbericht des ZMU an der WHU, Vallendar.

Krafft, M./Rutsatz, U. (2006): Konzepte zur Messung des ökonomischen Kundenwertes, in: Günter, B./Helm, S. (Hrsg.): Kundenwert. Grundlagen – Innovative Konzepte – Praktische Umsetzungen, 3. Aufl., Wiesbaden, S. 275–298.

Kremin-Buch, B. (2007): Strategisches Kostenmanagement. Grundlagen und moderne Instrumente. Mit Fallstudien, 4 Aufl., Wiesbaden.

Kroeber-Riel, W. (1996): Bildkommunikation. Imagerystrategien für die Werbung, München.

Krug, R. (2002): Aufbau eines Ideenmanagements. Mitarbeiterbeteiligung am Veränderungsprozess, Kassel.

Kruse, C. (2005): Der Paradigmenwechsel muss im Führungsverständnis stattfinden, in: Information Management & Consulting, 20. Jg., Nr. 4, S. 94–99.

Kuckertz, A. (2015): Management. Entrepreneurial Marketing, Wiesbaden.

Kühn, R. (1991): Methodische Überlegungen zum Umgang mit der Kundenorientierung im Marketing-Management, in: Marketing ZFP, 12. Jg., Nr. 2, S. 97–108.

Kühner, A. (2013): Postbank setzt auf nachhaltige Vergütung, http://www.springerprofessional.de/postbank-setzt-auf-nachhaltige-verguetung/45650 02.html (Zugriff am 23.11.2015).

Laakmann, K. (1995): Value-Added Services als Profilierungsinstrument im Wettbewerb. Analyse, Generierung und Bewertung, Frankfurt am Main.

Läge, K. (2003): Ideenmanagement. Grundlagen, optimale Steuerung und Controlling, Wiesbaden.

Laker, M./Pohl, A./Dahlhoff, D. (2009): Kundenbindung auf neuen Märkten, in: Hinterhuber, H. H./Matzler, K. (Hrsg.): Kundenorientierte Unternehmensführung. Kundenorientierung – Kundenzufriedenheit – Kundenbindung, 6. Aufl., Wiesbaden, S. 133–146.

Lammoth, F. (2004): Die Direktmarketing-Zukunft. Multimedial. Mobil. Messbar, http://www.direktportal.de/index.4.article.341.1.html (Zugriff am 12.7.2006).

Lee, K. Y./Yang, S. B. (2015): The Role of Online Product Reviews on Information Adoption of New Product Development Professionals, in: Internet Research, Vol. 25, No. 3, S. 435–452.

Lefenda, J./Pöchhacker-Tröscher, G. (2014): Radikale Innovationen und disruptive Technologien, http://www.academia-superior.at/uploads/tx_news/2015_Radikale_Innovationen_Basisdossier.pdf (Zugriff am 16.11.2015).

LEGO Group (2015): Lego Message Boards, https://community.lego.com/t5/ LEGO-Message-Boards/ct-p/1001 (Zugriff am 8.10.2015).

Lehner, F. (2003): Information Sharing und Wissensaustausch in Unternehmen, in: Geyer-Schulz, A./Taudes, A. (Hrsg.): Informationswirtschaft: Ein Sektor mit Zukunft, Wien, S. 301–319.

Leopold, J. (2015): Open Innovation und Crowdsourcing. Neue Perspektiven des Innovationsmanagements, München.

Lerch, Ch. (2015): Interaktion von Produkt- und Dienstleistungsinnovationen, Wiesbaden.

Li, X./Hitt, L. M. (2008): Self-Selection and Information Role of Online Product Reviews, in: Information Systems Research, Vol. 19 No. 4, S. 456–474.

Link, J./Hildebrand, V. G. (1997): Ausgewählte Konzepte der Kundenbewertung im Rahmen des Database Marketing, in: Link, J./Brändli, D./Schleuning, C./Kehl, R. E. (Hrsg.): Handbuch Database Marketing, Ettlingen, S. 158–172.

Link, J./Münster, J./Gary, A. (2011): CRM-Controlling, in: Hippner, H./Huber, B./Wilde, K. D. (Hrsg.): Grundlagen des CRM. Strategie, Geschäftsprozesse und IT-Unterstützung, 3. Aufl., Wiesbaden, S. 157–182.

Lippold, D. (2015): Die Marketing-Gleichung. Einführung in das prozess- und wertorientierte Marketingmanagement, Berlin.

Lischka, A. (2000): Dialogkommunikation im Relationship Marketing. Kosten-Nutzen-Analyse zur Steuerung von Interaktionsbeziehungen, Wiesbaden.

Little, A. D. (1997): Findings of the Arthur D. Little Global Survey on Innovation. A Worldwide Study on How Top Management Uses Innovation to Achieve Growth and Competitive Advantages, Cambridge.

Liu, Y. (2006): Word of Mouth for Movies. Its Dynamics and Impact on Box Office Revenue, in: Journal of Marketing, Vol. 70, No. 3, S. 74–89.

Lotus-Effect (2015): Superhydrophobe selbstreinigende Oberflächen: Der Lotus-Effekt, http://www.lotus-salvinia.de/index.php/lotus-effect (Zugriff am 8.10.2015).

Lovelock, C. H./Wirtz, J. (2011): Services Marketing. People, Technology, Strategy, 7. Aufl., Upper Saddle River.

Lufthansa (2010): Die Dienstleistungsstrategie der Lufthansa http://vdgh. de/media/file/1067.brumbach-berlin-vkd-vdgh-2010.pdf (Zugriff am 1.12. 2015).

Lufthansa (2012): Geschäftsbericht 2012, http://investor-relations.lufthansagroup.com/fileadmin/downloads/de/finanzberichte/geschaeftsberichte/LH-GB-2012-d.pdf (Zugriff am 30.11.2015).

Lufthansa (2014): The Lufthansa Group – The Way Forward, http://investor-relations.lufthansagroup.com/fileadmin/downloads/de/charts-reden/LH-the-way forward-d-2014–07 pdf (Zugriff am 1.12. 2015).

Lufthansa (2015a): Lufthansa Cargo, www.lufthansa-cargo.com (Zugriff am 8.10.2015).

Lufthansa (2015b): Bewerbungsablauf Kundenservice, https://www.be-lufthansa.com/rund-um-ihre-bewerbung/auswahlphilosophie/#/rund-um-ihre-bewerbung/bewerbungsablauf/ (Zugriff am 23.11. 2015).

Mahnel, M. (2013): Wachstum dank After Sales Service. So binden Sie Ihre Kunden an sich!, http://www.unternehmer.de/marketing-vertrieb/152970-wachstum-dank-sales-service-binden-sie-ihre-kun den-sich (Zugriff am 11.11. 2015).

Malär, L./Krohmer, H./Hoyer, W. D./Nyffenegger, B. (2011): Emotional brand attachment and brand personality: The relative importance of the actual and the ideal self, in: Journal of Marketing, Vol. 75, No. 4, S. 35–52.

MBtech (2010): CRM von Luxusmarken – Eine empirische Studie deutscher Luxusmarken, https://www.mbtechgroup.com/fileadmin/media/pdf/consulting/downloads/CRM_von_Luxusmarken.pdf (Zugriff am 23.11.2015).

McKinsey & Company (2001): Innovations Kompass 2001. Radikale Innovationen erfolgreich managen. Handlungsempfehlungen auf Basis einer empirischen Untersuchung, Düsseldorf.

McKinsey (2007): House of Service Quality, in: McK Wissen, Vol. 6, No. 20, S. 58–61.

Medl, N. (2006): Preispolitik als Instrument der Kundenbindung. Grundlagen und Überblick, Saarbrücken.

Meffert, H. (1995): Marktorientiertes Innovationsmanagement – Erfolgsvoraussetzungen von Produkt- und Dienstleistungsinnovationen, in: Oppenländer, K.-H./Popp, W. (Hrsg.): Innovationen und wirtschaftlicher Fortschritt. Betriebs- und volkswirtschaftliche Perspektiven, Bern, S. 27–51.

Meffert, H. (2009): Kundenbindung als Element moderner Wettbewerbsstrategien, in: Bruhn, M./Homburg, C. (Hrsg.): Handbuch Kundenbindungsmanagement. Grundlagen – Konzepte – Erfahrungen, 6. Aufl., Wiesbaden, S. 145–166.

Meffert, H./Bruhn, M./Hadwich, K. (2015): Dienstleistungsmarketing. Grundlagen – Konzepte – Methoden, 8. Aufl., Wiesbaden.

Meffert, H./Burmann, C./Kirchgeorg, M. (2015): Marketing. Grundlagen marktorientierter Unternehmensführung. Konzepte, Instrumente, Praxisbeispiele, 12. Aufl., Wiesbaden.

Meffert, H./Pohlkamp, A./Böckermann, F. (2010): Wettbewerbsperspektiven des Kundenbeziehungsmanagements im Spannungsfeld wissenschaftlicher Erkenntnisse und praktischer Exzellenz, in: Georgi, D./Hadwich, K. (Hrsg.): Management von Kundenbeziehungen, Wiesbaden, S. 3–26.

Meinzer, W. (2013): Preisverhandlung von Standardsoftware im Investitionsgütergeschäft. Eine spieltheoretische Analyse, Stuttgart.

Meißner, H. (2004): Management des Kundendialogs per E-Mail, Frankfurt am Main.

Mengen, A. (2012): Kundenmanagement mit dem Kundenwert – Wie Unternehmen mit Marketing- und Vertriebscontrolling kundenbezogenen Aufwand und Nutzen in Einklang bringen, in: Controller Magazin, S. 20–26.

Mengen, A./Krings, A. (2012): Kundenwertmanagement, Wissenschaftliche Schriften Nr. 8, Fachhochschule Koblenz.

Menguc, B./Auh, S. (2006): Creating a Firm-level Dynamic Capability through Capitalizing on Market Orientation and Innovativeness, in: Journal of the Academy of Marketing Science, Vol. 34, No. 1, S. 63–73.

Menor, L./Tatikonda, M./Sampson, S. (2002): New Service Development. Areas for Exploitation and Exploration, in: Journal of Operations Management, Vol. 20, No. 2, S. 135–157.

Mentzel, W. (2012): Personalentwicklung. Wie Sie Ihre Mitarbeiter fordern und weiterbilden, 4. Aufl., München.

Mercedes-Benz (2015): Mercedes Service Card, http://www.mercedesservicecard.de/ (Zugriff am 8.10.2015).

Meta Group (2001): Five CRM Trends for 2011, http://itmanagement.earthweb.com/datbus/article.php/769281/META-Group-Report-Five-CRM-Trends-for-2001--02.htm (Zugriff am 23.3.2011).

Meyer, A./Blümelhuber, C. (2000): Kundenbindung durch Services, in: Bruhn, M./Homburg, C. (Hrsg.): Handbuch Kundenbindungsmanagement. Grundlagen – Konzepte – Erfahrungen, 3. Aufl., Wiesbaden, S. 269–292.

Meyer, A./Dornach, F. (2001): Kundenmonitor Deutschland – Qualität und Kundenorientierung – Jahrbuch der Kundenorientierung in Deutschland 2001, in: Servicebarometer AG (Hrsg.): Kundenmonitor Deutschland – Qualität und Kundenorientierung – Jahrbuch der Kundenorientierung in Deutschland 2001, München.

Meyer, A./Dullinger, F. (1998): Methoden zur Planung und Kontrolle von Leistungsprogrammen, in: Meyer, A. (Hrsg.): Handbuch Dienstleistungs-Marketing, München, S. 766–783.

Meyer, A./Oevermann, D. (1995): Kundenbindung, in: Tietz, B./Köhler, R./Zentes, J. (Hrsg.): Handwörterbuch des Marketing, 2. Aufl., Stuttgart, S. 1340–1351.

Michaels, R. E./Day, R. L. (1985): Measuring Customer Orientation of Sales-people: A Replication With Industrial Buyers, in: Journal of Marketing Research, Vol. 22, No. 4, S. 443–446.

Michalski, S. (2002): Kundenabwanderungs- und Kundenrückgewinnungs-prozesse. Eine theoretische und empirische Untersuchung am Beispiel von Banken, Wiesbaden.

Miglautsch, J. (2000): Thoughts on RFM Scoring, in: Journal of Database Marketing, Vol. 8, No. 1, S. 67–72.

Mitra, A. (2008): Fundamentals of Quality Control and Improvement, 3. Aufl., New Jersey.

Mohme, J. (1992): Der Einsatz von Kundenkarten im Einzelhandel. Konzeptionelle und praktische Probleme kartengestützter Kundeninformationssysteme und Kundenbindungsstrategien im stationären Einzelhandel, Frankfurt am Main.

Möller, H./Drexler, A. (2011): Bildungscontrolling in der Coachingausbildung, in: Stephan, M./Gross, P. (Hrsg.): Organisation und Marketing von Coaching, Wiesbaden, S. 115–136.

Moores, B. (1991): Lessons from Some of Americas Most Respected Service Providers, in: van der Wiele, T./Timmers, J. G. (Hrsg.): Proceedings of the Workshop on Quality Management in Services, Booklet 3, Brüssel, S. 437–450.

Möslein, K. M./Neyer, A.-K. (2009): Open Innovation – Grundlagen, Herausforderungen, Spannungsfelder, in: Zerfaß, A./Möslein, K. M. (Hrsg.): Kommunikation als Erfolgsfaktor im Innovationsmanagement, Wiesbaden, S. 85–105.

Mowen, M./Hansen, D./Heitger, D.L. (2014): Cornerstones of Managerial Accounting, 6. Aufl., Mason.

Mudambi, S. M./Schuff, D. (2010): What Makes a Helpful Review? A Study of Customer Reviews on Amazon.com, in: MIS Quarterly, Vol. 34, No. 1, S. 185–200.

Muniz, A. M. J./Schau, H. J. (2005): Religiosity in the Abondened Apple Newton Brand Community, in: Journal of Consumer Research, Vol. 31, No. 4, S. 737–747.

Mytaxi (2015): Mytaxi, https://us.mytaxi.com/index.html (Zugriff am 23.11.2015).

Narver, J. C./Slater, S. F. (1990): The Effect of Market Orientation on Business Profitability, in: Journal of Marketing, Vol. 54, No. 10, S. 20–35.

Naß, S. (2012): Strategisches Kündigungsverhalten. Eine empirische Analyse vertraglicher Endkundenbeziehungen, Wiesbaden.

Nebel, J./Schulz, A./Flohr, E. (2012): Das Franchise-System: Handbuch für Franchisegeber und Franchisenehmer, München.

Ness, J. A./Schroeck, M. J./Letendre, R. A./Douglas, W. J. (2001): The Role of ABM in Measuring Customer Value. Part two, in: Strategic Finance, Vol. 82, No. 10, S. 44–49.

Neu, M./Günter, J. (2015): Erfolgreiche Kundenrückgewinnung. Verlorene Kunden identifizieren, halten und zurückgewinnen, Wiesbaden.

Neumann, A. K. (2014): CRM mit Mitarbeitern erfolgreich umsetzen. Aufgaben, Kompetenzen und Maßnahmen der Unternehmen, Wiesbaden.

Nguyen, H./Groth, M./Walsh, G./Hennig-Thurau, T. (2014): The Impact of Service Scripts on Customer Citizenship Behavior and the Moderating Role of Employee Customer Orientation, in: Psychology & Marketing, Vol. 31, No. 12, S. 1096–1109.

Nicolai, A. T./Petersmann, T. (Hrsg.) (2001): Strategien im M-Commerce, Stuttgart.

Nielsen (2015): Anteil der befragten Verbraucher weltweit, die Vertrauen in folgenden Werbeformen haben im Jahr 2015, http://de.statista.com/statistik/daten/studie/29057/umfrage/vertrauen-in-werbeformen/(Zugriff am 17.11.2015).

Noack, M. (2014): Unsere 5 Gründe, warum CRM Projekte scheitern, http://sellmore.de/blog-detail/unsere-5-gruende-warum-crm-projekte-scheitern.html (Zugriff am 18.11.2015).

Nysveen, H./Pedersen, P. E./Thorbjörnsen, H. (2005): Intentions to use Mobile Services. Antecedents and Cross-Service Comparisons, in: Journal of the Academy of Marketing Science, Vol. 33, No. 3, S. 330–346.

Oliver, R. L. (2010): Satisfaction. A Behavioral Perspective on the Consumer, 2. Aufl., New York.

Oracle (2013): Global Insights on Succeeding in the Customer Experience Era, http://www.oracle.com/us/global-cx-study-2240276.pdf (Zugriff am 27.10.2015).

Oschmann, A. (1997): Versandhandel. Im Land der unbegrenzten Garantie, in: Der Handel, 36. Jg., Nr. 11, S. 22–23.

Osc, D. (2011): Kundenorientierung im Relationship Marketing, in: Osc, D. (Hrsg.): Patientenorientierung im Krankenhaus, Wiesbaden, S. 27–33.

OVUM (2010): 2009 Business Trends: Consumer preferences in contact center interactions. End-user analysis of the contact center market, Lyon.

Parasuraman, A./Zeithaml, V. A./Berry, L. L. (1985): A Conceptual Model of Service Quality and its Implications for Future Research, in: Journal of Marketing, Vol. 49, No. 1, S. 41–50.

Parasuraman, A./Zeithaml, V. A./Berry, L. L. (1988): SERVQUAL. A Multiple-Item Scale for Measuring Consumer Perceptions of Service Quality, in: Journal of Retailing, Vol. 64, No. 1, S. 12–40.

Paul, M./Hennig-Thurau, T./Groth, M. (2015): Tightening or loosening the "iron cage"? The impact of formal and informal display controls on service customers, in: Journal of Business Research, Vol. 68, No. 5, S. 1062–1073.

Payback (2015): Payback, https://www.payback.de/ (Zugriff am 23.11.2015).

Payne, A./Frow, P. (2010): Customer Relationship Management. From Strategy to Implementation, in: Journal of Marketing Management, Vol. 22, No. 1–2, S. 135–168.

Perl, E. (2007): Grundlagen des Innovations- und Technologiemanagements, in: Strebel, H. (Hrsg.): Innovations- und Technologiemanagement, 2. Aufl., Wien, S. 17–52.

Perriat, J. A./LeMay, S./Chakrabarty, S. (2004): The Selling Orientation-Customer Orientation (SOCO) Scale: Cross Validation of the Revised Version, in: Journal of Personal Selling & Sales Management, Vol. 24, No. 1, S. 49–54.

Peter, S. I. (1999): Kundenbindung als Marketingziel. Identifikation und Analyse zentraler Determinanten, 2. Aufl., Wiesbaden.

Peters, A./Esch, F.-R./Michel, M. (2009): Maggi Kochstudio: Integrierte Umsetzung der Marke in allen Kontaktpunkten, in: Esch, F. R./Armbrecht, W. (Hrsg.): Best Practice der Markenführung, Wiesbaden, S. 287–303.

Petry, T. (2013): Studie 2013. Enterprise 2.0 findet zunehmend Eingang in die Unternehmen, http://www.embrander.de/blog/studie-2013-enterprise-

2–0-findet-zunehmend-eingang-in-die-unternehmen (Zugriff am 17.11. 2015).

Picot, A./Reichwald, R./Wiegand, R. T. (2010): Die grenzenlose Unternehmung. Information, Organisation und Management, 5. Aufl., Wiesbaden.

Plinke, W. (1992): Ausprägungen der Marktorientierung im Investitionsgüter-Marketing, in: Zeitschrift für betriebswirtschaftliche Forschung, 44. Jg., Nr. 9, S. 830–846.

Plinke, W. (1996): Kundenorientierung als Voraussetzung der Customer Integration, in: Kleinaltenkamp, M./Fließ, S./Jacob, F. (Hrsg.): Customer Integration. Von der Kundenorientierung zur Kundenintegration, Wiesbaden, S. 41–56.

Porter, M. E. (2014): Wettbewerbsvorteile. Spitzenleistung erreichen und behaupten, 8. Aufl., Frankfurt am Main.

Postbank (2015): Der Postbank Kundenbeirat, https://www.postbank.de/privatkunden/kundenbeirat.html?hl=kundenbeirat (Zugriff am 12.11.2015).

Prahalad, C./Ramaswamy, V. (2004): The Future of Competition. Co-Creating Unique Value with Customers, Boston.

Pufahl, M. (2014): Vertriebscontrolling. So steuern Sie Absatz, Umsatz und Gewinn, 5. Aufl., Wiesbaden.

Raabe, J. (2012): Erfolgsfaktoren für Innovation in Unternehmen. Eine explorative und empirische Analyse, Wiesbaden.

Raiffeisenbank Rheinbach Voreifel (2015): Anregungen & Kritik, https://www.raibaworld.de/wir-fuer-sie/ueber-uns/qualitaetsmanagement-beschwerde.html (Zugriff am 12.11.2015).

Reichheld, F. (1993): Treue Kunden müssen auch rentabel sein, in: Harvard Business Manager, 15. Jg., Nr. 3, S. 106–114.

Reichheld, F. (2003): The one number you need to grow, in: Harvard Business Review, Vol. 81, No. 12, S. 46–55.

Reichheld, F./Sasser, W. (1991): Zero-Migration: Dienstleister im Sog der Qualitätsrevolution, in: Harvard Manager, 13. Jg., Nr. 4, S. 108–116.

Reichheld, F. F./Teal, T. (2001): The loyalty effect. The hidden force behind growth, profits, and lasting value, Boston.

Reichwald, R./Piller, F. T. (2009): Interaktive Wertschöpfung. Open Innovation, Individualisierung und neue Formen der Arbeitsteilung, 2. Aufl., Wiesbaden.

Reinartz, W./Thomas, J. S./Kumar, V. (2005): Balancing acquisition and retention resources to maximize customer profitability, in: Journal of Marketing, Vol. 69, No. 1, S. 63–79.

Reinecke, S./Keller, J. (2006): Strategisches Kundenwertcontrolling: Planung, Steuerung und Kontrolle von Kundenerfolgspotenzialen, in: Reinecke, S./Tomczak, T. (Hrsg.): Handbuch Marketing-Controlling: Effektivität und Effizienz einer marktorientierten Unternehmensführung, 2. Aufl., Wiesbaden, S. 253–282.

Reinecke, S./Sipötz, E./Wiemann, E.-M. (1998): Total Customer Care. Kundenorientierung auf dem Prüfstand, St. Gallen.

Reiny, I./Buttle, F. (2014): Does Organizational Culture influence CRM Outcomes?, http://www.researchgate.net/publication/24159603 6_Does_Organizational_Culture_influence_CRM_Outcomes (Zugriff am 18.11.2015).

Reisach, U. (1994): Markt- und Mitarbeiterorientierung von Kreditinstituten. Eine personalwirtschaftliche Analyse der Wechselwirkungen, München.

Reiß, M. (1995): Implementierungsarbeit im Spannungsfeld zwischen Effektivität und Effizienz, in: Zeitschrift für Organisation, 64. Jg., Nr. 5, S. 278–289.

Rödl IT-Consulting GmbH (2015): Targenio – die CRM-Workflow-Software, http://www.roedl.de/dienstleistungen/unternehmensberatung-it-beratung/itloesungen/targenio-crm-workflow-loesung/ (Zugriff am 12.11.2015).

Rogers, R. E. (2013): Implementation of Total Quality Management. A Comprehensive Training Program, New York.

Roh, T. H./Ahn, C. K./Han, I. (2005): The Priority Factor Model for Customer Relationship Management System Success, in: Experts Systems with Applications, Vol. 28, No. 4, S. 641–654.

Roland Berger (2002): Megatrends im Customer Relationship. Management Trendstudie, http://www.rolandberger.de/pdf/rb_press/public/RB_CRM_megatrends_approach_e_20040921.pdf (Zugriff am 14. 9. 2006).

Roller, J. (2008): Kompromisslose Kundenorientierung als Wettbewerbsfaktor: Das Kundenmanagement der TNT Express, in: Töpfer, A. (Hrsg.): Handbuch Kundenmanagement, Berlin/Heidelberg, S. 965–975.

Rossmann (2015): Babywelt, https://www.rossmann.de/verbraucherportal/baby-kind/babywelt.html (Zugriff am 17.11.2015).

Roth, S. (2012): Innovationsfähigkeit im dynamischen Wettbewerb. Strategien erfolgreicher Automobilzulieferunternehmen, Wiesbaden.

Rothlauf, J. (2014): Total quality management in Theorie und Praxis. Zum ganzheitlichen Unternehmensverständnis, 4. Aufl., München.

Rothwell, R. (1992): Successful Industrial Innovation: Critical Success Factors for the 1990s, in: R&D Management, Vol. 22, No. 3, S. 221–239.

Rouhi, K. (2012): Dualer Kundenwert und Kundenwertsteuerung auf Massenmärkten, Wiesbaden.

Rust, R. T./Lemon, K./Zeithaml, V. (2000): Driving Customer Equity. How Customer Lifetime Value is Reshaping Corporate Strategy, New York.

Rust, R. T./Lemon, K. N./Zeithaml, V. A. (2004): Return on marketing: Using customer equity to focus marketing strategy, in: Journal of Marketing, Vol. 68, No. 1, S. 109–127.

Rust, R. T./Zahorik, A. J./Keiningham, T. L. (1994): Return on Quality. Measuring the Financial Impact of your Company's Quest for Quality, Chicago.

Ryser, H. (2011): Private-Banking-Rating 2011: ZKB schlägt UBS und CS, http://www.bilanz.ch/invest/private-banking-rating-2011-zkb-schlaegt-ubs-und-cs (Zugriff am 13. 10. 2015).

Sackmann, S./Bissels, S./Bissels, T. (2002): Kulturelle Vielfalt in Organisationen: Ansätze zum Umgang mit einem vernachlässigten Thema der Organisationswissenschaft, in: Die Betriebswirtschaft, 62. Jg., Nr. 1, S. 43–58.

Sauerbrey, C./Henning, R. (2000): Kunden-Rückgewinnung – erfolgreiches Management für Dienstleister, München.

Saxe, R./Weitz, B. A. (1982): The SOCO scale: a measure of the customer orientation of salespeople, in: Journal of Marketing Research, Vol. 19, No. 3, S. 343–351.

Schawel, C./Billing, F. (2014): Top 100 Management Tools – Das wichtigste Buch eines Managers, 5. Aufl., Wiesbaden.

Scheer, A.-W./Grieble, O./Klein, R. (2006): Modellbasiertes Dienstleistungsmanagement, in: Bullinger, H.-J./Scheer, A.-W. (Hrsg.): Service Engineering. Entwicklung und Gestaltung innovativer Dienstleistungen, 2. Aufl., Berlin, S. 19–51.

Schein, E. H. (2009): The Corporate Culture Survival Guide, 2. Aufl., San Francisco.

Schildknecht, R. (1992): Total Quality Management. Konzeption und State of the Art, Frankfurt am Main.

Schimank, C./Römer, S./Wunderlich, P. (2011): Innovationsfähigkeit zum Erfolgsfaktor entwickeln, „Innovations-Controlling", Der Controlling-Berater, 13. Jg., Nr. 1, S. 29–50.

Schlosser, F. K./McNaughton, R. B. (2009): Using the I-MARKOR scale to identify market-oriented individuals in the financial services sector, in: Journal of Services Marketing, Vol. 23, No. 4, S. 236–248.

Schmitt, R./Pfeifer, T. (2015): Qualitätsmanagement. Strategien, Methoden, Techniken, 5. Aufl., München.

Schneider, I. (2002): Auf Draht für den Kunden – Organisation von Call Centern mit dem EFQM-Modell, in: Qualität und Zuverlässigkeit, 47. Jg., Nr. 10, S. 1012–1014.

Schneider, W. (2008): Profitable Kundenorientierung durch Customer Relationships Management (CRM). Wertvolle Kunden gewinnen, begeistern und dauerhaft binden, München.

Scholz, C. (2014): Personalmanagement. Informationsorientierte und verhaltenstheoretische Grundlagen, 6. Aufl., München.

Schulte, C. (2012): Personal-Controlling mit Kennzahlen, 3. Aufl., München.

Schultz, D. E. (2004): Two Profs Prove Real Value of Media Integration, in: Marketing News, Vol. 38, No. 1, S. 6–7.

Schultz, D. E./Kitchen, P. J. (2000): Communicating Globally. An Integrated Marketing Approach, Lincolnwood.

Schumacher, E. F. (1977): Die Rückkehr zum menschlichen Maß, Reinbek.

Schumpeter, J. A. (2006): Theorie der wirtschaftlichen Entwicklung, Nachdruck der 1. Auflage von 1912, Hrsg.: Röpke, J./Stiller, O., Berlin.

Seghezzi, H. D./Fahrni, F./Friedli, T. (2013): Integriertes Qualitätsmanagement. Das St. Galler Konzept, 4. Aufl., München.

Seibert, S. E./Wang, G./Courtright, S. H. (2011): Antecedents and consequences of psychological and team empowerment in organizations: a meta-analytic review, in: Journal of Applied Psychology, Vol. 96, No. 5, S. 981–1003.

Servicebarometer (2010). Serviceprofil. Internetanbieter 2010, https://www.servicebarometer.net/kundenmonitor/de/serviceprofile.html?file=fil es/public_ docs/sp_serviceprofile/DE2010/KMDE2010_SP_110_de.pdf (Zugriff am 12.11. 2015).

Servicebarometer (2015): Kundenmonitor Deutschland 2015, https://www.servicebarometer.net/kundenmonitor/de/branchenuebergreifende-ergebnisse.html (Zugriff am 12.11.2015).

Servmark (2010): Interne Versicherungsstudie, München.

Shapiro, B. P. (1988): What the Hell Is „Market Oriented"? in: Harvard Business Review, Vol. 66, No. 3, S. 119–125.

Shi, Y. Y./Liu, C. Y. (2005): A Method for Customer Lifetime Value Ranking: Combining the Analytic Hierarchy Process and the Clustering Analysis, in: Journal of Database Marketing & Customer Strategy Management, Vol. 11, No. 2, S. 159–172.

Shum, P./Bove, L./Auh, S. (2008): Employees' affective commitment to change: The key to successful CRM implementation, in: European Journal of Marketing, Vol. 22, No. 11/12, S. 1346–1371.

Sieber & Partners (2007): http://www.pascal-sieber.ch/Files/cno/cno-07/ cno_PostFinance_rbc_def.pdf (Zugriff am 24. 02.2011).

Sieck, H. (2011): Key Account Management: Wie Sie erfolgreich KAM im Mittelstand oder im global agierenden Konzern einführen und professionell weiterentwickeln, Norderstedt.

Siemens (2010): Siemens Qualitätsmanagement, https://w1.siemens.ch/home/ch/de/cc/siemens/siemensA/qualitaet/Documents/110429_verbindliche_elemente_v3.pdf (Zugriff am 23.11.2015).

Siems, F. (2003): Preiswahrnehmung von Dienstleistungen. Konzeptualisierung und Integration in das Relationship Marketing, Wiesbaden.

Silberer, G. (2004): Grundlagen und Potenziale der mobilfunkbasierten Kundenbeziehungspflege (mobile eCRM), in: Hippner, H./Wilde, K. (Hrsg.): IT-Systeme im CRM, Wiesbaden, S. 453–472.

Simon, H. (1995): Preismanagement kompakt. Probleme und Methoden des modernen Pricing, Wiesbaden.

Simon, H./Fassnacht, M. (2009): Preismanagement. Analyse – Strategie – Umsetzung, 3. Aufl., Wiesbaden.

Simon, H./Tacke, G./Buchwald, G. (2005): Kundenbindung durch Preispolitik, in: Bruhn, M./Homburg, C. (Hrsg.): Handbuch Kundenbindungsmanagement. Strategien für ein erfolgreiches CRM, 5. Aufl., Wiesbaden, S. 343–360.

Smookler, J. (1966): Invention and Economic Growth, Cambridge.

Sparkasse (2015): S-Finanzstatus – kostenlose iPhone App, https://www.sparkassen-shop.de/home/detail/sparkasse,3912/ (Zugriff am 9.10. 2015).

Späth, L. (Hrsg.) (2006): Top 100. 2006 – Ausgezeichnete Innovatoren im deutschen Mittelstand, Heidelberg.

Specht, G./Beckmann, C./Amelingmeyer, J. (2002): F&E-Management: Kompetenz im Innovationsmanagement, 2. Aufl., Stuttgart.

Spork, S./Palmersheim, G. (2004): Beschwerdezufriedenheit im Einzelhandel, in: Handel im Fokus – Mitteilungen des IfH, 56. Jg., Nr. 4, S. 285–297.

Stahl, K. H./Matzler, K./Hinterhuber, H. H. (2006): Kundenbewertung und Sahreholder Value, in: Günter, B./Helm, S. (Hrsg.): Kundenwert. Grundlagen, Innovativen Konzepte, Praktische Umsetzungen, 3. Aufl., Wiesbaden, S. 425–445.

Statista (2014): Marktdaten zu E-Commerce & Versandhandel (B2C), http://de.statista.com/statistik/kategorien/kategorie/10/themen/80/branche/b2c-e-commerce/ (Zugriff am 9.11.2015).

Statista (2015a): 2/3 der Online-Shops setzen auf mobil, http://de.statista.com/infografik/2909/anteil-der-onlineshops-mit-weiteren-vertriebskanaelen/ (Zugriff am 9.11.2015).

Statista (2015b): Anzahl der monatlich aktiven Facebook-Nutzer weltweit vom 3. Quartal 2008 bis zum 3. Quartal 2015 (in Millionen), http://de.statista.com/statistik/daten/studie/37545/umfrage/anzahl-der-aktiven-nutzer-von-facebook/ (Zugriff am 17.11.2015).

Statista (2015c): Weltweite Ausgaben für Mobile Advertising in den Jahren 2010 bis 2014 und Prognose bis 2019 (in Milliarden US-Dollar), http://de.statista.com/statistik/daten/studie/238170/umfrage/prognose-der-ausgaben-fuer-mobile-advertising-weltweit/ (Zugriff am 17.11.2015).

Staudter, C./Von Hugo, C./Bosselmann, P./Mollenhauer, J. P./Meran, R./Roenpage, O. (2014): Design for Six Sigma+ Lean Toolset. Mindset für erfolgreiche Innovationen, Berlin.

Stauss, B. (1999): Kundenzufriedenheit, in: Marketing ZFP, 21. Jg., Nr. 1, S. 5–24.

Stauss, B. (2000): „Augenblicke der Wahrheit" in der Dienstleistungserstellung. Ihre Relevanz und ihre Messung mit Hilfe der Kontaktpunkt-Analyse, in: Bruhn, M./Stauss, B. (Hrsg.): Dienstleistungsqualität. Konzepte – Methoden – Erfahrungen, 3. Aufl., Wiesbaden, S. 321–340.

Stauss, B. (2009): Beschwerdemanagement als Instrument der Kundenbindung, in: Hinterhuber, H. H./Matzler, K. (Hrsg.): Kundenorientierte Unternehmensführung, Wiesbaden, S. 345–367.

Stauss, B. (2013): Vermeidung von Kundenverlusten und Stärkung der Kundenbindung durch Beschwerdemanagement, in: Bruhn, M./Homburg, C. (Hrsg.): Handbuch Kundenbindungsmanagement. Strategien für ein erfolgreiches CRM, 8. Aufl., Wiesbaden, S. 399–427.

Stauss, B./Hentschel, B. (1991): Dienstleistungsqualität, in: Wirtschaftswissenschaftliches Studium, 20. Jg., Nr. 5, S. 238–244.

Stauss, B./Seidel, W. (2014): Beschwerdemanagement. Unzufriedene Kunden als profitable Zielgruppe, 5. Aufl., München.

Steffenhagen, H. (2000): Wirkungen der Werbung. Konzepte – Erklärungen – Befunde, 2. Aufl., Aachen.

Stern, T./Jaberg, H. (2010): Erfolgreiches Innovationsmanagement. Erfolgsfaktoren – Grundmuster – Fallbeispiele, 4. Aufl., Wiesbaden.

Stewart, A. M. (1997): Mitarbeitermotivation durch Empowerment. Mehr Kompetenzen – Bessere Arbeitsergebnisse, Niedernhausen.

Stock-Homburg, R. (2012): Der Zusammenhang zwischen Mitarbeiter- und Kundenzufriedenheit. Direkte, indirekte und moderierende Effekte, 5. Aufl., Wiesbaden.

Stock-Homburg, R. (2013): Personalmanagement. Theorien – Konzepte – Instrumente, 3. Aufl., Wiesbaden.

Sunrise AG (2015): Sunrise strafft Organisationsstruktur und stärkt Kundenorientierung, http://corporate.sunrise.ch/ir/ad-hoc-announcements/story?storyId=821_2098_ke55z0 (Zugriff am 23.11. 2015).

Swain, W. N. (2004): Perceptions of IMC after a Decade of Development. Who`s at the Wheel, in: Journal of Advertising Research, Vol. 44, No. 1, S. 46–65.

Tadepalli, R. (1995): Measuring Customer Orientation of a Salesperson: Modifications of the Soco Scale, in: Psychology & Marketing, Vol. 12, No. 3, S. 177–187.

Telekom (2014): Qualitätsmessverfahren der T-Labs erfolgreich bei Entertain im Einsatz http://www.laboratories.telekom.com/public/deutsch/newsroom/news/pages/quality-of-experience-made-by-t-labs.aspx (Zugriff am 23.11. 2015).

Teles, N. (2014): Customer Relationship Management. Vorschläge zur Optimierung von CRM-Systemen, Hamburg.

Terho, H./Haas, A./Eggert, A./Ulaga, W. (2012): 'It's almost like taking the sales out of selling'—Towards a conceptualization of value-based selling in business markets, in: Industrial Marketing Management, Vol. 41, No. 1, S. 174–185.

Thallmaier, S. R. (2014): Customer Co-Design: A Study in the Mass Customization Industry, Wiesbaden.

Thom, N. (1980): Grundlagen des betrieblichen Innovationsmanagements, 2. Aufl., Königstein.

Tomczak, T./Reinecke, S./Dittrich, S. (2013): Kundenbindung durch Kundenkarten und -clubs, in: Bruhn, M./Homburg, C. (Hrsg.): Handbuch Kundenbindungsmanagement, 8. Aufl., Wiesbaden, S. 375–398.

Tomczak, T./Reinecke, S./Reinecke, S. (2009): Kundenpotenziale ausschöpfen – Gestaltungsansätze für Kundenbindung in verschiedenen Geschäftstypen, in: Hinterhuber, H. H./Matzler, K. (Hrsg.): Kundenorientierte Unternehmensführung, 6. Aufl., Wiesbaden, S. 107–133.

Tuten, T. L./Solomon, M. R. (2013): Social Media Marketing, New Jersey.

Tuzovic, S. (2004): Kundenorientierte Vergütungssysteme zur Steuerung der Erfolgsgrößen im Relationship Marketing. Anforderungen – Konzeptualisierung – Institutionalisierung, Wiesbaden.

Uber (2015): Uber, https://www.uber.com/ (Zugriff am 1.12.2015).

UBS (2013): Information für Pensionierte, https://www.ubs.com/content/dam/static/retired/Basler-Letter-20130215.pdf (Zugriff am 13.10.2015).

Uhl, O. W. (1999): Prozesse und Maßnahmen des Übergangs vom internen zum externen Marketing – ein Fallbeispiel der 3M Deutschland, in: Bruhn, M. (Hrsg.): Internes Marketing. Integration der Kunden- und Mitarbeiterorientierung, Wiesbaden, S. 199–220.

Ullmann, T./Peill, E. (1995): Beschwerdemanagement als Mittel zur Kundenbindung, in: Versicherungswirtschaft, 60. g., Nr. 21, S. 1516–1519.

Urban, G./Hauser, J. (2004): Listening In to Find and Explore New Combination of Customer Needs, in: Journal of Marketing, Vol. 68, No. 2, S. 72–87.

Vahs, D./Brem, A. (2015): Innovationsmanagement. Von der Idee zur erfolgreichen Vermarktung, 5. Aufl., Stuttgart.

Van Ackeren, R. (2002): Mit dem Handy auf Kundenfang. Potenziale und Erfolgsfaktoren einer mobilen Kundenkommunikation im Einzelhandel, in: Ahlert, D./Becker, J./Knackstadt, R./Wunderlich, M. (Hrsg.): Customer Relationship Management im Handel. Strategien, Konzepte, Erfahrungen, Berlin, S. 343–360.

Van Vaerenbergh, Y./Larivière, B./Vermeir, I. (2012): The Impact of Process Recovery Communication on Customer Satisfaction, Repurchase Intentions, and Word-of-Mouth Intentions, in: Journal of Service Research, Vol. 15, No. 3, S. 262–279.

Varela, J. A./del Río, M. (2003): Market orientation behavior: an empirical investigation using MARKOR, in: Marketing intelligence & Planning, Vol. 21, No. 1, S. 6–15.

Venkatesan, R./Kumar, V. (2004): A Customer Lifetime Value Framework for Customer Selection and Resource Allocation Strategy, in: Journal of Marketing, Vol. 68, No. 3, S. 106–125.

Villanueva, J./Yoo, S./Hanssens, D. M. (2008): The impact of marketing-induced versus word-of-mouth customer acquisition on customer equity growth, in: Journal of Marketing Research, Vol. 45, No. 1, S. 48–59.

VIR (2015): Daten & Fakten 2014 zum Online-Reisemarkt, http://www.v-i-r. de/download-mafo-datenfakten/df-2014-web.pdf (Zugriff am 09.11.2015).

Volkswagen (2012): Volkswagen bündelt konzernweite Bildungsaktivitäten neu, http://www.volkswagenag.com/content/vwcorp/info_center/de/news/ 2012/08/Volkswagen_Group_Academy.bin.html/pdf File/volkswagen_buendeltkonzernweitebildungsaktivitaetenneu.pdf (Zugriff am 18.11.2015).

Volkswagen-Club (2015): VW Kundenclub, http://www.vwgps.de/ (Zugriff am 9.10.2015).

Vollmann, S./Lindemann, T./Huber, F. (2012): Open Innovation. Eine empirische Analyse zur Identifikation innovationsbereiter Kunden, Köln.

Wagener, S. (2010): CRM als Führungssystem im Kontext interner Kommunikation, http://www.crm-finder.ch/uploads/media/interligne-CRM_als_Fue hrungssystem.pdf (Zugriff am 18.11.2015).

Walcher, D. (2007): Der Ideenwettbewerb als Methode der aktiven Kundenintegration, Wiesbaden.

Walsh, G./Gouthier, M./Gremler, D. D./Brach, S. (2012): What the eye does not see, the mind cannot reject: Can call center location explain differences in customer evaluations?, in: International Business Review, Vol. 21, S. 957–967.

Walt Disney Internet Group (2015): http://disneyworld.disney.go.com/ (Zugriff am 9. 10. 2015).

Wang, P./Splegel, T. (1994): Database Marketing and Its Measurements of Success: Designing a Managerial Instrument to Calculate the Value of a Repeat Customer Base, in: Journal of Direct Marketing, Vol. 8, No. 2, S. 73–81.

Wanzel, C./Heinritz, D./Berkemer, M. (2012): Unternehmenskultur: Über die Notwendigkeit einer integralen Due Diligence im Kontext von M&A und lernender Organisation, Books on Demand.

Warnecke, H.-J. (1996): Unternehmen forschen zu wenig effektiv, in: Frankfurter Allgemeine Zeitung vom 11.06.1996, S. 5.

Weber, S.-M. (1999): Netzwerkartige Wertschöpfungssysteme. Informations- und Kommunikationssysteme im Beziehungsgeflecht Hersteller – Handel – Serviceanbieter. Mit Fallbeispielen, Wiesbaden.

Weckenmann, A./Brenner, P.-F./Geiger, D. (2006): Neu! Aber auch gut?, in: Qualität und Zuverlässigkeit, 51. Jg., Nr. 4, S. 80–81.

Welt (2015): Warum Sie Viagra nehmen sollten, http://www.welt.de/gesundheit/article1165844/Warum-Sie-Viagra-nehmen-sollten.html (Zugriff am 16.11. 2015).

Wigdrorovits, S. (2010): Face to Face with Reality. Kommunikation und Marketing im Zeitalter der Social Networks, www.online-marketing-messe.com/content/e1028/e1756/e1786/VortragSWSwissOnlineMarketing_240310_ger.pdf (Zugriff am 23.2.2011).

Wildemann, H. (1992): Kosten- und Leistungsbeurteilung von Qualitätssicherungssystemen, in: Zeitschrift für Betriebswirtschaft, 62. Jg., Nr. 7, S. 761–782.

Wirtschaftsuniversität Wien (2015): Die Top 100 Innovations-Champions, http://www.top100.de/die-top-100/studie-2015/ (Zugriff am 16.11.2015).

Wirtz, B. W. (2005): Integriertes Direktmarketing, Wiesbaden.

Wirtz, B. W./Göttgens, O. (Hrsg.) (2004): Integriertes Marken- und Kundenwertmanagement. Strategien, Konzepte und Best Practices, Wiesbaden.

Wirtz, B. W./Schilke, O. (2010): Kundenbindung durch E-Services, in: Bruhn, M./Homburg, C. (Hrsg.): Handbuch Kundenbindungsmanagement, Wiesbaden, S. 517–536.

Wirtz, J./ den Ambtman, A./Bloemer, J./Horváth, C./Ramaseshan, B./Van De Klundert, J./Canli, C. G./Kandampully, J. (2013): Managing Brands and Customer Engagement in Online Brand Communities, in: Journal of Service Management, Vol. 24, No. 3, S. 223–244.

Wirtz, J./Johnston, R. (2003): Singapore Airlines: What it Takes to Sustain Service Excellence – a Senior Management Perspective, in: Managing Service Quality, Vol. 13, No. 1, S. 10–19.

Witte, E. H. (2000): Kundenorientierung. Eine Managementaufgabe mit psychologischem Feingefühl, in: Gruppendynamik und Organisationsberatung, 2. Jg., Nr. 32, S. 203–215.

Woratschek, H./Roth, S./Pastowski, S. (2004): Markttests innovativer Dienstleistungen, in: Bruhn, M./Stauss, B. (Hrsg.): Dienstleistungsinnovationen. Forum Dienstleistungsmanagement, Wiesbaden, S. 381–411.

Woratschek, H./Roth, S./Schmieder, T. (2005): Applicability of Price Formation Mechanisms for Services, in: Marketing – Journal for Research and Management, Vol. 27, No. 2, S. 61–74.

Worldsites Internet Marketing (2009): http://news.worldsites-schweiz.ch/online-werbeausgaben-in-deutschland-bei-15-millarden - euro.htm (Zugriff am 22.10.2010).

ZAHW (2014): Swiss CRM 2014 – Einsatz und Trends in Schweizer Unternehmen, https://www.zhaw.ch/en/research/personen-publikationen-projekte/detailansicht-publikation/publikation/206993/ (Zugriff am 24.11.2015).

Zeithaml, V. A./Parasuraman, A./Berry, L. L. (1992): Qualitätsservice, Frankfurt am Main.

Zeithaml, V. A./Parasuraman, A./Berry, L. L. (2000): Kommunikations- und Kontrollprozesse bei der Erstellung von Dienstleistungsqualität, in: Bruhn, M./Stauss, B. (Hrsg.): Dienstleistungsqualität. Konzepte – Methoden – Erfahrungen, 3. Aufl., Wiesbaden, S. 115–144.

Zeng, E. Y./Yen, D. C./Huan, S. M. (2003): Mobile Commerce. The Convergence of e-commerce and wireless technology, in: International Journal of Services Technology and Management, Vol. 4, No. 3, S. 302–322.

Zerfaß, A./Pfannenberger, J. (2005): Kommunikations-Controlling. Neue Herausforderungen für das Management, in: Pfannenberger, J./Zerfaß, A. (Hrsg.): Wertschöpfung durch Kommunikation. Wie Unternehmen den Erfolg ihrer Kommunikation steuern und bilanzieren, Frankfurt am Main, S. 14–26.

Zoller, M. A. (1998): Customer Focus – Total Customer Care bei ABB Schweiz, in: Reinecke, S./Sipötz, E./Wiemann, E.-M. (Hrsg.): Total Customer Care. Kundenorientierung auf dem Prüfstand, St. Gallen, S. 26–53.

Zollinger (2008): Woran Innovationen am häufigsten scheitern, http://www.handelszeitung.ch/unternehmen/woran-innovationen-am-haeufigsten-scheitern (Zugriff am 16.11.2015).

2. Service

Suchen Sie Unterstützung bei Projekten zur Stärkung der Kundenorientierung und des Customer Relationship Management in den Bereichen Forschung, Beratung und Weiterbildung? Dann wenden Sie sich bitte an folgende Adressen:

Forschung zur Kundenorientierung und CRM:

Universität Basel
Wirtschaftswissenschaftliche Fakultät
Lehrstuhl für Marketing und Unternehmensführung
Peter Merian-Weg 6, Postfach
CH – 4002 Basel
Internet: www.wwz.unibas.ch/marketing/
Tel.:   +41 (0)61 – 267 32 22
Email: manfred.bruhn@unibas.ch

Beratung zur Kundenorientierung und CRM:

Prof. Bruhn & Partner AG
Heuberg 22
CH – 4051 Basel
Internet: www.bruhn-partner.com
Tel.:   +41 (0)61 – 273 47 10
Email: info@bruhn-partner.com

Weiterbildung zur Kundenorientierung und CRM:

MAS Marketing Management
Wirtschaftswissenschaftliches Zentrum
Universität Basel
Peter Merian-Weg 6, Postfach
CH – 4002 Basel
Internet: www.masmarketing.ch
Tel.:   +41 (0) 61 – 267 32 07
Email: masmarketing-wwz@unibas.ch

Sachverzeichnis

Die perfekte Dienstleistung.

Konzepte und Instrumente für
die perfekte Dienstleistung.
2013. 325 Seiten.
Kartoniert € 16,90
(dtv-Band 50932)

Eine hohe Servicequalität

ist für alle Unternehmen von zentraler Bedeutung
und kann einen entscheidenden Wettbewerbsvorteil
darstellen.

Prof. Dr. Dr. h.c. mult. Manfred Bruhn

ist Professor für Marketing und Unternehmensführung
an der Universität Basel sowie Honorarprofessor an
der Technischen Universität München und einer der
wenigen auch international beachteten deutschsprachigen Marketingwissenschaftler.

Die Schwerpunkte

- Servicequalität als Wettbewerbsvorteil

- Verständnis von Kundenservice und Servicequalität

- Bausteine eines Qualitätsmanagements

- Analyse: Messung der Servicequalität aus
  Kundensicht

- Planung: Maßnahmen zur Sicherstellung der
  Servicequalität

- Umsetzung: Schaffung der internen
  Voraussetzungen

- Kontrolle: Kontinuierliche Performance-Messungen

- Hilfestellungen für ein Qualitätsmanagement für
  den Kundenservice

Beck-Wirtschaftsberater im dtv

Grafberger/Hörner
Texten für das Internet
Kunden erfolgreich gewinnen
mit Website und Suchmaschinen.
Wirtschaftsberater
2. Aufl. 2013. 230 S.
€ 16,90. dtv 50934
Auch als **ebook** erhältlich.
Gute Texte müssen sowohl
Leser begeistern und zum
Kauf motivieren als auch die
Platzierung in Suchmaschinen verbessern. Dieser neue
Band zeigt, worauf es beim
Web-Auftritt ankommt und
wie man es schafft, bei Google
möglichst weit oben zu stehen.

Wissmeier
Marketing mit kleinem Budget
Der Praxisratgeber für Selbstständige, kleine und mittlere
Unternehmen.
Wirtschaftsberater
1. Aufl. 2010. 145 S.
€ 12,90. dtv 50908
Marktinformationen, Marktstrategien, Marketing-Instrumente, Marketing-Mix,
Marketingbudget, Marketingplan, Erfolgskontrolle,
Erfolgsfaktoren.

Kleine-Doepke/Standop/Wirth
Management-Basiswissen
Konzepte und Methoden zur
Unternehmenssteuerung.
Wirtschaftsberater
3. Aufl. 2006. 323 S.
€ 14,–. dtv 5861

Füser
Modernes Management
Business Reengineering,
Benchmarking, Wertorientiertes
Management und viele andere
Methoden.
Wirtschaftsberater
4. Aufl. 2007. 266 S.
€ 12,–. dtv 50809

Becker
Lexikon des Personalmanagements
Über 1000 Begriffe zu Instrumenten, Methoden und rechtlichen Grundlagen betrieblicher
Personalarbeit.
Wirtschaftsberater
2. Aufl. 2002. 677 S.
€ 19,–. dtv 5872

Röthlingshöfer
Werbung mit kleinem Budget
Der Ratgeber für Existenzgründer und Unternehmen.
Wirtschaftsberater
3. Aufl. 2014. 283 S.
14,90. dtv 50940
Ganz ohne Werbedeutsch
zeigt der Ratgeber, was man
für erfolgreiche Werbung
braucht.

Bruhn
Kundenorientierung
Bausteine für ein exzellentes
Customer Relationship Manage-
ment (CRM).
Wirtschaftsberater `Toptitel`
5. Aufl. 2016. 394 S. `Neu`
€ 14,90. dtv 50950
Neu im Mai 2016
Auch als **ebook** erhältlich.
Dieses Buch stellt in systema-
tischer und kompakter Form
die Zusammenhänge und die
Elemente der Kundenorientie-
rung dar.

Bruhn
Servicequalität
Konzepte und Instrumente für
die perfekte Dienstleistung.
Wirtschaftsberater
1. Aufl. 2013. 326 S.
€ 16,90. dtv 50932
Auch als **ebook** erhältlich.
Bausteine eines Qualitätsma-
nagements, Analyse, Planung,
Umsetzung und Kontrolle

Schelle
Projekte zum Erfolg führen
Projektmanagement syste-
matisch und kompakt.
Wirtschaftsberater `Toptitel`
7. Aufl. 2014. 410 S.
€ 14,90. dtv 50937
Auch als **ebook** erhältlich.
Systematisches Projekt-
management führt zu hoher
Termin- und Kostentreue und
zum sicheren Erreichen des
geplanten Ergebnisses. Hier
hilft dieser Ratgeber.

*Hoffmann/Schoper/
Fitzsimons*
**Internationales
Projektmanagement**
Interkulturelle Zusammenarbeit
in der Praxis.
Wirtschaftsberater
1. Aufl. 2004. 375 S.
€ 14,–. dtv 50883
Kommunikation und Information, Führung im Projekt, Entscheidungsfindung, Konflikt-,
Risiko- und Lieferantenmanagement, Projektorganisation und
-steuerung u.v.m.

Hofstede/Hofstede
**Lokales Denken,
globales Handeln**
Interkulturelle Zusammenarbeit
und globales Management.
Wirtschaftsberater `Toptitel`
5. Aufl. 2011. 571 S.
€ 19,90. dtv 50807
Auch als **ebook** erhältlich.
Wertvolle Hinweise in diesem
Standardwerk helfen, andere
besser zu verstehen und selbst
besser verstanden zu werden.

Kastin
**Marktforschung
mit einfachen Mitteln**
Daten und Informationen
beschaffen, auswerten und
interpretieren.
Wirtschaftsberater
3. Aufl. 2008. 437 S.
€ 19,90. dtv 5846

Haberzettl/Schinwald
**Erfolgreiches
Change Management**
Wie Sie Mitarbeiter an Verände-
rungen beteiligen.
Wirtschaftsberater
1. Aufl. 2011. 284 S.
€ 16,90. dtv 50905
Auch als ebook erhältlich.

Hermanni
Medienmanagement
Grundlagen und Praxis für Film,
Hörfunk, Internet, Multimedia
und Print.
Wirtschaftsberater
1. Aufl. 2007. 316 S.
€ 15,–. dtv 50902

Bölke
Presserecht für Journalisten
Freiheit und Grenzen der Wort-
und Bildberichterstattung.
Rechtsberater
1. Aufl. 2005. 265 S.
€ 12,50. dtv 50627

Klein
Kulturmarketing
Das Marketingkonzept für Kultur-
betriebe.
Wirtschaftsberater
3. Aufl. 2011. 543 S.
€ 19,90. dtv 50848
Auch als ebook erhältlich.
Viele praktische Beispiele stel-
len den Aufbau eines Kultur-
Marketing-Konzepts dar und
beschreiben seine Umsetzung.